法天下学术文库

S 商标权取得制度研究

STUDY ON THE ACQUISITION OF
TRADEMARK RIGHT

戴文骐 著

中国政法大学出版社

2023·北京

图书在版编目（ＣＩＰ）数据

商标权取得制度研究/戴文骐著. —北京：中国政法大学出版社，2023.6
ISBN 978-7-5764-0815-7

Ⅰ.①商… Ⅱ.①戴… Ⅲ.①商标法—研究 Ⅳ.①D913.04

中国国家版本馆CIP数据核字(2023)第109024号

出 版 者　　中国政法大学出版社

地　　址　　北京市海淀区西土城路25号

邮寄地址　　北京100088信箱8034分箱　　邮编100088

网　　址　　http://www.cuplpress.com (网络实名：中国政法大学出版社)

电　　话　　010-58908586(编辑部) 58908334(邮购部)

编辑邮箱　　zhengfadch@126.com

承　　印　　固安华明印业有限公司

开　　本　　720mm×960mm　　1/16

印　　张　　19

字　　数　　320千字

版　　次　　2023年6月第1版

印　　次　　2023年6月第1次印刷

定　　价　　79.00元

前　言
FOREWORD

　　商标权取得制度是商标法运行的起点，既是贯彻一国商标法律体系基本理念和价值取向的体现，也对市场主体的权利义务及其行为偏好产生直接影响。本书从商标的符号结构出发，以商标使用与注册的关系为主线，通过对商标权取得的道德基础和规范基础各自的内涵以及二者相互关系的研究，对比和借鉴不同权利取得模式下的商标法律规范及实践，希求能对我国商标权取得制度提出改良建议。

　　第一章分析商标权取得的事实基础。商标的符号本质及其事实属性是商标权构建的事实基础，对其进行研究的目的是要解决"什么样的商标值得被赋予权利"这一问题。将符号结构模型作为商标法律问题的分析工具能够起到事半功倍的作用，基于索绪尔和皮尔斯各自提出的二元及三元结构模型观照商标符号的结构，从静态和动态两个向度重新解析商标符号结构的正常态样及其内在关系，并以此作为研究商标事实属性的标杆。对商标进行静态意义上的观察，可以剖分为商标有形标识在人脑中形成的心理印记（能指）以及在商标符号的动态运行中形成的商誉（所指）两个部分。其中，决定符号意指关系内涵的是所指而非能指。如果一个"商标"只余下空虚的能指，则无法被称为符号。对商标进行动态意义上的符号学观察，可以剖分为商标的有形标识与其心理印记（再现体）、商品或服务的出处（对象）以及商誉、品质一致性的认知等消费者评价与形成这种评价的过程（解释项）。其中，确保商品或服务出处的唯一性、确定性是对商标符号的运行和存在起到决定作用的结构要素。在商标符号结构分析的基础上，可以进一步科学地对商标符号的事实属性进行梳理，将之划分为形式建构、价值建构以及统领概括二者的"指标性"特征商标显著性。为了区分不同商标符号的所指，必须保证符号能指与所指之间的结构差异性，即贯穿有形标识在注册登记簿上的呈现形式、有形标识本身以及在消费者脑中形成的心理印记的差异，形成"三层夹心结构"。这是对商标构成要素的要求。同时，符号的动态运行是发挥商标功能的过程，自然完成了商标的价值建构。商标功能是商标权的保护对象，从符号过程的角度观察，商标的功能体系可以被重新构造为两个部分：识别商品或服务的出处、向相关公众表彰商誉与品质一致性并承载评价的内部功能；以及驰名商标特有的形象宣传功能，即突破原有的三元结构关系跃迁至下一个符号过程，整个商标符号变为具备特殊文化和社会意涵的超符号再现体后发挥的外部功能。而商标显著性实际上是对商标能否通过有效的形式建构发挥其功能的总体评价。显著性没有程度高度的分别，只存在"有"或"无"两种状态。划分为固有显著性与获得显著性并不能说明有所谓"显著性的强度"概念，而是从节约商标权取得制度运行成本的角度出发，附加了立法者价值评价的显著性类型。最后，作为市场竞争中介的商标系统整体也能够作为宏观符号发挥特别的功能，并需要商标法制作为基本保障。

第二章上承商标的事实属性，"商标权取得的规范基础"指的是依照何种路径来构建商标权取得制度的实证法规范这一问题。包括专用权、禁止权、许可和转让权在内的商标权谱系中的各项具体权利既是商标权取得的结果，也是商标法律关系的开端；同时，对未注册商标进行保护往往意味着对注册商标权利的阻断和排除，集中反映了商标注册与权利取得之间的关系。因此，对商标谱系内各项权利构造的具体安排以及未注册商标的保护体系既反映了商标权取得方式的路径依赖，也决定了商标权人、其他竞争者与消费者三方利益平衡的基本面貌。因此，对商标权的具体内容进行研究能够倒推出商标权取得所依循的规范路径应当具有哪些基本要求。总的来看，注册商标和未注册商标得到保护的前提是商标符号的功能能够实际发挥。从以上角度思考商标权的规范基础，商标权可保护性的判准这一命题完成了由"注册与否"向"使用与否"的范式回归；商标权构建由所谓"所有人中心主义"与"消费者中心主义"的对立之争向"所有人—消费者"二重面向并存的回归；通过向注册取得模式中引入使用要求使得商标法必须完成实质价值和形式价值的权衡。从道德要求方面来看，针对商标权取得的正当性这一问题，洛克提出的财产权劳动理论依然有旺盛的解释力，与格劳秀斯和普芬道夫的财产权同意理论相结合，可以总结出商标权取得应当遵循的道德条件：使用是将商标符号从原始消极共有状态中解放出来的必要条件，而法律拟制的积极共有状态则为其附加了道德效果。从实证规范方面看，出于对联结命题的坚持，商标权取得法律命题正确性的判准应当同时包含"商标使用"与"他人同意"两个社会事实，通过道德评价选取恰当的社会事实来构筑法律命题的基本要求。

第三章是对商标权注册取得模式的研究。注册取得模式是当前商标权取得模式的主流。该模式下，商标权的取得只以通过注册核准为前提，并无针对实际使用或意图使用的实质性要求。商标的可注册性与可保护性完成了从形式到实质内容的统一。在可注册性条件方面，从商标的事实属性以及商标权的法律价值评价角度可以将之分为事实规定性与法律规定性两个部分。前者是对商标事实基础的判断，包含显著性及非功能性两个方面的内容，符合事实规定性的标识能够发挥商标功能。后者则是对商标权的法律评价，包含在先性与合法性两个方面，符合法律规定性的商标应当得到法律保护。注册取得模式下，商标注册不仅发挥了厘定商标权的归属和内容，以及构建商标信息公示平台的功能，而且还是决定商标权有无的唯一依据。但是，缺乏使用要求却使得针对商标注册法律性质的探讨充满争议。授权说、确权说与设权说似乎各自说明了注册性质的某一方面，却都无法完整概括商标注册的全部内涵。这实际上体现了注册取得模式面临的一种系统性困境。困境来源与商标权取得阶段无处安置使用要求导致的"不正义地持有商标权"之惑，这实际上对商标权效力评价体系的融贯性提出了更高的要求。比较而言，从欧盟商标法规的实践可见，在取得和维持商标权相互平衡的关系上，欧盟法院采取的是某种"折中"路径。在权利取得一端，由经营者主动发起的注册是唯一通道，而且通过核准注册框定商标权利的保护范围（商品或服务的类别、商标标识的具体使用方式等），并将此赋权效力维持 5 年，坚持了坚决的所有人面向，其目的是保障一个高效的注册取得制度。而坚持注册取得的同时，在注册后阶段开始将判断权利能否维持的重心放在了消费者面向上。首先，注册取得的制定法效力将得到坚决维护。一方面，在注册取得及其蔓延阶段（5 年期限内），核准注册是厘定包括权利边界在内的权利效力状态的决定性因素，不因是否存在真实使用而改变。这一点与贯彻使用哲学的美国商标法形成了显著对比，也是注册取得模式维护公示公信与权利稳定性的直接体现，也充分体现了经营者面向的权利保护理念。另一方面，在 5 年期限经过后，商标权边界不可能由于使用范围的扩大而扩大，这也说明权利从无到有需要迈过的"门槛"只能是商标注册。此外，在蔓延状态经过后，则根据具体案件事实和商标使用方式，以消费者面向为基础判断能否维持权利的有效性及其边界是否应当发生变化。此时，核准注册的权利生效范围和强度可能随着使用方式而被缩小，说明实际使用取代了商标注册成为经营者保有其商标权利的"主心骨"。

第四章是对商标权使用取得模式的研究。使用取得模式以在先使用而非在先申请注册作为取得商标权的根据。使用取得模式与商标注册并不矛盾，以美国《拉纳姆法》为典型。使用取得模式下，商标权取得的使用要求明确为在商业中完成的实际使用，而非象征性使用。首先，通过发掘美国法中"商标使用"的历史流变，并利用规范分析的方式界定权利取得的使用要求，能够明确"在商业中"和象征性使用的法律性质。其次，从美国商标法及其实践来看，《拉纳姆法》的颁布实施象征着规制商标法律关系的需要突破了宪法授权背书缺失的限制，采纳注册制度则满足了在使用主义下对权利取得和维持状态公示公信的要求。颇具特色的"意图使用"商标注册也成了使用哲学下实际使用要求与注册程序效率要求之间的缓冲地带。据此，以美国联邦注册作为样本进行使用取得模式的实证分析。在剖析制定法规定的注册程序基础上，本章还对联邦注册的效果以及实践中使用要求与制定法程序的互动关系进行了研究，指出了对于联邦注册的法律效果这一命题当前仍然存在的一些争议，尤其是在商标注册的"不可争议性"问题上法院存在意见分歧。公允地说，不可争议性问题并未真正触及使用与注册的潜在矛盾。商标注册机关的裁判是否具有争点效、法院对注册与显著性"强度"之间关系的认知以及联邦注册与法院裁判对于商标权边界的意见分歧显示出了使用取得模式引入注册制度后在权利取得方面的一些制度后遗症。相较而言，加拿大现行商标法和修正案背后的立法思路和具体程序之间的关系具有相当重要的借鉴意义。加拿大学术和实务界认为现行商标法"运行良好"，虽然存在不少模糊缺漏之处，然而，其毕竟较为成功地将使用要求作为商标立法核心，同时建立了一系列兼顾效率的商标权取得程序。而 2014 年《加拿大商标法修正案》生效后，加拿大商标权取得制度由偏向使用转变为偏向注册。对在先使用人的保护仍然采用有条件的权利范式，但在程序上提高了保护的难度，此消彼长，未实际使用而注册取得并成功维持商标权的案件数量显然会增加。其给予我们的最大启示也许是程序的安排与立法思维倾向之间精微显妙的关系——或者说两者之间可能存在多大的错位——程序安排既有可能产生具体而微的法律实效，也有可能生成拉扯的张力而导致立法主旨的实现似是而非。

第五章是对我国商标权取得制度的改良建议。我国商标权取得制度与世界主流商标法一样选择了注册取得模式，因而也沿袭了注册取得模式的缺陷，容易发生以恶意抢注与商标囤积为代表的符号圈地现象。符号圈地的实质是商标权在形式和实体上的分离，导致原本应当同时由实际使用与注册审核确保的完整商标权分化为已注册未使用的形式商标权以及未注册已使用的实体商标权，后者只能以未注册商标权益获得较低限度的保护。通过对当前我国《商标法》中与商标权取得有关的各项法律规定进行梳理，得以发现其在多个方面还存在不足之处。解决这些问题需要进一步规范商标使用要求，并将商标权取得、维持、撤销和无效宣告等与商标权的有效性评价有关的程序以及实体商标权利的行使条件等问题融贯为商标权效力评价体系。首先，值得注意的是使用要求的规范化问题，即明确何谓"商标使用"，结合商标法律关系涉及的不同场合，"商标使用"无法也不适合以统一定义的方式出现在《商标法》总则中，而是根据具体问题区分不同层次进行解释；同时解决了类似"被动使用""在后使用"等特殊使用类型带来的问题。其次，对"恶意注册"的概念进行阐释，并围绕该核心概念构建规制各类恶意注册行为的一般条款；结合2019年《商标法（修正案）》分析与商标囤积有关的规范体系协调问题，包括禁止注册事由之间以及权利取得、利用、撤销规范模块间的协调；通过对当前商标恶意抢注规制体系的分析，完善和调整相关规则，实现规范体系的精益化。最后，通过重新认识已注册未使用商标权的期待权属性的角度修改商标续展、异议、无效宣告、撤销及实体权利行使等方面的《商标法》条文，可以在注册后阶段构筑起全方位立体式的使用要求，达成商标权取得制度的精益化。

目录
CONTENTS

引 言

一、选题背景

我国已经成为一个商标大国。根据国家知识产权局商标局发布的《2021年四季度各省、自治区、直辖市商标注册申请量、注册量统计表》，2021年全年商标注册申请量达到919万余件，截至2021年底，我国商标有效注册3532万余件，[1]相较2016年翻了三倍。[2]庞大的商标申请注册数量直接体现了市场主体日益重视通过注册取得商标权利的趋势，其总量和增长速度也异乎寻常。与此同时，与商标授权确权法律问题相关且具有典型性的案件也层出不穷。"微信"商标异议案、"非诚勿扰"商标侵权案、"指南针优衣库"商标侵权案、"歌力思"商标异议案、"乔丹"商标无效宣告案等典型案件不仅引起了知识产权法共同体的广泛关注，也唤起了社会公众对商标法律问题的讨论热情。不论是直接关乎授权确权程序和实体问题的案件，还是将商标权利归属和有效性作为案件裁判基础的侵权纠纷，都可以在其中发现"商标权的取得"这一法律命题的身影。作为重要的市场经济要素的商标，其权利如何取得，又如何确保商标权取得的正当性，以及在取得之后如何维持权利的有效性等问题引起了笔者的深切关注和研究兴趣。

一般意义上，商标权被归类为一种知识产权。然而，与将创造性智力成果作为保护对象的著作权、专利权等传统知识产权相比，商标权具备自成一

---

[1] "2021年四季度全国省市县商标主要统计数据"，载 https://sbj.cnipa.gov.cn/sbj/sbsj/202112/t20211231_5806.html，2023年5月23日访问。

[2] "2016年度各省、自治区、直辖市商标申请与注册统计表"，载 https://sbj.cnipa.gov.cn/sbj/sbsj/201702/t20170207_5753.html，2023年5月23日访问。

体的法律气质。商标权的支配力与排他效力的范围看似不相一致，形成了一种独特的"点—面"状态；商标法律关系必须同时考虑商标权人的私人利益、消费者免于混淆以及正当市场竞争秩序等公共利益。这导致商标法同时具备了财产法与竞争法的色彩。申言之，商标法律规范需要应对"商标所有人—消费者"的二重面向，以及同时直接体现商标权人对商标符号的专有性使用与消费者对商标符号的指示性使用的二元法规目的。作为商标法律关系起点的商标权取得制度也必然要对此作出回应，亦即如何设置权利取得制度才能在商标权的财产权属性与竞争秩序保护二者间取得平衡。正如德姆塞茨所言，"产权调整大都是社会习俗和法律制度渐进发展的结果，这类习俗和法律的规范可能在某种程度上是偶然的，但是在一个注重效益的社会中，两者在长期层面上的可行性终究仰赖于其是否能够恰当地规范人的行为以适应与技术革新和市场价值有关的外部性问题"。[1] 作为决定商标财产权利的归属并成为权利行使之铺垫的商标权取得制度也必须以"成本—收益"关系为基准，追求的是恰当地将一部分外部性内部化，归属于恰当的主体。法律规范应当符合社会经济规律，达到合法性与合理性的琴瑟相和。从法经济学的角度来看，"法"指的是"将占有一项有价值的权利而形成的租，转化为抢先取得权利的成本"的制度安排，[2] 体现的是一种规范的形式价值；而"理"指的是确保商标具备实质价值、降低消费者的信息搜寻成本从而促进市场发展的规律，体现的是一种对实体正义的深切追求。如何让"法"与"理"相互吻合正是商标权取得制度（实际也是全部法律制度）研究的旨趣所在。

从这个角度看，注册取得模式与使用取得模式各自显示出了不同的优势。在注册取得模式下，"先申请原则"令权利配置"科层化"的形式意义被充分发挥。利用注册和公示制度能够明确原本模糊不清的商标权利内容，形成商标信息公示平台以确保交易安全，"私权公授"的配置方式充分发挥了制度运行的效率。而在使用取得模式下，"先使用原则"充分贯彻使用哲学（use philosophy），实际使用要求贯穿商标权取得、维持以及消灭的整个生命历程，从而在制度层面保证了商标符号结构的完整性以及商标实质价值被真正填充，

---

〔1〕 Harold Demsetz, "Frischmann's View of Toward a Theory of Property Rights", Vol. 4 *Review of Law And Economics*, 2008, p. 128.

〔2〕 ［美］威廉·M. 兰德斯、理查德·A. 波斯纳：《知识产权法的经济结构》（中译本第 2 版），金海军译，北京大学出版社 2016 年版，第 218 页。

实现了从标识财产权到商誉财产权的自然转换。公允地说，以上两种模式各有优劣。注册取得模式的劣势在于，仅仅以申请行为作为先占权利的根据，在权利取得阶段欠缺对使用行为的要求，自然也就不需要商标所有人进行商标投资。其获得垄断性权利的成本之低既可能制造大量从未经过使用，或仅仅投入象征性使用的纸面商标，又难以防止恶意抢注乃至囤积商标待价而沽（banking）的寻租行为。寻租行为恰恰是产权归属不恰当的体现，并且将显著降低社会效益。反之，这正是使用取得模式的优势。而使用取得模式的缺陷在于，商标使用是一种绵延多时的事实行为，如果缺乏相应的公示公信制度，权利效力的范围不仅受限于使用地域，在商业影响自然扩大的过程中难免发生重叠和冲突，而且证明在先使用必须投入高额市场调查成本的同时，也难以预见可能发生的法律争议。对权利安定性的损害本身就是一种交易费用，长远来看同样会降低社会效益。因此，两种模式自然走向了相互借鉴和融合的道路。在注册取得模式中，使用要求越来越受到重视。使用行为不仅是将商标从原始消极共有状态的"符号之海"中解脱出来的前提，也是填充商标财产价值、增进消费者指示性使用效用的基础。这样来看，已注册而未使用的商标仅仅是一种期待利益，商标权仅仅是一种附停止条件的期待权。当他人侵犯这一期待利益时，商标权人固然可以获得法律救济，但如果始终不通过实际使用来实现商标的财产价值和社会功能，那么就无法维持其权利的有效性。因此，注册取得模式下，通过撤销、商标禁止权的限制等方式刺激注册商标权人及时将之投入使用发挥商标功能已经成了一种普遍做法，如何更进一步地建立全方位、立体式的注册后使用要求规范，也就成了这类商标法律规范未来发展的方向。与此相对的是，使用取得模式的商标法无不引进了注册制度，将其作为商标信息的公示平台，并通过注册推定使用（constructive use）以及意图使用注册的方式充分吸收了先申请原则下提高法安定性以及便利市场主体灵活实施竞争策略和确保投资安全的优势。

　　我国的商标法律规范起初是移植而非内生的，经过多年发展与磨合，多次修改的《商标法》[1]逐渐找到了将移植法律"内源化"的道路。[2]但是，

---

〔1〕《商标法》，即《中华人民共和国商标法》。为表述方便，本书中涉及我国法律文件直接使用简称，省去"中华人民共和国"字样，全书统一，后不赘述。

〔2〕刘文远："从'移植'到'内生'的演变：近代中国商标权取得原则的确定及调整"，载《知识产权》2015年第4期，第72~79页。

在制度的具体实施过程中，仍然存在单纯追求商标注册数量而不重视商标质量的问题。一个科学的商标权取得制度，应当具备一种俯瞰商标法律关系的总体视角，不能仅仅关照从申请到核准的过程，而应将其看作一个商标符号的呱呱坠地，将权利的取得、维持、行使、撤销、无效宣告等融贯为商标权效力评价体系。在注册后阶段引入使用要求作为维持和行使权利的前提和基础，以防范注册取得模式可能导致的不良权利供给。适用注册取得模式的商标法容易产生对注册行为法律性质的系统性困惑，容易呈现出一种商标权利"有效易、无效难"的倾向。过于宽松的注册条件与使用要求的制度性缺失导致商标注册簿中容易沉积大量纸面商标，同时，在商标侵权纠纷中不考虑商标是否实际使用对权利有效性的影响。这都不利于发挥商标功能，形成健康有序的市场竞争秩序。总的来看，重视使用在商标权取得中的核心位置需要明确使用与注册不同的价值诉求，以及如何令两者相互融洽；解决未注册商标权的法律地位问题，需要对之进行规范化、类型化、体系化的整理，而非零散规定；防止注册制度异化，出现使用与注册之间的矛盾，需要结合使用视角对商标注册制度进行适度改良。因此，通过对商标权取得的事实和规范基础，并比较分析注册取得与使用取得法律制度的成熟经验，最终形成我国商标权取得制度的改良和完善意见，具有相当的必要性和紧迫性。

二、研究现状综述

就商标权取得这一法律命题而言，目前主流的取得方式为注册取得和使用取得。实际上，注册与使用是确保商标权有效性不可或缺的两个方面，因此两种取得方式也呈现出相互交织和融合的态样：使用取得采纳注册制度，吸收其推定使用、公示公信和表面证据等形式价值；注册取得强调实际使用是商标发挥功能和财产价值的基本前提，主要在注册后阶段引入使用要求。其中，在商标注册的问题上，国内学者主要从注册制度的功能和价值、注册与使用之间的关系等角度展开讨论。余俊（《商标法律进化论》）讨论了商标发展演化的历史以及商标注册的功能和价值，指出商标法的历史实际上就是注册制度的历史。付继存（《形式主义视角下我国商标注册制度价值研究》）则从价值角度明确了注册的形式意义。在有关注册取得程序和条件的问题上，冯术杰（《商标注册条件若干问题研究》）从各类型标识显著性的认定、商标权的合法性要求以及商标与商标之间、商标权与其他权利之间的冲突等角度作了系统严谨的讨论。孔祥俊（《论商标可注册性要件的逻辑关系》）通过对我国《商标法》中与可注册性有关的条文进行分析，总结了注册条件的体系及各条文间的逻辑关系。李琛（《论商标禁止注册事由概括性条款的解释冲突》）则对商标禁止注册事由条款进行了条分缕析，指出其中存在的不足与矛盾。张玉敏（《商标注册与确权程序改革研究：追求效率与公平的统一》）则强调了我国坚持注册取得原则的重要性，并给出了注册与确权程序改良的具体方案。在与注册有关的具体问题上，学者首先对商标注册的法律性质进行了集中探讨。冯术杰（《论注册商标的权利产生机制》）从行政法和民法规范交织的角度指出商标申请行为的法律性质为民事行为，注册不是商标权产生的实质原因，但注册公告起到了公示功能因而属于法律行为成立要件。田晓玲（《商标注册民事法律行为论》）则进一步将商标注册认定为民事主体为自己设定商标权的单方要式民事法律行为，属于设权行为。杜颖和王国立（《知识产权行政授权及确权行为的性质解析》）则认为商标注册是一种具有准司法性质的行政确权行为。在使用与商标权取得问题上，黄汇（《注册取得商标权制度的观念重塑与制度再造》）认为我国商标注册制度没有对商标权的内在价值给予足够的关注，应当引入域外经验"弱化注册效力，强化商标使用"。李扬（《我国商标抢注法律界限之重新划定》）提出应当对商标"抢注"行为进行类型化分析，强调诚实信用原则的地位和作用。李琛（《商标权救济与符号圈地》）指出缺乏使用要求的商标权将成为权利人不合理地圈占不法利益的工具。彭学龙（《寻求注册与使用在商标确权中的合理平衡》）认为我国采取了近乎绝对的商标注册取得模式，应当明确规定使用也可取得商标权。邓宏光（《我们凭什么取得商标权？商标权取得模式的中间道路》）提出当"垃圾商标"泛滥时，有必要在《商标法》修改时考虑采用"使用+注册"的商标权取得模式。杜颖（《商标法律制度的失衡及其理性回归》）指出过于倚重注册制度和对商标权人的单方面保护会导致对商标使用的忽视，进而忽视消费者利益的保护并导致商标法价值取向的失衡。张玉敏（《论使用在商标制度构建中的作用——写在商标法第三次修改之际》）提出应当在注册程序中强化商标使用要素，赋予未注册商标权人异议权、撤销权等法律工具以维护其合法利益。李雨峰和曹世海（《商标权注册取得制度的改造——兼论我国〈商标法〉的第三次修改》）认为应当在规范商标使用前提下，对商标注册的效力、商标先用权和商标共存制度进行完善。

王莲峰（《我国商标权利取得制度的不足与完善》）认为商标使用关系到商标权取得方式及注册商标 3 年不使用撤销等重大问题，应当改善我国行政和司法部门对商标使用的模糊认识。经过法律修改完善，人们对商标权的私权属性和商标使用的地位有了新的认识。但从近年来的一些典型案件来看，商标使用在权利取得中的地位是否可以满足于《商标法》第 13 条、第 15 条第 2 款、第 32 条、第 59 条第 3 款等规定，商标在后使用是否应当赋予其一定权利等疑难问题仍待解决，需要进行商标使用取得的系统研究。

在商标权取得问题上，国外研究多集中于商标权取得正当性方面。研究视角包括商标权发展的历史角度和经济学、符号学角度等。Sidney A. Diamond（The Historical Development of Trademarks）从历史流变的角度展开商标的发展历程；Thomas D. Drescher（The Transformation and Evolution of Trademarks—From Signal to Symbols to Myth）也通过分析不同历史时期的商标态样，择取节点案例，分析了商标从识别标记、信誉保证向广告和展示品牌形象功能的历时性发展路径，同时强调了商标发挥相应功能的基础是对商标的使用；威廉·M. 兰德斯和理查德·A. 波斯纳（《知识产权法的经济结构》）从经济学角度分析了为何通过使用"先占"商标具备经济学上的优越性，如何令寻租行为最小化并防止严格注册主义下商标"储存"行为导致的高昂成本；Michael A. Johnson（The Wanting Consumer Protection Rational of Trademark Law：Overprotective Courts and the Path to Stifling Post-sale Consumer use）和 Deborah R. Gerhardt（Consumer Investment in Trademark）从消费者和社会公众利益的角度对商标权的正当性进行了梳理和分析；Apostolos Chronopoulos（Trade Dress Rights as Instruments of Monopolistic Competition Towards a Rejuvenation of the Misappropriation Doctrine in Unfair Competition Law and a Property Theory of Trademarks）从商标法作为反不正当竞争法的一部分这一认识出发研究商标权的权利边界问题；Barton Beebe（The Semiotic Analysis of Trademark Law）则将符号学引入了商标权分析中。在商标权取得制度问题上，Tara M. Aaron 和 Axel Nordemann（The Concepts of Use of a Trademark under European Union and United States Trademark Law）比较了欧盟和美国商标法上商标使用的不同含义和地位；Daniel R. Bereskin, Miles J. Alexander 和 Nadine Jacobson（Bona Fide Intent to Use in the United States and Canada）对美国和加拿大商标法中善意"使用意图"的异同点进行了分析说明；Barton Beebe（Is the Trademark Office a Rubber

Stamp?）探讨了美国商标局在商标权取得制度中占据的地位和作用；Rebecca Tushnet（Registering Disagreement Registration in Modern American Trademark Law）对美国商标法中有关注册与使用之间可能产生的冲突做了精深的实证研究；Graeme B. Dinwoodie（Ten Years of Trademark Law Lessons for the Future）则正确指出了在美国和国际商标法律制度中，使用与注册两种取得模式在过去十年间都呈现出的不断融合的趋势。此外，2014 年《加拿大商标法修正案》对商标权取得方式的重大修改引起了相关学者的注意，Keltie R. Sima 和 Margaret Ng Thow Hing（Trademark Registration in Canada：The Thorny Issue of Use）强调使用作为商标权取得的前提是符合商业诚信和善意的结果；针对 2014 年《加拿大商标法修正案》在注册程序中取消使用要求，Sheldon Burshtein（Canada Weakens Trademark Structure by Demolishing Use Foundation）和 Daniel R Bereskin（Canada's Ill-Conceived New "Trademark" Law：a Venture into Constitutional Quicksand）对此进行了批判，认为这既不符合商标权取得的一贯要求，也不利于对经营者、消费者的保护；而 Paul Tackaberry（Exploring the Boundaries of Use after the 2014 Amendments to the Canadian Trademarks Act）则认为即使 2014 年《加拿大商标法修正案》最终通过，2014 年《加拿大商标法》依然能确保使用在商标权取得上的中心地位。

从国外研究情况来看，对取得商标权的内在正当性的论述多集中在使用的核心及前提地位上，强调过于纯粹的注册取得制度将会导致商标权的异化，类似加拿大这样的国家对商标法相关规定的修正有所警惕。这种态度和价值诉求对改良我国商标权取得制度有所进益，值得细致研究和比较。

三、研究方法和内容

本书拟采用以下方法进行研究。其一，文献研究方法。文献是重要的研究基础。在广泛收集国内外文献资料基础上，梳理国内外有关商标权取得制度的研究成果，以之作为研究思考的基础。其二，符号学研究方法。符号学是研究符号和符号系统的科学。商标的本质是符号，利用现代符号结构模型剖析商标的基本结构，有助于清晰明确地认识商标的基本事实属性。利用索绪尔提出的二元结构模型与皮尔斯提出的三元结构模型，分别对应商标的静态与动态结构，厘清商标标识与商誉、商标功能之间的关系，以便进一步梳理商标的构成要素、功能要素以及商标显著性的性质和特征。其三，规范分析方法和比较分析方法。对我国的《商标法》《反不正当竞争法》等法规进行梳理，从法条框架体系的角度对其中涉及商标可注册性、商标异议、撤销、无效宣告、未注册商标保护等有关商标权效力评价体系的法律规范进行分析。同时，拟对美国、加拿大、欧盟等国家、国际组织以及国际公约中有关商标权取得的法律规范及制度进行研究，并与我国商标法律规定进行比较。最后进行归纳总结，以期对注册取得模式及使用取得模式这两类主流商标权取得制度进行利弊异同分析。其四，案例分析方法。拟对中外有关商标法的典型案例进行分析，特别是国内外与商标使用、商标注册及其相互关系等关乎商标权取得制度的典型案件，以期从司法实践中寻找商标使用取得与商标注册取得制度之间的矛盾与融合点。

　　本书主要包含五个方面的内容。第一部分分析商标的符号结构及基本事实属性，以奠定商标权取得的事实基础。一方面，在前人研究的基础上重新厘定了二元及三元结构模型中的各项商标符号结构要素，并提出了两种模型动静态结合的相互关系。另一方面，利用该符号结构模型揭示了商标显著性、形式建构和价值建构各自的内涵和意义，并指出三者与商标使用之间存在的内在联系。第二部分在展开分析商标权构造以及未注册商标保护体系的基础上，利用财产权的劳动和同意理论以及法实证主义争论的联结与分离命题对商标权取得的规范基础进行多维考察。传统的自然法财产权理论在为"商标权取得"寻找道德理由的问题上依然具备充分的解释力，并从反法实证主义的角度提出道德评价成为绝对取得条件判准的必然性。第三部分是对商标注册取得中涉及的注册规定性、商标注册的功能与法律性质的探讨，指出注册取得不以使用为前提，因此在解释商标注册的法律性质过程中表现出一种系统性困境，并以欧盟商标法实践为切入点进行比较分析，探究注册制引入使用要求的努力。第四部分是对商标权使用取得的研究，主要涉及商标权取得的使用要求，以及以美国联邦注册制度和2014年《加拿大商标法修正案》为蓝本分析注册与使用相互融合的成果和问题。第五部分将全书研究落足于我国商标权取得制度的改良。在提出与商标权取得有关的符号圈地现象后，对我国《商标法》中的取得制度规范进行梳理并指出其不足。最后在此基础上提出商标使用要求规范化的构想以及融贯商标权效力评价体系的具体方式，并体现为相关条文的修改建议。

第一章 商标权取得的事实基础

任何法律制度都依托于事实基础的经验解释，商标法概莫能外。商标是符号，这是商标法研究者的普遍认识。[1]商标权取得制度的查漏补缺，也应当回归商标的符号本质。将商标放置于符号学的语境下，可以解释商标权以及商标法涉及的各类问题，自然也就可以用来发现商标权取得制度的误区。剖析商标的符号结构不仅能解释为何要有商标权、商标法应当供给什么样的商标权，从其反面也可以解释商标恶意注册、商标权滥用等商标法应当予以规制的问题为何出现，并指出解决进路。简而言之，根据商标法的规定而取得的商标权应当与符号结构的基本常态框架相吻合。

一、商标符号结构分析

商标的起源可以追溯到数千年前，在古罗马时期就出现了上千种用于指示商品来源的标识。[2]然而，尽管历史悠久，在各国知识产权立法中，商标法似乎总是来得稍晚一些。《法国商标法》尽管为世界第一部成文商标法，但颁布时间已比保护著作权与专利权的法律晚了 50 余年。《美国宪法》第 1 条即为著作和发明获得法律保护背书，而商标立法工作屡次因违宪而破产，最终不得不借贸易条款之壳"上市"；屈居人下、缺乏宪法渊源的问题时至今日仍是美国商标法的隐痛，堪称附骨之疽。世界知识产权组织将"知识产权"

---

〔1〕 参见姚鹤徽：《商标法基本问题研究》，知识产权出版社 2015 年版，第 71 页；彭学龙：《商标法的符号学分析》，法律出版社 2007 年版，第 59~62 页；郑其斌：《论商标权的本质》，人民法院出版社 2009 年版，第 24~28 页；李琛：《论知识产权法的体系化》，北京大学出版社 2005 年版，第 129~134 页。

〔2〕 Gerald Ruston, "On the Origin of Trademarks", *The Trademark Reporter*, Vol. 45, Issue 2（1955）, pp. 127~144.

定义为"智力创造成果,包括发明,文学和艺术作品,外观设计,商业中使用的符号、名称和形象等"。[1]显而易见的是,该定义包含一个逻辑疑问:"商业中使用的符号、名称和形象"这一并不强调创造性的法律关系客体为何能与"发明、文学和艺术作品、外观设计"笼统并列于"智力创造成果"之下?从实质出发二者截然不同,因此答案只能到其形式中寻找:它们都以符号的方式表达呈现。符号的功能是依靠信息来传播观念,信息的表达需要对符形(sign)进行编码(code)。法国学者皮埃尔·吉罗将编码方式归类为逻辑编码、美学编码和社会编码,前两者体现的是人对自然的表达,而后者则是"社会的一种组织和意指",用于识别个人和集团的身份。[2]据此,我们可以粗略地认为,在知识产权范畴内,逻辑编码和美学编码对应的是发明创造和作品,而社会编码对应的就是商标。[3]借助符号学理论既可以兼顾商标法与他知识产权法分支具备的共性,又可以准确厘定其个性,因而符号学分析对于商标法律关系而言具有特别的解释力。

(一)符号结构解析

符号学说的历史悠久,在我国可以追溯至先秦诸子百家中的名家。其代表人物公孙龙提出的"指物论"可以被视为符号学说的雏形,也是古代中国哲学学说中罕有的专门针对纯粹智力思辨的节点之作。然而,名家学说即使在当时也因脱离实际的"怪异"思维方式而遭到批判,[4]其后更因政治意识形态与传统文化的维度缺失而尘封历史。[5]在西方可以追溯至古希腊时期。与中国的名家学说一样,早期的符号学探索往往融会在语言学、修辞学中,亚里士多德的《工具论》《诗学》等探讨了语义、语形、语用等形式逻辑问题;对符号形式与指代内容之间关系的研究则起步于斯多葛学派和伊壁鸠鲁

---

〔1〕 "WIPO, What is Intellectual Property?",载 https://www.wipo.int/about-ip/en/index.html,2023年5月23日访问。

〔2〕 参见[法]皮埃尔·吉罗:《符号学概论》,怀宇译,四川人民出版社1988年版。

〔3〕 利用符号学解释方法在形式上统一知识产权法,跨越商业标识与智力创造成果二者自身秉性之间鸿沟的观点还可参见李琛:《论知识产权法的体系化》,北京大学出版社2005年版,第129~134页;朱谢群:《创新性智力成果与知识产权》,法律出版社2004年版,第119~128页。

〔4〕 如庄子认为:"桓团、公孙龙辩者之徒,饰人之心,易人之意,能胜人之口,不能服人之心,辩者之囿也。"庄子这种矮化名家学说的观点成为尔后2000年中国文化轴心儒道理论的思维准则之一,间接导致本可从中萌发的东方纯粹智力思辨被压制和抛弃。参见张远山:"公孙龙《指物论》奥义",载《书屋》2000年第9期,第17页。

〔5〕 江向东:"《公孙龙子·指物论》新诠",载《中国哲学史》2011年第1期,第41页。

学派。[1]而符号学由学说成为一门学科则是顺应西方哲学思潮由"本体论"转向"认识论"后再次向"语言论"前进的大潮。[2]现代符号学理论中最具影响力的符号结构诠释模型为索绪尔提出的静态"能指—所指"二元结构与皮尔斯提出的动态"再现体—解释项—对象"三元结构。两人各自完成了符号学的奠基工作。

1. 现代二元结构模型

作为语言学家和结构主义者的索绪尔以语言符号学为切入点展开其二元结构模型,他提出语言(符号)是一种完整的形式,既不是实体,也不是洛克所谓的"品名表、术语表"或是仅为表达观念而创造出的一种物质声音。[3]索绪尔的符号结构模型排除外在事物,这是二元结构与三元结构的一大区别。索绪尔的学说为符号学带来的革命性贡献至少包括三点:其一,符号包含所指和能指两个相互关联的要素;其二,抽象性和形式化是符号的鲜明特征;其三,任意性是符号的首要特性。[4]对索绪尔观点的解读可以据此展开。

(1)能指与所指及其抽象性。

二元结构模型将符号剖析为能指和所指两个相互对立统一的要素,符号是二者之间的相互关系,因此符号是"一个两面的心理实体"。索绪尔用纸的正反面来比喻能指和所指是恰到好处的———一张纸必然有正反两面,但两面之间却永远对立,如下图所示:

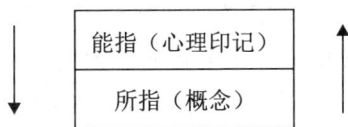

图1-1 索绪尔观念中的符号结构

第一,能指和所指对立统一。首先,能指是符号的表达面,是"音响形象"而非物质声音本身,确切来说,音响形象是声音在听者脑中留下的心理

---

[1] [美]莫里斯:《指号、语言和行为》,罗兰、周易译,上海人民出版社1989年版,第297~298页。

[2] 李彬:《符号透视:传播内容的本体诠释》,复旦大学出版社2003年版,第33页。

[3] [瑞士]费迪南·德·索绪尔:《普通语言学教程》,裴文译,江苏教育出版社2002年版,第73页。

[4] 申小龙:《〈普通语言学教程〉精读》,复旦大学出版社2005年版,第219页。

印记。[1]其次，符号的内容面所指是概念。所指并不是现实的物质实体，而是该事物的"心理表象"。所指只能借助能指而被表达，但这并不表示能指占据了符号系统的核心位置。相反，在分析能指与所指之间的对立统一关系时，索绪尔指出，一个常见的谬误（又称"命名谬误"）是人们将能指看作符号本身，而忽略了如果缺乏所指的概念，能指不具有任何意义。[2]这也就是二元符号内蕴的，能指与所指之间纵向的意指关系。最后，所指和能指的确定仰赖于同类事物间的同一性与非同类事物对其限定性的辩证统一，是一系列对立关系的联结。这导致不可能从正面界定某一能指或所指，只能从其与其他符号的区别来对它进行描述。比如，一个人只能从与其他动物的区别中明白"牛"的概念。可以说，索绪尔认为，某个符号要具备意义，就必须在其符号系统中占据一定位置，而这一位置只能是相对确定的，离不开同系统内其他符号对其的限定。如下图所示：

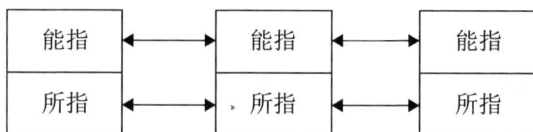

图 1-2　二元结构的差异关系

第二，能指和所指都是抽象形式而非外在实体。如前所述，能指和所指都仅存在于人的心理之中，其定义一者抛弃了声音，一者抛弃了物质实体，那么索绪尔的语言符号观排除外在事物的原因何在？首先，索绪尔着重从共时性的角度考察语言符号，[3]不论汉语发音的"shù"还是英语发音的"[tri:]"都表达"树"这个概念，因此物理声音（或其他物理形式）的具

---

〔1〕 值得注意的是，索绪尔语言学家的身份令其特别关注语言和言语之间的关系，他认为口语是比文字更适合的研究对象（书写语言只是口语的外壳），因此使用"音响形象"这一称谓。这并不表示他没有意识到能指并不仅仅包含声音的心理印记。相反，索绪尔明确指出了语言学是符号学最主要的分支领域，因而可以利用语言学素材来研究符号学规律。另外，索绪尔对抽象性的重视也说明他对语言符号结构的解读是符号学的社会制度本质在语言学研究中的具体应用。参见屠友祥：《索绪尔手稿初检》，上海人民出版社 2011 年版，第 142~144 页。

〔2〕 陈嘉映："索绪尔的几组基本概念"，载《杭州师范学院学报（社会科学版）》2002 年第 2 期，第 52 页。

〔3〕 ［英］特伦斯·霍克斯：《结构主义和符号学》，瞿铁鹏译，刘峰校，上海译文出版社 1997 年版，第 11 页。

体形式（或者说区别）对于纯粹的符号结构内部关系来说是没有意义的。其次，索绪尔始终坚持不能只在实在意味上理解符号的两个要素，"符号连接的不仅是事物和名称，还包括概念和音响印象"。[1]而且在指出事物和名称不具有一一对应的均质性之后，他认为诠释符号内蕴的逻辑关系并不需要引入个体和对象等现实事物。因此，对所指的界定也不需要引入外在事物。最后，索绪尔符号学说的核心在于"能指—所指"之间的任意关系以及"能指—能指"之间、"所指—所指"之间的差异关系，而非"名称—事物"之间的指称关系。如果只需要关注符号结构要素（心理现实）彼此之间相互限定、互有差异的关系（对一个概念的肯定来自对系统内其他所有概念的否定）就可以完整地阐释符号的功能和本质，那么为什么还要额外引入不准确的具体事物（外在现实）与名称之间的关系呢？如同两千多年前公孙龙在《指物论》开篇立论"物莫非指"一样，"文本之外无一物"，[2]索绪尔实际上认为唯一有价值的现实就是言说者的语言意识。[3]只有通过语言人们才有可能清晰地区分现实，符号和外在现实之间不存在谁先谁后的问题，[4]抛弃了"能指—所指"关系的"名称—事物"关系是毫无意义的。索绪尔观念中符号可以成为自我运转系统的理由在于依靠能指和能指、所指和所指之间的差异关系即可锚定某个符号在整个符号系统中的位置。

（2）符号的任意性原则。

索绪尔将能指和所指之间的任意性关系视为语言符号学领域最高层次的真理。所谓任意性，指的是一个符号的能指及其所指之间的联系是任意的、非理据的，一如上文提及的汉语和英语在表达"树"这个概念时完全可以使用不同的能指。这个观点是如此简单明了又似乎违背了人的直觉常识——在

---

[1] 令人惊喜地发现，索绪尔对"事物—名称"与"概念—声音形象"两对关系的区分恰好与两千多年前名家公孙龙在《指物论》中通过"天下无指者，生于物之各有名，不为指也"厘定的"指"（符号）与"名"（名称）的关系形成了时隔千年的呼应。

[2] Jacques Derrida, Of Grammatology 158（Gayatri Chakravorty Spicak trans., Johns Hopkins Univ. Press 1976）(1967)，转引自彭学龙：《商标法的符号学分析》，法律出版社2007年版，第33页。

[3] 屠友祥："指称关系和任意关系、差异关系——索绪尔语言符号观排除外在事物原因探究"，载《外语教学与研究》2013年第3期，第344～349页。

[4] 索绪尔认为，"只有语言所认可的（外在现实与符号之间）连接才是符合实在性的"，他更强调外在现实不可能在符号之先产生。［瑞士］费迪南·德·索绪尔：《普通语言学教程》，裴文译，江苏教育出版社2002年版，第75页。

汉语系统内，"树"的概念只对应着"shù"而不是其他音响形象。实际上这是对符号任意性的误解。

第一，任意性不是随意性。首先，索绪尔明确指出，任意性不表示能指和所指可以随时自由组合，而是说明起初两者的联结是无理据的。[1]"天地一指也，万物一马也"，庄子用来反驳名家学说的例子却恰好说明能指和所指的对应关系并不是由于两者之间先验地存在着内在、自然的关联而形成的。许国璋先生在研究外语习得过程时也发现，在初学者看来，一门外语的能指与所指之间的关系是任意的。[2]这正是任意性最接近我们自身经验的一个例证。其次，索绪尔将任意性进一步拆分为绝对任意性和相对任意性。比如，"九十"表达数字90的概念是绝对任意的，而"九十一"表达数字91的概念则是在符号"九十"的基础之上，因此是相对任意的。[3]可以发现，这里的相对任意指的是符号系统内部逻辑（符号的复合关系）的体现，并不表示"九十一"与"91"之间存在自然的联系，因此总体看来符号仍然是任意的。

第二，任意性和理据（规约）性并不矛盾，这是由于符号的理据性和任意性所在的向度不同。首先，一门语言内部能指和所指的对应关系一般不能自由改变的原因在于社会发展过程中形成的规约传统成了联结两者的理据，因此，"符号天生是任意的，后天则否"。[4]其次，传统和习俗构成的规约和理据约束的是言说者，而符号本身仍然处于任意状态中。这既解释了符号的可变性，也解释了符号的不变性。前者是指由于能指和所指之间没有自然理据，两者可以任意组合，因而在社会组织的不断运动中，符号关系也一直处于变动之中，新的关系不断产生，旧的不断消亡。同时，能指和所指之间通常也不是一一对应的。比如，将"床前明月光"中"床"置于诗人写作的年

---

〔1〕［瑞士］费迪南·德·索绪尔：《普通语言学教程》，裴文译，江苏教育出版社2002年版，第77页。

〔2〕张绍杰：《语言符号任意性研究——索绪尔语言哲学思想探索》，上海外语教育出版社2004年版，第10页。

〔3〕［瑞士］费尔迪南·德·索绪尔：《第三次普通语言学教程》，屠友祥译，上海人民出版社2002年版，第96页。

〔4〕David Holdcroft, Saussure: Signs, System, and Arbitratiness 53（1991），转引自彭学龙：《商标法的符号学分析》，法律出版社2007年版，第30页。

代可能指称"睡床""井栏""几凳"等，[1]在当前则只能与"睡床"对应；而"床"除了可以与"睡床"联结构成符号，还可能引发听者脑中"睡眠""困意"等其他概念。后者是指由于能指和所指之间的组合只能由社会系统决定，因而个人可以习得语言，但无法通过言语的方式自由拆解既存的符号关系。比如，在"红灯停、绿灯行"的符号对应关系建立起来之后（在起初也存在着"绿灯停、红灯行"的可能），个人不可能将之破坏。

（3）二元结构模型的局限性。

索绪尔虽然建立了符号结构分析的基本模式，但有学者批评索绪尔的符号学说太过重视对共时性的考察，忽视了符号只有在与外在现实之间构建紧密关系时才能够承担价值和意义。[2]

索绪尔对符号学的研究倾向于语言学的个性，在之后的符号学研究中这种几乎彻底脱离现实经验的结构主义观点遭到质疑。其中最著名的诘难来自本维尼斯特，他认为索绪尔虽然强调在研究语言符号时不需要考虑指称关系，但实际上不自觉地接受了符号和事物之间的相互对应。比如，索绪尔在分析能指和所指之间的任意性时指出以不同语言可以以不同的能指表达"牛"这个概念，但是彼时他实际上是以同一现实（真实的牛）作为参考系的。[3]研究符号学的学者响应本维尼斯特的观点，认为应当将现实作为概念的基底，完全断绝和现实世界联系的所指是不可思议的；语言的目的是以自身独特的方式对外部世界进行描绘解释，因此必须指向外在现实。[4]而罗兰·巴尔特发展了索绪尔的观点，提出能指和所指之间存在意指作用，并强调外部环境要素对符号意指的影响——也就是他所谓的"值项"（valeur），[5]也建立在对二元结构不重视符号意指性的批判之上。

总的来说，后世的符号学家认为索绪尔的观点不能充分说明符号同时具

---

〔1〕　胥洪泉："李白《静夜思》研究综述"，载《重庆社会科学》2005年第7期，第47～50页。

〔2〕　Eagleton, Terry, *Literary Theory: An Introduction*, Minneapolis: University of Minnesota Press, 1983, p.109, 转引自丁尔苏：《符号与意义》，南京大学出版社2012年版，第45页。

〔3〕　屠友祥："指称关系和任意关系、差异关系——索绪尔语言符号观排除外在事物原因探究"，载《外语教学与研究》2013年第3期，第340页。

〔4〕　屠友祥："指称关系和任意关系、差异关系——索绪尔语言符号观排除外在事物原因探究"，载《外语教学与研究》2013年第3期，第342页。

〔5〕　［法］罗兰·巴尔特：《符号学原理》，李幼蒸译，中国人民大学出版社2008年版，第140～147页。

有技术性和意指性的双重作用，[1]也容易走向语言（符号）系统在语言成分之先的误区。其原因一方面在于索绪尔对符号学的贡献是建立在语言学之上的，因此他遵循的其实是从特殊（语言符号）到一般（一般符号）的思维路径；另一方面在于索绪尔几乎不考察符号发挥功能的过程，而纯粹从"符号是什么"的角度进行考察。结果就是他过度强调符号的形式关系，忽略了语言形式必须表达其指代的内容（某种外在现实，包括物质实体和心理观念），并接受该内容的限定这一现实问题。尽管追求符号的本体意义，但反而导致在他的观念中，人们只能追问与外在事物一纸之隔的所指"不是什么"，却永远无法明白它"是什么"。[2]其原因就在于，要得出"符号是什么"的结构主义答案实际离不开"成为符号的条件"这一实用主义命题。总体来看，符号学的发展呼唤对符号意义与外部事物之间联系的重视，也需要探究不断变化发展的物质活动对符号系统所起到的作用。[3]因此，符号学需要寻找新的结构模型。

2. 现代三元结构模型

当索绪尔构建封闭的二元结构时，美国符号学家皮尔斯从实用主义的角度出发，将外在现实带到符号结构中，提出了开放式的三元结构模型。

（1）三元结构：符号的形式条件。

皮尔斯提出的三元结构认为符号内部可以划分为再现体、对象和解释项三个要素。三元结构中三个要素发挥作用的过程可以简单理解为再现体在听者心中激发对对象的解释的过程。[4]皮尔斯认同索绪尔对"关系"而非实体的重视。但是，与索绪尔的区别在于他认为不引入外在事物的关系不可能具有意义。从某种意义上来说，皮尔斯比索绪尔更加彻底地摒弃了符号的物质性。他从来都只从以上三个构成要素相互关系的角度来对它们作出定义：符号（再现体）可以是任何一种事物，只要它一方面由一个对象所决定，另一方面又能在心灵（mind）中决定一个观念（idea），这种决定关系就是符号的

---

〔1〕 司文会：《符号·文学·文化：罗兰·巴尔特符号学思想研究》，中国书籍出版社 2016 年版，第 84 页。

〔2〕 申小龙：《〈普通语言学教程〉精读》，复旦大学出版社 2005 年版，第 234 页。

〔3〕 丁尔苏：《符号与意义》，南京大学出版社 2012 年版，第 32~33 页。

〔4〕 李巧兰："皮尔斯与索绪尔符号观比较"，载《福建师范大学学报（哲学社会科学版）》2004 年第 1 期，第 116 页。

解释项。[1]因此，他在广义和狭义（再现体）两个层面上使用"符号"一词。皮尔斯对符号学的定位不是"符号是什么"，而是"成为符号需要满足哪些条件"。故而李斯卡将三者之间的关系称为符号的形式条件。[2]

第一，再现体的呈现条件。在皮尔斯看来，任何事物成为符号的原因不是因为其内在特征，而是由于当它作为再现体时可以呈现（present）其对象某方面的品质；反过来说，对象身上一定具有某种可被符号呈现的品质作为再现体与对象相联结的基础。这就是皮尔斯所谓的品质和符号同时共存（co-extensive）。比如，"白色的纸箱"这一符号将"白色"这一品质呈现在了"纸箱"这一对象上，同时也说明"纸箱"可以是"白色"的；相反，"严肃的纸箱"在一般情况下不具有真实的符号意义，原因在于在通常语境下纸箱不可能具有"严肃"这一品质。

第二，对象的再现条件。同样，任何事物（不论是已知现存的事物还是纯粹处于思想中的观念）都可以成为符号指称的对象，只要它可以被再现出来（represent）。再现存在一种"限定过程"，这一限定过程是强制的而非因果的，其强制性体现在再现体与对象之间的像似性（similarity）和规约性（convention）之中。换言之，"可再现"说明对象和再现体之间存在一种命令式的服从关系，而这种服从关系的产生意味着存在再现体引发听者调动自身经验知识的过程。因此，"再现"条件的满足指的是这样一种情况：符号基础（符号的品质/呈现条件）与符号解释同时存在，而符号基础存在的前提是对象具备决定再现体反映其品格的"能力"，这种决定过程的真实发生即符号解释。皮尔斯进一步将对象区分为动力对象和直接对象，这一区分的意义不亚于索绪尔将符号剖析为能指和所指。其中，直接对象是再现体直接指涉的事物，实际上是指调动经验知识后在符号解释者脑海中形成的"知觉模因"（perpetual schema）。[3]而动力对象则为再现的过程提供"强制力"。因此，

---

〔1〕 ［美］皮尔斯：《皮尔斯：论符号》，赵星植译，四川大学出版社2014年版，第31页。

〔2〕 该部分论述主要参考了《皮尔斯：论符号》一书，不一一标注。参见［美］皮尔斯：《皮尔斯：论符号》，赵星植译，四川大学出版社2014年版。

〔3〕 知觉模因指的是认知者根据认知经验形成的记忆存储结构，亦即符号解释者脑中留下的心理印记。See Thomas R. Lee, Eric D. DeRosia, & Glenn L. Christensen, "An Empirical and Consumer Psychology Analysis of Trademark Distinctiveness", *Arizona State Law Journal*, Vol. 41, Issue 4（Winter 2009）, pp. 1033~1110.

"动力对象"具有一种能力。这种能力如同引发符号过程（semiosis）的"标尺"。[1]皮尔斯曾经举例说明动力对象的作用方式："用手指向他人指出自己想要意指的具体事物，如果他人没有看到，那么他就不知道自己的意思；如果他看到了，能否准确地理解自己想要意指的那个事物，取决于他能否根据经验将其与视野范围内的其他对象区别开来。"[2]这里的"经验"显然属于整个符号系统所仰赖的社会经验认识，因此，在这个例子中，直接对象指的是"他人"（符号解释者）脑海中被指向的具体事物与其他事物的认知区别，而动力对象恰好指的是就是该具体事物与其他事物的客观区别——正是这种客观真实的区别决定了符号解释者认知中的事物区别。值得注意的是，这种对符号再现过程的描述与索绪尔对任意性和理据性（规约性）辩证统一关系的分析相映成趣。

第三，符号的解释条件。[3]符号的解释项（interpretant）可以理解为符号的意义，有些类似二元结构中的所指，但实际要复杂得多。解释项的存在

---

　　[1]　符号过程（semiosis）是三元符号观下的子概念，再现体、解释项和对象形成完整的符号指代就意味着完成了一个符号过程。由于任何事物都有可能成为再现体或对象，这意味着符号本身也有可能成为其他符号的再现体或对象。这就是所谓无限符号过程（ultimated semiosis）。皮尔斯本人并没有直接使用"无限符号过程"一词，但确实指出了符号结构的内部关系只能在符号解释的动态绵延过程中得到明确："符号是任何一种事物，它可以使别的东西（它的解释项）去指称一个对象，并且这个符号自身也可以用同样的方式去指涉（它的对象），解释项不停地变成（新的）符号，如此延绵以致无穷。"在后世的皮尔斯理论研究者看来这是皮尔斯符号学说的重要内容。参见［美］皮尔斯：《皮尔斯：论符号》，赵星植译，四川大学出版社 2014 年版，第 32 页。代玮炜、赵星植、［芬兰］阿赫提-维科·皮特里宁："皮尔斯符号学及其三分模式论：皮特里宁教授访谈"，载《宜宾学院学报》2016 年第 3 期，第 2 页。李巧兰："皮尔斯与索绪尔符号观比较"，载《福建师范大学学报（哲学社会科学版）》2004 年第 1 期，第 117 页。另外，事实上，李斯卡确实用了一个类似"标尺"的例子来解释动力对象发挥作用的方式。通过敲击油箱听到不同声音或者测量油箱气压来判断剩余油量就是一个符号过程。其中油箱内剩余的汽油所具备的某种物理性质，比如对箱内气压或者敲击油箱产生的特定声调的影响，相当于一个动力对象；通过声调或气压的差异而对汽油余量作出的判断就是直接对象。上述物理性质与气压高低或声调变化的差异之间存在一致性，亦即动力对象对直接对象的再现产生了"驱动力"和"强制力"，完成了符号过程，比如敲击油箱的声音越沉闷，说明汽油余量越"多"，反之则越"少"。参见［美］皮尔斯：《皮尔斯：论符号》，赵星植译，四川大学出版社 2014 年版，第 164 页。（需要注意的是，虽然李斯卡将动力对象表述为"油箱内的汽油水平线"，但从他的具体描述中，应当认为"水平线"本身无法提供符号过程所需的强制力。）

　　[2]　赵星植："论皮尔斯符号学中的'对象'问题"，载《中国外语》2016 年第 2 期，第 50 页。

　　[3]　笔者认为，皮尔斯理论的核心"符号解释"不是"符号认知"。三元关系中没有"解释者"，只有"解释项"，皮尔斯也不关注符号使用者的主观能动性，或者在他看来，这种主观能动性只是符号在解释过程中的一类客观要素。

说明再现体只有得到"翻译"（translation of a sign）时才能称其为符号，皮尔斯有时称之为使用者借再现体在其认知中构建出对象的"放射"过程。李斯卡认为解释项既指的是符号的意义，又指的是符号被解释以令听者理解的过程及其达到的效果。[1]因此，解释项可以依照符号对人类行为的影响，亦即听者理解符号意义的过程作进一步区分。首先，再现体引起听者的感觉，此时听者尚未理性地理解解释规则，因此称为感觉/情绪解释项（emotional interpretant）。比如对他人长相的第一印象，或是看到蓝天碧海时的模糊感受。其次，引起听者的某些行为或感情的能量解释项（energetic interpretant），比如强光令人眯起双眼，或臭味激发人心中的厌恶之情。能量解释项不具有符号的真正意义，其效果也是因时因地而异的，但是对听者最终理解符号产生影响。最后，再现体对听者产生的一种规则式的效力，被称为逻辑解释项（logical interpretant）。皮尔斯将之称为"符号特征所预期的或注定会有的一种效力"。这种效力一方面由社会习惯所规约而成，另一方面也与听者自身的习惯和认识相关。最终解释项的产生说明听者根据自身经验和社会习俗清楚完成了符号过程（semiosis），[2]因此可以被理解为符号过程的阶段性终结点。

第四，以像似性（similarity）为基础的三元结构。三元结构是一个不可分割的整体，而不是其中任意两个要素之间关系的机械添加。尤其需要注意的是不存在解释项和再现体或解释项与对象之间独立自在的关系。皮尔斯将符号定义为一种链接一个对象和人们心中的一个观念的事物，其中对象自身的品质限定（specialize）了何者能够成为其符号，同时也间接限定了符号的表达引发心中观念的过程，这种决定方式就是解释项。因此，解释项绝不是独立存在的某种事物（thing），而是一种形式（form）或者将再现体与对象结合起来的能力（power）。[3]皮尔斯将这种能力的由来称为像似性，并将符号过程总结为，"某物 A（再现体）把解释项代入与其对应的某物 C（对象）……A自身就代替了 C"。[4]这说明，只有当再现体与指称对象之间存在一定共享特征时两者才有可能通过解释项结合起来。而特征或称品质的"共享"既有可

---

〔1〕　［美］皮尔斯：《皮尔斯：论符号》，赵星植译，四川大学出版社 2014 年版，第 165 页。

〔2〕　［美］皮尔斯：《皮尔斯：论符号》，赵星植译，四川大学出版社 2014 年版，第 31 页。

〔3〕　赵星植："论皮尔斯符号学中的'对象'问题"，载《中国外语》2016 年第 2 期，第 52 页。

〔4〕　［美］皮尔斯：《皮尔斯：论符号》，赵星植译，四川大学出版社 2014 年版，第 31 页。

能基于对象和再现体的自然属性，也有可能基于符号使用者集团约定俗成的经验知识，后者的可变性更加强烈，体现为符号的意义可以生长、变异、消灭、新生。[1]所以，单纯讨论符号、对象、解释项中任意两者的关系是不可能的，解释任意二者的联系都必须借助第三者才可能达成。

（2）三元结构与二元结构的区别。

索绪尔构建的二元结构模型是建立在语言学研究之上的静态封闭系统。虽然他意识到了语言学与符号学之间的种属关系，但是，毕竟他提出的二元结构模型是建立在语言符号自给自足这一基本假设之上的，因此符号系统不需要指向任何对象，也不涉及符号与现实世界之间的再现关系，[2]而是纯粹的心理实体。二元结构的核心与主要贡献是指明了能指与所指之间的任意性关系，并且将任意性与规约性结合起来。索绪尔从历时性的角度说明了符号系统（主要是语言符号）如何由"无序"变为有序，以及其中体现出的符号可变性与不变性，但是并没有涉及符号的解释过程。换言之，二元结构中历时性、可变性和不变性等观念实际是通过对符号的静态描摹而完成的。继而，索绪尔既不关注符号与外部世界的指代关系，也不关注符号使用者对符号的理解和表达；[3]相反，他关注的是能指的线性组合特征作为人类语言基础的重要性。

而皮尔斯的三元结构模型则是重视符号与外部世界之间关系的动态开放式系统，因此更加适合表达符号的一般规律。他与索绪尔学说根本的差异在于，皮尔斯从实用主义的角度出发认为研究符号的解释是符号学的关键内容。从结构要素上来看，皮尔斯引入了"对象"这一索绪尔不作为符号结构要素来考虑的概念，再现体通过解释项来再现对象的过程也特别适合分析符号的功能。在这一过程中，符号结构中的三个要素是绝对缺一不可的，而且绝对不可化约为要素两两之间关系的叠加。[4]由于皮尔斯从符号解释的角度来阐释其符号学，因此必须将外在世界的对象引入符号结构中，继而以像似性作

〔1〕 彭学龙：《商标法的符号学分析》，法律出版社 2007 年版，第 53 页。

〔2〕 代玮炜、赵星植、〔芬兰〕阿赫提-维科·皮特里宁："皮尔斯符号学及其三分模式论：皮特里宁教授访谈"，载《宜宾学院学报》2016 年第 3 期，第 4 页。

〔3〕 李巧兰："皮尔斯与索绪尔符号观比较"，载《福建师范大学学报（哲学社会科学版）》2004 年第 1 期，第 117 页。

〔4〕 〔美〕皮尔斯：《皮尔斯：论符号》，赵星植译，四川大学出版社 2014 年版，第 172 页。

为其学说的基本原则。

总的来说，这两种模型各有侧重，不能认为再现体相当于能指或者解释项相当于所指，或者三元结构是二元结构的"重构"。我们可以说，单纯从符号的静态结构来看，任意性、规约性及其包含的可变与不变过程的辩证统一是接近符号"本体意义"的诠释，而从符号的动态运行来看，以像似性为基础的呈现、再现、解释条件共同构成的三元结构是接近符号"功能意义"或"衍义过程"的诠释。

（二）常态商标结构的符号学分析

如前所述，索绪尔和皮尔斯各自构建的符号结构模型虽然向度不同因而不可混淆，但两者在一个节点上发生了相交：索绪尔所谓能指和所指关系的规约性（理据性）与皮尔斯所谓的像似性存在一定程度的交叉。其原因在于，静态二元结构可以看作动态三元结构运动过程中的"切片"，我们可以观察到的每个切片之间的差异相连就是符号由生到死乃至重生的变化过程。变化之所以存在，在于符号的生灭变化遵循从任意性走向规约性并且产生价值和意义的一般规律，从微观角度看是不变的，但是从宏观角度看具有可变性。而变化之所以发生，是由于符号的解释条件必然随着像似性的运动而变化发展。因此，二元结构模型和三元结构模型是从动静两个不同向度上观察商标符号的结构，它们不存在彼此替代或转化的关系。故而笔者不同意一些学者认为的，商标的商品化意味着商标结构由三元转化为二元。[1]确切地说，商标的商品化，或是所谓"能指或所指与产品的融合"实际上说明三元结构中"对象"的意涵发生了变化，并导致解释项连带发生变化；而所谓"超符号"（hypermark）的产生意味着所指的泛化，这导致的不是商标符号的破碎，而是向其他符号系统或"语境"蔓延。[2]

1. 商标静态二元结构

认识到能指和所指是心理实体而不是物质实体，以及两者之间任意性和理据性（规约性）的对立统一是将符号的二元结构模型应用于商标结构分析

---

〔1〕　参见彭学龙：《商标法的符号学分析》，法律出版社 2007 年版；王太平："商标概念的符号学分析——兼论商标权和商标侵权的实质"，载《湘潭大学学报（哲学社会科学版）》2007 年第 3 期，第 23 页。

〔2〕　Barton Beebe, "The Semiotic Analysis of Trademark Law", *UCLA Law Review*, Vol. 51, Issue 3 (February 2004), p. 693.

的前提。

（1）商标符号的能指与所指。

商标法权威学者麦卡锡教授曾将商标的结构分解为三个要素："①有形的标识，包括词语、名称、记号或图案或其他任何组合；②使用的形式，即商品或服务的生产、销售者对标识的实际使用方式；③功能，即标识标记产品出处并将之区别于他人商品或服务的能力。"[1] 很显然，商标结构中的能指是标识具体形态在商标使用者（包括商标权人、消费者、其他竞争者[2]）脑中留下的心理印记。首先，由于能指是心理印记而非有形的商标标识，因此从标识本身来看，商标权取得和维持（侵权与否）的核心内容应当是基于推定消费者心理印象的"混淆之虞"而不单纯是标识的近似。当然，消费者是否可能产生混淆还需要从商标与商品或服务的结合方式、商标的使用方式等角度进行系统考察。同时，在商标标识本身的近似程度是否可能导致混淆这一"子系统"内同样应当探究标识在消费者脑中留下的心理印记是否有可能导向最终的混淆之虞，标识在物理层面的近似程度只是达成判断的条件之一。以我国《商标审查标准》为例，其中罗列的各种对标识音、形、义的细化标准，以及标识整体审查、隔离审查的方式方法都建立在商标符号的能指是心理印记而非有形标识的基础之上。其次，与对语言符号二元结构的剖析一样，人们也习惯于把商标标识的心理印记——甚至有形标识本身——当作完整的商标符号。这是由于能指是二元结构中更靠近"物质"和"形式"一面的要素，能指更加显眼，所以很容易产生符号形式优先的心理惯性。这种忽略符号内容（所指）引起的符号结构的对称破缺，[3] 在日常语境下尚不会引发麻烦，然而如果在需要追求符号意义的场合——比如法律关系中——则可能引起严重的误解。

问题在于，商标所指是什么？所指和能指一为符号内容，一为内容的表

---

[1] J. Thomas McCarthy, *McCarthy on Trademarks and Unfair Competition*, 2000.

[2] 商标权人的使用方式为专有性使用（proprietary use），消费者和其他竞争者的使用方式为指示性使用（referential use），随着商标使用程度的加深，还有可能出现将商标符号整体作为日常用语的习惯性使用（customary use）。比如，"爱马仕"商标在商标权人处体现为专有性使用，而消费者或其他竞争者用之以识别、指示商品或服务的来源（指示性使用），而且"爱马仕"已经具有了某种社会文化意涵，可以在日常生活中用来表达"高端""奢侈"等含义，如"巧克力中的爱马仕"这类表达。See David W. Barnes, "A New Economics of Trademarks", *Northwestern Journal of Technology and Intellectual Property*, Vol. 5, Issue 1 (Fall 2006), pp. 22~67.

[3] [日] 池上嘉彦:《符号学入门》, 张晓云译, 国际文化出版公司 1985 年版, 第 47~48 页。

达。两者之间的关系如同一张纸的正反面，必然相互指称，因此可以通过有形标识的心理印记这一能指来寻找何者为所指。

第一，从反面利用排除法确定所指的内涵，应当认为所指是商誉而不是其他任何要素。商标的使用过程在形式上表现为使用人将有形的标识以贴附（affix）、施用（apply）或其他任何可能的方式与某类别的商品或服务一同展示在消费者面前，在实质上体现为消费者借以识别商品或服务的出处和评价其品质的过程。因此，商标结构中能指可能指称的要素包括：具体的商品或服务、商品或服务的类别、商誉、商品或服务的出处。首先，毋庸置疑的是，所指作为非实体的"概念和意义"不是具体的商品或服务。其次，所指不是商品或服务的类别。一方面，划分商品或服务类别的作用在于作为商标申请时制定商标和服务的依据，方便行政管理和信息检索，[1]而非商品或服务分类的真实依据。在现实生活中，因既有《类似商品和服务区分表》的滞后性导致无法满足实际分类需要的情况比比皆是；[2]在司法实践中，行政机关与司法机关对商品或服务类别是否应当严格依照《类似商品和服务区分表》而划定也存在较大分歧。[3]这说明，商品或服务类别的划分无法完成将符号结构代入商标法律关系的任务。另一方面，消费者面对的是具体的商品或服务，即使从日常经验中总结出某商标对应的商品或服务类别，也时常受到驰名商标跨类保护或商标淡化行为的影响。最后，商品或服务的来源同样不适合作为商标符号的所指。这是由于指示来源只是商标符号的基本而非全部功能，而正确地框定商誉的归属意味着来源指示功能不被干扰，这正是商标法律规范的题中之义。

第二，从正面确定所指的内涵是商誉。关于商誉的法律意义众说纷纭。

---

〔1〕　蒋利玮："《类似商品和服务区分表》在判定商标使用中的作用"，载《中华商标》2011年第6期，第53页。

〔2〕　比如，在张某剑商标撤销复审行政纠纷案中（北京市高级人民法院［2016］京行终字第117号行政判决书），法院推翻了以往的模糊认识，认为商场、超市等服务不属于《类似商品和服务区分表》中第35类"替他人推销"。然而这样一来，商场、超市等提供的服务就无法在《类似商品和服务区分表》中找到对应的类别，在注册取得模式下意味着无法取得商标权。

〔3〕　实践中既存在注册机关和商标评审委员会杜撰商品类别的情形，如"ZMC"商标争议案（北京市高级人民法院［2010］高行终字第111号行政判决书）；也广泛存在法院推翻行政机关或《类似商品和服务区分表》对商品或服务类别的近似性作出的认定，如"Goldenbud"商标案（北京市高级人民法院［2007］高行终字第417号行政判决书）、"金狼JINLANG及图"商标案（北京市高级人民法院［2009］高行终字第845号行政判决书）、"益达"商标案（最高人民法院［2016］最高法行再71号行政判决书）等。

其一为无形财产说，该说认为商誉是一种结合了人身性和财产性的特殊财产。[1]其二为品质及评价说，该说认为商誉表明商品或服务的品质，消费者对企业的经营能力、资信水平、商品和服务质量等状况的评价以及该企业的名誉与信誉的综合表现，换言之，商誉是人们对于经营者的一种认识和看法。[2]其三为信息说，该说认为商誉是囊括了通过商品或服务及其营销方式所体现出的经营者的技术水平、资金实力、质量标准、经营和管理能力等方面的结构性信息，该信息配合商标符号可以自然而然地将商品和服务提供者相互区别开来。[3]其四为交易优势说或"关系"说，前者认为商誉是一种以优势交易机会和条件为内容的无形财产，[4]后者认为商誉是经营者和消费者之间的友好和信任关系，而且可以成为商品和服务的附加价值。[5]显而易见的是，以上定义彼此之间存在交叉，各自描述了商誉某方面的品质：商誉的法律属性是无形财产，自然属性是表明商品和服务品质的结构性信息；商誉发生于经营者与消费者之间，在经营者一端可以用于与竞争者相互区分，同时也是一种可量化的消费者评价。[6]一方面，不论何种观点都认为商业标识是商誉的载体和现实表现，同时，标识如果没有附着商誉，则不可能具有价值和意义。另一方面，商誉自身的秉性必然包含了知名商品和服务出处的功能：作为结构性信息和"关系"的商誉必然建立在消费者准确识别经营者的

---

〔1〕 吴汉东："论商誉权"，载《中国法学》2001年第3期，第92页。另可参见朱姝、张少峰："论商誉权的法律保护"，载《现代法学》1996年第1期，第66页；梁上上："论商誉和商誉权"，载《法学研究》1993年第5期，第40页。

〔2〕 赵震江、孙海龙："商誉及其侵权损害赔偿的理论和实践"，载《现代法学》2000年第3期，第40页。另可参见江帆："商誉与商誉侵权的竞争法规制"，载《比较法研究》2005年第5期，第41~42页。

〔3〕 朱谢群："商标、商誉与知识产权——兼谈反不正当竞争法之归类"，载《当代法学》2003年第5期，第6页。

〔4〕 王明成："商誉本质：优势交易机会和交易条件论——基于商誉与商誉载体的区分"，载《西南民族大学学报（人文社科版）》2009年第6期，第157页。

〔5〕 谢晓尧："论商誉"，载《武汉大学学报（社会科学版）》2001年第5期，第552页。

〔6〕 笔者认为，不宜将商誉限定为积极良好的评价，或者认为商誉只能属于交易优势。作为消费者评价的商誉既可能是良好的，也可能是不良的。一方面，良好商誉固然可以促使消费者购买商品和服务，不良商誉可以帮助消费者将之排除，同样起到了降低信息搜寻成本的效果。另一方面，消费者的评价是与其所处群体的特征息息相关的，不同类型的消费者对同一商品或服务可能产生不同的评价，即使质优者如果价高也并不一定会形成交易优势，但这并不表示消费者不会对其作出良好评价。简而言之，商标只能表现商品或服务品质的同一性，而不是"优异性"，因此也不能认为作为所指的商誉也是正面评价或交易优势。

前提之上，作为评价的商誉必须确定被评价的主体，作为财产的商誉更意味着必须存在产权归属。因此，商标标识在主体脑中留下的心理印记是能指，而商誉则为其所指。"商誉是实体，而商标只不过是其影子，只有商誉才是法律保护以避免他人侵夺的财产"，[1]这恰好说明了商誉是商标符号概念和意义的安身立命之所。因此，商标的二元结构如下图所示：

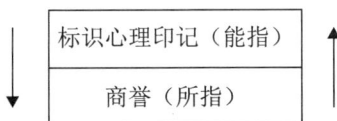

图1-3　商标符号的二元结构

（2）商标二元结构关系。

如前所述，索绪尔的符号学说观察的是符号建构、生长过程的动态、宏观图景中的一个个静态、微观切片。因此，理论上我们完全可以借助二元结构来遍历一个符号由生到死的每一个瞬间，并且从中归纳总结出其能指和所指内部关系发展变化的全过程。在这一线性过程中，在同一商标符号内部能指与所指之间的关系遵循任意性与理据性（规约性）的原则。

第一，商标标识的心理印记（能指）与其所表称的商誉（所指）之间不存在自然理据性的因果联系。一方面，商标权人在构筑商标之初，可以随意选择标识的具体形态。比如，耐克公司如若起初选择了"阿迪达斯"商标的"三斜杠"作为自己的商标标识，同样存在构筑完整符号结构的可能性。这就是所谓的"商标无关假定"（the irrelevant mark assumption）。[2]另一方面，标识可能给一般消费者带来的心理印象与商誉之间不应当也不可能建立起有关对象自然品质的必然联系。[3]换言之，如前所述，由于包含了正确指示商品

〔1〕　Edward S. Rogers, "Comments on the Modern Law of Unfair Trade", *Illinois Law Review*, Vol. 3, Issue 9, pp. 551~564.

〔2〕　Stephen L. Carter, "The Trouble With Trademark", *Yale Law Journal*, Vol. 99, Issue 4（January 1990）, pp. 759~800, 转引自彭学龙：《商标法的符号学分析》，法律出版社2007年版，第29页。

〔3〕　对此皮尔斯的三元结构模型也指出，某个东西成为一个符号，并不是因为它具有什么内在特征，而是具有任何符号都必须具有的形式特征：与一个对象相互关联，而且在三者不可化约的连接过程中产生了一个解释项。因而只有事物脱离其自然属性时才可以成为符号，符号学的研究对象就是"一个东西能够成为符号的诸种方式"。参见［美］皮尔斯：《皮尔斯：论符号》，赵星植译，四川大学出版社2014年版，第160页。

和服务出处的功能，在建构商誉时必然伴随着经营销售等商标使用行为，因此商誉与现实中的商品和服务紧密相连。而依照商标五分法，由臆造商标到通用名称正好体现了标识形式与商品和服务的自然品质之间相互关系由弱到强的线性变化。如果商标权人试图将仅具描述性的标识或通用名称作为能指的"外壳"，则根本无法凝聚包含出处功能的商誉，最终导致商标符号建构失败。反过来说，建立获得显著性正好说明了商标能指和所指之间的规约性关系已经强大到可以在商标符号系统中破坏与自然品质有关的因果联系，因此仍旧属于对任意性的肯定。

第二，标识心理印记与商誉之间的关系必然依照理据性（规约性）原则发展。商誉可附着在标识之下的唯一理由是通过持续性地将商标投入市场营销中，以令消费者在搜寻交易信息时将标识作为节约搜寻成本的工具。而完成这一符号建构过程的理据则受到内外两层规约的制约。一方面，从消费者与单个经营者的内部关系来说，在互动过程中的交易习惯和社会文化习俗决定了商标能指和所指之间关系的强弱变化，也就是商标符号的合理性。所谓合"理"的商标，是指经营者应当选择既能满足上述符号任意性对显著性的要求，又根据整个社会环境下相关公众的价值偏好，选择更可能为消费者瞩目偏爱的标识作为能指的基础，以令商标法符号中凝聚的商誉发挥其积极正面的影响。另一方面，从经营者彼此之间以及经营者全体与消费者之间的外部关系来说，理据和规约体现为法律法规对商标符号合法性的引导。法律规范是规约的底线，而法的渊源包含了习惯、道德观念、正义观念、宗教规则、礼仪等众多实际社会生活中形成的人与人关系的集合，[1]因此，法律对商标符号系统中秩序的引导体现了社会传统对商标符号的强制性规范。比如，在经营者之间，对于某一商标而言，由何人、何种方式优先取得占有该符号的权利，以及权利的范围大小等都应当通过法律予以规范。又如，在全体经营者与消费者之间，法律规范圈定了绝对禁止取得权利的商标符号类型，以免这类商标符号遭受损害造成不良影响。值得注意的是，合理性的射程大于合法性，合法性要求提高了权利取得的门槛。这体现为法律将某些可能凝聚商誉但同时破坏公序良俗的标识排除在外，或者法律规范为经营者争夺商标符号归属（产权）划定秩序和规则。

---

〔1〕 张文显主编：《法理学》（第3版），高等教育出版社、北京大学出版社2007年版，第90页。

第三，商标符号一旦构建完成，即因符合社会规约而具有相对不变性，这意味着某一商标能指和所指被相互"锁定"。正如美国商标法权威麦卡锡教授所言："商标标识只是商誉的象征，离开商誉的标识是无足轻重的。标识与其所表征的商誉就好像连体婴一样同生共死。"[1]这说明，在商标能指和所指的内部关系中，能指是外在的、表征的结构要素，而所指是内在的、具备意义的要素。如果将完整的商标符号比喻为航行在市场之海中的船只，标识和能指就譬如信号旗帜，目的是指称和区别不同的船只；而商誉和所指如同船体，是起到基础作用的要素，没有了"所指之船"，旗帜毫无意义。这也就是巴尔特所谓的能指"只是一个起到中介作用的纯关系项"。[2]因此，商标法应当保证商标权能够吻合商标符号的能指和所指，即所指被正确地归属于标识的实际使用者，而非标识形式上的拥有者。

2. 商标动态三元结构批判

国内已有的对商标符号三元结构的分析在毕比教授研究的基础上形成了一种经典诠释，即一方面利用"符号三角形"将三元要素确定为有形标识（再现体、符形、能指）—商誉（解释项、符释、所指）—商品或服务（对象），[3]另一方面认为现实中存在三元结构向二元结构转化的过程。[4]笔者对此不能完全认同，这一观点的基础是"符号三角形"，但皮尔斯不仅从来没有绘制过任何符号三角形结构，而且认为正确描述符号过程的前提是不可将三元关系拆分为其中任何二要素之间关系的叠加，而是从三元要素各自的视角出发来观察三者间的联动关系。因此，至少在商标结构问题上这种分析范式过于简单，不利于解释商标二元、三元结构之间的动静态关系。

（1）商标符号的再现体、对象与解释项。

作为前提需要说明的是，不能将二元结构与三元结构要素作简单的对应。

---

〔1〕 J. Thomas McCarthy, *McCarthy on Trademarks and Unfair Competition*, 2000.

〔2〕 ［法］罗兰·巴尔特：《符号学原理》，李幼蒸译，中国人民大学出版社 2008 年版，第 33 页。

〔3〕 See Barton Beebe, "The Semiotic Analysis of Trademark Law", *UCLA Law Review*, Vol. 51, Issue 3 (February 2004), pp. 621~704；彭学龙："商标法基本范畴的符号学分析"，载《法学研究》2007 年第 1 期，第 17~31 页；谢晴川："商标'显著特征'之内涵重释"，载《法学研究》2022 年第 4 期，第 93~111 页。

〔4〕 王太平："商标概念的符号学分析——兼论商标权和商标侵权的实质"，载《湘潭大学学报（哲学社会科学版）》2007 年第 3 期，第 22~26 页；陈芳鑫："基于符号学理论的商标功能之重构——以本源功能与派生功能为中心"，载《浙江工商大学学报》2022 年第 2 期，第 28~38 页。

第一，在商标的二元结构中，能指是有形标识在消费者脑中转化的心理印记；然而，由于三元结构描述的是商标符号运行的动态过程，因此商标符号的再现体包含而非等同于能指。由于使用方式和目的的区别，商标再现体在商标权人处是有形标识，在消费者处是心理印记。消费者的认知能力有限，有形标识留下的心理印记是模糊、可变的，不可能精准分辨出标识的所有差异。因此，事实维度中的商标呈现出一种特殊的"点—面"状态：静态的商标标识具有确定的样式，[1]但动态商标符号的正常运行以涵盖一定范围内的近似商标标识样式为基础。[2]

第二，笼统地认为商标符号中的对象是具体商品或服务，同时将其"来源"认定为解释项[3]乃是传统观念的最大谬误，影响了对商标符号功能的正确认知。对商标符号结构中"对象"的理解必须拆分为直接对象和动力对象，不能囫囵谓之，如此即可发现"来源"属于"对象"而非"解释项"。具体而言，标识所指称、再现的直接对象不是客观外在的商品或服务本身，而是消费者对同类商品或服务综合品质之间差异结构的内在认知，可以被称为"认知性差异"，而动力对象则为商品或服务真实品质的差异，可以被称为"真实差异"。从历时性的角度看，认知性差异服从于真实差异，但由于牵涉到消费者个性化的知识和经验，共时性的维度上不同消费者个体的认知性差异相对游离于真实差异。二者相互结合的结果即"商品或服务的来源"。首先，皮尔斯三元符号观中的对象可以是具体或抽象的任何事物，因此对象并

---

〔1〕 这种"点—面"关系指的是作为符号的商标的事实属性，不能类推到《商标法》第56条和第57条的规范关系上去。第56条规定的"注册商标的专用权，以核准注册的商标和核定使用的商品为限"，指的不是所谓商标权中"自用权"或"使用权"的范围。参见刘春田主编：《知识产权法》(第4版)，中国人民大学出版社2009年版，第276页。实际上商标权像其他具体知识产权一样，不存在类似物权的"使用权—禁止权"二元结构，商标权的权利束中不存在所谓"自用权""使用权"，第56条的作用是指明注册商标正当使用的法定义务。因此不能理解为"点—第56条—自用权"与"面—第57条—禁止权"的关系。进一步说，第56条指向的不是商标权人"自行使用商标的权利"之范围，而是其法定使用义务包含的使用方式等要求，因此该条在《商标法》体系中的位置也有错误，不应置于"注册商标专用权的保护"一章，而应当置于"商标使用的管理"一章。

〔2〕 究其根本，"点"指的实际是无形"无界"的知识信息与有形"有界"的物质载体的结合(往往至少体现为权利证书、权利要求书、说明书等文字记载)，"面"指的实际是无形的知识信息本身。由于"知识"是人类经由认知过程所形成的信念，同时立足于"记忆"和"忘记"两个方面，因此"知识"基于认知心理的本质特征而必然具有一定模糊性。参见米建国："记忆与忘记：一个知识论的探究"，载《哲学分析》2020年第3期，第14页。

〔3〕 彭学龙：《商标法的符号学分析》，法律出版社2007年版，第65页。

不一定要呈现为外在的现实事物，抽象的"来源"也可以作为符号对象。其次，任何商标法理论均认为商标的基本功能是区分商品或服务的来源。因此，认为具体商品或服务是商标符号的对象，将无法解释商标的基本功能。从市场交易对商标差异性的现实需要来看，如果认为商标符号的对象是具体商品或服务，那么必然陷入逻辑悖论：如果指的是具有某一类商品或服务，那么无法区分不同商标再现体指称的同类商品或服务；如果指的是"具体的"商品或服务，那么所谓"具体"指的只能是商品或服务的特定来源。最后，符号的破裂或凝聚过程从正反两面说明了对象不是具体商品或服务。如果一个商标再现体在消费者心中激发的解释关系指向的是商品或服务本身而非其出处（不论是某个具体商品还是某一类商品），就意味着商标符号的破裂，换言之，在消费者的认知中上述"节点"之间已经不再具备区别。符号破裂的现实表现为商标的通用名称化。如在美国"强手棋"案中，法院认为该标识令消费者联想起一种游戏而不是游戏的出处，继而判定"强手棋"已经转化为游戏名称而非商标。[1] 无独有偶，在我国的"开心消消乐"商标侵权案中，[2] 针对被告提出的"消消乐"已经成为一类游戏的通用名称而不是原告拥有的商标的抗辩意见，法院指出"消消乐"指代的不是"消除类游戏"，该标识起到的作用是明确指示某一特定消除类游戏来源。因此，不能据此否认原告商标的显著性，也不能认为被告的使用为非商标性使用。相反，如果将再现体原本指向商品或服务变为指向出处则体现为商标具备获得显著性，"节点"之间的差异得以建立或重现，商标符号得以凝聚。

对直接对象和动力对象更进一步的阐释同时解决了一个商标法中非常重要但长期没有得到充分讨论的问题，即"来源""出处"的真实含义。正如上文所指出的，"来源"的基础是消费者对商品或服务的综合评价，但不是综合评价本身，而是各综合评价间的差异关系。下文以两个区分对比关系来进行论证。

首先，"来源"内在于消费者的认知，而非外在的客观事物。所谓识别能力，是指消费者所具备的，借助识别商标标识而将某一销售者的商品从其他

---

〔1〕　Anti-Monopoly Inc. v. General Mills Fun Group, Inc., 684 F. 2d 1316（9th Cir. 1982），转引自彭学龙："商标法基本范畴的符号学分析"，载《法学研究》2007年第1期，第20页。

〔2〕　参见［2022］京73知民终77号民事判决书。

人制造或销售的同类商品中标示和区别出来的能力，其实质是消费者认知中的一种"锚定"作用。"识别来源"有两个限定条件：商品或服务"同类"和"区别"。非同类商品或服务之间无所谓"识别"，或者说，消费者借助不同的类别已经足以"区别"，不需要另外借助商标——一般情况下消费者不会混淆标记了相同商标标识的挖掘机和饮料；[1]而"区别"的基础即具体商品或服务的特定品质具有差异。申言之，商品或服务的每一项品质都是记忆网络中的一个节点，这些品质的类别几乎是无限的，不可能得到充分列举，它们的共同特征是对消费者作出交易决定造成影响，包括但不限于商品或服务的质量、款式、设计风格、功能、价格等。消费者通过认知记忆能力将具体商品的这些品质"打包"形成针对该商品的总体评价。商标所起到的作用，就是利用符号的再现条件方便消费者在看到标识时迅速完成节点定位，并"解包"释放相关评价信息。[2]该过程全部在消费者的思维认知中完成。因此，识别商品或服务的"来源"的过程就是依据这种认知记忆网络与具体节点之间特定的组织关系来"检索"某总体评价信息，确定消费者所面对的商品或服务是否能满足其需求。"来源"存在于消费者自身的认知记忆之中，是思维世界而非外部世界的产物，因此是抽象而非具体的；消费者仅凭借识别商标标识来锚定"来源"，不需要也不可能探询某个具体的商品或服务到底由谁生产、如何生产，因此"来源"是匿名而非显名的。另外值得注意的是，由于"认牌购物"涉及节点之间的比较，包含多次"解包"过程，因此"来源"并不是单个节点（对具体某一个商品某一方面品质的评价），而是多个节点之间的区分关系所形成的综合评价之间的结构性差异关系。上述综合评价的差异信息即商标符号的直接对象，这种评价实际取决于商品或服务真实品质间的客观差异，即商标符号的动力对象。换言之，具体商品的真实品质对直接对象（认知评价）具有"限定"和"强制"作用。而且，尽管不同消费者对同一商品（真实品质相同）评价的具体内容是不同的，但这种限定过程

---

〔1〕 当然这里可能存在驰名商标的问题，该问题会在下文进行讨论。

〔2〕 对认知记忆过程的阐述参见梁宁建：《当代认知心理学》，上海教育出版社 2003 年版，第 2 页；James T. Enns & Erin Austen, "Mental Schemata and the Limits of Perception", in Mary A. Peterson, Barbara Gillam & H. A. Sedgwick eds., *In the Mind's Eye: Julian Hochberg on the Perception of Pictures, Films, and the World*, 2007, pp. 439~440.

所具备的作用是一致的，[1]即令消费者在自己的认知记忆网络中借助识别商标标识来"锚定"具备特定品质的商品，完成"认牌购物"。

其次，尽管消费者对商品品质的综合评价构成了"来源"的基础，但二者不是等同关系，同类商品或服务的综合评价间的差异及其结构性关系才是真正的"来源"。可以设想，如果某类商品只有唯一的"来源"，消费者仍然能够通过购买体验和他人的言论对其各方面的品质进行评价，不过此时显然不需要也不可能出现商标的用武之地。商标的价值正是在不同"来源"间具有差异的前提下才得以呈现。从诚信经营者的角度，使用商标的目的同样是提示消费者，其商品与其他经营者提供的同类商品间存在差异而非相同品质。即使当前广告中经常出现的"媲美""等同于""采用相同供应商和工艺"等宣传手段，仍然是为了凸显在这些品质要素相同的情况下存在其他方面更有吸引力的差异。因此，"来源"的真正面目是消费者对商品的综合评价之间的结构性差异，而其基础即综合评价本身，对应的是三元符号关系中的解释项。我们可以通过具象化的方式来呈现这种结构性差异。如下图所示，假设在"服装"这类商品上选取"价格""审美""剪裁""质量""用料""功能"六个方面的品质要素，并有 A、B、C 三个品牌，将其制作为六角图，每个品质要素的单个评价围合成为的实线区域即对于三个品牌各自商品的"综合评价"。"来源"比照的就是三个实线围合区域之间的形状差异。消费者通过感知不同商标标识来区分上述不同印象，即真正识别的对象是各综合评价间形成的结构性差异。

---

[1] 以单一的品质，如商品质量为例，比如，消费者甲认为 A 品牌服装的质量"较高"，同时乙却可能认为其质量"一般"，但这并不妨碍甲或者乙在其认知中将 A 品牌的质量与其他品牌的质量相区别，从而完成对 A 品牌的定位。其原因就在于，所谓"较高"或"一般"的差异源自消费者个人的消费习惯、理念和能力，但对于消费者完成认知定位有意义的是个人对不同商品的评价差异，这种差异取决于不同商品真实品质之间的差异，而非不同消费者对同一商品的评价差异。

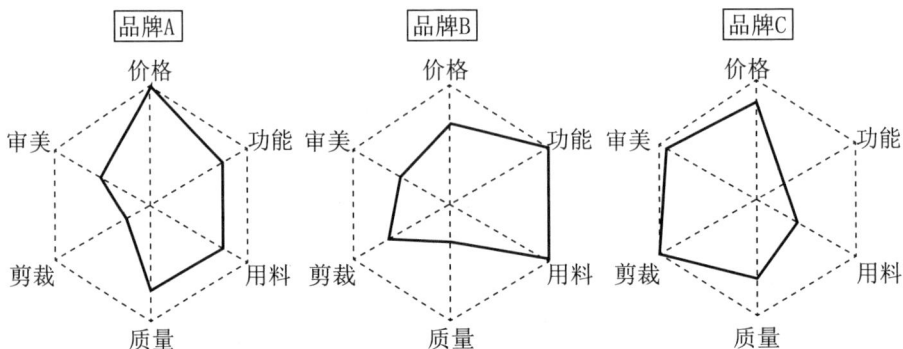

图1-4 商品来源信息

第三，解释项是解释者借助符号媒介解释符号的结果，因此它可以是一个"产物"（product），即符号的意义；解释项会对符号解释者产生某种推断效力（effect），促使他作出某种行为；解释项还代表了符号解释的过程（process）本身。[1]因此，商标符号解释项的正确诠释要回归动态的符号生产过程，亦即消费者认知商标的过程。商标关涉的是一类有意识和目的的人类行为，这种情况下商标符号的解释项可以进一步拆分为感情解释项、能量解释项和逻辑解释项。[2]依据人的认知行为的过程，前者指的是消费者看到商标标识后产生的直观印象；[3]中者是商标销售力（selling power）的反映，亦即消费者选择或不选择商品或服务的内心冲动，是一种关联到人类行为（在商标问题上即交易行为）的"单一效力"；而后者（逻辑解释项）的形成意味着商标符号对象和再现体之间从完全分离到难以分离，其结构较为复杂，既是符号终极意义的概括（"产物"），也反映为符号解释者的行为习惯（"过程"），会对符号解释者形成一种精神效力（metal effect）（"效力"），[4]消费者得以预测自己行为的结果。[5]逻辑解释项直接关联消费者的行为，是消费者对商标的认知转化为具体行动的关键，进而成为影响商标利益关系的核心

[1] ［美］皮尔斯：《皮尔斯：论符号》，赵星植译，四川大学出版社2014年版，第165页。
[2] ［美］皮尔斯：《皮尔斯：论符号》，赵星植译，四川大学出版社2014年版，第166页。
[3] 比如著名的"acer"商标，企业选择该臆造词作为商标并非无缘无故，"acer"令人联想起"ace"，即带有"卓越""第一"等褒义，消费者能据此建立积极有利的感情解释项。
[4] 参见［美］皮尔斯：《皮尔斯：论符号》，赵星植译，四川大学出版社2014年版，第46页。
[5] 这种预测作用体现为解释者对符号"将会是什么"的预估。参见［美］皮尔斯：《皮尔斯：论符号》，赵星植译，四川大学出版社2014年版，第168页。

要素。质言之，逻辑解释项的形成意味着对商标标志的感知足以牵扯消费者认知中的"心智类型"。这种认知类型的形成标示着习惯养成，因此逻辑解释项不同于可能是偶发的感情或能量解释项，它一旦形成将持久存在。而且，最为重要的是，解释项的形成是外部存在和消费者认知共同作用的结果，因此时刻处于动态调整之中。外部存在包括商品自身的品质、其他消费者的评价以及消费者自身生活环境等多项要素，是消费者认知的本质驱动力；而消费者的认知则是这些外部存在因素经过加工后的投影，该加工过程又与其自身的知识和经验紧密相关。最典型的，对标记有某商标标识的商品进行反复购买，足以加深消费者对该商品各项品质的印象直至形成一个相对不变的综合评价；同时，商品品质或消费者生活环境的变化都有可能导致逻辑解释项的改变，最终影响其行为选择。因此，商标符号的意义完全来源于个性化和个体化的习惯，甲认为值得购买的商品，乙可能认为并非如此。这种与日常生活经验相关联的评价机制并不会因其表面的主观性、个性化、差异化而丧失统一的解释力，相反，不同消费者对同一商标认识的个性和差异恰好说明了商标完全是经验的产物以及商标符号何以自生活和交易经验中"拙生"出来。

（2）商标三元结构关系。

一个商标符号发生作用意味着以上三个要素彼此形成完整的合作关系。

第一，从符号运行的一般解释看，皮尔斯将符号作用过程描述为"对象决定了再现体与解释项相关联，而再现体又决定了解释项是与对象相关涉的，这就导致对象会通过再现体这一中介去决定解释项"。[1]其中，对象包含了直接对象（对象本身）和动力对象（将再现体和直接对象联结在一起的外部驱动力）；而解释项发生作用的过程可以区分为彼此衔接的三个阶段：感情解释项（再现体给人的直观感受）、能量解释项（施用于符号解释者的一种直接效力）、逻辑解释项（既是符号给予的一种信息状态，也是符号解释过程）。将这一合作关系应用到一般的、有效的商标符号过程中，则为下表所呈现的对应关系：

---

〔1〕［美］皮尔斯：《皮尔斯：论符号》，赵星植译，四川大学出版社2014年版，第163页。

表 1-1　商标三元结构对应关系

再现体		商标标识、商标标识激发的心理印记
对象	直接对象	商品或服务的"来源"（消费者对商品或服务各项品质的综合评价之间结构性差异的认知）
	动力对象	商品或服务的各项真实品质
解释项	感情解释项	标识本身给消费者留下的直观印象，如引发积极或消极情绪、臆造商标是否怪异等
	能量解释项	消费者选择或不选择商品或服务的内心冲动
	逻辑解释项	消费者对商品或服务品质的综合评价

在以上三元关系中，有两个要素需要进一步解释说明。首先，动力对象（商品和服务的各方面真实品质）对于商标符号表达的意义。有学者粗略地认为商品和服务是三元结构中的"对象"，其理由大约是商标标识的显著性认定必须与具体商品和服务相结合。比如，"灯泡"如果作为"照明器具"的商标显然不具有显著性，但是与"机动车"结合却具有显著性。然而，如前所述，商品或服务本身既不能作为商标符号的直接对象，也不是动力对象，而是应当将其各方面的真实品质看作动力对象。不同商品真实品质的高低排序决定了消费者对它们各方面品质的认知性差异，各项认知性差异最终依据消费者自身的知识结构组合为来源信息。所以，判断商标有无显著性所依据的既不是标识自身的属性，也不是具体商品或服务某方面的属性，而是商标标识与其所附着的商品或服务结合起来之后所显现出的具体态样。[1]正是这一具体结合状态激发了消费者内心对符号作用的理解和诠释，即所谓的"对象决定了再现体与解释项相关联"。换句话说，标识具有显著性的前提条件，不是简单地将标识与商品或服务结合即可达成的，而是必须与令消费者认可其来源指示功能的方式结合。这与动力对象是"驱动符号过程的推动力"的理解也是一致的。[2]其次，逻辑解释项同时作为最终解释项的地位。皮尔斯之所以在解构解释项时将其中最重要的要素命名为"最终"的（ultimate）、"结果"的（eventual）解释项，[3]其目的就是说明在一个有效的符号过程中解释

---

〔1〕 冯术杰：《商标注册条件若干问题研究》，知识产权出版社2016年版，第53页。
〔2〕 ［美］皮尔斯：《皮尔斯：论符号》，赵星植译，四川大学出版社2014年版，第162页。
〔3〕 ［美］皮尔斯：《皮尔斯：论符号》，赵星植译，四川大学出版社2014年版，第166页。

过程会在此处中断或暂时中止，意味符号已经产生了解释效力。[1]在商标符号问题上，最终解释项（商誉）起到的也是这样一种限制作用。霍姆斯大法官曾指出："商标禁止权的范围仅限于保护商标权人的商誉。"[2]在符号学语境下，如果将禁止权的范围理解为符号解释力的边界，这里的"限于"就不应当简单理解为商誉是商标权保护的"对象"，其指的应当是商誉作为最终解释项"截停"商标符号意义的限制作用。因此，可以通过探寻某个具体商标符号的解释过程来框定其符号作用的边界，这也就是为何需要对商标知名度进行证明，才能确定商标在先使用的效果能否反对他人商标注册，或商标侵权成立与否及损害范围。

据此，可以将商标三元结构内部要素之间的关系简化为下图表示：

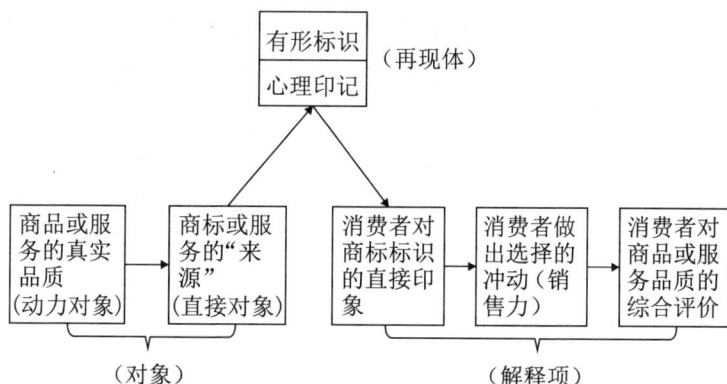

图1-5　商标三元结构内部关系

需要注意的是，图中箭头表示符号过程中各要素间的决定关系，而不是符号认知过程的思维顺序。皮尔斯认为动态的符号过程不可化约、不可拆分，自然也就不会关注所谓思维顺序。因此，这种决定关系是强制而非因果作用的，不是符号认知过程，或者皮尔斯所谓"符号生产"（sign production）过程的描述。

第二，三元关系是可变的。如上所述，三元结构的内部存在一种彼此制

---

〔1〕　代玮炜、赵星植、〔芬兰〕阿赫提-维科·皮特里宁："皮尔斯符号学及其三分模式论：皮特里宁教授访谈"，载《宜宾学院学报》2016年第3期，第4页。

〔2〕　J. Thomas McCarthy, *McCarthy on Trademarks and Unfair Competition*, 2000.

约和限定的关系，因此其中任一要素的变化都可能引起整体关系的变化。既然三元结构模型最重要的意义在于将外部世界引入符号结构从而开发出符号的真实价值，那么应当将三元结构中的"对象"作为认识符号价值的原点和基础，[1]在锚定对象的基础上追究解释条件才是有意义的。在商标问题上，直接对象可能发生一种线性变化。首先，由原本单一指向"出处"变为"出处"与某种可商品化的"信息"相互叠加，这导致原来作为产物的最终解释项——商誉变为商标符号的直接对象之一。此时，再现体指向的不再仅仅是商品或服务的出处，而是消费者对于商标权人的认识或看法；而作为产物的最终解释项则变为商标权人的"形象"。正如有学者所言，这一变化过程体现为商标符号的财产化，商标符号的拥有者有权防止他人通过污损、弱化、退化等方式损害其良好商誉，而不仅仅在他人威胁到其商标具有的出处识别功能时拥有请求权。[2]其次，商标符号可能蔓延到其他符号系统中，直接对象变为出处，商誉和更加广泛、更具有社会文化意义的"信息"的叠加，现实中体现为商标的习惯性使用（customary use）。比如，将某种高级巧克力形容为"巧克力中的爱马仕"，当人们提到"爱马仕"商标时，联想起的不仅是某个奢侈服装箱包品牌的出处及其良好商誉，更重要的是联想起"爱马仕"给人的"奢侈""高端"等文化意味。

二、商标符号的事实属性

符号是商标的本征，与其他类型的符号相比，商标符号的语义态样是多种义项系统组合的结果。学者将商标语义区分为符表义、指谓义与命名义。符表义是商标有形标识的表面含义；源于实际使用的指谓义则是商标符号的基础含义，即标识指称商品或服务的来源，删除不具有指代功能的零指谓（zero denotation）是商标权取得体系的责任；命名义则是符表义与指谓义结合之后、经过二度符号化过程而产生的高级义项，是商标所有人和消费者共同驱动形成的品牌符号。[3]其中，符表义的选择对商标显著性的认定及得失有直接关系，指谓义和命名义既体现了商标功能的层次体系，又与商标权的具

〔1〕赵星植："论皮尔斯符号学中的'对象'问题"，载《中国外语》2016年第2期，第48页。
〔2〕冯晓青：《知识产权法利益平衡理论》，中国政法大学出版社2006年版，第294~295页。
〔3〕陈莹、朱亚军："商标名的语义样态及其相互关系"，载《外语研究》2016年第4期，第38~40页。

体内容、未注册商标的法律保护深刻地联系在一起。可以说，一门科学合理的商标权取得制度就是筛选符表义、确保指谓义、框定命名义，以便从法律层面承认并保护上述商标符号三大义项的制度。

因此，商标与商标权之间构成了客观事实基础与法律价值判断的关系，研究商标权的取得不得不将对商标事实属性的解析作为逻辑起点。存在能够在市场竞争中正常发挥功能的商标符号是取得商标权的事实基础，对商标权取得设置条件首先需要解决的是商标符号结构的问题，而符号的结构为实现符号功能而服务，符号的价值来源于其功能发挥之实效。有鉴于此，应当以商标功能作为探讨商标符号事实属性的线索和归旨。从符号解释过程出发，就可以将商标划分为再现体反映出的构成要素，以及解释项反映出的功能要素；前者完成了商标的形式建构，后者则填充了商标的内在价值。商标的显著性则联结起构成要素和功能要素。申言之，形式建构解决的是商标"有无"问题，其证成价值在于确保商标符号以有形标识为中心的结构差异性。而商标的价值则可以随着使用行为和市场环境的流变而消长变化，其证成价值则更加复杂，涉及了来源指示的基本功能、与商标知名度强弱有关的表彰功能，以及形象宣传功能等复杂要素，前者是商标的必备、不可变的功能，后者则是非必备、可变的整体功能。而在来源指示的基本功能意义上将构成要素和功能要素统领起来，对二者相互连接并产生功能实效进行评价而得出的结论即为商标的显著性。因此，显著性、构成要素和功能要素是分析商标事实属性的三项基本内容。

（一）商标显著性

显著性是商标的事实属性。就其本身而言，显著性是对商标符号是否发挥基础功能的评价，显著性由应然变为实然的过程必须通过商标使用才能得到验证。从商标法体系构建的角度看，为了提高制度执行效率，而不是划分显著性的"强弱"，将之区分为固有显著性和获得显著性，是作为事实属性的显著性被立法者附加价值判断的结果。

1. 商标显著性的概念

显著性又称区别性（distinctiveness），在英语文献中还使用"独特性"（uniqueness）、"典型性"（typicality）等语词表征。追寻这一属性的具体用词无甚必要，其内涵才是研究的重点。显著性是商标的基础事实属性而非法律属性，是对商标有效性而不是商标权有效性的评价。[1]创造"显著性"概念的目的是将商标与其他符号相区别，亦即当符号内部关系能够体现某种特殊属性时，就可称之为"商标"，并因该特殊属性的有用性而予以特别的法律保护，这种特殊属性也就是商标的基本性质和必备特征。虽然必备特征不能等同于全部特征，显著性还不能解释商标的全部事实属性，但至少可以被认为是标识"成为商标"的基本标准，故而有"什么是显著性"可以代替"什么是商标"一说。[2]

根据学者的总结，目前对显著性概念的表述包括"外观构成说""自他商品识别力说""构成要件说"和"商标注册要件说"等。[3]其中，外观构成说认为显著性指的是商标的外显形式必须"特别显著"。这一认识显然令人难以把握，而且容易将显著性与"独创性""创造性"等商标无须具备的属性混淆。商标注册要件说则认为标识须具备显著性方得申请注册。该理解略显狭隘，一者使用取得模式下同样要求商标具有显著性，二者显著性是商标的根本属性，在商标权利的取得、维系和执行中占据的地位非同凡响，因此商标注册要件说不如构成要件说显得深入细致。相较而言，自他商品识别力说认为显著性指的是标识能够发挥指示商品出处并与他人商品相区别的作用，更加直截了当。事实上，当前各国商标法对商标（显著性）的规定均以能够起到指示和区别商品和服务来源为根本，这是从功能主义的角度对商标进行定义。因此，显著性从动态的商标符号解释关系中产生，是对商标功能要素存在与否的评价。而依照符号结构要素的分析，任何事物都可以作为符号再现体，"成为商标"与标识本身的构成要素没有直接关系。总而言之，显著性包含以下两个方面的特征：其一，显著性是对符号指代和对应关系的品质而非有形标识性质的表达，这是显著性认定的客观要件；其二，显著性发挥作用的前提是保证这种指代关系的唯一性和特定性，这是显著性认定的主体要件。因此，显著性的概念可以表述为：某一标识所具有的指示和区分商品或服务特定来源的属性。值得注意的是，显著性是对以某种构成要素所搭建的

---

[1] J. Thomas McCarthy, *McCarthy on Trademarks and Unfair Competition*, 2000.

[2] 有学者认为"商标"和"商标显著性"是可以相互代替的。参见彭学龙："商标显著性新探"，载《法律科学（西北政法学院学报）》2006年第2期，第62页。这种观点稍显狭隘。显著性的有无只是商标具有来源指示功能的评价标准，而现代商标还具有其他功能，不能为显著性评价所涵盖。

[3] 曾陈明汝：《商标法原理》，中国人民大学出版社2003年版，第114页。

标识是否具备来源指示功能的评价，不能涵盖商誉表彰和商标整体形象宣传等功能。作为法律概念的显著性，在商标法概念体系中占据的地位是基础性而非全面性的，是标识成为商标的必要而非充分条件。[1]据此，显著性的意义包含以下几点：

第一，在客观方面，显著性是消费者降低信息搜寻成本以及保护商标权的事实基础，对显著性的保护是商标法体系构建的线索。首先，构建商标权的目的是提高市场信息的质量并降低消费者的信息搜寻成本，[2]这一目标的达成依靠的是标识持续地发挥显著性功用。消费者通过不断吻合标识与商品出处的认知过程形成一个建立在交易经验上的基本行为假定：与商标相联系的新商品或服务的出处及品质与先前保持一致。也就是说，具备显著性的商标是一种信息表彰的捷径，消费者每一次识别商标都是一次强化既有知识（对商品或服务品质的认识）的过程。其次，商标显著性发挥作用的同时自然也就完成了表彰商标所有人的商誉和品质一致性的任务，继而发生了商标法的第二重目的——保护商标专用权。一方面，保护商标权是为了确保商标符号指代关系不被扭曲，亦即保护显著性的具体内容。消费者的积极反馈会激励商标所有人持续性地投资商标活动，延续和强化商标的显著性；同时也会引发盗用他人商标的行为。商标法建立之初就是为了杜绝这种利用标记相同或相似商标的方式截取他人商标信息并混淆消费者的认知，从而实现贸易转

---

〔1〕　有学者提出了"来源显著性"和"区别显著性"的划分，前者为传统意义上的商标显著性（标识指示商品或服务来源的能力），后者则用于解释驰名商标反淡化保护的理据。学者另从符号学的角度分析认为，区别显著性的渊源是符号能指与所指的差异性，因此区别显著性用于标定某个特定商标在其符号系统中的位置。See Frank I. Schechter, "The Rational Basis of Trademark Protection", *Harvard Law Review*, Vol. 40, Issue 6 (April 1927), pp. 813~833 ; Barton Beebe, "The Semiotic Analysis of Trademark Law", *UCLA Law Review*, Vol. 51, Issue 3 (February 2004), pp. 621~704；另参见张林：《商标显著性研究》，厦门大学出版社 2014 年版，第 58 页。事实上，笔者认为，没有必要从显著性的角度来区分反混淆和反淡化〔当然，亦有学者认为反淡化保护的根源还是反混淆，See David W. Barnes, "A New Economics of Trademarks", *Northwestern Journal of Technology and Intellectual Property*, Vol. 5, Issue 1 (Fall 2006), pp. 22~67〕，因为显著性是所有商标都必须具有的基础属性，因此显著性有被遮蔽的可能也就是混淆之虞。而反淡化保护则独属于某些具有某种特殊性质的商标，也就是所谓驰名商标，一般商标并不享受反淡化保护。与其将这些商标受到特殊保护的理由落足于某种特别的显著性，还不如落足于这类商标发挥了特殊的功能，从功能要素体系结构的角度来说明驰名商标与非驰名商标的区别，以及法律赋予不同梯度保护的理由。

〔2〕　Mark P. McKenna, "Teaching Trademark Theory through the Lens of Distinctiveness", *St. Louis University Law Journal*, Vol. 52, Issue 3 (Spring 2008), pp. 843~854.

移（divert the trade）的行为。另一方面，保护显著性所表达的商标符号关系的特定性和唯一性也是构建商标权的目的。商誉累积到一定程度后，消费者更多关注的是商标所指代的品牌区别性特征和广告价值。[1]此时如果通过搭便车的方式攀附他人商誉，并不一定会导致消费者识别商品或服务来源的能力受损，但必然会损害他人商标符号的独特性。如果法律不制止这种商标淡化行为，就相当于变相激励经营者享受他人商标活动的收益而不分担成本。这将导致市场长期、动态效益的损失，只会令知识产权制度产生扭曲的激励。[2]

第二，在主观方面，显著性是商标权利配置的事实基础。理论上，商标权利的获得者负有证明标识具有显著性的责任。首先，标识具备显著性是取得商标权的底线条件。如前所述，显著性是对商标符号结构要素的总括性说明。商标结构要素应当包含构成要素和功能要素两个方面的内容。前者为对商标再现体的要求，可进一步细分为有形标识、有形标识的呈现以及有形标识在消费者脑中留下的心理印记三个层次的内容。后者为商标符号解释过程。显著性就是对构成要素和功能要素相结合后产生的实效进行的总体评价：具有显著性，意味着标识能够起到指示商品或服务来源的作用，反之则不能成为商标，也不应获得商标权保护。其次，显著性来源于商标使用，这意味着取得商标权的事实基础是通过实际使用证明商标具备显著性。一方面，这揭示了显著性的渊源。显著性是对商标符号意指关系有效性的评价。从二元符号的角度看，能指和所指要建立意指关系，必须突破二者之间的任意性而进入规约性的范畴，并与外部环境的"值项"相结合，才能令符号体现出实际意义。而规约性的产生以及与"值项"的结合过程也就是对动态三元结构的描述。在商标问题上，标识具备商标显著性需要将其投入实际使用，令消费者建立利用标识识别商品或服务出处的认知通道。严格意义上来说，即使是完全臆造的标识也不具有天生的显著性：柯达（KODAK）是臆造商标，但是其在与相机、胶卷等商品结合在一起并指示特定出处前，对于消费者来说"柯达（KODAK）"一词不具有任何意义，自然也就不具备商标显著性。[3]

---

〔1〕 齐加将："论商誉淡化的反不正当竞争法规制"，载《重庆社会科学》2007 年第 5 期，第 94 页。

〔2〕 冯晓青：《知识产权法利益平衡理论》，中国政法大学出版社 2006 年版，第 185 页。

〔3〕 彭学龙："商标显著性新探"，载《法律科学（西北政法学院学报）》2006 年第 2 期，第 63 页。

因此，理论上任何标识都需要至少"一次能够证明标识具有识别功能的实际使用"才能证明其具备显著性。[1]另一方面，承认使用行为作为商标显著性的渊源就必然将使用人作为显著性认定的要素之一，这就将显著性与商标权的归属更加紧密地联系在一起。我国《商标法》第8条的规定实际已经隐含了这一观点。该条规定，"任何能够将自然人、法人或者其他组织的商品与他人的商品区别开的标志……均可以作为商标申请注册"，这既表明了显著性的概念，也明确了应当由某个标识显著性的具体证明者，亦即与他人区别开来的特定"自然人、法人或者其他组织"，而不是其他人取得该标识上的商标权。但是，长期以来，这一问题都没有得到理论和实务界的注意。[2]

2. 固有显著性与获得显著性

显著性是对标识具有商品或服务来源指示功能得出的评价，而对"消费者"群体认知能力和认知结果进行事实推论的结论是能指示来源或不能指示来源，因此显著性只存在"有"或"无"两种状态，而没有强弱之分。实际上，与其说显著性本身没有强弱之分，毋宁说没有必要研究显著性的强弱。从显著性、构成要素、功能要素这三大商标事实属性要素之间的关系来看，为了构建完善的商标事实属性分析体系，将所谓商标"强弱"的划分归于商标功能要素的分析对象，亦即商誉积累的消长起伏以及"符号过程"（semiosis）的延续更加合适。因此，将显著性划分为"固有"与"获得"两个层次并不意味着人为切割出强显著性与弱显著性两种显著性类型，划分显著性层次是为了降低制度成本。

（1）显著性的层次。

不可否认的是，但凡当事人主张取得商标权或依据商标权主张法律保护，都需要证明自己已经通过实际使用令标识具备商标显著性，这将是一种极为繁琐复杂的制度安排。因此，为了提高制度运行的效率，通过总结认知规律和经验，可以划分显著性的不同层次以作为制度安排的根据。法律推定具有某种特定属性的标识具有"内在的"显著性，从而自动得出其为商标的结论；对于

---

[1]　Blue Bell, Inc. v. Farah Mfg. Co., 508 F. 2d 1260, 185 USPQ 1（5th Cir. 1975）. See Donald S. Chisum, "Trademark Acquisition, Registration and Maintenance: A Primer", *AIPLA Quarterly Journal*, Vol. 19, Issue 2（1991）, p. 126.

[2]　张玉敏：《商标注册与确权程序改革研究：追求效率与公平的统一》，知识产权出版社2016年版，第43页。

不具备这种属性的标识，则需要额外证明其具有显著性才能取得商标权。[1] 前者即为"固有显著性"，后者为"获得显著性"。

一般认为，可以根据美国法官弗兰德利（Judge Friendly）在 Abercrombie 案中所阐述的商标分类法对固有显著性和获得显著性进行区分。弗兰德利法官将商业标识分为四种类型：通用名称（generic mark）、描述性标识（descriptive mark）、暗示性标识（suggestive mark）、任意性或臆造标识（arbitrary or fanciful mark）。[2] 其中暗示性标识、任意性或臆造标识被认为具有"内在"的显著性，而描述性标识的显著性需要当事人另加证明，通用名称则不可能具有显著性。[3] 这种分类的依据是标识与商品或服务自身性质的关联程度，关联程度越强，消费者越会认为标识指代的是具体商品或服务，因而越是难以利用标识识别其出处。值得注意的是，关联强度并不绝对与商标的显著性成反比。正如汉德（Hand）法官所言，杜撰的标识确实较易获得商标权保护，描述性标识的显著性得来困难且容易丧失，但这里的"难"和"易"是指证明显著性的难度，而不是指显著性自身的强度，已经证明获得显著性的标识和固有显著性标识之间没有任何区别。[4]

在弗兰德利分类法中，臆造标识（如"KODAK"英文商标、"比亚迪"中文商标等）是人为创造出来的，在其原语言符号系统中没有既存意义，也就不可能用于表述商品或服务的自身性质，关联程度最小，或者说没有关联关系。任意性标识源自语言符号中既有的素材，但与商品或服务的性质无关（如"菊花"牌火柴、"本田"牌汽车等），关联程度较为微弱。暗示性标识不直接表明商品或服务的性质，需要消费者的联想和思考（如"野马"跑车、"红牛"能量饮料等）。与之相比，描述性标识直接表明商品或服务的成分、质量、功能、用途等某个方面的性质，不需要消费者发挥想象（如"五粮液"白酒、"两面针"牙膏）。通用名称则是某种商品或服务约定俗成的名称，包含全称、简称和俗称等（如"核磁共振成像"和"MRI""彩色电视机"和

---

〔1〕 J. Thomas McCarthy, *McCarthy on Trademarks and Unfair Competition*, 2000.

〔2〕 Abercrombie & Fitch Co. v. Hunting World Inc., 537 F. 2d 4（2nd Cir. 1976），该案判决中对商标分类的阐述基于文字商标，但这种分类方式背后的规律适用于各种商标形式。

〔3〕 这与我国《商标法》的规定略有差异，《商标法》第 11 条规定"……商品的通用名称、图形、型号……经过使用取得显著特征，并便于识别的，可以作为商标注册"。

〔4〕 Landers, Frary & Clark v. Universal Cooler Corp., 85 F. 2d 46（2nd Cir. 1936）.

"彩电"、自行车和"单车"等)。对于前三种标识，一般认为其具备固有显著性，符合商标权取得的基本要求；而后两者必须证明具备"第二含义"才能"获得"显著性。

(2) 两种显著性的联系。

显著性虽然是商标的事实属性，但将显著性区分为不同的类别和层次则包含了立法者和司法者的价值判断，是制度安排的基础而非自然属性的描摹。因此，两类显著性之间不存在非此即彼的割裂差异。

第一，划分显著性层次的缘由是显著性在应然和实然意义上的区分，而不是显著性强度上的区分。如前所述，显著性本就不存在强度区分，而是标识能否发挥识别商品或服务来源功能的事实评价，只存在实然层面上有或无的区别。出于制度构建的目的引入了"固有"与"获得"的区别后，固有显著性实际上成了应然的显著性，是符合规范目的的事实推论，节约了制度成本；而获得显著性由于需要当事人的证明，反而更加接近扎实的实然显著性。制度的执行最终应当回归现实，固有或者获得显著性的认定，其最终结论也应当回归为本体、实然意义上显著性有或无的判断。换言之，弗兰德利分类法区分的不是显著性的"强度"，而是标识具备实然显著性的可能性的高或低。这种有无显著性的可能性的"高"或"低"与商标的知名度高低有关联，但并不能认为是显著性本身存在高低区别。

通过对《商标法》第8条和第9条间区别的分析可以证立以上结论。首先，第8条末句中的"商标"用于"申请注册"，需要经过可注册性要件的检验，指的应当是完整的商标符号；其首句强调标识能用作区别他人的商品也说明这里的"商标"是指将标识和商品或服务结合起来看待之后的整体符号。而第9条对"商标"的要求是具有显著特征，指的不是整体商标而是商标标识。现实中具有显著特征而不具有商标显著性的标识比比皆是，通常表现为第11条规定的"通用名称"或描述性标识。具有显著特征并不表示必然能够指向具体的商品或服务来源，也有可能指向的是商品或服务的总体类别。关键在于，结合第11条第2款的表述，第9条中"有显著特征"与后句"便于识别"之间应当是并列关系，而非"便于识别的显著特征"。其次，第8条在可注册性要件中起到总则和基础作用，是对整体商标可注册性要件的基本要求。有学者将我国《商标法》第8条所规定的"能够将自然人、法人或者其他组织的商品与他人的商品区别开”理解为固有显著性，[1]这种观点过于狭隘，应将其统一理解为标识的实然显著性，不需要区分“固有”或“获得”。[2]第9条不是对实然显著性认定标准的规定，而是从应然角度推定某整体商标符号具有固有显著性的标准，其依据即为该商标符号的物质载体有形标识具有“显著特征”。正是由于固有显著性的认定不是显著性的实然确认而是应然推论，因此需要商标标识（符号能指的物质质料）在物理层面具有显而易见的独特特征，来帮助推定其附着在指定商品或服务上时盖然性地具备指示来源的能力。此外，从体系上看，第9条应当受到第10条（对商标法律属性的规定）和第11条（对商标事实属性的规定）的限定，而第11条第2款则是以获得显著性的评价作为“例外的例外”，令某个缺乏固有显著性的商标通过获得显著性的方式符合第8条的基本要求。

第二，不存在具有“内在的”显著性、“天生”就具有识别出处功能的标识。“固有”显著性是对实然显著性的推论，而不是确认。首先，如前所述，固有显著性或内在显著性的层次划分依据的是标识与商品或服务自身性质的关联程度。单独考察标识本身，如同阳明格竹，无法得知其是否发挥识别功能。只有将标识与商品或服务结合起来考察才能知晓其符号意义，亦即必须将标识投入商标性的使用才能得出是否具备显著性的结论。一方面，对于语言系统中既存的符号来说，发挥的是识别功能还是标识的本义视乎语义指称对象的性质而定。比如，“菊花”在指代“菊科、菊属多年生宿根草本植物”时起到的是通用名称的作用，因此“菊花”牌菊花就无法发挥商标功能。但是只要与其他商品或服务结合起来，“菊花”就不再受限于指称“某种植物”的本义，开始具备消费者脑中建立新的对应关系的可能性，如“菊花”牌香烟。[3]另一方

---

〔1〕 刘铁光：“规制商标‘抢注’与‘囤积’的制度检讨与改造”，载《法学》2016年第8期，第43页。

〔2〕 从《商标法》的体系安排来看，第8条是商标可注册性的一般条款，与第11条构成了总分关系，可以认为其规定的显著性应当同时包含固有显著性与获得显著性。参见孔祥俊：“论商标可注册性要件的逻辑关系”，载《知识产权》2016年第9期，第7页。

〔3〕 “菊花”牌香烟可以说是任意性商标，或者暗示性商标：“菊花”与香烟没有直接关系，但也可以认为“菊花”暗示了该特定出处的香烟具有植物清香等特点。这也可以从侧面看出，具有固有显著性的三类标识（臆造、任意性、暗示性）在显著性上没有高、低之分（但在商标发挥功能时可能存在“销售力”上的差别，或者说其动力解释项的效力有高低之分），区分为三种不同的类型只是为了以具体形象帮助理解“固有显著性”这一概念。

面，对于原本就不存在于既有的语言符号系统中的臆造标识而言，其可能具备的意义取决于创造者的意图和使用的效果。这类标识由于不存在原本的语言指代功能，不需要消费者建立额外的认知通道，具备发挥商标功能的有利条件。但是这种有利条件只是一种潜在的优势，必须通过实际使用才能将应然转化为实然，在标识与商品或服务的来源之间构建商标符号解释关系。因此，臆造标识与其他四类标识相比，只存在建立商标功能时速度上量的差异，而没有质的区别。从这个角度来看，标识的商标显著性都是后天获得的，无所谓内在或固有的显著性。需要注意的是，对于注册取得模式而言，固有显著性的事实推论不需要申请人提交使用证明，因此，标识与不同类别的商品或服务结合就成了认定固有显著性的基础事实。在"流量矿石"系列案中，[1]原告快播公司在第 38 类和第 35 类上申请注册"流量矿石"文字商标，其截然不同的结果印证了这一认识。其中，在第 38 类上申请注册的诉争商标主要用于"流量矿石"网络服务系统。法院指出，当标识与该类服务结合时是该系统计量单位的名称，相关公众会将其作为该系统的内容或特点加以识别，而无法起到识别出处的作用，因此维持了商标评审委员会驳回申请的决定。而同样的标识申请注册在第 35 类上，与网络广告、文档管理、数据库管理、数据录入等服务相结合，标识与服务的性质和内容没有关系。同时，"流量"和"矿石"虽然各自都具有固定含义，但两者相结合则属于无特定含义的臆造词语。因此，法院支持了原告的诉讼请求。[2]

第三，显著性可以获得或丧失。首先，原本描述商品或服务某一方面性质的标识，通过长期持续性的使用就可能在消费者脑中构成指代商品或服务出处的符号，也就获得了商标显著性。弗兰克福托法官（Justice Frankfurter）将此称为市场环境下的"商业吸引力"（commercial magnetism），亦即所谓"第二含义"（secondary meaning）。[3]第二含义的真实意涵为消费者认知中的一种精神联系，这种精神联系突破了描述性标识或通用名称具有的"第一含义"，具备指示原本其描述或指代的商品或服务之出处的功能。有学者认为，

---

〔1〕　北京知识产权法院〔2015〕京知行初字第 5306 号行政判决书。

〔2〕　北京知识产权法院〔2015〕京知行初字第 6417 号行政判决书；北京市高级人民法院〔2016〕京行终 3028 号行政判决书。

〔3〕　W. E. Bassett Co. v. Revlon, Inc., 435 F. 2d 656, 661, 168 U. S. P. Q. 1（2nd Cir. 1970）. See J. Thomas McCarthy, *McCarthy on Trademarks and Unfair Competition*, 2000.

第二含义应当被纠正为第二作用，原因之一为第二含义并没有代替标识原先具有的含义，只起到了指示出处的作用；原因之二为第二含义指示的出处是匿名抽象的出处，而非商品生产者的具体名称。[1]这种观点认识到了第二含义的功能，但是实际上区分"含义"和"作用"毫无必要。从符号结构的角度看，第一含义和第二含义的区别在于不同对象限定下解释关系的不同，也就是受到不同环境值项的影响，意指关系的内容发生了变化。标识获得显著性意味着部分消解了原本覆盖所有语言环境的解释项作用范畴，从中"溶蚀"出了一个能够作为商标使用的认知空间。因此，第一含义和第二含义在符号过程中的地位是平等的，当标识被作为商标使用时，获得显著性就是其"第一含义"。换言之，标识符号的含义取决于使用的语境，两种含义不能同时存在。其次，基于与获得显著性相同的规律，如果商标权人对已经取得的商标权不加恰当地管理，会导致原本具备显著性（不论是固有显著性还是获得显著性）的标识退化为商品的通用名称。[2]值得注意的是，臆造商标尽管在固有显著性认定上具有天生优势，但由于其标识没有原本含义，消费者在初次接触时，有可能导向两种认知模式：认为该臆造词指示的是商品或服务的特定出处，或者指示具体商品或服务。如果导向后者则无法发挥商标功能，因此容易发生"类属化"（genericide）。[3]而使用得当的任意性或暗示性标识不仅可以利用消费者长期记忆中既有的心理印记来令商标显著性保持稳固，也更容易发展出指代品牌形象的功能，最终跃迁至下一个符号过程，出现类属化的风险反而较小，可谓塞翁失马焉知非福。究其根本，显著性的生灭取决于标识作为商标使用的实际效果。比如，在"交大法学"案中，[4]商标评审委员会认为原告上海交通大学申请注册的"交大法学"商标直接表示了商品（期刊）的内容，不具有固有显著性。而法院首先确认了"交大"是原告的简称，"法学"则描述了期刊的内容，两者相互结合仍然属于描述性标识。但是，该标识的字体表现方式具有一定独特性；更重要的是，考虑期刊本身反复、长期出版的特点，以及期刊读者的认知能力，可以认为经过长期使用该

---

〔1〕 张林："词语商标显著性新探：对商标显著性的'弗兰德利分类法'的不同理解"，载《政治与法律》2013 年第 4 期，第 120 页。

〔2〕 吴汉东主编：《知识产权法》（第 5 版），中国政法大学出版社 2009 年版，第 226~227 页。

〔3〕 陈莹、朱亚军："商标名的语义样态及其相互关系"，载《外语研究》2016 年第 4 期，第 39 页。

〔4〕 北京知识产权法院［2016］京知行初 134 号行政判决书。

标识已经与原告建立了较为紧密的关系，因此可以推定该标识已经获得显著性。值得注意的是，有评论认为"交大法学"显然缺乏固有显著性，授予其专有且排他的商标权侵占了公共资源，不应由任何市场主体独占。比如，如果国内其他交通大学也准备编办法学期刊，则无法使用该标识。应当说，这种观点没有认识到显著性的本质。"交大法学"不论拆分或合并，均是具有多义性的词汇，但是这种多义性只能阻却固有显著性的事实推论。一方面，正如本案法官所指出的那样，获得显著性本身就是对否定固有显著性推论的再否定，其显著性根源是标识使用人经过大量、持续的使用行为而明确证实的识别功能。另一方面，由于上海交通大学先占并长期使用"交大法学"一词，已经在中文期刊这一商品类别中形成了特定的消费者认知通道，如果此时其他交通大学也采用"交大法学"作为期刊名称，反而会导致消费者的混淆。

（二）商标的形式建构：构成要素

商标的形式建构指的是商标符号构成要素的搭建。对商标构成要素的要求是具备足以令消费者识别出来的与其他相同或近似商品上近似商标的结构差异性。这种具有区分度的构成要素是商标符号静态二元结构内蕴的能指之间差异性的表现，消费者正是通过这一差别来锚定商品或服务的来源。

1. 构成要素的结构差异性

通常认为，商标符号的构成要素指的是有形标识，是商标的物质载体，只不过并非所有有形标识都能成为商标的构成要素。[1]但是，将有形标识这一符号物质质料作为构成要素的认识过于单薄，不能满足商标符号结构要素之间的内在联系，因此无法揭示商标符号的实质性内容。一方面，从符号结构的角度来看，商标符号是一种结构性信息，单纯的有形标识不足以"构成"商标。消费者能够利用自己的感官感知的是作为符号外在形态的有形标识，该标识在消费者脑中形成的心理印记进一步引发大脑对信息的记忆和加工，最终用以识别商品或服务的出处。据此，有形标识必须与心理印记相互叠加，亦即商标符号结构中的再现体与能指。另一方面，现代商标法律体系已经不能离开注册制度，这意味着商标符号形式构成必须能够呈现在注册簿上。因此，商标的形式建构表现为以有形标识为中心的"呈现—标识—心理印记"

---

〔1〕　付继存：《商标法的价值构造研究——以商标权的价值与形式为中心》，中国政法大学出版社2012年版，第63页。

三层构成要素的夹心结构。继而，符号能否构建完成不能只看再现体的物质性质料，其判断重点应当放在符号形式建构的差异性上。

第一，从静态层面看，符号能指和所指之间被意指关系牢牢锁定在一起，两者之间相互牵引，因此商标符号发挥作用必须以不同能指之间相互区分为前提。能指的质料是物质性的，即为有形标识。[1]从动态层面看，商标有形标识和能指相互结合才有帮助消费者降低信息搜寻成本的作用，这必须以有形标识的区分为前提。

第二，出于公示技术因素的限制，不同的有形标识还必须以不同的可视化方式对外呈现。因此，从符号的角度清晰准确地认识商标构成要素，单纯地分析有形标识本身是毫无意义的，必须研究整个商标再现体的三层夹心结构：有形标识的呈现、有形标识、有形标识的心理印记。同时保证三个层次的差异性，商标才能发挥其识别商品或服务来源的基本功能。因此，应当研究有形标识与其呈现、心理印记之间的关系，如下图所示（图中双向箭头表示不同商标符号的差异关系，单向箭头表示再现体指示对象，虚线框内为消费者的心理认知过程）。

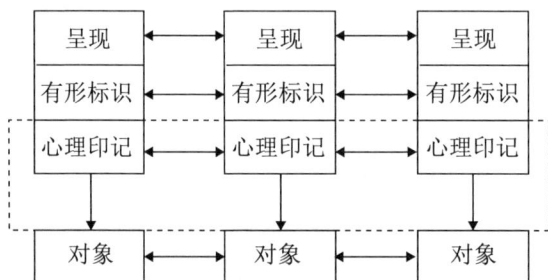

图 1-6　商标构成要素的差异性

可视性呈现服务于注册程序，而有形标识及其心理印记的差异性能否融贯则影响到了标识显著性的有无。因此，下文从这两个角度来分析商标的构成要素。

2. 有形标识及其呈现

第一，有形标识是商标形式建构的基础。从符号结构的角度分析，理论上

---

〔1〕　［法］罗兰·巴尔特：《符号学原理》，李幼蒸译，中国人民大学出版社 2008 年版，第 140 页。

任何人类感官能够区分的标识都有成为商标的可能性，但必须受到符号结构要素差异性的限定。视觉、听觉、嗅觉、味觉和触觉是消费者感知符号再现体的五种方式，因此也可以据此列举商标的构成要素。其中，视觉感知的文字和图形商标是典型商标，颜色、三维形状、声音、味觉、嗅觉等属于非典型商标。根据《与贸易有关的知识产权协议》（TRIPS 协议）第 15 条的规定，任何能够将某一企业的商品或服务区别于其他企业的商品或服务的标记或标记的组合，即能够构成商标。《商标法》第 8 条总括性地规定，"文字、图形、字母、数字、三维标志、颜色组合和声音等，以及上述要素的组合"有可能成为商标的构成要素。两种列举方式都较为开放，以便容纳新的非典型商标形式。

第二，有形标识的差异必须在其呈现上有所体现。有学者对商标及其呈现进行了区分，指出有形标识的外在具体表现形态是呈现要素，[1]亦即所谓商标构成的"可视性"。[2]商标标识的"呈现"指的应当是可以呈现在商标注册簿上。根据 TRIPS 协议第 15 条的规定，各成员可以要求，作为注册的条件，这些（商标）标记在视觉上应该是可感知的，《德国商标法》甚至直接规定了可作为商标保护的标识必须可以通过图示描述。可视性或者呈现要素与注册程序紧密联系，但并非构成要素本身。事实上，要求商标具备呈现要素具有两个方面的目的。一方面，呈现要素作为最直观的感知商标符号的外在形式，是判断有形标识相同或近似与否的重要基础，必须通过呈现要素的具体形态比较文字、图形等典型商标类型的近似性。从实证分析的角度，商标标识与商标标识之间的差异性不是源于其语义而是具体呈现方式（如标识各组成部分的大小、标识贴附的位置等）。[3]即使语义完全相同也可能因呈现方式不同而符合差异要求。更重要的是，商标构成要素的可视性呈现是为了满足注册程序的公示需要。商标注册程序的优点包括权利归属清楚明确、利于交易安全、节约经营者的交易费用，[4]而这一系列优点都需要借助公示制

---

〔1〕　付继存：《商标法的价值构造研究——以商标权的价值与形式为中心》，中国政法大学出版社 2012 年版，第 64 页。

〔2〕　吴汉东主编：《知识产权法》（第 5 版），中国政法大学出版社 2009 年版，第 217~218 页。

〔3〕　Thomas R. Lee, Eric D. DeRosia, & Glenn L. Christensen, "An Empirical and Consumer Psychology Analysis of Trademark Distinctiveness", *Arizona State Law Journal*, Vol. 41, Issue 4（Winter 2009），pp. 1033~1110.

〔4〕　田晓玲、张玉敏："商标注册的性质和效力"，载《中国知识产权法学研究会 2015 年年会论文集》，第 582 页。

度来达成实效。公示制度则必然以公告作为法定形式，便于市场主体查询商标信息并承载公信力。因此，商标标识可由具体的外部形式呈现于注册簿上是采纳注册程序的必然要求。即使声音、嗅觉、味觉等非典型的构成要素也必须寻找合适的呈现方式记载在商标注册证及公告上。比如，我国商标局已针对声音商标的申请注册制定了《声音商标形式和实质审查标准（试行）》，其中要求申请声音商标应当提交音频样本，音乐性质的声音应当提交完整的五线谱或简谱，非音乐性质的则需要进行详细的文字描述；并列举了明显可以推论缺乏固有显著性的情形。当然，声音商标核准后通过什么方式方便市场主体搜索查询也是必须解决的问题。

3. 有形标识与心理印记

有形的商标标识必须在转化为消费者心理印记（能指）时仍然具有差异性。如第一章分析的那样，商标要完成区分和指示来源的作用，其静态二元结构必须保证它能在相应的市场环境中与其他关联类别中的商品或服务上使用的标识相互区别，也就是保证符号能指与能指、所指与所指间的差异关系。从消费者心理认知的角度看，这种差异性应当被归结到标识心理印记的差异上去，而不是单纯地呈现要素或有形标识本身的差异。

第一，有形标识的差异并不一定能反映为心理印记的差异，这由客观的认知规律所决定。现代认知心理学之父奈塞尔（Neisser）认为，认知始于感觉输入，即人的感官将外界的物理能量输入神经和认知系统并进行加工的过程。[1]他将认知过程区分为三个信息加工阶段：①主体通过感官有选择地将物理能转换为神经能（感知觉和"注意"阶段）；②对输入的信息进行记忆和加工并转化为知识（记忆加工阶段）；③运用知识指导自己的行为（表达推理阶段）。[2]利用这一认知过程的分析可以揭开商标的心理学本质——消费者如何意识到商标符号的意义，建立头脑中的认知通道。认知过程必然将有形标识转换为心理印记（符号能指）。在通过感官感知有形标识后，消费者首先在脑中唤起"知觉模因"（perpetual schema）来与长期记忆中贮存的信息进行交互式、反复性的快速比对。知觉模因指的是认知者根据外部有形标识形成的记忆存储结构，亦即标识在消费者脑中留下的心理印记。消费者需要

〔1〕[美]John. B. Best：《认知心理学》，黄希庭主译，中国轻工业出版社2000年版，第4页。
〔2〕梁宁建：《当代认知心理学》，上海教育出版社2003年版，第2页。

对心理印记不断进行信息加工和比对，直到构建符号解释过程为止。[1]心理印记的抽象性导致消费者不可能观察到有形标识的细微差别，而是主动追踪可用于识别的明显特征。这一方面根源于对标识的识别必须依靠知觉模因与既有记忆的对比，换言之，对识别符号起作用的是心理印记而非纯粹客观的外界信息。这也解释了为何驰名商标的保护范围较一般商标更大，原因就是长期记忆中有关驰名商标的心理印记给人的"印象"更加深刻，容易与长期记忆中更多不同形态的知觉模因相匹配。

　　第二，商标符号的认知过程存在很大的不确定性。首先，人脑处理信息的能力有限，为了防止信息冗余，在识别标识过程中会主动忽略一些无法与长期记忆中贮存的信息相联系的特征。因此，构成要素的形态和特征变化越夸张，越有可能保证在心理印记层面保持商标符号的差异性。这种有形标识间足够夸张的差异性也就是《商标法》第9条规定的"显著特征"，否则有可能落入商标标识近似的范围。因此，从标识本身来看，由于臆造标识的存在，商标资源是几乎无限的，但是消费者的注意力和认知能力是稀缺的。这种事实的稀缺也影响到了商标权利的法律抽象过程。以味觉商标为例，这类标识之所以难以通过注册程序取得权利，原因在于不同的"味觉"很难在心理印记层面保持差异性。学者指出味觉至少包含了气味、味道和口感三种元素，而且味觉是一种极为主观的感受，受到认知能力准确性的限制。注册机关很难通过拟制一般消费者的认知来判断一种味道给大多数人的感受是否为统一的，甚或是否具备显著性。[2]其次，消费者依循注意—记忆编码—识别的顺序认知商标符号，这一顺序可能遭遇两种形式的扭曲：以是否建立消费者认知通道为界分为底层扭曲和表层扭曲。底层扭曲指的是，虽然实际建立了消费者认知，但意图将认知通道的范围扩大，表现为商标权的滥用。表层扭曲指的是不需要建立消费者认知过程，亦即没有实际使用商标，仅通过商标权

---

〔1〕　James T. Enns & Erin Austen，"Mental Schemata and the Limits of Perception"，in Mary A. Peterson，Barbara Gillam &，H. A. Sedgwick eds.，*In the Mind's Eye*：*Julian Hochberg on the Perception of Pictures*，*Films*，*and the World*，439，440（2007）. See Thomas R. Lee，Eric D. DeRosia，& Glenn L. Christensen，"An Empirical and Consumer Psychology Analysis of Trademark Distinctiveness"，*Arizona State Law Journal*，Vol. 41，Issue 4（Winter 2009），pp. 1033~1110.

〔2〕　Nancy L. Clarke，"Issues in the Federal Registration of Flavors as Trademarks for Pharmaceutical Products"，*University of Illinois Law Review*，Vol. 1993，Issue 1（1993），pp. 105~132.

取得制度先占空虚的能指或者再现体，表现为商标抢注和囤积。一方面，从未使用的注册商标不是完整的商标符号，没有进入消费者的认知范围。另一方面，从认知心理学的角度解释，与原创标识令消费者产生新的记忆编码相比，从消费者脑中既有的市场信息记忆中挖掘可利用的符号显然更加快捷方便。起到商标功能的市场信息（心理印记）可能以商号、知名商品名称、店面装潢、作品标题等多种形式表现出来，并不局限于传统认知中的商标形式要求。然而，商标抢注者只要通过先占"注册商标"这一认知通道的方式埋伏在实际使用者建立消费者认知的必经之路上，就能够获得商标法给予的法定垄断保护。总而言之，表层扭曲是对认知通道的不当拟制，而底层扭曲则属于认知通道的不当扩大，两者与商标权取得的实效性有关。商标法律制度应当认识到这两类认知扭曲存在的客观性，并将之作为改良商标权取得制度的重点。

（三）商标的价值建构：功能要素

商标功能是商标法的基本理论问题。如果说，商标的构成要素解决了商标的表现形式问题，也就是"什么是商标"这一命题在形式意义上的答案，商标的功能要素则通过解决"商标能用来做什么"这一问题给予上述命题在实质内容和内在品质上的答案。换言之，具备特定的功能要素是商标价值的前提，也是填充商标符号意义的必要条件。在商标法体系中，对功能要素的定位应当显著地优于构成要素，必要时应刺破构成要素的"面纱"抵达功能要素的"彼岸"。

1. 功能要素概说

（1）商标功能的历史发展。

从历史发展的角度考察，商标的前身是识别性标识。根据前述皮尔斯的三元符号观，符号结构内部起到总括限定作用的是再现体所指向的对象。对象的变化决定了符号功能的变迁，识别性标识向商标发展变化的路径也体现了这一点。其一，在商品经济成为社会经济的基本形态前，识别性标识主要用于指示个人身份信息（individual mark）或所有权人（proprietary mark）。比如，古罗马和希腊的陶罐通常会在把手的位置留下制作者的名字，古代中国的瓷器底部会留下制作者的标识。[1]又如，在中世纪，商人普遍会将可用于

---

[1] Gerald Ruston, "On the Origin of Trademarks", *The Trademark Reporter*, Vol. 45, Issue 2 (1955), pp. 127~144.

识别的标识贴附在商品包装或商品本身之上，尤其是当商品需要通过航运到达较远的区域时。这些标识的作用是在长时间的航运后供人分辨商品的所有人。[1]其二，随着行业公会的发展，标识开始指代某种质量标准（liability mark）。比如，1300 年英国颁布的一条法令规定金匠必须在其铸造的黄金上留下公会鉴定标识（assay mark），表明其经营的黄金是符合质量要求的。1425 年德国吕贝克城的法令规定所有的弩弓工匠必须留下标记"表明其来源并保证弩弓的制作符合规范"。[2]其三，商品经济发端后，商品流通地域广阔、数量剧增，指示商品来源的"商标"随之出现。例如，从意大利到法国、德国、荷兰、英国和西班牙都发掘出了古罗马时期的"FORTIS"牌油灯，甚至出现了仿冒行为。[3]其四，随着生产力的提高和生产方式的变革，商品分发、销售方式的发展要求商标具有识别商品来源、承载商誉、广告宣传等现代意义上的功能要素，于是商标与识别性标识彻底分离开来。

美国法官弗兰克福托从功能角度给出了商标的经典定义："商标是一种用于销售的便捷形式，其用途是吸引购买者选择其需要的或者他被引导而认为自己需要的商品。商标所有人通过努力提高标识的吸引力来达到这一目的。不管采用什么方式，商标使用的目的都是一致的，即通过商标向潜在的消费者传达商品值得购买这一意念。一旦这一目的实现，商标所有人就从中获取了某种价值。如果其他人窃取了商标具备的商业吸引力，商标所有人就有权获得法律救济。"[4]而谢克特所作的定义则更加直截了当：商标的真正功能是让消费者识别其满意的商品并刺激他们继续购买。[5]

（2）商标功能的界定：商标权保护对象批判。

从商标法体系的角度出发，商标功能的界定是指对商标功能在商标法体

---

〔1〕　Sidney A. Diamond, "The Historical Development of Trademarks", *The Trademark Reporter*, Vol. 65, Issue 4（July–August 1975）, pp. 265~290.

〔2〕　Edward S. Rogers, "Some Historical Matter Concerning Trade-Marks", *The Trademark Reporter*, Vol. 62, Issue 3（May–June 1972）, pp. 239~254.

〔3〕　Ruston Gerald, "On the Origin of Trademarks", *The Trademark Reporter*, Vol. 45, Issue 2（1955）, pp. 127~144.

〔4〕　Mishawaka Rubber & Woolen Mfg. Co. v. S. S. Kresge, 316 US 203, 205, 53 USPQ 323, 325（1942）.

〔5〕　F. I. Schechter, "The Historical Foundations of the Law Relating to Trade-Marks", Thesis（Ph. D.）——Columbia University, 1925.

系中所占地位的分析。那么，作为论述前提首先应当澄清的是，笔者认同学者有关辨析知识产权"客体"与"对象"的观点，即不存在所谓权利"客体"。[1]客体是相对于具有能动性的主体而言的，是对事实对象进行价值抽象的结果。法律关系中，主体是人，权利本身就是客体。因此，不可能存在"权利的客体"，[2]只存在"权利的保护对象"，而对于知识产权而言，其对象就是"知识"。将这一观念应用到商标法上，商标法律关系中的"客体"是商标权。而有关商标权的"客体"（也就是其保护对象）的认识，有"标识说"和"商誉说"两类，而近年来主张保护商标与特定商品或服务间的联系的"联系说"日渐占据主流。[3]相比之下，"标识说"失之表面，"商誉说"失之片面，"联系说"更加准确，但仍有继续发展的空间。应当说，作为商标权保护对象的"知识"指的是商标符号的"意指作用"，更加确切地说，是"商标功能"，而非商誉，原因如下：

第一，从上述商标历史发展的考察可见，功能要素是贯穿商标概念变化发展的线索和主干，其他结构要素是功能发挥的外显形式。比如，以构成要素的扩张作为商标权扩张表现的观点，[4]实际反映的就是功能要素的主导作用，亦即以功能要素是否发挥实效为标准检视新型构成要素的正当性。反过来说，脱离了功能的商标符号结构要素——比如商誉（所指）——将无法通过有形标识表现出来，自然也不需要构建商标权对之进行保护。[5]质言之，符号学是研究符号结构要素间关系的学说，如前所述，二元结构下，符号意义不是所指（商誉），而是能指与所指间的意指关系；三元结构下，商誉只是

---

〔1〕 熊文聪：《事实与价值二分：知识产权法的逻辑与修辞》，华中科技大学出版社 2016 年版，第 37~41 页。

〔2〕 德国法学家拉伦茨为了解决"客体的客体"问题，提出了二元客体说：第一重客体为权利，第二重客体为主体通过法律行为处分的标的（权利和法律关系）。参见［德］卡尔·拉伦茨：《德国民法通论》（上册），王晓晔等译，法律出版社 2003 年版，第 377~378 页。实际上，第二重或第二顺位的客体就是对象，与其叠床架屋将其称为"客体的客体"，不如回归本源将其称为"对象"简明扼要。

〔3〕 "商誉说"参见杨叶璇："商标权客体是商标所载的商誉——兼谈对未注册驰名商标的保护"，载《中华商标》2007 年第 2 期，第 9 页；"联系说"参见杜志浩："商标权客体'联系说'之证成——兼评'非诚勿扰'商标纠纷案"，载《政治与法律》2016 年第 5 期，第 85~92 页；卢海君："商标权客体新论——反不正当竞争法视野下的商标法"，载《知识产权》2016 年第 11 期，第 13~15 页。

〔4〕 冯晓青：《知识产权法利益平衡理论》，中国政法大学出版社 2006 年版，第 276 页。

〔5〕 商誉是客观存在的，但商誉并不一定与商标紧密结合。一方面，商誉的大小受到法律保护强度的影响；另一方面，作为抽象物的商誉可以通过多种有形载体为人所掌握，如商号、广告、包装装潢、店面装潢等。

从"产物"角度描述的解释项，而从动态角度分析符号关系更加注重解释"过程"或解释"效力"。商誉只是作为符号的商标的结构要素之一，既不是符号意义所在，也不能体现完整的符号价值。与之形成对照的是，商标功能是对符号过程的总括性说明，商标权存在的最终目的就是确保商标功能得以正常发挥。对于无法发挥功能的"商标"来说，其商标权如同丧失灵魂的行尸走肉，法律效力强加于上，徒然浪费法律资源，甚或损害他人合法权益。

第二，"商标功能"而不是商誉是商标权的保护对象，更深层次的原因在于商标符号过程所反映出的结构性信息的无形性。无形财产与有形物的重要区别在于：物依靠客观实在性即可划定自然边界，物上的权利是对物的使用和处分这一具体事实关系的法律抽象；而商标符号过程反映的事实关系本身就具有抽象性，只能通过具体的使用行为为人所感知，因此必须通过法律规范来划定商标财产的边界。[1]而规范对权利的范围与边界进行"反哺"的基础就是标识能够发挥商标功能，这一点在进行商标权的法律现实主义证成时尤为明显。由于无法在事实上圈定商标权客体的自然边界，传统财产权模型和法律形式主义观念对商标权的解释力不足。学者因此求诸法律现实主义，认为商标权的基础不是商誉的财产性，而是服务于商标政策的现实需求。这一现实需要产生的原因自然是商标在市场环境中发挥的功能。换言之，法律保护商标功能是"因"，商誉价值是"果"，价值有无和高低并非取决于商誉本身自在独立的有用性，而是法律予以保护的范围。[2]这种反对将构建商标权的基础置于商誉财产价值上，而将商标权正当性的来源归因于商标功能要素的观点较之传统财产权逻辑，能够更加准确地诠释商标权的制度渊源。事实也确实如此，如同神话中不能停止飞行的精卫鸟，商标的财产价值仅来自实际使用；一旦无法发挥功能，财产价值即面临死亡。因此，商誉只是商标功能产生实效的副产品，而不是商标权的保护对象。这也就是一些学者认为商标权对当事人行为的介入只能以商标功能的发挥是否受到不正当干扰为唯一标准的原因。[3]事实上，如果将商誉视为良好评价或竞争优势等积极声誉，

---

〔1〕　李扬："知识产权法定主义及其适用——兼与梁慧星、易继明教授商榷"，载《法学研究》2006 年第 2 期，第 9 页。

〔2〕　Flex S. Cohen, "Transcendental Nonsense and the Functional Approach", *Current Legal Thought*, Vol. 1, Issue 6（August 1935）, pp. 502~507.

〔3〕　姚鹤徽：《商标法基本问题研究》，知识产权出版社 2015 年版，第 101 页。

那么将商誉作为商标权保护对象，则面临着并非所有（注册）商标符号都包含"商誉"，进而得出不是所有的（注册）商标都应得到保护的窘境；如果将商誉视为中立的识别和区别商品或服务来源的信息，那么所谓的保护"商誉"实际就是在保护商标符号的区分功能而已。

总而言之，确保商标功能发挥实效是商标权构建的内核，实效发挥与否决定应否取得权利，实效发挥的范围决定权利的边界。

2. 商标功能要素再统一

商标功能的体系化是评价商标权有效性的前提，也是设计商标权取得制度的基本要求。所谓体系，指的是将各种知识或概念，依据一个统一原则安置在一个经由肢解和在逻辑上相关联的理论框架中的过程。[1]因此，商标功能要素的统一需要检讨功能要素的内容及其相互之间的逻辑关系。

（1）商标功能要素概述。

占据如此重要地位的商标功能，其具体内容却一直众说纷纭。麦卡锡教授将商标功能总结为四点：与他人商品相区别；指示商品出处；表明商品质量的一致性；作为广告和推销商品的首要手段。[2]由于区分商品和指示出处代表的都是标示商品来源的作用，学者将四种功能整合为"指示来源""品质保证"及"广告宣传"三大功能，这一观点也成了商标功能类型的通说。[3]三大功能中除了指示来源这一基本功能外，质疑其余两项功能地位者有之，将其剔除、纠正者有之，增加其他功能者有之。比如，有学者认为品质保障和广告宣传不是商标法直接保护的商标功能。[4]有学者认为商标功能应当定位为商誉承载、品质保障与出处识别，却只字未提广告宣传功能。[5]有学者认为商标功能可以统一于存储投资功能，该功能是广告宣传功能的明晰化及

〔1〕 黄茂荣：《法学方法与现代民法》，中国政法大学出版社2001年版，第427页。

〔2〕 J. Thomas McCarthy, *McCarthy on Trademarks and Unfair Competition*, 2000.

〔3〕 吴汉东主编：《知识产权法》（第2版），北京大学出版社2009年版，第208页；冯晓青主编：《知识产权法》（第2版），中国政法大学出版社2010年版，第289页；曲三强主编：《现代知识产权法》，北京大学出版社2009年版，第375页；李扬：《知识产权法基本原理》，中国社会科学出版社2010年版，第709页。

〔4〕 ［日］田村善之：《田村善之论知识产权》，李扬等译，中国人民大学出版社2013年版，第142页；付继存：《商标法的价值构造研究——以商标权的价值与形式为中心》，中国政法大学出版社2012年版，第72页。

〔5〕 冯术杰："再论商标的功能"，载《中华商标》2016年第8期，第75页。

商誉承载功能的精细化。[1]肯定商标还具有文化功能的学者也不在少数。[2]

　　观念的分歧表明诸项商标功能要素需要借助一个合理架构进行体系化的再统一。这一方面需要从新的角度探究商标功能的类型化问题，另一方面需要厘清不同类型的商标功能之间具有何种关系，以及通过什么方式构成完整的体系。

　　（2）商标功能类型批判。

　　如前所述，商标功能的发挥等同于符号解释过程，因此以三元结构为基础来分析商标功能要素，将体现出崭新的解释力。三元结构的构建首先要求内部要素之间满足呈现条件、再现条件和解释条件的形式要求；其次，符号将作为一个整体在无限符号过程中不断延伸，也就是将整个符号作为下一个符号关系中的再现体，继续指称下一个对象。因此，可以将商标符号的功能区分为内部功能和整体功能，前者是商标的必备功能，后者则是随着商标使用与市场环境的结合而产生的衍生功能。

　　内部功能指的是通过分析商标符号内部构成要素之间的相互关系而得出的商标功能，包含区分和表彰两种类型。第一，区分功能，包含了两个方面的内容。一方面，再现条件的实现，指的是再现体将对象呈现在消费者面前。应用到商标关系中，指的就是经营者利用商标标识指示商品或服务的出处这一符号过程。另一方面，对象通过对再现体施加"强制力"（constraint）起到了限定作用——或更为形象的描述，一种"绑定"作用。[3]在商标问题上，就体现为商标标识与商品或服务的有效结合，以令消费者能够借之识别商品或服务出处并与其他商品或服务相区分。可以很轻易发现，"识别"（identification）与"（指示）出处"（source）实际是商标意指作用的同体两面：指示出处发挥实效必然意味着消费者能够借此区别和识别不同来源的商品或服务。不过，出于以下两个方面的原因，"区分功能"相较传统的"识别功能"称谓更精确合适。其一，考虑到现代商标标识所指示的来源不再是前现代商标法所强调的具体来源或真实来源，而转向了匿名出处和抽象来源，在大多数

---

〔1〕　徐春成："论商标的存储投资功能"，载《西南民族大学学报（人文社会科学版）》2016年第7期，第104页。

〔2〕　杜颖：《商标法》，北京大学出版社2010年版，第7页；李扬：《知识产权法基本原理》，中国社会科学出版社2010年版，第710页。

〔3〕　［美］皮尔斯：《皮尔斯：论符号》，赵星植译，四川大学出版社2014年版，第162页。

情况下，消费者并不关心商品或服务生产者或经营者的具体身份，只要能借助标识确定商品或服务来自某个单一出处并与其他出处相区别即可；[1]其二，该功能同时包含经营者"指示"来源和消费者"识别"来源两个方面。需要注意的是，虽然现代商标法语境下的"出处"已经不再是具体出处，但这并不表示来源识别功能的主体要素已经被消解。前文对商标显著性的讨论已经论及，显著性指的不仅是区分不同来源的商品或服务，还在于区分不同来源。前者是对"物"的识别，后者是对"人"的识别，[2]只不过这里的"人"具体是谁不再具有商标法上的实际意义。只有将二者合而为一才是商标显著性及区分来源功能的完整表述。[3]

第二，表彰功能包含了传统观点中的"承载商誉"和"品质保障"两类功能。表彰功能的来源是商标符号解释项的多面性。为了满足符号解释条件，解释项同时具有"产物""效力"和"过程"的面向。从解释关系生成产物（product）的角度出发，可以认为商标结构内部在完成识别功能的同时，也承接了消费者对经营者商业信誉、经营能力、企业形象、商品或服务的品质一致性等内容的认知。这种评价既产生了刺激消费者选择或不选择某样商品或服务的效力——反映为商标符号的动力解释项，同时也会凝结为经营者对外表彰其商誉和商品、服务品质的"产物"。进一步细分，首先，作为消费者和经营者之间的友好和信任关系的信誉、品质等评价，[4]指的不是商标能指与所指之间的意指关系。从符号分析的视角来看，符号的全部意义必须从意指关系和解释关系中寻找；而商誉本身是二元结构中的所指，以及三元结构中解释项其中一个方面的内容。这说明，商誉的表彰是在符号结构内部而非外部完成的，因此同样属于商标的内部功能。其次，《商标法》不同于《产品质量法》，没有向消费者提供根据商品质量问题起诉商标权人的请求权基础——总的来说，《商标法》和《产品质量法》各自调整消费者区分商品来源两个方面的内容：判断商品质量的同一性、确定应对商品质量负责的主体。前者

〔1〕 张林："标示来源功能与商标显著性——兼与彭学龙老师商榷"，载《甘肃政法学院学报》2013年第5期，第118页。
〔2〕 余俊：《商标法律进化论》，华中科技大学出版社2011年版，第186页。
〔3〕 从这个角度再次说明将商品或服务本身看作商标三元结构中的"对象"无法正确地解释商标的基本功能，只有将"对象"解释为商品或服务的来源才能从符号学的角度正确地解读商标符号的真实意涵以及商标权的法律意义。
〔4〕 梁上上："论商誉和商誉权"，载《法学研究》1993年第5期，第41页。

实际上构成了消费者对商品或服务评价的心理基础，并进一步反映到交易行为中。这样来看，《商标法》能够提供的品质保证功能指的是商标的信誉机制会激励商标权人维持商品质量。[1]因此，传统认知中的"品质保障"功能不具有独立性，完全可以与商誉的表彰融为一体。质言之，一方面，品质保障与前述行业公会质量标识的含义不同，不承担约束商品质量的作用。标记行业公会标识的目的既是向购买者表明商品质量达到某种标准或承诺，也是方便公会控制工匠的劳动成果和贸易范围，特别是保持地区内的垄断，排除其他地区的同类商品自由竞争。[2]因此，这一功能是行业公会管理职责的体现，是行使行政权力的结果。质量标识的使用者（生产者）是公权关系的相对人而非私权语境下的权利人。而现代商标法所称的品质保障功能确保的不是质量标准，"品质保障这一用语容易导致误解……其目的并不是为消费者提供法律上的'保单'"，[3]而是消费者经过多次交易行为后对商品或服务质量同一性的认知。另一方面，品质保证和商誉承载功能的融合是商标权许可和转让制度的前提。前现代商标法质疑许可和转让的理由在于担心发生名为商标转让实为"标识转让"的情况，亦即许可或转让的仅仅是空虚的标识而不包括其符号意义，进而损害消费者的识别能力和信赖心理。随着现代市场经济的发展，消费者不再需要确定知晓商品或服务的具体出处，只需要知道商标标识指向的是具有某一水平信誉和品质的抽象出处即可。那么，只要保证被许可人或受让人能够维持商品或服务质量的一致性，自然无碍消费者据此识别商品或服务的出处。因此，允许商标权许可和转让的法律规范都规定其前提为商誉随商标一同转让，只不过各自文字表述不同。[4]其中，"实际质量是

---

〔1〕　姚鹤徽：《商标法基本问题研究》，知识产权出版社 2015 年版，第 122~123 页。

〔2〕　余俊：《商标法律进化论》，华中科技大学出版社 2011 年版，第 65 页。滥用这类行业公会标识的行为导致早期普通法中非法贸易限制（unlawful restraint of trade），这一概念的产生亦为旁证。See Sidney A. Diamond, "The Historical Development of Trademarks", *The Trademark Reporter*, Vol. 65, Issue 4 (July-August 1975), pp. 265~290.

〔3〕　J. Thomas McCarthy, *McCarthy on Trademarks and Unfair Competition*, 2000.

〔4〕　例如，美国《拉纳姆法》第 10 条规定，"已经注册的商标或已经申请注册的商标，可以和使用标记的经营商誉一起，或与标记使用或标识那部分经营商誉一起转让"。See 15 U. S. C. § 1060. 我国《商标法》第 42 条和第 43 条规定，"转让注册商标的……受让人应当保证使用该注册商标的商品质量……对容易导致混淆或者有其他不良影响的转让，商标局不予核准……"，"商标注册人可以通过签订商标使用许可合同……许可人应当监督被许可人使用其注册商标的商品质量。被许可人应当保证使用该注册商标的商品质量……"

无关轻重的，重要的是维持（许可或转让）前后品质的一致性"。[1]维持商品或服务品质的目的是确保商誉的整体转移。因此，品质和信誉的本质都是消费者的评价，通过商标符号的解释过程向外表彰。

值得一提的是，笔者认为传统认知中的广告功能不是独立的商标功能，而是识别和表彰功能的另一种表现形式。《商标法》第48条的规定就明确地表明了在广告、展览等宣传活动中使用商标的目的是识别商品或服务的来源。实际上，所谓广告功能，指的是商标权人在广告中使用其商标时达到的向消费者传递信息（包括出处、品质和信誉等）的作用。可以发现，支持广告功能的观点立足于，法律应当保护向消费者合理合法地"广而告之"商标信息从而防止两种极端的市场态样——消费者接受的商标信息出现冗余或者匮乏——过程中形成的竞争秩序。[2]有序竞争的公共利益不应当被否认，但是对于商标本身来说，这种利用广告传播符号意义的行为既没有改变商标符号所指的具体含义，也没有令符号解释关系发生变化。易言之，广告功能仅表明了商标传递商品或服务来源信息的形式而非本质，[3]与其说是商标在其中起到了劝诱消费者购买商品或接受服务的作用，不如说是"广告"本身的宣传效果。

第三，商标的整体功能指的是形象宣传功能。形象宣传功能指的是商标权人通过投资商标活动建立品质形象（quality image）和独特品牌文化内涵后，产生的独立于商品或服务的宣传功能。[4]商标的"形象"必须通过持续有效地投资商标活动，在不断发挥表彰功能积极正面的作用后才能实现，即提高美誉而非恶名、表彰优良而非低劣的商品或服务品质。易言之，品质形象是通过商誉和品质表彰功能的积极发挥而逐渐填充丰满的。与区分来源等"前现代商标功能"相比，[5]形象宣传功能是真正的现代商标功能。形象宣

---

〔1〕 EI Greco Leather Products Co. v. Shoe World, Inc., 806 F. 2d 392.

〔2〕 杜颖：《社会进步与商标观念：商标法律制度的过去、现在和未来》，北京大学出版社2012年版，第19页。

〔3〕 Northam Warren Corp. v. Universal Cosmetic Co., 18 F. 2d 774 (7th Cir. 1927)，该案判决指出广告的目的是向消费者传达商品来源的信息。See J. Thomas McCarthy, *McCarthy on Trademarks and Unfair Competition*, 2000.

〔4〕 Tobias Cohen Jehoram, Constant Van Nispen & Tony Huydecoper, *European Trademark Law*, Wolters Kluwer, 2010, p. 13, 转引自刘维：《商标权的救济基础研究》，法律出版社2016年版，第71页。

〔5〕 徐聪颖："论商标的符号表彰功能"，西南政法大学2011年博士学位论文，第45页。

传功能的实现，说明通过经营者对商标的大量使用，并对消费者认知进行有意识的引导，成功地通过商标塑造了商品的独特内涵和品牌形象。这时，商标符号整体成了新的符号再现体，开始向下一个符号解释过程"跃迁"。商标符号指代的将是一种社会文化意涵，商标符号的"独特性"本身超越其具体内容成了这一层次符号解释过程的核心，[1]从而反映了一种更加重要的竞争秩序。因此，只有能够发挥形象宣传功能的驰名商标才有资格获得商标法和反不正当竞争法上的特殊保护。

（3）商标功能体系重构。

上述两类功能构成了商标功能的统一体系。第一，从功能本身来看，内部功能之间、内部功能与整体功能之间存在特定的逻辑关系，可以从宏观和微观两个角度进行说明。首先，从宏观结构的角度来看，内部功能是商标必备的功能，起到了基础性的作用，是商标权取得的底线条件；整体功能是商标衍生性的作用，属于扩大商标权保护范围的积极条件。一方面，商标的经济作用是减少消费者在识别和区分不同来源的商品或服务所花费的搜寻成本，并且保证消费者能从交易经验中确信商品或服务品质的一致性。[2]因此，如果标识无法起到帮助消费者识别商品或服务出处的作用，也无法在标识载体下凝结信誉和品质的评价，说明商标符号尚未搭建完成，起不到符号作用自然也就不应当受到商标权的保护。正如麦卡锡教授所言，"不是所有出现在商品或服务的广告或标签上的文字、字母、图形或其他元素都能被视为商标，作为商标的符号必须能够承担指示商品或服务的来源并与其他商品或服务相区分的职责，否则在该符号上不应当建立任何商标权利"。[3]该论述说明商标内部功能得以实现是评价一个标识能否成为商标，并得到商标权保护的底线和最低要求。其核心内容是通过取得商标权的方式赋予权利人法律上之力，防止消费者的混淆。另一方面，发挥形象宣传功能的前提是经营者能够将商标符号整体作为再现体，以传达、呈现其独特的品牌形象、文化感召力和广告劝诱能力等。这一功能实现并不是商标符号本身必须达成的，也不是取得

---

〔1〕　Frank I. Schechter, "The Rational Basis of Trademark Protection", *Harvard Law Review*, Vol. 40, Issue 6（April 1927）, p. 819.

〔2〕　［美］威廉·M. 兰德斯、理查德·A. 波斯纳：《知识产权法的经济结构》（中译本第2版），金海军译，北京大学出版社2016年版，第205页。

〔3〕　J. Thomas McCarthy, *McCarthy on Trademarks and Unfair Competition*, 2000.

商标权的普遍性要件，而是扩张商标权保护范围的前提条件。其次，从微观结构的角度看，内部功能之间，以及内部功能和整体功能之间存在量变引起质变的顺延性。一方面，识别功能和表彰功能是商标符号三元结构关系的完整呈现，因此两者几乎是同时发生的，只存在量的差异，而不存在质的分离。现代市场环境下，识别功能和表彰功能具有内在的同一性。[1]有学者揭示了传统观念中的品质保证功能已经被区分来源功能涵盖，缺乏必要的独立性。[2]这种观点背后的现实基础是作为商标符号对象的"商品或服务的出处"由"具体出处"（physical source）向"匿名出处"（anonymous source）的转变。在早期商标法中，确立识别出处功能的地标式案件即 MacMahan 案显示，商标权不能被转让或许可，除非将商标指向的整个企业随之一同转让至受让人或被许可人。[3]这样的严苛出处理论不能适应竞争激烈的新市场环境：经营者在统一市场中不断寻找出价更低的生产厂家，具体的商品出处对于消费者而言也逐渐丧失了意义。新市场中的消费者需要获取的搜寻信息为商品或服务来自"同一"来源，至于该来源具体是哪个厂家并不重要。比如，对"宝马"的认知并不需要以知道车辆的设计和工艺来自德国"巴伐利亚机械制造厂公司"，而具体生产者为"沈阳市华晨宝马汽车有限公司"为前提，消费者希望明确的是其购买的车辆来自某一具有特定品质和信誉的来源即可。另一方面，表彰功能的实效可以产生量的变化。商标内部功能如同电灯的无极开关，其中识别功能如同灯被点亮或熄灭，只存在"实现"或"未实现"这两种质的状态。比较而言，表彰功能如同灯光的强弱，在识别功能实现后的刹那即发生作用，并且随着消费者认识和评价的积累，可以实现强弱之间量的变化。此外，商誉积累和品质一致性不断强化的过程，就是商标符号从内部功能向整体功能延伸的过程。当内部的表彰功能扩容到某一程度后，商标符号整体的指代对象发生变化，开始具备形象宣传功能，在商标法律关系中表现为商标的驰名及反淡化保护。这也解释了为何反淡化保护只能针对驰名商标，原因正是在于并非每一个有资格获得权利性而非权益性保护的商标都

---

〔1〕 Rudolf Rayle, "Trend towards Enhancing Trademark Owners' Rights-A Comparative Study of U. S. and German Trademark Law", *Journal of Intellectual Property Law*, Vol. 7, Issue 2 (Spring 2000), pp. 227~314 (234).

〔2〕 梁志文："商标品质保证功能质疑"，载《法治研究》2009 年第 10 期，第 7 页。

〔3〕 MacMahan Pharmacal Co. v. Denver Chemical Mfg. Co., 113 F. 468 (8th Cir. 1901).

能够发挥形象宣传功能。

第二，将识别、表彰以及形象宣传重新划分为商标的内部功能和整体功能也体现在《商标法》的梯度保护上。《商标法》所提供的救济（包括了异议、无效宣告引起的驳回申请、权利灭失以及反混淆和反淡化引起的停止侵权、禁止使用等救济）根据商标权保护对象事实属性的区别分为三个梯度：一般的商标、"有一定影响"的商标、驰名商标。商标"影响"越大，保护越强。一般的商标可以享受第 57 条所提供的反混淆救济，但限定在第 56 条规定的"注册"范围内。而具"有一定影响"的商标，则可以在一定程度内无须注册即可获得救济（第 32 条、第 45 条第 1 款、第 59 条第 3 款）。驰名商标则可以获得最强的保护，在获得一般商标权利救济的基础上，不仅不受注册核准商品类别范围的限制，也不受商标无效宣告除斥期间的限制。利用重构后的商标功能体系可以清楚地解释梯度保护的缘由。一般的商标是内部功能完整的商标，其具备显著性，可以起到来源指示的作用，同时以有形标识为物质质料积累和表彰商誉和品质等评价。当表彰功能逐渐丰满，则成为"有一定影响"的商标，其表彰功能发挥的实效决定了应当给予更强的法律保护。最后，当表彰功能发挥到一定程度，令商标符号产生整体功能时，则一跃变为驰名商标。为了确保形象宣传这一特殊功能得以发挥，应当给予其最强的保护。

总的来说，商标内部功能在哪些范围内得到实现是廓清商标权的取得是否具备事实基础的前提，亦即权利的"有或无"问题；而形象宣传功能发挥与否则着眼于商标权的范围能否自然扩张，亦即权利的"强或弱"问题。将商标功能统一于这一体系，能够有效地衔接商标法的各项具体制度，并为商标权取得铺设现实基础。

3. 商标功能与作为宏观符号的商标系统

在三元结构的视野下，再现体、解释项和对象形成完整的符号指代就意味着完成了一个符号过程。由于任何事物都有可能成为再现体或对象，这意味着符号本身也有可能成为其他符号的再现体或对象。这就是无限符号过程（ultimated semiosis）。皮尔斯本人并没有直接使用"无限符号过程"一词，但确实指出了符号结构的内部关系只能在符号解释的动态绵延过程中得到明确："符号是任何一种事物，它可以使别的东西（它的解释项）去指称一个对象，并且这个符号自身也可以用同样的方式去指涉（它的对象），解释项不停地变成（新的）符号，如此延绵以致无穷。"这种一个符号的解释项变为另一个符号的无限衍义性质在后世的皮尔斯理论研究者看来是皮尔斯符号学说的重要内容。[1]

由此可见，单独的商标可成为一个完整的符号，商标功能的正常发挥意味着全体商标参与市场运行的符号过程本身也将导向一个新的宏观符号：商标系统。一个能够持续健康运作的商标系统包含两类事实：绝大多数经营者均使用商标参与市场竞争的社会事实，以及商标法律法规能够确保当下及将来发生的商标使用行为不会破坏正当竞争秩序的法律事实，亦即商标法律关系的产生、变化和消灭均为正当。

详言之，商标系统成为宏观符号的基础在于不同主体间形成的两类相互影响的预期：消费者在"认牌购物"过程中形成的认知性预期，以及商品和服务经营者根据商标法律对竞争行为形成的规范性预期。第一，消费者认知性预期集中反映为商标系统宏观符号的三元结构。商标系统作为符号，其直接对象是消费者在认牌购物过程中形成的一个特殊推断："使用同一商标的商品或服务的品质保持同一"，亦即商标品质表彰功能，该功能的正常发挥使得消费者对来源的识别是有意义的，即"同一商标、同一来源"；而其动力对象则为商标确实发挥品质表彰功能的理想状态；其逻辑解释项即对于这种推断的宏观信任。一个直观的例证即为，当消费者看到类别相同的两个商品，一个使用商标，另一个则全无标识，在无法根据生活经验直接判断商品品质时，理性将促使其选择使用商标的商品，即使其贴附的是消费者先前从未认知记忆过的陌生商标。这种选择背后的原因即对于整个商标法体系的信任。值得注意的是，正如其他认知性预期一样，对商品品质同一性的认知性预期也是事实性的，会随着事实的改变而改变。因此，在标示同一商标的情况下，如果商品的真实品质发生了变化，消费者在交易后发现商品品质不能如期望中一样保持同一，即预期落空，会导致其认知记忆中储存的商品来源信息随之改变，放弃原本的认知性预期，调整为新的预期，继而影响未来的交易决定。

第二，经营者的规范性预期反映为商标法律对商标符号功能正常发挥的保障。与事实性的认知性预期相反，规范性预期是反事实的、稳定的，换言

---

[1] 参见 [美] 皮尔斯：《皮尔斯：论符号》，赵星植译，四川大学出版社 2014 年版，第 32 页；代玮炜、赵星植、[芬兰] 阿赫提-维科·皮特宁："皮尔斯符号学及其三分模式论：皮特里宁教授访谈"，载《宜宾学院学报》2016 年第 3 期，第 2 页；李巧兰："皮尔斯与索绪尔符号观比较"，载《福建师范大学学报（哲学社会科学版）》2004 年第 1 期，第 117 页。

之，即使预期落空，也不会发生改变，预期仍然会保持下去。[1]该规范性预期并不表示商标法律保证经营者在借由使用商标参与市场竞争时必然遵纪守法以令商标功能得到正常发挥，而是预先规定了如若违法，将承担什么不利法律后果。也就是说，商标法律既不考虑守法的动机，也不考虑违法的动机，而是在有意识地脱离具体动机指引的情况下，通过规则包含的法律后果来使得正当参与市场竞争的经营者能够获得竞争中的有利地位。同样值得注意的是，商标法律提供的规范性预期是存在于经营者之间的，而非消费者和经营者之间通过交易活动反映出的认知性预期。因此，《商标法》和《反不正当竞争法》等规范商标法律关系的法律规定均不为消费者提供向经营者提出主张的请求权基础，而是规范存在竞争的经营者彼此之间的法律关系。

总的来说，商标体系作为一个宏观符号，既有利于消费者，也有利于经营者。而消费者的信任观念与商标符号的形成是相互贯穿的。申言之，商标法体系的价值在于存在递进关系的两方面内容：①商标能够降低消费者的交易搜寻成本；②保证搜寻成本的降低不会以消费者误认商品或服务的来源及品质为代价。换言之，商标法体系不仅必须保障消费者能够将个别商标标识作为商品或服务综合品质的简明指代，以便实现商标符号过程，而且必须保证消费者认知中形成的商标符号解释项具备真实的含义。所以，商标系统成为符号的前提是每一个（至少大部分）商标符号都正常发挥功能。反过来说，当大部分商标符号无法正常发挥功能时，商标体系作为一个概括性的符号就面临破裂。

因此，为了实现商标体系的符号功能，商标法体系必须完成两项任务：①商标权利的内容和边界清晰明确，以便经营者据此厘清各自行为自由的限度。只有明了他人商标权的内容，经营者才能厘清自身行为自由的限度。②商标权利分配是正当的，以便经营者能够在正当而非混乱的市场竞争秩序中从事经营活动。简而言之，商标法体系的任务就是恰当地将商标权益归属于恰当的主体。换言之，商标权取得制度是商标系统成为宏观符号的第一道保障。

---

[1]　余成峰："卢曼社会系统论视野下的法律功能"，载《北京航空航天大学学报（社会科学版）》2021年第1期，第32~40页。

第二章 商标权取得的规范基础

构建作为商标法律关系运转存灭的枢纽与核心的商标权既需要尊重商标的构成、功能等事实要素，也需要配合法律规范的运行效率以及制度成本等因素进行价值权衡。若将商标的事实属性看作商标权权利授予的起跑线，获得"什么样的商标权"则是权利授予的终点线；若将商标权取得要件看作商标行为规制的基础，商标权的保护体系则是权利授予的目标。这种起点和终点、基础和目标的关系无疑应当围绕商标价值认定来展开，亦即对商标的事实属性进行适当的法律抽象。从某种意义上来说，商标权取得要件的设置就是对这一法律抽象形式和内容的规定性分析。因此，探讨商标权取得的规范基础应落足于商标权的权利构造、保护体系的分析，继而沿着法律抽象的道德与实证之维延展研究属于商标法的价值权衡之道。

一、商标权的体系构造

（一）商标权的构造

商标权包含专用权、禁止权两个方面的内容，此外还涉及转让与许可两类处分商标权利的行为。从商标权取得制度的角度来分析商标权的法律构造，并不需要直接分析构造本身，因此研究重点不在以上三个方面的具体内容，而是将专用权、禁止权和商标权的处分作为权利取得的结果，由果入因来倒推研究商标权取得制度中应当关注哪些权利构建的基点，特别是注册取得模式容易忽略的商标符号的价值实质在权利构造中可能占据什么样的地位。总体来看，商标权三方面的内容包含了两对权衡关系：专用权和禁止权关系的背后是商标权的构造应当向支配性还是排他效力倾斜的问题，以及在确认倾斜方向后可能出现哪些规范配置失衡的危险；商标许可与转让则应当关注商誉保护、商标权人的私人利益与消费者的使用、正当市场竞争等公共利益之间的平衡关系。

1. 商标专用权与禁止权

顾名思义，商标专用权指的就是权利人拥有在某类商品或服务上使用某标识实现相关商标功能的"特权"（privilege），表现了商标权人对商标符号指代关系的支配；而禁止权（或称为"排斥权"）则指的是商标权人在一定范围内拥有禁止他人注册或使用标识作为商标的"权利"（claim），表现了商标权的排他效力。[1]禁止权由一系列实体法上的请求权组成，具体包括侵害已经发生后的停止侵害请求权以及侵害虽尚未发生但有发生之虞时的排除妨害请求权等类型。有学者结合 TRIPS 协议还列明了废弃侵权物及侵权工具请求权、提供侵权信息请求权、恢复名誉请求权等类型。[2]禁止权的目的在于保障权利的完满状态，这里的"权利"当然不是禁止权本身，而是商标专用权。应当认为，商标专用权不能等于商标权，专用权与禁止权任意之一都不能代表商标权的完整内容，但二者构成了商标权权利谱系的主干。故而，从商标权取得的角度研究商标专用权与禁止权应当沿着以下两对关系的路径出发：专用权与禁止权的关系，这解决的是商标权取得之标的的问题；商标使用与专用权、禁止权的关系，这解决的是商标权取得如何关联商标实体价值的问题。

我国《商标法》第 1 条即开宗明义地提出立法目的之一为"保护商标专用权"，并在整部法律中，凡涉及商标权中"可获得"（第 4 条、第 5 条、第 23 条、第 36 条、第 42 条等）与"可保护"（第 3 条、第 57 条等）内容要素的条款大多使用"商标专用权"的表述。早期对商标法的理论研究也认为"商标权"等同于"商标专用权"，后者包含了使用权、禁止权、处分权等内容。[3]然而，亦有学者指出，如果认为二者可以等量齐观，《商标法》第 56

---

[1]　这里的"特权"与"权利"指的是美国法学家霍菲尔德（Hohfeld）权利分析框架中的两类概念。"特权"（privilege）指的是商标权人得在特定商品或服务上使用商标，其他人不得要求其不使用商标（"无权利"）；而"权利"（claim）指的是商标权人在某个范围内要求其他人不得将某种标识作为商标使用（"义务"）。

[2]　李扬："知识产权请求权与诉讼时效制度的适用"，载《知识产权》2012 年第 10 期，第 14～25 页。

[3]　屈广清、胡泽恩："论商标专用权的性质、客体及其保护"，载《法商研究（中南政法学院学报）》1994 年第 3 期，第 46 页。

条与第 57 条则构成矛盾,[1]亦即商标专用权保护的范围大于专用权本身的外延。这种现象表明商标权具有某种特殊性,在统合请求权的禁止权与作为原权的专用权之间形成了比较特殊的关系,已非传统的"原权—请求权"关系所能涵盖。

第一,专用权与禁止权的关系不能完全等同于物权与物权请求权的关系,商标权更多地表现出排他性,排他效力和禁止权是商标权构造的基本面。将商标权看作"准物权"是一种经典观点。[2]拟制物权规范,似乎可以将专用权看作物权,将禁止权看作物权请求权,其中专用权是商标权权利束中的"原权",禁止权则是救济原权的法律工具,这恐怕也是前述将商标权等同于商标专用权观点的起因。商标权与物权一样都具有绝对性,其基本内容同样同时坐落于"直接支配"与"绝对排他"之上。但物权的权利构造倾向于支配性,物权请求权的源头——排他效力来自对物支配的需要,因此,物权法的主要任务是描述如何支配物。这与商标权相区别,后者倾向于排他性,正如许多学者认为的那样,商标权(实际上也是所有知识产权的共性)的本质是排他权。[3]因此,整个商标权规范体系的重心不可能被放在专用权的搭建之上,而应当关注如何通过禁止权来实现排他效力。商标符号与物在事实属性上的区别导致与物权请求权在物权谱系中占据的地位相比,禁止权在商标权权利谱系中占据了更加重要的位置。原因有二。

首先,商标权与物权的保护对象不同。物权的保护对象是物,虽然物权规制的是人的行为,但这类行为以"物"作为行为焦点,因此对物的支配就成为物权法律关系的中心。我国《商标法》集中使用"商标专用权"的表述即似自财产法——确切地说是传统德国法系的有体物财产规范——中以支配性作为权利构架基础、以(物权)请求权作为救济途径的逻辑中衍生而来。请求权深刻地改变了罗马法中原权对应诉权的二元结构,救济请求权地位的确立从技术角度将原本由诉权承担的恢复原权功能转化为请求权的实现。[4]

---

[1] 汪泽:"商标专用权与商标权辨析",载《中华商标》2015 年第 4 期,第 42 页。

[2] 史尚宽:《民法总论》,中国政法大学出版社 2000 年版,第 25 页。

[3] 王宏军:"论作为排他权与支配权的知识产权——从与物权比较的视角",载《知识产权》2007 年第 5 期,第 11 页。

[4] 马俊驹:"民法上支配权与请求权的不同逻辑构成——兼论人格权请求权之独立性",载《法学研究》2007 年第 3 期,第 38 页。

然而，实现请求权的最终目的仍然是将原权恢复至完满状态。对于有体物权来说，物自然边界的存在为"原权的完满状态"提供了坚实的物质基础，有体物财产在事实层面的独占性和确定性令其在法律层面具有清晰的权利边界。然而，商标权的保护对象和商标法规制的行为焦点不是有形标识，而是商标功能。商标标识只是实现符号功能的物质质料，借由消费者主观心理认知行为和权利人的商标使用行为而形成的标识与商品或服务来源之间的客观指代关系构成了堪称微妙、薄弱的商标权物质基础。申言之，商标权的现实基础只能是市场主体的各类行为（包括商标权人的使用行为、消费者的认知行为、侵权人的侵权行为等）。如果将有体物财产权规则比喻为站立在"物"之坚硬基点上的法律框架，以对物支配作为基础并区分于债权，[1]商标权规范则是悬浮于柔软模糊的"行为之网"中的权利义务关系，专用与排他的权利针对的都是各种类型的行为。

其次，物权与商标权保护对象的区别导致规范设置问题上二者具有不同的倾向性。[2]保护对象是法律制度的逻辑起点，对象不同导致权利构造不同。尽管物权请求权或商标禁止权中包含的各类请求权都是附属性的权利，目的在于保障物权或商标专有权的支配力的圆满状态，但商标禁止权的范围远大于专用权，排他性比支配性表现得更为强烈，规范设置的难度与复杂程度也随之上升。物权的保护对象是物，物权排他效力的范围与物权支配力的范围及物的边界具有同一性，二者的射程均以物的自然范围为界限。因此，《民法典》第235条至第237条足可规定返还原物、排除妨害、消除危险、修理、重作、更换、恢复原状等多种以恢复物的自然完满状态为目标的救济请求权类型。[3]与此对应的是，商标禁止权衍生的请求权类型不可能包括物权请求权中最具代表性的恢复原状和返还原物，商标权的排他性关注的不是返还商标或恢复商标原状——实际上这也无法实现——而是符号指代关系，亦即商标功能的正常发挥。商标禁止权的设置要达成保护专用权的目的，就必须从

---

[1]　王泽鉴：《民法物权》，北京大学出版社2009年版，第32页。

[2]　有学者正确地指出了这是包括商标权在内的各类知识产权的共性。参见李琛："商标专用权概念考辨"，载《知识产权》2022年第1期，第3~12页。

[3]　如果坚持物权请求权与债权请求权的区分，原《物权法》第37条"损害赔偿"不属于物权请求权，统一放置于"物权的保护"一章容易令人误会物的损害赔偿与其他物权请求权类型适用相同的归责原则；如果从救济请求权的角度出发，则不需要作这种区分。

消费者认知能力的限度出发，呈现出两个方面的特征。一方面，商标专有权与禁止权之间不具有物权与物权请求权之间的同一性。商标专用权的范围明确为商标注册簿上记载的有形标识以及指定的商品或服务类别，但禁止权则不仅包含以上范围，还包括了"近似"标识及"近似"商品或服务，二者呈现为"点—面"关系。[1]另一方面，商标功能发挥与否与发挥的范围随着商标使用的效果而不断变化，因此商标排他效力的范围是不确定的。商标权人和消费者的商标使用行为时刻处于动态运行之中，商标的知名度可能上升或下降，从而对法律意义上"近似"的认定造成影响，导致禁止权的范围随之扩大或缩小，有学者将之称为商标权的"弹力性"。[2]当普通商标的知名度提升达到驰名程度时，禁止权的范围就不再受到商品或服务"近似"标准的限制，可以获得跨类保护。由此可见，受限于消费者认知的模糊性，禁止权的范围远大于专用权。从目的上看，即使坚持认为实现禁止权是为了恢复专用权，但技术上两者已经不可能一一对应了。事实层面的无形性与非独占性、权利边界的法律判定的弹性影响了权利构建和规范体系，甚至有学者据此认为商标权是"相对权"而非对世权。[3]因此，与围绕支配权建立、请求权隐而待发的物权谱系相比，商标权谱系的构建在技术上必然向禁止权（救济请求权）倾斜，商标权的真正外延是由禁止权而非专用权勾勒出的。

---

〔1〕 有学者正确地指出，所谓商标禁止权范围"大于"商标专用权是一种不准确的说法，请求权（商标禁止权）行使的范畴当然地与支配权（专用权）的范围一致。但是，这是从请求权的权利性质和功能角度得出的概念层面的结论，任何符合"原权—请求权"关系的权利都必须符合这一特征，因此该特征在某些语境下也就丧失了解释力。比如，从事实基础和法律抽象相互之间对应关系的角度看，商标专用权的范围（商品和服务的指定类别和标识的记载样式）确实小于禁止权范围。在商标权的取得、行使过程中，带来的法律疑难问题往往恰好落在了何谓"相类似"的标识、商品或服务类别之上。因此，从解决法律规范具体使用的角度，承认商标禁止权和专用权在范围上的差异是有价值的，相反，这时所谓"原权—请求权"关系的同一性是无价值的。

〔2〕 孔祥俊：《商标法适用的基本问题》，中国法制出版社 2012 年版，第 83 页。

〔3〕 参见孔祥俊：《商标法适用的基本问题》，中国法制出版社 2012 年版，第 77 页。《商标法》第 56 条的规定看似将商标专用权的范围限定在了明确的"核准注册的商标和核定使用的商品"，但商标注册簿记载的往往只是《类似商品和服务区分表》中的若干大类，而不是实际处于市场活动中的具体商品或服务。这不仅使得判断第 57 条规定的"相同"商品或服务存在困难，更令"近似"商品或服务难以决断。当然，从权利法律性质的角度出发，商标专用权当然是对世权、绝对权，不应当以事实层面的相对性推翻法律层面的绝对性。

支配权范围　　　　　专用权范围

请求权范围　　　　　禁止权范围

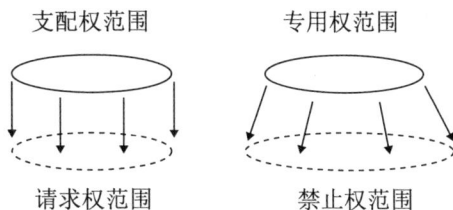

图2-1　物权与商标权谱系对比

如上图所示，物权的支配权和请求权范围是完全一致的，体现在事实层面，由于受到现实存在的物的范围限制，二者的"投影面积"是相同的。而商标禁止权的范围包含了"类似"的标识及商品或服务，甚或在驰名商标的情况下包含"不相类似"的商品或服务类别；从事实层面来看，禁止权的范围超过了专用权的范围，二者的"投影面积"是不同的。在此基础上，能够很好地解决目前《商标法》第56条和第57条对"注册商标专用权"范围看似矛盾的规定。由于上述商标符号自身的事实属性和人的认知规律，第56条规定的商标权的范围限于"核准注册的商标"和"核定使用的商品"指的本就不是禁止权的范围，该范围由第57条的规定划定。第56条本身的表述和体系位置也存在问题，该条不应当作为《商标法》第七章"注册商标专用权的保护"的第一条，否则自然会被当作定义性条款而与第57条的规定构成表述上的矛盾，进而引发所谓"商标专用权"和禁止权范围不一、"商标权"指的仅为禁止权的推论。该条真正的价值在于规定商标权人正确使用注册商标的法定义务，应当将之移动至第六章"商标使用的管理"。

第二，商标权向排他效力方面倾斜，仍然应当关注作为排他效力源头与基础的支配性。应当作为前提说明的是，有观点认为，由于知识产品具有无形性、非消耗性等特征导致知识产权无法被支配，因此知识产权的排他性不是衍生自支配性，而是纯粹由法律创设的排他，商标权指的仅仅是禁止权。这一点笔者殊难赞同。一方面，即使在有体物权问题上，作为一种法律性质的"直接支配性"的真实意涵也不是在物理层面上直接据有标的物，而是指权利人可以自己的意思，无须借助他人行为，即可实现权利内容，[1]因此在

----

〔1〕　史尚宽：《物权法论》，中国政法大学出版社2000年版，第7页。王泽鉴：《民法物权1：通则·所有权》，中国政法大学出版社2001年版，第37页。谢在全：《民法物权论》（修订5版），中国政法大学出版社2011年版，第24页。

同一标的物上不得同时存在两个内容互斥的物权。可以明显地发现其中蕴含的权利绝对性引发支配性，支配性引发排他效力的逻辑链条。该逻辑链条的成立以权利客体具有特定性而非物理层面的有形性为前提。对于思想来说，除非保有秘密状态，否则无法将之特定化；但思想的表达是特定的，因此著作权法只保护思想的表达。商标与之同理，商标功能的发挥以标识指示来源的特定性为前提。换言之，商品来源指的是"某一"出处，而非"若干"出处。另一方面，商标权的内容之一为"专"用权，而非"使用权"。在未经注册的情况下，商标使用是一种附条件的自由——毋宁说，实际上先进行符合条件的商标使用，再在先提出注册是一种最健康的商标权取得方式。[1]而设置商标权的目的就在于将这种主体不特定的自由使用状态依照某种规范理由转化为主体特定的非自由使用状态，将商标使用的共有转为私有。所谓禁止权和权利的排他性是作为实现这种状态转变的手段才出现的。因此，在商标权问题上，对商标符号的支配体现在权利人的商标排他使用行为中，"排他"只是手段，"排他地使用"才是目的。"排他"（禁止权）离开了"使用"就如同无源之水、无根之木，只能暂时在制度中"安身"，不应当创造令这种空虚的"排他"得以"立命"的制度。申言之，将商标使用与商标权的构建直接关联在一起，兼具法律和事实两个层面的正当性和必要性。事实层面的理由已如前所述，作为规范对象的行为指的就是商标使用。在法律层面，应当警惕在强调以禁止权的构建为权利构造核心的同时，商标权的事实基础存在被消解的危险。质言之，商标权排他效力的基础可能放置在三种状态下：单纯的商标符号实质价值，实质价值+注册行政行为，或单纯的行政行为。从以上三类状态中各自可能衍生出一套完整的包括权利取得在内的商标法律制度，但其中存在优劣之分。

如前所述，商标权人的合法使用行为构成了专用权的事实基础，其他人的非法使用行为（或意图使用的行为）构成了激活禁止权的诱因；此时如果站在强调禁止权亦即非法使用行为的立场上看待商标法律关系，容易导致权利授予规范与行为规制规范相互分离，这种分离状态可能带来一些制度缺陷，

---

〔1〕 这里所谓的"条件"指的是使用行为符合财产权取得的宏观协议，将获得他人的"同意"作为交换财产权法律保护的"义务"。有关这种宏观协议、"他人同意"以及取得财产权的"义务"见下文有关商标权取得的道德条件的分析。

其原因亦有二。其一，忽略商标权人自身的合法使用对商标权整体构建的基础性作用，这一点尤其容易发生于采纳注册取得模式的商标法体系中。对比商标法与著作权法、专利法，后两者以作品和技术方案创作完成为取得权利的实质基础，以法律规定或申请批准制度为形式基础，而商标权的取得不待形成商标符号关系，直接行政授权即可。不管学者如何探讨商标注册的性质，将之称为"授权""确权""设权"抑或"赋权"，[1]都不能否认注册程序因不考察合法使用行为而不涉及"商标符号是否在事实上存在"这一命题的事实。这样一来，商标权就成了一个纯粹的"空中楼阁"，不需要商标权人通过合法使用商标来填充商标符号的实质基础。换言之，注册取得模式的商标法天然地存在权利保护对象空洞化的风险。更加重要的是，这并不妨碍商标法设置禁止权为之提供保护，即使不存在任何合法使用行为，商标权人单凭注册授权依然可以主张停止侵害请求权。其二，忽略除商标权人的合法使用（专有使用）与侵权人的非法使用（侵权行为）之外的第三种商标使用行为——消费者的使用行为。消费者发生混淆是商标权遭受事实损害的表现，因而"混淆之虞"认定标准不仅是行使禁止权的前提，[2]也在商标注册程序中发挥重要作用，是防止与在先权益冲突、判断应否授予商标权的标准之一。而所谓"混淆"，指的就是消费者因商标标识的相同或近似而对相同或相似商品或服务的来源产生错误认识，无法正常使用商标，混淆的主体是购买相关商品或服务的消费者而非纠纷的裁判者。混淆之虞到底是一个法律问题还是事实问题历来争论不休。[3]应当说，"相同""近似""之虞"等都是法律概念，而是否混淆则是一个事实判断。这是由于商标法上所称的"混淆之虞"是指消费者将会实际产生混淆的盖然性极大，是裁判者（包括注册机关、行

---

　　〔1〕　张玉敏：《商标注册与确权程序改革研究：追求效率与公平的统一》，知识产权出版社2016年版，第61~65页。

　　〔2〕　有关商标侵权责任的认定标准，一般认为包括混淆与淡化两类。也有学者提出通过"损害商标显著性之虞"来统一二者，参见李雨峰："重塑侵害商标权的认定标准"，载《现代法学》2010年第6期，第49页；或从消费者的认知过程出发，认为淡化的本质就是混淆，See David W. Barnes, "A New Economics of Trademarks", *Northwestern Journal of Technology and Intellectual Property*, Vol. 5, Issue 1 (Fall 2006), pp. 22~67. 姚鹤徽博士则正确地指出了反混淆是商标法的主要任务，为了防止商标垄断，反淡化只能被限定在极为狭窄的范围内，是一种补充性的保护，不能与反混淆相提并论，参见姚鹤徽：《商标法基本问题研究》，知识产权出版社2015年版，第275~279页。因此，认为"混淆之虞"是行使商标禁止权的前提大体是没有问题的。

　　〔3〕　彭学龙：《商标法的符号学分析》，法律出版社2007年版，第191~192页。

政执法机关和司法机关等）站在虚拟的理性消费者的立场上对混淆主体认知状态的推定。混淆之虞的判断逻辑不是简单的涵摄，而是在事实和法律推论间往复类比、设证的解释学循环，是通过法律方法说明一个事实问题的过程。由于其中所涉及的法律概念均为价值判断的结果，"混淆"尚可建立在市场调查等方法之上，"相同"尚且较易判断，"近似""之虞"却是纯粹的抽象判断，因此越是模糊的概念越需要事实基础的承托。存在消费者使用商标以识别来源的事实就如同引燃火把的火星，如果缺乏这一点事实基础，法律推论无疑将成为根基不稳的"空中楼阁"。而在注册取得模式中，由于在商标权取得阶段不对商标权人合法使用作出要求，也就不对消费者是否已能通过标识识别来源作事实认定，可以纯粹出于法律推定。这导致对侵权行为的规制完全可以无视事实损害是否存在。

实际上，行为导向的规范体系应当特别重视将考察商标使用行为贯穿整个商标法律关系的始终，权利取得与权利维持（禁止权的合法性考察）必须紧密地关联在一起。原因亦有二。首先，从正面来看，商标权人的合法使用与消费者对商标的使用是商标价值填充不可或缺的两大支柱，前者是商标符号价值产生的前提，后者则起到限定作用。一方面，如果自始不存在商标权人的使用行为，当然不会成为消费者可接触的市场信息。当这类标识既不指示来源也不承载商誉，那么商标法就应当在"防止消费者利用商标降低搜寻成本的事实受到阻碍"，以及"确保商标权人商誉之安全"之外，为持续地保护这样一个不具有现实有用性的客体寻找更强的理由。此时注册核准行政行为是否足以支撑这一理由是值得怀疑的。另一方面，商标权人合法使用行为能否确实地填充商标价值，需要由消费者使用商标的实效来验证。换言之，"混淆之虞"是行使商标禁止权的前提，也是侵权责任成立的依据，证明混淆之虞的目的是推论实际混淆的存在，因此消费者使用商标的效果是检验商标价值的终极标准。其次，从反面来看，其他人的侵权使用是否阻碍了消费者的使用行为构成评判侵权损害与妨害排除的事实基础，而这一基础的实现需要以商标功能的发挥作为前提。一方面，侵权法上的损害是对事实损害的法律评判，将具有真实性、可确定性和不利性的利益予以法律认定，从中择取具有不法性及可救济性者以责任的方式进行规制。法律损害必然从事实损害中生长出来，其范围必然小于事实损害，不能无中生有地认定法律损害。即使从排除妨害的角度来说，也需要存在可妨害的客体以及妨害事实作为请求权行使的基础。在商标法领域，损害的事实基础需要由商标权人的合法使用创造，这一点已经得到了《商标法》第64条第1款的承认；而实践中应用更加广泛的排除妨害的事实基础则未能得到明确。质言之，如果在商标权取得过程中不审查申请人使用商标的证据，注册机关的核准同意就仅仅在形式上确认了商标权的成立。如果商标权人在商标权取得之后从未使用过商标，也没有使用商标的诚实意图，那么消费者根本不可能发生混淆。这种情况下，被妨害的仅仅是商标权人通过注册程序获取的权利"空壳"，那么停止侵害或排除妨害请求权还有存在的必要吗？另一方面，存在合法利益是法律损害可救济的前提。如果利益本身不符合法律规定，则无法成为责任承担的基础。当然，法律规定在这里指的是商标法还是其他法律法规是一个已然出现在司法实践中的重要问题。[1]但不可否认的是，商标禁止权致力于排除的损害或妨害需要由商标权人的某种行为来引发，注册行为能否代替合法使用作为侵权责任的基础，能否将混淆之虞判断过程中进行法律推定的必要性延伸到维持商标权的事实基础上去，涉及"取得什么样的商标权"问题，是必须得到澄清的。

必须说明的是，上述有关商标权利授予规范与行为规制规范可能发生分离的观点是建立在商标权具备道德属性的基础之上的。如果从纯实证主义的观念出发，认为商标权是纯粹的法定权利，其权利授予和行为规制的正当性均出于主权者的权衡与裁断，只关注商标法律规范的制定性和实效性，那么自然不需要如此慎重地考虑商标权的事实基础对于如何行使禁止权这一问题的重要性。然而，将商标权归类于纯粹的法定权利是否合理？以物权为例，直接支配和绝对排他两大特性需要物在物理层面的实存为法定权利的起始点，物一旦灭失则为物权和物权请求权之终结点，这种"事实—法律"的二元关系是否可被其他合理的财产法规则打破？换言之，"准物权"商标权可以不需要事实层面的价值填充而完全建立在一道行政程序之上吗？作为商标权效力认定体系环节之一的商标权取得制度在构建时应当完全建立在节约制度成本提高运行效率的理由之上吗？这些问题的答案留待下文详细分析。

---

〔1〕 广州希力公司与上海波克公司就"捕鱼达人"商标注册的纠纷将商标合法使用中的"法"指的是什么，以及如何认定"一定影响"两个问题推上台前，参见北京市高级人民法院［2015］高行（知）终字第2075号行政判决书。

2. 商标转让与许可

商标转让与许可他人使用商标属于权利人处分商标权利的行为。民法上的处分行为指的是权利人直接令权利得丧变更的行为，处分以处分之标的特定以及处分人具备处分权为前提。[1]物权的处分是最典型的处分行为，传统上认为知识产权的处分为准物权处分行为。然而，与物权转让或在物上设置用益物权的制度相比，处分商标的结果需要更多地考虑消费者使用商标的公共利益。这就引发了商标财产化与商标权私权化倡导的处分自由（商标权得处分之前提），与为维护公共利益而施加处分限制（商标权得处分之结果）二者之间的权衡问题。

在商标转让问题上，商标权的注册取得或使用取得属于商标权的原始取得，而转让则为商标权的继受取得。商标转让的实质是商标权主体的变更，理论上主体变动不应当破坏商标功能的延续，否则商标转让将失去实际意义。商标转让首先要解决的是可转让性问题。商标权的可转让性来自商标财产化运动。[2]在商标保护需求产生之初，由于商标权不被承认为私法上的财产，商标使用者们通过仿冒之诉来间接保护自己的商标权益。欺诈或仿冒之诉直接保护的是消费者，但诉权却掌握在商标使用者手中，这种请求权和诉权的分离引发了商标权益是不是一种财产的思考。其后，商标财产中心主义勃发，完成了将商誉作为财产利益、利用注册制度保证公示公信、商标的区分来源功能指向匿名和抽象出处而非具体出处等理论和实践的变革，商标权可转让性问题也自然随着这一财产化运动消除了理论疑虑，为具体制度安排寻找到了理据。其次，当前主要的商标法律制度基本明确了商标可以转让，但规定的转让条件存在区别。美国《拉纳姆法》明确规定了商标只能与商誉一同转让。《英国商标法》则无此限制，认为商标可以单独转让，也可以与商誉一同转让。《日本商标法》和《德国商标法》各自规定了商标权利可以移转，但没有附加其他规定（《德国商标法》另外规定，如果商标是企业的一部分，商标权应当与企业一同转移）。可以大致看出，《拉纳姆法》规定商标与商誉同时转让与商标权的使用取得模式有关。而在注册取得模式下，由于商标权取

---

[1] 王泽鉴：《民法总则》（增订版），中国政法大学出版社 2001 年版，第 263 页。

[2] 有关商标"财产化运动"的具体过程参见刘维：《商标权的救济基础研究》，法律出版社 2016 年版，第 45~59 页。

得阶段可能不存在任何商标使用行为，商标此时尚未承载任何商誉，因此无法强制规定商标与商誉一同转让。

应当说，使用取得模式下商誉与商标一同转让兼具正当性与必要性。在正当性一面，尽管商标转让为商标权私权化、商标财产化之滥觞，但要求商誉与之一同转让的目的又在于保障消费者的公共利益。商标转让从理论走向实践的过程中似乎完成了"商标权人的私益—消费者使用、竞争秩序等公共利益"二元保护目的先后顺序的对调：商标权可转让使原本完全向公共利益倾斜的商标法律制度寻觅到了商标私权化的突破口，从而重视保护商标使用人私益的结果；而这种私人利益所坐落的财产化的"商誉"又必须与消费者对商标的公共使用结合在一起，从商标作为公共物品的一面得来，因而应当在商标私权转让的制度设计中充分包容公共利益。在必要性一面，在采纳使用哲学的商标法律制度下，商标权人的合法使用以可注册性要件的方式进入商标权原始取得程序，商誉伴随商标权利一同产生，二者合则生、分则死。[1]从公共利益保障的角度来看，使用取得模式下的商标转让规范的内在目标是维系商标符号在市场环境中健康活动，防止商标功能运行的连续性因转让而被切断。如果不要求商标连同商誉一起转让则意味着可以单独转让标识而非商标，这必然导致使用哲学的崩溃。而在注册取得模式下，商标权利的产生并不意味着商誉积累的开始。商标与商誉二者分离导致商标权很容易沦为"有形标识权"。[2]在这种制度下为保障公共利益而提出商标与商誉整体转让的规定缺乏紧迫的必要性，但仍然应当看到其正当性的一面。商标权所保护的不可能也不应当仅仅是商标权人的私人利益，对商标公共利益不加考虑、完全的处分自由既不合理也不现实。商标权不是对标识本身的垄断权利，而是对商标符号指代关系的保障，商标侵权的本质不是对有形标识或商标行政管理秩序的侵犯，而是"侵权人不正当地攫取了商标上积累的商誉"，[3]也就破坏了商标功能发挥而形成的竞争秩序。因此，即使不明文规定商誉与商标一同转让，也应当从其他角度对转让效力作出限定。实际上，

---

〔1〕　J. Thomas McCarthy, *McCarthy on Trademarks and Unfair Competition*, 2000.

〔2〕　关于商标法意义上"有形标识权"与"商誉财产权"的优劣对比，参见李阁霞：《论商标与商誉》，知识产权出版社 2014 年版，第 62~70 页。

〔3〕　Mishawaka Rubber & Woolen Mfg. Co. v. S. S. Kresge Co., 316 U. S. 203, 86 l. Ed. 1381, 62 S. Ct. 1022, 53 U. S. P. Q. 323（1942）.

《拉纳姆法》的规定并非最佳选择，理由是商誉是无形的消费者评价与信任，无法如同动产一样转移占有或交付，也无法如同不动产那样"登记"商誉的转移。为了确保商誉与商标转让的统一性，仍然必须从确保商标功能延续性的角度着手设置具体规范。

总体来看，商誉与商标整体转让的根本目的是防止由于转让导致的消费者混淆和误认。在消费者寻找市场中符合自身需要的商品或服务的过程中，商标起到的作用主要是降低搜寻成本和交易费用，确保这种作用不因转让而被打破是商标法规范评价转让效力的关键。首先，商标转让前后，其指代的商品或服务的质量应当保持大体的一致性。商标具有承载品质评价的作用，消费者基于对商标符号信息的信任假设有关商品或服务的质量、特征、性质等能够保持基本一致。我国《商标法》第42条规定的"保证商品质量"指的就是这种一致性的保持。问题在于法律如何确保品质一致性得到实现。在美国商标法语境下，法律通过转让合同效力的认定以及商标权的消灭制度来解决这一问题。如果转让前后商品或服务品质相差过大，转让合同可能被认为是无效的；而且，无法保证品质一致性的转让会被认为商标丧失了持续指示商品或服务来源的功能，继而可能落入持续不使用而被撤销的情况。[1] 而在我国，品质一致性的保障可由商标行政机关确认，《商标法》第42条第3款设置了转让的核准条件，其中"有其他不良影响"被视为包含了破坏品质一致性的转让。其次，商标转让应当包含联合商标的转让。如果商标转让人在相同或近似商品上同时注册了多个近似或相同商标，这些商标应当一同转让给受让人。这同样是为了防止消费者对商品或服务来源产生混淆。值得注意的是，《日本商标法》第24条之四规定当联合商标应转让而分属不同权利人时，任一商标权人都拥有混淆防止请求权，即要求其他权利人附加区分标记。这种较为灵活的做法值得我国借鉴。

在商标许可问题上同样存在商标权人的私人利益与消费者公共利益的平衡问题。同时，由于商标许可不像转让那样发生权利主体的移转，其防止消费者混淆与确保商标功能延续性的复杂程度更高。首先，与商标转让类似的是，为了防止消费者对商标符号的认知因许可前后商品或服务来源不一致而混淆，许可人有监督被许可人维持商品或服务质量、品质保持一致的义务。

---

〔1〕 李阁霞：《论商标与商誉》，知识产权出版社2014年版，第107页。

从许可合同内容的角度出发，在法律层面上被许可人的行为被视为许可人自己的行为，被许可人使用商标累积的商誉以及商标知名度的提升归于许可人。因此，根据权利义务对等原则，许可人应当承担上述义务。这种确保质量一致性的义务是一种商标法义务，严格来说既不是产品质量法上保证商品质量的法定义务，也并不要求许可人与被许可人前后生产销售的商品严格地保持相同质量。有学者认为，商标许可中的质量保障义务指的是许可人确保被许可人的商品质量符合产品质量法的要求，[1]是对该义务内涵的错误理解。这里的质量保障义务的目的是保护消费者利用商标准确识别具备某种质量的商品来源的能力不被切断，如果许可前后的商品质量都不符合产品质量法的要求，承担的也不是商标法上的责任。问题在于，对于不重视品牌建设的商标许可人而言，如何确保他们履行监督质量一致性的义务。我国《商标法》中规定这一义务的第 43 条并未描述违反义务的法律后果。[2]司法实践多数通过被许可人与许可人连带承担产品责任的方式解决这一问题。然而，这种责任并非商标法上的责任，当许可行为前后商品或服务的质量发生退化但未达到承担产品责任的程度时，消费者仍然会发生混淆。商标法上责任的缺位导致公共利益遭受损害。对于这一问题，美国商标法的做法是通过商标放弃制度来促使许可人履行法定义务。《拉纳姆法》第 45 条规定，如果因许可人不作为而导致相关商标无法指示并区分商品或服务来源，失去作为商标的意义，就被视为商标放弃，商标权因此消灭。需要注意的是，这种做法依然与美国商标法贯彻的使用哲学有关，商标权人必须通过连续不断的使用来保障权利的有效性。其次，商标许可本身能否被视为商标使用行为以维持商标权的有效性，令许可人豁免连续 3 年不使用商标被撤销的规定并维持商标权有效性的问题。从我国《商标法》第 49 条规定的"撤三"制度来看，该条表述的"商标使用"指的应当是第 48 条所规定的使用方式及内涵。[3]第 48 条在列举了各类商标使用方式后，以标识发挥识别来源功能作为总结与限定，因此，

---

　　〔1〕　崔国斌："商标许可终止后的商誉分配"，载《知识产权》2012 年第 12 期，第 14 页。

　　〔2〕　《商标法》第 43 条规定："商标注册人可以通过签订商标使用许可合同，许可他人使用其注册商标。许可人应当监督被许可人使用其注册商标的商品质量。被许可人应当保证使用该注册商标的商品质量……"

　　〔3〕　《商标法》第 48 条规定："本法所称商标的使用，是指将商标用于商品、商品包装或者容器以及商品交易文书上，或者将商标用于广告宣传、展览以及其他商业活动中，用于识别商品来源的行为。"

商标许可本身是否属于商标使用的判断标准也是商标识别功能是否实现。有学者认为商标权人自己不使用，只许可他人使用的行为一概不能起到维持商标权效力的作用，[1]这种看法失之偏颇。正如前文多次表明的那样，现代商标法不再要求来源识别功能指向的是具体明确的来源，而是抽象来源，消费者不关心商品的具体实际提供者，因此商标许可是否属于商标使用的关键不在于商标权人是否另外亲自使用了商标。由于商标许可关系中被许可人的行为可以被视为许可人的行为，因此，在商标权人自己没有实际使用商标的情况下，被许可人的使用是否满足了第48条规定的要求就成为问题的关键。值得注意的是，最高人民法院对商标法的司法解释也延续了这种思路。[2]结合该司法解释第1款和第3款的文义表述，应当认为解释者的态度是能够对抗"撤三"请求的包含商标许可的使用行为必须同时满足"许可他人使用，且被许可人实际使用"两个条件。如果仅有许可行为，被许可人没有实际使用的，则无法维持商标权的有效性。对此，TRIPS协议也有明确规定，其第19条提出只有在商标所有人控制下其他人的商标使用行为才能被视为维持商标权效力的使用行为。应当认为，上述司法解释仍然有所疏漏。TRIPS协议中所称的"控制"除了要求许可人负担监督被许可人在商标专用权范围内实际使用商标的义务外，在适用"撤三"制度的场合，为了保证正确发挥商标识别功能，还要求其监督被许可人保证商品质量的一致性。对商标标识及指定的商品或服务类别超出法律等同性（legal equivalence）的要求而导致消费者来源识别能力的使用就不能豁免"撤三"规范。[3]另外，《商标法》第49条还存

---

〔1〕 郑其斌：《论商标权的本质》，人民法院出版社2009年版，第152页。

〔2〕 最高人民法院《关于审理商标授权确权行政案件若干问题的规定》（法释〔2020〕19号）第26条规定，商标权人自行使用、他人经许可使用以及其他不违背商标权人意志的使用，均可认定为《商标法》第49条第2款所称的使用。实际使用的商标标志与核准注册的商标标志有细微差别，但未改变其显著特征的，可以视为注册商标的使用。没有实际使用注册商标，仅有转让或者许可行为；或者仅是公布商标注册信息、声明享有注册商标专用权的，不认定为商标使用。商标权人有真实使用商标的意图，并且有实际使用的必要准备，但因其他客观原因尚未实际使用注册商标的，人民法院可以认定其有正当理由。应当说其中"仅有转让……不认定为商标使用"的规定存在问题，商标转让后权利主体发生变更，需要通过实际使用来维持权利有效性的是受让人而非转让人，因此应当规定为"仅有受让或许可行为……不认定为商标使用"。

〔3〕 "法律等同性"指的是商标使用过程中，标识具体形态以及商品或服务的类别可以存在一定事实变动，但必须保证它们在消费者眼中还是同一商标及商品或服务。参见王芳：《TRIPS协定下注册商标的使用要求》，知识产权出版社2016年版，第133~134页。

在一种例外情形，即商标权人如果可以说明未使用商标的"正当理由"，就可确保商标权不遭撤销。该规定同样适用于被许可人的使用，要求未实际使用商标的原因必须是超出被许可人控制范围内的客观原因，类似因商业策略、经营不善、进行使用准备等不能被认为是正当的。[1]由此可见，维持商标权效力的使用要求较商标侵权责任中的使用要求更加严格。

（二）未注册商标的保护体系

1. 未注册商标与商标注册

未注册商标指的是能够令消费者用以识别商品或服务来源，已经在商业活动中实际使用，但未经商标注册程序确认的商业标识。可为法律所保护的未注册商标应当满足两个必备要件和一个可选要件。必备要件为：①功能要件，未注册商标必须能够正常发挥商标基本功能，即区分来源。②行为要件，未注册商标必须已经投入实际使用，并能通过使用效果证明功能要件。可选要件为可注册性要件。"可选"指的主要是，是否需要满足该要件取决于未注册商标利益的主张者是否选择《商标法》作为其请求权基础以及意图获得何种形式的保护。在《商标法》视域下，可注册性与可保护性可以等而视之，虽然未注册商标没有经过注册程序，但请求对其保护的前提仍然是满足可注册性要件的要求。进一步说，由于未注册商标满足了功能要件与行为要件，在可注册性的事实规定性方面不存在疑问，这里主要指的是可注册性判断标准中涉及的法律规定性条件。[2]

未注册商标权益与注册商标权之间最直观的区别在于在商标符号上构筑的权益是否经过注册制度的确认。商标注册制度对于商标法的进化发展而言具有无可比拟的进步意义。首先，注册制度起到权利构造与利益配置的作用，维持了财产利益的静态安全。暂且抛开当前广泛出现的"注而不用"现象不谈，可以将未注册商标看作注册商标的"母体"与"基底"：在时间先后上，未注册商标先于注册商标产生；在商标功能的实现上，标识经过实际使用与市场检验，方可成为实质意义上的"商标"。注册商标之产生，实际上是根据商标法的立法目标和价值追求对未注册商标中蕴含的财产利益进行法律抽象

---

〔1〕 李扬："注册商标不使用撤销制度中的'商标使用'界定——中国与日本相关立法、司法之比较"，载《法学》2009年第10期，第105页。See In Re Conusa Corp., 32 USPQ2d 1857（Comm'r Pats. 1993）.

〔2〕 商标可注册性包含的"事实规定性"与"法律规定性"的具体内涵于下文第三章详述。

与筛选，从作为利益配置目标的权利的客体和内容角度切削不法利益，将剩余者依照权能类型条分缕析地纳入权利框架之中。未注册商标承载的财产利益据此完成了由自然事实向制度性事实的进化。[1]反过来说，在商标法普遍采纳注册作为制度工具的情况下，未注册商标权益相当于"化外之民"，未能被接纳为商标权的"家庭成员"，其权利边界、地域范围、效力状态均处于法律上的不明状态。其次，注册制度无不配合公示制度来表彰权利归属和变动信息，以此维持财产利益的动态安全。商标经过注册核准后记载于注册簿上，在其权利内容与效力得到法律确认的同时，其权利状态也就昭示于众，交易者据此可以了解商标权益是否存在、归属于谁，或发生了哪些主体、客体及内容上的变动等可信任的信息。从这个角度出发，未注册商标缺乏公示过程，其权利归属与具体内容均很难为其他市场交易者所周知，容易令交易参与者陷入信息不对等而导致市场失灵。最后，注册制度能够充分提高市场及制度运行的效率。对于商标法律纠纷的裁判者而言，预先通过注册核准而权利化的商标利益相当于获得了合法性方面的保证，注册程序本身相当于一道筛选机制，将不符合法律价值目标的标识先期过滤出去，同时也就明确了该特定权益的法律有效性与归属主体。对于经营者而言，通过查询商标公示信息及主动经受注册程序的检验可以有效地防范商标善意在后使用与在先商标权发生冲突的可能性。如前所述，商标权禁止权的范围明显大于专用权，除了明显与专用权之"点"冲突的"双同"情形之外，商标权的绝对性使得善意地在后使用近似商标有可能落入禁止权之"面"的范围，结果仍然将导致商标活动投资的浪费，甚至可能承担损害赔偿责任。在这种情况下，由注册制度提供的商标信息平台与具有公信力的筛选机制可令经营者及时止损，选择其他有形标识来建立合法的指代关系，从而提高交易效率。而未注册商标没有经过注册程序的认可，其权益是否合法，是否可得保护均处于不明状态。由此可见，未注册商标权益与注册商标权相比，在法律层面更加脆弱，也无法获得注册制度带来的诸多优势。因此，有学者认为应当给予未注册商标较弱的法律保护，不应当给予其商标法上的救济，以便尽可能地控制未注册商标数量，转而通过提高注册商标的"量"与"质"来确保商标法运行的顺畅。[2]

---

〔1〕 冉昊："制定法对财产权的影响"，载《现代法学》2004年第5期，第12页。

〔2〕 余俊：《商标法律进化论》，华中科技大学出版社2011年版，第135~138页。

但是，我们也应当看到未注册商标的存在具有现实性，未注册商标权益具有法律上的正当性。首先，商标注册是对事实的人为制度安排，事实先于法律而发生，制度安排应当在尊重事实的基础上达到优化资源配置和定分止争的作用。从商标符号生成的事实逻辑角度看，只使用未注册的商标由于填充了符号的实体价值，尚有予以法律保护的可能，只注册未使用的"商标"反而不应当给予法律的肯定与褒奖。一味追求注册制度配置资源的作用，可能反过来导致制度丧失事实的根基与土壤，出现价值方向的迷失。这种情况下很难完成注册制度在确保商标之"质"方面的追求。其次，在制度逻辑下，商标注册也不是取得商标权的必要条件，如果不要求获得《商标法》的保护，可保护性就不等于可注册性，而是其上位概念。商标注册并不一定要与权利授予相结合，未注册商标能否获得权利，并非必须与注册程序发生直接关联。采用使用取得模式的商标法能够接纳商标注册制度，以及采纳混合取得模式的商标法的现实存在已经充分证明了这一点。将注册等同于授权，不是为了发挥注册制度"科层化"财产利益的优势，[1]而是受公法思维的影响，为商标行政管理机构提供便利。现实中对于这种便利性的追求已经导致了商标注册制度变质，商标恶意抢注和注而不用的广泛存在对于注册制度各项优势的发挥起到了负面作用。说到底，是否将未注册商标利益构筑为"权利"是出于商标法政策的考量，其反映出的是一国商标法在多元价值追求上的倾向性：认为商标利益的财产属性重于竞争属性，在设定商标法保护目标时认为商标权人的私人利益先于消费者的公共利益，为了确保财产权明确的归属，自然愿意选择将商标注册与权利授予等同起来，反之则可将二者分离。然而，正如前文反复提及的那样，商标法的价值目标之所以呈现为"私益—公益"二元化的面貌，其背后的缘由是作为私益之基础的"商誉"的形成及变化直接与作为公益之基础的消费者商标使用及竞争秩序紧密结合在一起。这种事实层面的粘连并非"通过商标法保护私权私益，通过反不正当竞争法保护公共利益"的简单分配就可轻松解决，其中包含的价值权衡的复杂性仍然将持续地影响包括商标权取得制度在内的各项商标法律制度。

2. 商标法的保护

在采纳使用取得模式的商标法中，实际上不存在未注册商标保护的难题，

---

〔1〕　有关"科层化财产"（bureaucratic property）的论述参见余俊：《商标法律进化论》，华中科技大学出版社 2011 年版，第 129 页。

只要商标使用人能够证明自己在先使用并满足作为商标权取得要件的实际使用要求，就有机会获得与注册商标相同的保护。只不过如果不经注册，商标是否满足其他可保护要件需要由商标权人进行额外证明，不能享受通过注册核准而获得的初步证据（prima facie）效果。[1] 而在采纳注册取得制度的商标法律体系下，原则上注册是取得商标权的唯一方式，未注册商标上的权益不能得到权利化的法律保护。这意味着商标未经注册不能享有专用权——直观上看也就是不能行使禁止权。这样看来，未注册商标在商标法语境下似乎断绝了救济渠道，只能转而谋求其他法律的保护。但是，如上文所述，保护未注册商标具有正当性，其本身是商标使用人参与市场竞争的工具。只要商标法自身还存在着多元的法规目的与价值追求，除了保护注册商标权，还有保护消费者的利益及市场竞争秩序的公共利益的需求，就存在通过商标法保护未注册商标的必要性。当然，为了不令商标注册制度被架空，未注册商标的商标法保护路径不能一概采取另行授予实体商标权利的方式，而是主要通过在注册环节防止未注册商标被抢注以及承认在先使用合法性的方式提供救济。因此，在商标法语境下对未注册商标进行保护，必须解决两个前提性的问题：其一，由于未注册商标保护的依据不是注册而是使用，使用的结果千差万别，因而面临分类保护问题；其二，具体通过什么样的请求权基础来保护未注册商标问题。第一个问题的答案在某种程度上会影响对第二个问题的回答。

应当考虑第一个问题的原因是，法律规范乃通过组成规范体系的方式来处理现实问题，虽然在注册取得模式下不存在"未注册商标权"，但仍然有必要通过类型化的方式将未注册商标权益的保护纳入法律规范的体系中。类型化的角度是多样的：从外部形式的角度看，由于没有经过注册程序的洗礼，能够发挥商标功能的标识——也就是未注册商标可能实际上已经具备了与注册商标相同的形式，也有可能以商号、商品包装或装潢、自然人姓名、广告语、店面装潢甚至味觉商标、触觉商标等非传统商标形式呈现出来；从标识使用人的主观意图来看，可以分为使用者有意识地主动作为商标使用的标识，或者在无意识情况下经过消费者"被动使用"而具备商标功能的标识；还有

---

[1] Theodore H. Davis Jr, "United States Annual Review: The Sixty-Seventh Year of Administration of the Lanham Act of 1946", *The Trademark Reporter*, Vol 105, Issue 1 (2015), p. 121.

学者根据起到商标作用的标识能否被纳入现有法律概念上的称呼而将之分为有名或无名的未注册商标。[1]然而，以上分类角度或多或少都没有与商标法的规范目的以及注册制度的功能相吻合。将某一权益纳入商标法体系中提供保护，应当结合商标权的保护对象及商标法的多元法规目的，以便厘清保护的层次。

　　商标注册的价值在于通过一种更加明确和公开的方式来确定权利（商标权）边界，以此维护商标权益的静态和动态安全。一方面，这种权利取得的规则不论在注册取得还是使用取得模式下都理应符合"先到先得"的自然秩序，只不过前者为申请在先，后者为使用在先；另一方面，由于商标权的保护对象是商标功能，商标功能的发挥必须体现在商标使用过程中。因此，商标权的边界指的就是限制他人使用相关商标符号的行为自由的限度。结合注册的公示功能，这种限度在未注册商标与注册商标或商标注册行为发生冲突时，指的应当是通过"先占"规则而排除的上述"他人"的范围。应当指出的是，在注册取得模式下，一国商标法承认未注册商标权益意味着，作为例外，"使用在先"而非"申请在先"可以作为排除在先申请人原本能够获得的商标权排他效力的理由，换言之，反过来限制了先申请人的行为自由。这一方面必然需要一个能够超越"申请在先"这一注册取得模式根本原则的强大学理根据来为之背书；另一方面，为了获得商标权取得系统内的自洽，这种"例外"实际上也不能超出原本法律规范体系自身带有的某种"弹性"和解释力的最大射程——也就是说，必须提取某种根植于"申请在先"原则内部的因由来与前述"强大理由"相互结合，以便完成"原则"与"例外"之间的和谐共处。

　　这样来看，应当以诚实信用原则为超越"申请在先"原则的理由，将未注册商标通过使用而令他人得以接触的范围作为分类的依据。这就实现了注册取得模式与"使用在先"之间的协调。从注册制度的公示以及初步证据作用出发，对于注册商标而言，司法者、执法者应当推定一个法域内的其他所有人都接触了该商标符号，因此"他人"的范围无疑是一国法域下的全部民事主体。而对于未注册商标而言，其使用结果能够令多大范围的"他人"知晓，就能够在多大范围内对之进行保护，排除该范围内民事主体的行为自由。

---

〔1〕 黄保勇："未注册商标的法律保护研究"，西南政法大学 2012 年博士学位论文，第 80~81 页。

同时，排除他人行为自由具体指的是排除"他人申请注册商标的自由"，而非排除"他人使用商标的自由"。这是区分《商标法》给予注册商标直接保护、给予未注册商标间接保护的标准，也是可保护性等同于可注册性的原因。换言之，既然依据《商标法》，未注册商标利益主张者只能请求禁止他人申请注册商标，那么作为其主张根据的未注册商标也必须符合可注册性要件，其获得的保护不是商标专用权，不能依据《商标法》禁止他人使用商标，而是排除其未来申请注册商标的障碍。

从这个角度来进行类型化分析，在未注册商标的商标法保护问题上可以将其分为普通未注册商标，具有一定影响的未注册商标以及未注册驰名商标。需要注意的是，商标法为各个类型的未注册商标提供保护的背后是商标法规范竞争秩序之主旨。但是，在接受注册取得模式的情况下，未注册商标由于不符合商标权取得的形式要件，其商标法上的保护必然只能是"瘸腿"的，根据商誉的高低划分不同类别的未注册商标也并不意味着其可以与知名度相当的注册商标受到同等看待。其根本原因在于，商标法对未注册商标的保护并不是出于对其制定法上权利的确认，而是为了维持市场竞争的秩序，以及消费者使用的公共利益。[1]之所以采取与确认注册商标保护范围相类似的商誉多少标准将其分为三个类型，理由仍然是商誉私益与公共利益在事实层面的相互粘连。商标法实际上并不直接保护未注册商标的商标功能，而是限定在权利取得阶段通过诚实信用原则的具体适用来达成保护目标，除非通过使用，未注册商标的公示强度已经达到了与注册商标实质性相同的情况。也因为此，对未注册商标行为要件的要求不应当限定在"主动使用"范围内，而应当注重使用效果，即使被动使用也能够满足商标法可保护性的要求。[2]这一点与反不正当竞争法对未注册商标提供保护的逻辑是一致的。

具体而言，首先对于普通未注册商标来说，商标法出于其价值倾向性只能给予范围较小的保护。以我国《商标法》为例，第15条包含了对还达不到"一定影响"程度的未注册商标的保护，其注册阻却与宣告注册无效的范围仅限于因商业活动构成某种特定关系而知晓未注册商标存在的人。缩小责任主体范围的原因在于，实际上难以对普通未注册商标的在先性进行一般性的证

---

〔1〕 冯术杰："未注册商标的权利产生机制与保护模式"，载《法学》2013年第7期，第39~47页。

〔2〕 邓宏光："为商标被动使用行为正名"，载《知识产权》2011年第7期，第5页。

明，但是在确实存在明知而抢注的情况下，为了维护正当的竞争秩序，同时出于对诚实信用原则的坚守，法律预设了某些可被推定为明知这类商标在先使用的情形。继而，该条适用的重心不在于商标知名，而是当事人知晓，最高人民法院对第 15 条的解释也明确了这一点。[1]这说明对于普通未注册商标的保护是出于对竞争秩序的考虑，而非商誉或消费者利益的保护。因此，这类商誉积累未达到一定程度的商标也不能享有在先使用抗辩，亦即不能以在先使用对抗在后申请注册的商标。

其次，对于具有一定影响的未注册商标，其商誉积累到了商标法不能忽视的程度，如果还限制其保护范围，不仅会损害竞争秩序，还将影响一般消费者的使用行为。因此，我国《商标法》第 59 条第 3 款赋予了这类商标在先使用抗辩的保护。这种救济往往被称为"先用权"，学者已经将其法律性质明确为抵消注册商标权人禁止权的抗辩权。[2]在先使用抗辩的目的既是弥补注册取得模式的缺陷，也是对注册制度效力的尊重：在先使用人不能仅仅依据其在先使用就获取商标专用权，从而获取适用无过错责任原则的知识产权请求权，只能退而确保自己已经实现的商标功能得以继续存在。此外，《商标法》第 32 条和第 45 条没有对这一类型的未注册商标在阻却注册和无效宣告上明确只能针对"不正当"抢注行为，延续了第 15 条推定明知的立场，同时隐含了对尚未达到驰名程度的未注册商标的保护限制在相关公众知晓范围内的意涵，同样属于诚实信用原则在商标法中的具体适用。值得注意的是，有关"一定影响"是否应当体现为正面的美誉以及"在先使用"是否应当被限定在合法使用范围内引发了广泛的争议。以"捕鱼达人"案为例，[3]该案的争议焦点为当事人将商标在先使用在涉嫌违法的商品上并形成了一定影响，是否能够起到阻却在后申请者获得注册商标权的作用。肯定者认为，应当明确区分公法与私法的界限，这类使用行为不属于违反商标法的"违法行为"；作为未注册商标获得保护基础的"一定影响"是一个客观中立的事实，如果认为商标使用的商品或服务本身违反其他法律规定而否定商标在竞争秩序中

---

〔1〕　最高人民法院《关于审理商标授权确权行政案件若干问题的规定》（法释〔2020〕19 号）第 16 条将商标申请人与在先使用人营业地址邻近也纳入"其他关系"范围内，说明是否存在商业往来不是《商标法》第 15 条的适用条件。

〔2〕　李扬："商标在先使用抗辩研究"，载《知识产权》2016 年第 10 期，第 5 页。

〔3〕　北京市高级人民法院〔2016〕京行终 3000 号行政判决书。

起到的作用，将无法实现商标法防止消费者混淆的立法目标。[1]否定者认为，在违法商品上使用商标所取得的"一定影响"本身就是违法利益，而且违法商品的相关消费者与相同或近似类别合法商品的消费者不属于同一群体，不存在混淆可能性；"一定影响"应当是商标正面积极的影响力，指的是法律所肯定的商誉，负面影响法律不予保护。[2]笔者认为，从商标法保护目标的角度看，上述肯定观点是正确的。"一定影响"指的就是标识在确保区分来源功能得到发挥的同时，能够实际辨识商标的消费者达到了一定规模。所谓承载商誉及品质保障，并不仅指美誉及优质，即使恶名和劣质也能够帮助消费者降低搜寻成本。对商誉或品质作出这种限定对于实现商标法的目标没有任何意义。此外，作为《商标法》第 32 条规定法律后果的第 45 条针对的是相对禁止而非绝对禁止注册的理由，只能作为商标权取得在先性的要求。况且，即使绝对禁止注册理由也不对商品或服务本身的性质进行规范。[3]或者说，商标法中存在对制定商品或服务合法性的基本假设，[4]商标权的授予不考虑商品或服务的合法性问题，否则其与其他部门法之间的界限将不再清晰，也改变了商标法的调整对象。但是需要注意的是，第 32 条的适用不需要考虑"一定影响"是否积极影响的前提是限于商标法语境内的讨论，其根据在于防止消费者发生混淆，并不表示在违法商品或服务上使用商标的行为不会受到其他法律部门的规制。这样，在事实上就有可能出现无法持续使用商标的情况，当持续不使用达到 3 年期限就可以申请撤销该商标。

最后，保护范围最大的是未注册驰名商标。《商标法》第 13 条第 2 款规定，当商誉积累达到驰名的程度，即使商标未注册也能够阻却在后申请的商标注册。这种保护方式相当于豁免了取得商标权必经的注册程序。[5]这是注

---

〔1〕 丛立先："非法商品或服务的在先使用标识可以产生商标专用权"，载 http://mp. weixin. qq. com/s/Xu0GSzujsOKXfjtcCUhk9w，2023 年 5 月 23 日访问；李扬："违法使用与商标法第三十二条后半句规定的'一定影响'的关系"，载《中国知识产权》2017 年第 2 期。

〔2〕 "飞吧，私法的子弹，只是莫以私权的名义穿破公共道德的底线"，载 http://mp. weixin. qq. com/s/nqBIafHovs7IX7xToOyT6w，2023 年 5 月 23 日访问；王莲峰："商标法 32 条后半句的适用条件"，载 http://mp. weixin. qq. com/s/Om5nr8UhekCAgjkIl6W1BA，2023 年 5 月 23 日访问。

〔3〕 TRIPS 协议第 15 条第 4 款规定，预期使用商标的商品或服务的性质不得在任何情况下成为商标注册的障碍。

〔4〕《类似商品和服务区分表》中不存在违法商品或服务，也不对违法或合法问题作出判断。

〔5〕 王太平："论驰名商标认定的公众范围标准"，载《法学》2014 年第 10 期，第 59 页。

册取得模式下唯一出现的近似于"使用取得"商标权的情形。[1]有学者认为，这种注册豁免的效果并不产生实体商标权，只是一种商标注册程序的安排。[2]姑且不论是否误解了第 13 条第 2 款属于"权利取得+权利保护"复合规范的性质，这种观点并不能否认这种阻却他人注册取得商标权不仅不需要证明在后申请人存在过错，而且不受时效限制，[3]在法律结果上与注册商标权已经没有区别。

值得注意的是，有观点认为，未注册商标存在一种"商标注册申请权"，指的是未注册商标的使用人针对其他竞争者享有的一项禁止其恶意抢注商标的排他性权利，并且属于《商标法》第 9 条规定的"合法权利"之列。[4]应当说，这种权利即使存在，由于只有对应义务人存在恶意时才能实施，也不属于排他性权利，其性质更接近请求权。但是，不可否认的是，当未注册商标已经达到驰名程度时，使用人在事实上确实拥有了一种"排他性权利"。其背后的原因正是由于这类未注册商标积累的商誉与知名度高，相当于注册制度起到的公示作用。在这种情况下商标注册与否已经不具有区分法律地位的意义。同时，由于对驰名商标的特殊保护是在商标权取得而非实体商标权的语境下实现的，一方面很难据此说明我国商标法真正采纳了反淡化理论，另一方面也说明"驰名"指的只能是全国范围内知名，而不能是在某一地域内具有"一定影响"。这样才能令未注册驰名商标发生"注册豁免"效果。一些观点对此可能有商标法政策方面的担忧，认为这不符合注册制度的建立目的，如果直接或间接地赋予未注册驰名商标权利化的保护，会导致注册制度的效率及公信力下降，对未注册商标统一给予竞争法保护即可。[5]实际上这种担忧在事实层面是没有必要的，一方面能够满足在"抢注"者申请日前即已经驰名这一条件的未注册商标毕竟只是少数，不会对注册制度造成整体性的伤

---

〔1〕　冯晓青："未注册驰名商标保护及其制度完善"，载《法学家》2012 年第 4 期，第 124 页。

〔2〕　余俊：《商标法律进化论》，华中科技大学出版社 2011 年版，第 135 页。

〔3〕　《商标法》第 45 条的原文为："对恶意注册的，驰名商标所有人不受五年的时间限制"，而最高人民法院《关于审理商标授权确权行政案件若干问题的规定》（法释〔2020〕19 号）第 25 条明确了"引证商标知名度高、诉争商标申请人没有正当理由"时，法院可以推定申请人存在恶意。也就是说，驰名商标所有人只需要证明商标达到驰名，而不需要承担"恶意"的证明责任。

〔4〕　李萍："商标注册申请权初探——写在《商标法》第三次修改之际"，载《河北法学》2013 年第 2 期，第 63 页。

〔5〕　余俊：《商标法律进化论》，华中科技大学出版社 2011 年版，第 135 页。

害；另一方面对未注册驰名商标的抢注行为直接因违反诚实信用原则而被法律推定为具备恶意，这与申请注册和经过公示的注册商标相同或近似的商标会被推断为具有主观恶性具有相同的内在逻辑。[1]

3. 反不正当竞争法的保护

追溯利用法律手段保护商标权益的历史，商标法与反不正当竞争法拥有共同的源头："欺诈仿冒之诉。"[2]研究反不正当竞争法对未注册商标的保护首先要解决的是反不正当竞争法与商标法之间关系的问题。有学者将之总结为三种观点：将反不正当竞争法作为商标法的补充和兜底救济手段（补充说），将商标法作为反不正当竞争法的特别法看待（一般法与特别法说），以及两法分别成立不同的保护对象、保护方式、价值追求（并列说）。其中，补充说及一般法与特别法说之间不存在实质区别，只是看待问题的角度不同。[3]在以美国法为代表的商标权使用取得模式下，商标法与反不正当竞争法的关系非常紧密，可以认为二者构成了一般法与特别法的关系。这是由于，采纳"先使用"原则来规范商标权取得的优先性，在尊重商标符号关系构建的事实逻辑的同时，注重的是从商业行为和竞争秩序的角度来考虑商标的法律保护问题，而不是从独立的财产权角度保护商标权益。[4]在这种情况下，虽然《拉纳姆法》在表面上被称为《商标法和反不正当竞争法》，联邦层面的反不正当竞争法还要借用《拉纳姆法》第43（1）条来进行成文化的规定，但实际上商标权的保护被自然地纳入了反不正当竞争法的范畴，在法律体系中被作为后者的特别法看待。[5]但是，采纳注册取得模式的商标法，由于倾向于将商标权看作独立完整的财产权利，导致一般法与特别法说存在很大的问题。在基本概念的层面，注册取得模式下的"注册商标权"与使用取得模式下的"商标权"就存在差异，前者可以以一个纯粹制度性事实的面目出现，而后者

〔1〕 刘自钦："论我国商标注册诚信原则运用机制的改进"，载《知识产权》2016 年第 11 期，第 65 页。
〔2〕 李明德：《美国知识产权法》（第 2 版），法律出版社 2014 年版，第 619 页。
〔3〕 郑友德、万志前："论商标法和反不正当竞争法对商标权益的平行保护"，载《法商研究》2009 年第 6 期，第 96 页。
〔4〕 Rudolf Rayle, "Trend towards Enhancing Trademark Owners' Rights-A Comparative Study of U. S. and German Trademark Law", *Journal of Intellectual Property Law*, Vol. 7, Issue 2（Spring 2000）, pp. 227~314（238）.
〔5〕 刘维："商标财产论"，华东政法大学 2014 年博士学位论文，第 14 页。

则相当于包装在名为法定权利的"玻璃盒子"内的自然事实。然而，商标符号关系在事实基础方面的性质是法律保护正当性的来源，这使得这种基于商标符号关系而形成的制度性事实不可能完全成为"空中楼阁"，其依然要建立在自然事实语境下的"商标"之上——至少必须承认未经注册制度洗礼的标识依然可以发挥商标功能，从而成为法律保护的对象，消费者使用的公共利益与竞争秩序因此也会进入商标法的视野。这最终令商标法与反不正当竞争法在立法目的和价值追求两个方面都存在粘连，令二者在未注册商标权益的保护上存在彼此交错而非包容的关系，因此一般法与特别法说是不能成立的。[1]比较而言，并列说更加合理，但是，必须说明的是，这里所谓的"并列"只是对两部法律规范的现实描述而非理论描摹。有学者认为，在最理想的情况下，商标法与反不正当竞争法对商标权益的保护是互补而非竞合的。商标法提供保护的前提是注册核准，而反不正当竞争法反之；商标法保护商标的区分来源功能，反不正当竞争法保护商誉承载功能；[2]商标法负责权利供给端的调控，反不正当竞争法负责利益需求端的分配。但是在现实中这种区分未免过于死板，也不符合商标功能的体系构造。因此，二者仍然会存在一定程度的交叉，并且可能表现为商标权益救济请求权的竞合。

这样一来，如前所述，由于商标法的权利效力评价紧紧围绕注册行为展开，对未达到驰名程度的未注册商标而言，提供救济的前提是发生了注册行为（抢注）。根据注册行为的主观意图，救济手段区分为两类：对遭到恶意抢先注册的可以阻却或撤销注册，对遭到善意抢注的，给予在先使用抗辩的救济方式。而反不正当竞争法对商标权益的保护则存在一些区别。首先，从保护前提看，反不正当竞争法不以商标注册为前提。反不正当竞争法提供保护的前提是以一定量的商誉为表征因而可被法律推定为现实存在的竞争秩序。这样一来，反不正当竞争法就同时保护了公共（竞争）秩序和私人（商誉）利益。当注册取得模式下商标权的赋权规范不关注是否存在商标使用行为，更不关注是否已经存在可保护的商誉（商誉的交织形成了竞争秩序）时，如

---

〔1〕　有关这种一般法与特别法关系不能成立的观点，更详细的论述参见石圣科："侵权视域下的商标/商标标识二分论"，西南政法大学 2013 年博士学位论文，第 63~65 页。钱玉文："论商标法与反不正当竞争法的适用选择"，载《知识产权》2015 年第 9 期，第 32~36 页。

〔2〕　冯术杰："未注册商标的权利产生机制与保护模式"，载《法学》2013 年第 7 期，第 41 页。

果将反不正当竞争法保护的基准提高到"注册商标",[1]将明显导致规范失衡并无法实现法规目的,也就是学者所谓在反不正当竞争领域建立了商标权的"霸权"。[2]理论上,在商标法已经提供了对注册商标高强度保护的情况下,《反不正当竞争法》第二章列举的商标不正当竞争行为条款(即第6条)应当集中提供对未注册商标的保护。其次,从保护对象的形式特征看,反不正当竞争法对未注册商标的保护具有形式上的非限定性。与商标法将可保护性和可注册性关联在一起,通过注册制度给予商业标识形式要件相区别,反不正当竞争法不关注标识到底是以商标、商号、商品包装装潢、域名或者其他任何形式出现在公众面前,而是以标识能否发挥区分来源为标准将之分为具有显著性的商业标识和不具有显著性的非商业标识。由于不需要将商业标识上凝聚的财产性利益权利化,在形式上可以是完全开放性的。实际上,注册商标的形式原本也应当是开放式的,只是由于需要满足注册登记的呈现要件的要求,以及为"作为商标使用"进行法律推定的方便而受到形式方面的限制。而不关注注册与否的反不正当竞争法就完全没有这些顾虑了。最后,构成违反反不正当竞争法行为的标准与商标侵权责任的认定标准之间是否保持一致问题。《反不正当竞争法》第6条的规定对商标的保护限制在反混淆范围内,"引人误认为是他人商品"和"引人误认为与他人存在特定联系"分别对应直接混淆和间接混淆。该范围甚至比《商标法》第57条的规定更狭窄。根据相关司法解释的规定,《商标法》第57条第7项规定"给他人的注册商标专用权造成其他损害的"行为包括将注册商标作为商号突出使用,或作为域名使用,导致消费者误认的行为,以及在反混淆之外对驰名注册商标的"跨类保护";[3]此外,司法实践将可能导致知名注册商标显著性退化的不正当使用也归入该条款的适用范围。[4]与此相较,目前《反不正当竞争

---

[1] 这里其实很难说是"提高"还是"降低"了基准:由于注册商标不见得有商誉支撑,从商誉和竞争秩序的现实存在角度讲,现行《反不正当竞争法》的规定似乎是"降低"了基准;由于"注册商标"是一种经过抽象的、科层化的法律事实,而"商标"可能是一种自然事实,《反不正当竞争法》的相关规定又似乎是"提高"了基准。

[2] 刘继峰:"试析《反不正当竞争法(修订草案送审稿)》第五条中的两个问题",载《竞争政策研究》2016年第4期,第8页。

[3] 参见最高人民法院《关于审理商标民事纠纷案件适用法律若干问题的解释》(2020年修正)第1条规定。

[4] 参见[2016]京73民终817号。

法》第6条将商标权益保护范围限制为"反混淆"就显得明显不足了。至少应当补充对未注册驰名商标反混淆以外的保护，以便在不损害商标法制度目的的同时周全对驰名商标的特殊保护。

二、商标权取得规范基础的多维考察

顾名思义，商标权取得的规范基础关注的还不是商标权取得规范本身——或者说商标权取得规范的具体内容，而是在建立这种规范时应当依照什么标准，考虑哪些因素。这至少涉及了两个方面的问题：其一，为什么要取得商标权，这是对商标权取得目的的追问。作为一种框架性概念，将原本处于事实状态的利益利用法律方法抽象为权利，必然需要考虑权利构造的目的是保护哪些主体所欲求的何种利益，以便理性地规范其行为。商标权关系到商标所有人与消费者，因此商标权的构建也需要同时考虑两个面向，继而由这两个面向的极端假设中推论出两种价值追求。其二，商标权取得规范正当性的来源，在明确了取得权利的目的之后，自然需要研究权利取得规范的路径开辟问题。构建作为一种法律制度的商标权取得规范的出发点是商标的事实属性，而制度构建本身需要权衡和融贯价值理性与工具理性。继而，应当从商标权取得的道德因素与实证因素两个方面来寻找规范构建的向度。

（一）商标法的面向与价值问题

1. 商标权构建的二重面向：所有人与消费者

构建所有人抑或消费者面向的商标权和商标法，是立法者必须面对的难题。一般而言，注册取得模式倾向于所有人面向，使用取得模式反之。以往针对"所有人—消费者"对立面向的讨论多集中于商标权救济基础。然而，取得商标权作为商标利益保护的第一步，讨论该问题自然也是题中之义。只不过从权利取得视角来考察商标权构建的面向问题时，主要考虑的不是损害，而是商标法所保护的法益与商标功能的实现。

第一，在构造商标权的过程中存在所有人和消费者面向对立是一个现实存在的问题。我国《商标法》第1条开宗明义地规定："为了加强商标管理，保护商标专用权，促使生产、经营者保证商品和服务质量，维护商标信誉，以保障消费者和生产、经营者的利益，促进社会主义市场经济的发展，特制定本法。"〔1〕这说明，作为商标符号利益保护规范基础的商标权，在其构建过程中存在明显的二元对立。〔2〕早在 20 世纪 20 年代，谢克特就意识到了这一问题。他指出，"……在美国，法院须解决一个问题：在（商标权救济）案件中，真正的基础是公众被欺诈导致的损害，还是对商标所有人造成的损害"。〔3〕因此，二元对立从两个方面体现出来。一方面，存在主体对立。在市场中接触、使用商标的主体包括商标所有人和消费者两类，商标对于两者的价值与意义既有相通之处，也存在显著区别。在构建商标权时无疑应当全盘考虑二者的异同，同时不可避免地会产生政策倾向性。继而产生了另一方面的面向对立，这也就是商标法"所有人中心主义"和"消费者中心主义"之间的争议。〔4〕

第二，所有人和消费者面向的对立不表示二者相互否定，只表现为规范的倾向性。传统的"所有人—消费者"面向对立的源头在于认为现代商标法将"混淆理论"和"淡化理论"并列为侵害商标权标准会导致侵权理论的混乱，因此重点放在考察可救济损害的来源上。李雨峰教授认为，适用混淆理论意味着采纳"消费者中心主义"，理由是该理论将商标权保护的基线设置在消费者对商标信息的识别发生混淆之上；而适用淡化理论则意味着采纳"所有人中心主义"，因为发生商标淡化不需要以消费者混淆为前提，而是商标权

---

〔1〕 我国立法和法律、法典编成有一习惯，每每以第 1 条"立法意图"宣示本部法律的定位。这种习惯本身的合理性曾引起学者的争论。然而，立法者既然已经如此显著地将其意图列明，不论其是否合理，都具有约束法律解释和适用的意味。第 1 条既然如此重要，如果对其本身的解释处于两可或两极之间，无疑将对其他条文的理解和裁量造成深远的影响。参见朱庆育：《民法总论》（第 2 版），北京大学出版社 2016 年版，第 18~19 页。

〔2〕 该条文中，"加强商标管理"明显为行政管制需要，暂且不论，"促进社会主义市场经济的发展"为最终目的，稍显务虚，但"保护商标专用权""促使……保证商品和服务质量，维护商标信誉"与"保障消费者和生产、经营者的利益"三者之间到底是何关系，学者有不同意见。有认为"保护商标专用权"为第一目标，在该目标得到满足的情况下才能考虑其他立法目的；亦有认为三者为层层递进关系，保护商标专用权为直接目标，保障消费者利益才是统领性质的最高目标。三者关系确实甚为复杂，比如"维护商标信誉"的目的就可能与"保护商标专用权"发生分离，"保护商标专用权"与"保护消费者利益"也不见得在具体案件中能够两相兼顾。相比之下，"维护商标信誉"与"保护消费者、经营者利益"往往能够相互印证。因此，第 1 条野心过大，包涵太广，通俗地说，容易产生"法律到底保护谁（注册商标权人乎？消费者乎？竞争者乎？）"的疑惑，并成为出现商标授权确权疑难案件以及决定商标法政策倾向性的核心关键。

〔3〕 Frank I. Schechter, *Historical Foundations of the Law Relating to Trademark*, Columbia University Press, 1925, p. 5.

〔4〕 李雨峰："重塑侵害商标权的认定标准"，载《现代法学》2010 年第 6 期，第 44 页。

人直接遭到损害。[1]同时，有观点认为贯穿商标法的基本线索只能是"所有人中心主义"，"消费者中心主义"是一个伪命题。商标权是一种支配性的财产权利，确立所有人面向的商标法、保护商标所有人的商誉，以及确认救济基础为商誉而非消费者的利益，是商标法独立地位显现的象征。商标法本质上是为了防止经营者的竞争力通过假冒商标而被不当转移。[2]

　　笔者认为，以上两种观点都有值得商榷之处。一方面，前者观念的基础实际是，淡化与混淆是截然对立的，而且两者分别对应了所有人面向与消费者面向。然而，淡化和混淆截然对立的认识首先解释不了为什么只有驰名商标受到反淡化保护——为什么要为保护商标所有人私人利益设置"驰名"的底线，难道未驰名商标的所有人就不拥有商标私人利益吗？其次解释不了为什么混淆测试（confusion test）与淡化测试（dilution test）的标准如此相似。以反淡化法律实践比较成熟的美国法为例，Mead Date 案中确立的淡化六要素测试指的是：商标的相似性、附着商标的商品之间的相似性、消费者对商标和商品的熟悉程度、行为人是否存在恶意、在先商标的声誉、在后商标的声誉。该标准与多因素混淆测试标准极为相似。[3]而 Nabisco 案进一步将淡化测试合理化，修正为淡化可能性十要素判断标准，包括但不限于：①商标显著性；②商标相似性；③商品相似性以及竞争可能性；④前三点之间的相互关系；⑤消费人群的重合程度和地理距离；⑥消费者对商标和商品的熟悉程度；⑦实际混淆；⑧在后使用是否具有描述性；⑨在先使用人是否在合理期限内要求在后使用人停止使用争议商标以及在后使用是否建立商誉（影响市场格局和共存可能性的判断）；⑩在先使用人是否存在其他怠于行使权利的情况。法官同时多次强调应当参照混淆测试来思考淡化测试的具体适用。[4]可以发现，这些屡经修正的标准与混淆之虞的判断标准何其相似！同时，也有学者指出，反淡化保护进入商标法视野的理由正是消费者面向与所有人面向的多重价值考量共同发挥作用的结果，从单边主义的角度解释两个"中心"反而

---

〔1〕　李雨峰："重塑侵害商标权的认定标准"，载《现代法学》2010 年第 6 期，第 46 页。

〔2〕　刘维：《商标权的救济基础研究》，法律出版社 2016 年版，第 166~168 页。

〔3〕　Mead Data Central, Inc. v. Toyota Motor Sales, U. S. A. , Inc. , 875 F. 2d 1026, 1035（2d Cir. 1989）.

〔4〕　Nabisco, Inc. , v. PF Brands, Inc. , 191 F. 3d 208, 217-22（2d Cir. 1999）.

无法推出其救济基础。[1]实际上，从法经济学角度看，混淆和淡化是统一的，保护的都是消费者对商标的指示性使用（referential use），两者的目的都在于防止侵权行为人为地将商标变为拥挤公共物品（congestible public goods）；[2]从认知科学角度看，两者的目的都在于防止不同经营者的商标信息降低消费者脑中依据某一标识建立的神经连接方式的强度。[3]只有将反淡化和反混淆的理据如此相互统一，才能解释为何谢克特认为法律只应反对淡化以下类型的商标：在公众认知中已经与某种商品紧密联系在一起，且在公众认知和印象中与具有美誉度的商品联系在一起的标识。[4]另一方面，后者的观点有一个前提，作为法律救济基础的商标权必然以商标实际使用以及商誉的形成为必要条件。而这一条件的达成无疑必须以消费者对商标符号意义的认知为准线，亦即作为救济基础的商誉是否形成应当以消费者认知而不是商标所有人投入的劳动作为唯一标准。这说明，在后一观点理想中的商标法律关系里，所有人和消费者的利益实际上必然呈现为你中有我我中有你的交融关系：商标所有人进行商标活动及消费者认可商标活动，是缺一不可的。只有这样才能解释为何损害救济的基础是商誉保护。如果否认消费者面向的重要性，一味强调所有人面向，可能反过来导致对形式商标权的强烈肯认。总而言之，不应认为淡化与混淆是对立的，也不应认为消费者和所有人这两重面向相互否定。

第三，满足商标显著性要件要求廓清商标权取得问题须同时立足于"所有人—消费者"二重面向。首先，显著性在商标法中占据特殊地位，是商标的本质属性，也是将商标利益、功能和损害等与商标活动有关的概念联结起来的枢纽。[5]不同观点和法律法规对显著性定义的具体表述有所不同，但都

〔1〕 秦洁："商标淡化理论新解：以关系为思考单元"，载《知识产权》2013年第7期，第22页。
〔2〕 David W. Barnes, "A New Economics of Trademarks", *Northwestern Journal of Technology and Intellectual Property*, Vol. 5, Issue 1 (Fall 2006), pp. 22~67.
〔3〕 Rebecca Tushnet, "Gone in Sixty Milliseconds Trademark Law and Cognitive Science", *Texas Law Review*, Vol. 86, Issue 3 (February 2008), pp. 507~568.
〔4〕 Frank Schechter, "Rational Basis of Trademark Protection", *Harvard Law Review*, Vol. 40, Issue 6 (April 1927), p. 820.
〔5〕 姚鹤徽：《商标法基本问题研究》，知识产权出版社2015年版，第132页。

以商标区别和指示商品或服务来源的功能得以实现作为外部表征。[1]这一点在前文第一章已经得到了充分论述。同时，具备显著性还是一个标识成为商标的最低标准。商标具备什么功能决定了商标权保护哪些法益。除了目前通说认为的区分来源、品质保障和广告宣传三大功能，还有学者提出了商誉承载、投资存储功能。然而，不论其他功能是直接功能还是衍生出的作用、是否为商标法所直接保护、是否体现了某种商标法益，指示出处并区别来源的功能——也就是商标的显著性——的首要地位是不能被撼动的，皮之不存毛将焉附？其次，从显著性的概念不难看出，一个标识符合商标显著性的要求即意味着商标基本功能得以发挥，而这必须以兼顾商标所有人和消费者的利益为前提。从市场的角度观察显著性，可以发现这实际上是一种一体两面的属性。一方面，商标所有人必须将其选择作为商标的标识投入市场进行实际使用，并通过与其商品或服务的结合创造其符号意义，使之成为丰满完整的符号。另一方面，只有消费者确实将该标识视为商标，才能认为标识具有显著性。[2]也就是说，如果商标所有人没有实际使用商标，或者其使用行为无法成功地在消费者脑中建立特定的认知通道，标识自然不可能具备显著性，也就没有给予商标法保护的必要。此外，消费者对一个商标认知程度的强与弱也直接反映为商标标识能够表征的信息量大小，进而决定了其能够受到多大程度的保护。简而言之，消费者是商标符号意义的缔造者之一，其话语权应当在商标法诸项制度中得到体现。[3]对消费者利益的保证，不仅是从所有人面向出发而对商标权人的私人利益进行保护的必要条件，也是其必然归宿。

我们可以轻易地发现，作为商标权保护对象的商标功能，每一项都具有双重意涵：区分来源功能既是消费者用以降低搜寻成本的工具，也是商标所

---

[1]　曾陈明汝教授认为，商标的显著性是商标表彰自己商品以与他人商品相甄别之固有属性。黄晖教授认为，商标的显著性具体是指，当该标识使用在具体的商品或服务上时，能够让消费者觉得，它应该或者实际与商品或服务的特定出处有关。彭学龙教授将显著性定义为商标标示商品或服务的特定出处并使之区别于其他同类商品的属性。参见曾陈明汝：《商标法原理》，中国人民大学出版社2003年版，第131页；黄晖：《驰名商标和著名商标的法律保护》，法律出版社2001年版，第12页；彭学龙：《商标法的符号学分析》，法律出版社2007年版，第108页。同时，美国《拉纳姆法》规定，商标指的是商人用以标示其商品使之区别于他人商品并表明哪怕是匿名的出处的任何文字、名称、标记、图形或其任意组合。我国《商标法》也规定，商标是任何能够将自然人、法人或者其他组织的商品与他人的商品区别开的标志……缺乏显著特征的标志不得作为商标注册。

[2]　姚鹤徽：《商标法基本问题研究》，知识产权出版社2015年版，第133页。

[3]　参见杜颖："商标法律制度的失衡及其理性回归"，载《中国法学》2015年第3期，第121页。

有人区分自己与其他经营者的便捷方式；承载商誉和品质保障功能在商标所有人看来具有提高品质和信誉、增强销售力的潜在激励作用，同时也是消费者评价和记忆交易信息的必然结果，起到了促使其选择或不选择来源于某出处的商品或服务的效果；而形象宣传功能则是商标所有人梦寐以求的品牌效果，同时消费者也用以标榜自我身份特征和社会定位。因此，事实上在商标法中不存在消费者中心主义与所有人中心主义的相互排斥，只存在消费者与所有人二重面向的相互融合。两种"中心主义"的分野实际上只是商标法在将作为自然事实的商标财产利益转化为制度性事实的演化发展过程中产生的副产品。在现实中，如果将商标法律制度比喻为一座"跷跷板"，这两种面向就分别位于跷跷板的两端；制度构造中的不同路径与法政策的不同选择所表现的就是在某个历史时期法学理论、法律规范与司法实践更加愿意凸显其中哪一端的重要性。只不过需要警惕的是，在制度跷跷板上过分"抬高"消费者或所有人面向之一，意味着另一面向的"隐没"，突出者固然"高高在上"，可也有"脚下空虚"之忧。因此，良好的商标法制度必须以维持一种具备正义性的平衡状态为己任。

2. 商标法的价值取向：形式与实体

保护消费者利益固然重要，但并不能因此认为应当将所有人面向自商标法规范中排除。除了保护所有人的私人利益也是构造商标权的目的之一，还存在法律规范价值取向上的原因。

当商标的所有人与商标符号意义的创造者区分开来，或者商标所有人试图脱离符号意义创造行为而利用商标权利时，意味着出现了纯粹的形式商标权。反过来说，只有将商标符号意义的创造与法定商标权利紧密结合在一起，如同一个严丝合缝的器皿时，才能认为完整合理的商标权利得以实现。从这个角度看，是否通过商标权取得制度承认形式商标权和实质商标权，其本身就是两类法律价值的"符号"。首先，纯粹的形式商标权意味着权利取得与否与取得的范围大小完全由人为（立法者）确定，不考虑商标在市场中使用而产生的实效。这种取得方式的优点在于能够快速满足商标信息抽象性以及权利明确性、法定垄断性的要求，[1]具体体现为制度的推定效力、赋权效力以

---

[1] 郑其斌：《论商标权的本质》，人民法院出版社 2009 年版，第 130~132 页。

及公示公信的效力。[1]在法律价值上，这是效用与秩序价值的表现，亦即法律制度的形式价值。其次，纯粹的实质商标权意味着权利是否取得以及取得范围完全由市场决定。商标活动要达到良好效果，充分引导消费者的认知网络，同时不至于导致商标的通用名称化、确保商标的强度提高而不是被摊薄，需要巨大的创造性智力劳动和商标投资（trademark investment）作为支撑。如果投入的成本无法通过权利化的方式保障其内部化为商标符号意义的创造者的成本和收益，反而转化为外部性在市场中散逸，甚至被归属于他人，显然违背了基本的公平和正义价值观念。因此，以消费者认知和市场实际情况作为商标权取得标准的优点在于能够充分反映符号意义创造者的劳动价值，起到奖掖价值创造者而不是其他人的作用。[2]此时，商标权利归属的确定——亦即"法律上之力"应当保护哪个主体——实现了实体正义的价值。

　　法律规范和制度价值的权衡是一项极为复杂的工作。不能武断地认为对形式商标权的肯定必然违背正义价值，或者只有反映实质商标权的商标权取得制度才能实现正义。支持形式商标权的商标权取得制度，意味着赋权行为的效率较确认实质商标权的制度更高，商标权取得次序的秩序更加稳定。而效率和秩序能否转化为"效用"，以及效用能否替代"正义"需要精益分析。借用休谟的观念，有价值的效用指的应当是包含全体个人效用在内的公共效用。这也同时意味着，效用和正义的价值应当也只能被统一在公共利益的旗帜下。只有当公共利益不被影响时，其他的动机才能代替正义。[3]正义必须是有效用的正义，同时正义也是追求公共利益的手段。如果说授予商标权人一项商标财产权利足以令其享受到商标法给予的"获取之乐"，[4]那么，取

---

　　[1]　付继存：《商标法的价值构造研究——以商标权的价值与形式为中心》，中国政法大学出版社 2012 年版，第 215~216 页。

　　[2]　有论者认为，劳动价值论不适合作为商标保护的正当性基础，理由是商标标识的选择、设计，以及商标关系的形成过程不重视劳动的创造性。参见郑其斌：《论商标权的本质》，人民法院出版社 2009 年版，第 58~60 页。笔者不赞同此观点。首先，这种观点是对劳动价值论的误解。其次，劳动价值论作为一种朴素的权利取得的道德基础，不会丧失其原始生命力。再次，单就商标权取得来说，劳动价值论更适合作为一种最低标准，即对"不使用就无权利"（use it or lose it）原则的哲学诠释。最后，即使将劳动价值论解释力的适用范围限缩至"创造性"劳动，也同样适用于商标关系。

　　[3]　[丹]努德·哈孔森：《立法者的科学：大卫·休谟与亚当·斯密的自然法理学》，赵立岩译，刘斌校，浙江大学出版社 2010 年版，第 48 页。

　　[4]　有关财产权利带来的"拥有之乐""获取之乐"和"利用之乐"的论述，参见易继明："财产权的三维价值——论财产之于人生的幸福"，载《法学研究》2011 年第 4 期，第 74~90 页。

舍和平衡不同的价值取向，及时地给予适当的主体以适当的商标财产，同时及时地将财产自不适当的主体手中解脱出来并交予适当的主体，就是商标法中商标权取得制度必须承担的两项终极责任。

总而言之，对于立法者而言，当其所需要配置的权利的性质已然得到明确，不同的制度进路会导致的结果已然得到厘清时，价值取舍就会成为萃取法律规范的最后一道闸门。闸门一开，规范的洪流即将"冲刷"主体的行为决策与风险偏好。因此，追根溯源，决定这道闸门开在"哪里"以及打开的"幅度"都将是立法者对价值的权衡。对于制度设计者来说，这是一条必经的复杂路径。

（二）商标权取得的道德之维：劳动与同意理论

现代知识产权法体系中的"商标"已然是一种制度性事实（即使是"未注册商标"也被纳入了制度性路径），商标权作为已经被类型化的权利，似乎已经不再需要接受其权利属性到底是自然权利抑或法定权利的诘问。[1]依照法定权利论支持者的观点，洛克财产权劳动论在知识产权来源问题上天然的解释力匮乏已经成为知识产权的定性问题由自然权利向法定权利进行范式转换的基本动因。[2]然而，我们注意到，一方面，权利法定主义并不影响对"法"之正当性的追求；另一方面，在知识产权语境中对自然权利与法定权利分野——或者更直白地说，是对自然权利理论，尤其是财产权劳动学说解释力的否定的探讨大多起始于以智力成果作为保护对象的权利类型（著作权、专利权），其后悄然无息地扩张应用到商标权的相关问题上来。[3]商标不是智力成果而是符号，不论商标权保护的是商誉、符号指代关系或是别的什么东西，毫无疑问，受其保护者不是智力劳动成果，这是知识产权法学理论上的

---

〔1〕 有关知识产权属性的自然权利观与法定权利观的争论主要是针对创设新型知识产权而言的。参见李扬："知识产权法定主义及其适用——兼与梁慧星、易继明教授商榷"，载《法学研究》2006年第2期，第4页。

〔2〕 李扬："再评洛克财产权劳动理论——兼与易继明博士商榷"，载《现代法学》2004年第1期，第172~175页。

〔3〕 参见易继明："知识产权的观念、类型化及法律适用"，载《法学研究》2005年第3期，第110~125页；李扬："知识产权法定主义及其适用——兼与梁慧星、易继明教授商榷"，载《法学研究》2006年第2期，第3~16页；郑胜利："论知识产权法定主义"，载《中国发展》2006年第3期，第49~54页；李扬："知识产权法定主义的缺陷及其克服——以侵权构成的限定性和非限定性为中心"，载《环球法律评论》2009年第2期，第73~85页；徐俊、黄带弟："知识产权法定主义的司法适用"，载《电子知识产权》2008年第2期，第45~48页。

通说。由于这一事实属性的特殊性，商标权与著作权或专利权在取得问题上存在一定区别，因此，对商标权取得的规范基础、财产权劳动论、自然权利与法定权利的关系等问题也应当一并进行新的思考。

1. 财产权劳动理论与同意理论

自然状态是西方政治哲学和自然法哲学的一个基本假定和逻辑起点。作为核心概念的自然状态是如此重要，以至于有观点认为，但凡想要论及某种善的、有价值的事物，都需要将其纳入自然法的范围内以便证明它来源于自然状态，是理性的产物。[1]笔者无意探讨自然状态、自然法与人类理性之间的复杂关系问题，[2]而是接续自然状态假设中有关财产权起源的原始共有假定，以便研究取得商标权的内在道德要求。

自然状态下没有所有权，只有"使用权"，所谓"自然向所有人敞开胸怀，任何人都有权使用一切事物"（to all the way was open, the use of all things was a common right）。[3]因此，在近代政治哲学家与法哲学家看来，这种假定的原始共有状态中的"使用权"如何转换为现实中存在的具有排他性的私人财产权就是一个亟待解决的基本问题。这背后实际可以分解为两个问题：（财产）权利依循何种路径自原始共有状态中转换出来而由权利人所取得，以及何种路径具有理性与道德的正当性。

〔1〕 ［德］海因里希·罗门：《自然法的观念史和哲学》，姚中秋译，上海三联书店 2007 年版，第 97 页，转引自万晓飞："自然状态是事实还是假设？——以霍布斯、洛克和卢梭为例"，载《北京理工大学学报（社会科学版）》2016 年第 1 期，第 157 页。

〔2〕 在古典自然法观念内部就产生了有关上帝对自然状态所起的作用以及自然状态是否具有内在规则的问题引发的唯名论与唯实论之争。以阿奎那为代表的温和唯实论与 14 世纪至 15 世纪的经学哲学家提出的温和唯名论试图在两种思维范式中取得平衡。怀特海（Whitehead）据此考察和区分了两种自然法则（关于自然法的两种思维范式）：唯实论的内在自然法则学说与唯名论的施加性法则学说。其后，阿尔色修斯提出人具有社会秉性，以便将自然法从"上帝作为根本因和动力因"的问题中解脱出来。该观念被格劳秀斯发扬光大，他指出，社会性是指在人类的自然本性指引下对社会生活的强烈欲望。社会性既然是人类的本性，也就否定了施加性法则学说；同时，社会性是自足的，足以解释社会的存在理由，也不需要内在自然法则学说为其添加上帝作为第一因。因此，格劳秀斯认为"上帝并不存在，即使存在也不会关注人类事务"。通过论述自然法来自权利，格劳秀斯完成了自然法到自然权利的演化。参见 ［美］弗朗西斯·奥克利：《自然法、自然法则、自然权利——观念史中的连续与中断》，王涛译，商务印书馆 2015 年版，第 5～31 页。

〔3〕 Seneca, Octavia, u. 402 ff., in Seneca's Tragedies. Trans. F. J. Miller（London, Heinemann, 1917），ii. 439f，转引自 ［澳］斯蒂芬·巴克勒：《自然法与财产权理论：从格劳秀斯到休谟》，周清林译，法律出版社 2014 年版，第 11 页。

在洛克、格劳秀斯和普芬道夫看来，私人财产权的产生具有必然性。洛克提出，"上帝将世界给予……人类使用，就必须要通过某种划拨私用的方式……别人对它不再享有任何权利……然后才能对某一个人有好处"。[1]而格劳秀斯则从更加经验主义的角度出发，认为原始共有状态下个人行使普遍使用权（universe use right）则必然令事物因使用而消耗从而导致他人无法使用，这相当于在事实上自然产生了一种排他性的私人财产权；而实证法上的财产权则是对这种自然财产权的"模仿"，因此财产权成了自然法则下的一个"扩展物"、一个"实质部分"。[2]普芬道夫则指出，"个人为了自己利用而占有的任何东西都应当属于他，其他人不得抢夺"。[3]但是，在解释私人财产权取得的正当途径时他们的逻辑链条存在一定差异。

洛克认为，原始共有向排他性私人所有的转换因素是劳动，这也就是所谓财产权的劳动理论。劳动理论的底层逻辑异常简单：一切自然物都属于全体人类共有，但是每个人的人身只能属于他自己；那么，任何人利用人身进行的劳动导致任何脱离原有自然状态的物——也就是劳动成果，正当地属于他。[4]这一逻辑实际表述的是，如果除了人身之外的所有事物都处于原始共有状态，能让其他事物转换为私有财产的因素必然只能往这个天然不属于他人的人身及其活动中寻找。然而，为什么是"劳动"而非先占行为或占有意图成了至关重要的转换因素呢？洛克通过进一步将"劳动"限定为增加价值的创造行为来为其附加了一种自然理性与道德色彩：人类的行为是对上帝创世的模仿，人类在上帝安排的广阔自然图景中承担的角色就是增进物质世界的价值。"上帝创造的东西不是供人糟蹋败坏的……（上帝）命令人们从事劳动……也就是说，为了生活需要而改良土地"，"谁服从了上帝的命令（进行劳动）……就增加了属于他所有的某种东西，这些所有物是旁人无权要求的"。[5]这也就是学者所谓财产权劳动理论的基本语境——

---

〔1〕〔英〕洛克：《政府论》（下篇），瞿菊农、叶启芳译，商务印书馆1982年版，第18页。

〔2〕〔澳〕斯蒂芬·巴克勒：《自然法与财产权理论：从格劳秀斯到休谟》，周清林译，法律出版社2014年版，第10～13页。事实上，在格劳秀斯看来，整个实证法都是在自然冲动（natural promptings）刺激下对自然法或者"自然谋划"进行模仿的产物。

〔3〕〔德〕塞缪尔·普芬道夫：《人和公民的自然法义务》，鞠成伟译，商务印书馆2010年版，第135页。

〔4〕〔英〕洛克：《政府论》（下篇），瞿菊农、叶启芳译，商务印书馆1982年版，第19页。

〔5〕〔英〕洛克：《政府论》（下篇），瞿菊农、叶启芳译，商务印书馆1982年版，第19页。

"创造模式"。[1] 不得不说,忽视创造模式和改良性劳动与单纯的"积累"之间的区别,导致了不少对洛克财产权理论的误解——比如诺齐克提出的"番茄酱—大海"著名反例,就显示出他没有正视改良式的劳动行为在解释财产权取得正当性问题上的重要地位:单纯地将番茄酱倒入大海,即使搅拌得再均匀,也不增加大海对倒入者或全体人类的任何价值,因此并不属于可以从原始共有状态换得私有财产权的劳动。另外一方面,洛克在他先前的著作中(主要是《自然法论文集》)本不否认私有财产权的产生很有可能会减损他人本可由同样的劳动而获得的利益,但是在《政府论》中为了为劳动理论作出辩护,他通过为"劳动"施加限定条件而将自己先前的观点精益化了。洛克指出,出于两个递进式的原因,劳动产生的私人财产权不会导致前述减损。首先,排他性的私有财产权不会降低"原始的丰饶"。[2] 洛克从中推论出了自我保存行为的合法性。也就是说,只要还有"足够多和同样好"的共有事物供其他人劳动据有,就为劳动者为己保留其劳动产物的排他性权利创造了空间。"足够多和同样好"在劳动理论的质疑者看来是劳动理论合理性的破绽所在:如果外部事物已经被一部分劳动完全据有,是否就因这一必要条件无法满足而自动说明劳动理论丧失了解释力?答案是否定的。洛克并非没有预见到这一问题,他的解释实际上与"创造模式"紧密相关。可以被归于"劳动"而赋予劳动者财产权的行为必然创造了新的价值,将共有转换为私有的理性行为不是降低而是增加了剩余共有资源的总量,只不过这种增量不一定会以与原来事物相同的方式表现出来(洛克特别提及了货币在这种增量过程中起到的积极作用)。"劳动的财产权胜过原本的公有状态。"[3] 这样一来,财产权的劳动理论就完成了自洽的逻辑闭环。洛克在分析私有财产权的转换因素时有意忽略了格劳秀斯及普芬道夫论及的原始同意理论——但这并不能算是洛克理论的盲点,下文还将分析这一点。

　　格劳秀斯给出的转换因素则是先占与同意,普芬道夫作为格劳秀斯思想观念的忠实追随者,继续深化了有关"同意"的理论,二人对私有财产权取得正当性的阐释可以被称为财产权的同意理论。在格劳秀斯的观念中,原始

---

　　[1] [澳] 斯蒂芬·巴克勒:《自然法与财产权理论:从格劳秀斯到休谟》,周清林译,法律出版社 2014 年版,第 141 页。

　　[2] [英] 洛克:《政府论》(下篇),瞿菊农、叶启芳译,商务印书馆 1982 年版,第 23~24 页。

　　[3] [英] 洛克:《政府论》(下篇),瞿菊农、叶启芳译,商务印书馆 1982 年版,第 27 页。

共有的消灭并非论证私有财产权如何产生这一问题的难点。他通过对《圣经》历史的考察，[1]认为随着人类历史的发展，作为自然状态（黄金时代）之内蕴的财产原始共有形态因不切实际而必然被弃绝。[2]格劳秀斯论述的重点在于，共有的终结并非当然导致私有的开始，原始共有消灭后，为何依照私有财产权而不是其他制度来解决事物和资源的分配——比如劳动或产品的消耗[3]。在这个基础上，格劳秀斯提出了如下私有财产权转换命题。首先，原始共有不是共同占有，而是对人人皆可使用外在事物这一状态的表述，为了生存的必需而使用、消耗共有物或采取劳动将共有物变为事实上的私有物是正义的，符合自然法则，其原因在于保存自身是一种自然倾向（自然法就是对这一倾向的承认）。其次，事实上私有的存在导致共有物可以被区分为已经为人所据有的以及尚未被据有、仍然处于共有状态的，将符合自然正义的事实排他权利扩展到这些剩余共有物上也是正当的。最后，私有财产权正当性的诘问实际上指的就是对于这些剩余共有物依照何种方式被转换为私有物品才能避免非正义的结果。换言之，在格劳秀斯这里，原始共有状态下的物品使用权利——使用行为的正当性——先是融入人为生存所必需排他使用的物品中成为"必需权"，其次渗入必需品之外的剩余物品的分配中，是否遵循这种自然正当性就是评价实证法正当性的标准？对此，格劳秀斯明确地提出，"（物品由私人所有权支配）不是一种简单的个人意志行为的结果……（而是）一种协议的结果，这种协议或者采取明示的方式（比如分割），或者采取默示的形式（比如实施先占）"。[4]因而，在这种逻辑链条下，由于不区分创造或破坏，"劳动"不仅不是获取私有财产权的必经路径，甚至可能是欠缺正义的；取而代之的是一种"同意"，而且其中默示同意的先占是一种更加重

---

[1] 格劳秀斯很有可能将《圣经》记载的历史当作真实发生的史料并作为他的论证基础。在《战争与和平法》中，他为了论证共有状态向私有状态转变过程的客观情境，引用了大量《圣经·旧约》中的具体记载。参见［荷］格劳秀斯：《战争与和平法》，［美］弗朗西斯 W. 凯尔西等英译，马呈元、谭睿译，中国政法大学出版社 2016 年版，第 24~28 页。

[2] ［澳］斯蒂芬·巴克勒：《自然法与财产权理论：从格劳秀斯到休谟》，周清林译，法律出版社 2014 年版，第 37 页。

[3] 需要注意的是，这里格劳秀斯所说的"劳动"与洛克的改良式"劳动"存在区别。

[4] ［荷］格劳秀斯：《战争与和平法》，［美］弗朗西斯 W. 凯尔西等英译，马呈元、谭睿译，中国政法大学出版社 2016 年版，第 28 页。

要的形式。[1]格劳秀斯为这两种同意所施加的道德律令是一种自然法与实证法间的弹力性：引入私有财产权的实证法必须尽可能小地背离自然正义，也就是与他人就剩余共有物的分配所缔结的协议不能违反必需权的要求。

我们可以明显发现，格劳秀斯提出的自然正义之扩展，与洛克有关人身的天然私有性向其劳动获取物扩张以令这些获取物的私有也具有正当性这样的观点是如此相似。从行为事实的角度来看，格劳秀斯认为的默示同意实际上已经被包含在了洛克所谓的"劳动"中：如果不经先占则彻底无法开展创造性的有益劳动。同时，格劳秀斯主张的"必需权"及自然正义向实证法的扩展实际遵循的标准是"如果他人的必需权不被侵犯，保存自己的利益就不与正义相悖"（这种道德标准并不要求人积极行善），[2]这与"足够多和同样好"的道德条件也如出一辙。事实上，洛克为了解决私有财产权制度下可能发生的"极端贫困"现象（无法获取足够的生活必需品），也提出了一种"博爱权利"（the right of charity）标准：当一个人在无法维持生命时，他有权要求分配拥有丰富财物的人的一部分财产，[3]阻碍这一权利反而是非正义的。这可以看作从另一角度描述格劳秀斯的必需权道德主张。事实也确实如此，格劳秀斯仔细区分了"必需权"行使的前提：为了维持生存的急迫情形、无法以其他方式满足生存需要、无害利用（innocent use）、财产权人自身并无同样急迫的需要以及事后的赔偿等。[4]因此，二者之间并无本质上的分歧，毋宁说洛克从更加"技术化"的角度看待"同意"，格劳秀斯则从更加中立的角度看待"劳动"，私有财产权的道德性在前者被融入"劳动"中，在后者被

---

〔1〕 格劳秀斯随后也指出了为什么有些物品即使经过先占也不能转化为私有财产，比如海洋、沙漠、国有土地，前者出于一种技术上的不能——海洋无法被划出确定的边界，也就无法被"占有"，中者出于一种性质上的不能——沙漠既没有任何耕种价值，沙子也永不稀缺，后者出于规则上的不能——国有土地虽然没有被具体个人占有，但并非共有物，而是通过其他的协议先由国家占有了。参见〔荷〕格劳秀斯：《战争与和平法》，〔美〕弗朗西斯 W. 凯尔西等英译，马呈元、谭睿译，中国政法大学出版社 2016 年版，第 29~31 页。

〔2〕 这里应当区分"必需权"与"必需物上的权利"，前者包括了"使用属于他人之物的权利"，其隐含的前提是，由于物质的富余，"他人之物"可能超过了"他人所必需"的数量，而后者是不能被侵犯的权利。参见〔荷〕格劳秀斯：《战争与和平法》，〔美〕弗朗西斯 W. 凯尔西等英译，马呈元、谭睿译，中国政法大学出版社 2016 年版，第 33~34 页。

〔3〕 〔英〕洛克：《政府论》（上篇），瞿菊农、叶启芳译，商务印书馆 1982 年版，第 36 页。

〔4〕 〔荷〕格劳秀斯：《战争与和平法》，〔美〕弗朗西斯 W. 凯尔西等英译，马呈元、谭睿译，中国政法大学出版社 2016 年版，第 32~35 页。

融于"同意"（先占）之中，[1]这才导致二者理论的错位。不过这种辩护并不能否认洛克确实反对过同意理论，他在《政府论》中多次认为私有财产权的正当性论证不需要"全体世人的明确协议"，"（劳动成果）都成为我的财产，无须任何人的同意……如果这种同意是必须的，那么尽管上帝对人赐予之丰厚，人类早就饿死了"。[2]然而，实际上洛克对"同意"的反驳并不是针对格劳秀斯而是君主论者的，只不过后者没有正确理解格劳秀斯有关共有和同意的真实内涵。因此，洛克也就没有仔细区分过此"同意"（财产权问题上的"同意"）与彼"同意"（政治自由问题上的"同意"）。共有类型与同意之间的紧密关系是在普芬道夫那里得到发扬光大的。

格劳秀斯论证私有财产权自然必然性时使用了"suum"这个概念，[3]普芬道夫继承了这种论证方式。在他看来，人类必须从外部世界获得资源才能维系自己的生存，因此原本包含人的身体和头脑的"suum"必然要扩张到实现自我保存目的而必需的物品上（这与洛克劳动理论的基本逻辑保持一致）。这种合（自然）法使用事物的状态就是一种自然权利。这种自然权利与霍布斯所谓的"原始权利"是格格不入的。普芬道夫观念中的自然权利只能来自人类的协议：原始共有状态下用于人类生存的物品上只有潜在的权利可能性——人人都有使用外部物品的天然权力，只不过这些权力必须以避免个人行为损害他人的正当利益的方式来实现。这一方式在普芬道夫看来是通过在人与人间达成一致或同意来完成的，实证法上的权利（以及义务）因此产生。[4]在这里，普芬道夫实际赋予了这种普遍同意在人的自然理性以及权利的道德要求上的特殊意涵。为了更加合理地论述这一观点，普芬道夫将对于任何人来说都不具有排斥性的原始共有称为消极共有，将只属于一个群体的共有称

---

〔1〕 或许这正是格劳秀斯不重视明示同意与默示先占之间区别的原因：在意志角度区分明示与默示对于从结果上考虑财产分配的道德性并没有什么意义。

〔2〕 ［英］洛克：《政府论》（下篇），瞿菊农、叶启芳译，商务印书馆1982年版，第18~20页。

〔3〕 "suum"（所有权）是一个拉丁词汇，其所称的"所有权"的实际意涵与现代财产法意义上的"所有权"存在区别，实际意为"我自己的"。可以认为一样东西首先处于"suum"状态，然后其上建立的私有财产权才具有正当性。参见［澳］斯蒂芬·巴克勒：《自然法与财产权理论：从格劳秀斯到休谟》，周清林译，法律出版社2014年版，第27页。

〔4〕 ［澳］斯蒂芬·巴克勒：《自然法与财产权理论：从格劳秀斯到休谟》，周清林译，法律出版社2014年版，第74~75页。［德］塞缪尔·普芬道夫：《人和公民的自然法义务》，鞠成伟译，商务印书馆2010年版，第136页。

为积极共有，后者是一种人为创造的共有形式，排斥群体之外的其他人对物品享有使用的权利。[1]私有财产权既可以被看作积极共有的一种极端形式——仅有一个人的"群体"，也可以被看作通过群体内其他成员的普遍同意而分割物品的正当权利——积极共有的对象是"整个事物"，个人不可能对整个事物拥有完整的排他性权利（由于他仍然处于积极共有的群体中），因而必须通过其他成员的同意和授权来分割并使用该事物。值得注意的是，普芬道夫划分这两种形式，并不意味着他认为在共有向私有的转换过程中人类必须经历消极共有—积极共有—私有的线性历史进程，而是将积极共有的概念看作一种连接原始消极共有假设与现实既存的私有财产权的概念上的中间阶段。积极共有既可以被看作一个现实存在的状态，如合伙、社团、国家，也可以被看作一种为了方便阐述私有财产权原权而作出的概念假定：假定一定量的事物已经通过格劳秀斯式的先占转换为了私有财产权的"群体共有基础"，这可以由下文有关明示或默示同意的不同适用场合看出。[2]这种概念中间阶段在中立地看待"劳动"时是必要的，否则私有财产权就会变为缺乏道德规则的"跛足"权利；但是，在"理性劳动"观念中则是非必要的，洛克通过将道德主张融入"劳动"概念的方式忽略了划分共有形态的必要性。

　　因此，我们可以说，消极共有为私有财产权提供了基本的自然正当性，在这种状态下"仍未"存在任何私有情形；而积极共有则为之提供了理性与道德质料的现实可能性——私有财产权据此成为现实。而将物品由公有/共有状态转换为私有是劳动行为本身还是对劳动行为的接受是另外一个问题。[3]很显然，在普芬道夫看来，在划分消极共有与积极共有的前提下，劳动行为本身尚不足以赋予私有财产权充分的正当性，通过普遍同意来接受这一行为才是转换达成的必要条件。为了论证这一观点，普芬道夫首先提出了有别于格劳秀斯关于自然状态是"黄金时代"的看法。他认为，自然状态中必然存在着一种原始匮乏：不仅物品和资源的总量不见得能够满足所有人的生活必

　　[1] De Jure Naturae et Gentium Libri Octo（1672），Ⅳ.4.2.Id.at93，转引自王铁雄："普芬道夫的自然财产权理论"，载《前沿》2010年第7期，第67页。

　　[2] 这可能仍然是出于格劳秀斯式的经验主义思维：实证法模仿自然法、实证法上的权利模仿自然权利。普芬道夫或许试图沿着这条路径倒推出共有向私有转换的历史图景。

　　[3] ［澳］斯蒂芬·巴克勒：《自然法与财产权理论：从格劳秀斯到休谟》，周清林译，法律出版社2014年版，第90页。

需，而且为了达成自我保存的生存目标，人类必须通过采集、狩猎甚至抢夺、欺诈行为才能收集和生产生活必需品。但是，这种必需品的排他性据有还需要一个道德效果才能确保私有财产权具有自然理性。很显然，由于普芬道夫和洛克对"劳动"的定义不同，前者指的只是一种中立性的获取行为，不讨论是否具有改良意义，而后者指的却是某种创造价值和增加资源富余的理性劳动，普芬道夫概念中的"劳动"行为不足以完成这一任务，只有其他同样有权主张私有财产权利的社会成员的同意才能为之附加道德效果。这一主张与格劳秀斯的观念是相同的。只不过普芬道夫将财产权的同意说继续向前推进了一步：在原始消极共有状态中掘取私有财产权只需要默示同意，而从积极共有状态中产生私有权利则必须通过明示同意。质言之，消极共有状态下既然不存在任何实然意义上的私有，只需要通过不遭反对的先占就可以认为占有人取得了其他所有人的默示同意。而在积极共有状态下，共有人社群已经产生了排斥他人的意图，为了从中分割属于个人的财产，就必须取得其他共有人的明示同意。[1]反过来说，如果不是处于排斥其他社群的积极共有状态下，同社群内的其他成员的明示同意不具有任何意义。接下来，为了填补这一看上去过于薄弱的"先占即默示同意"观念，普芬道夫同样将同意的道德效力限定在被先占者仅为个人生活必需的范围内，"我们可以取得误认占有的荒地，这些荒地就成为……在其上耕种……之人的财产"。[2]在这里，一种必须符合被洛克限定在"创造模式"下的理性劳动之标准的先占实际成了获取私有财产权的义务，不管这一义务履行的结果是私有财产权还是积极共有状态。至此，普芬道夫划分共有状态的意义还在于，他明确地阐释了为何积极共有状态下的同意能为私有财产权附加道德效果。毕竟在成熟的人类社会中，作为事实状态（而非只在概念意义上）的积极共有（而非消极共有）下的物品才是私有财产权的事实基础：不论是国家所有还是私有，在现代社会的法与经济秩序下已经难以找到纯粹的"无主物"了。

经过以上的分析可以发现，财产权的同意理论并没有排斥劳动在转换私有财产权时的重要作用，而财产权的劳动理论则将劳动行为与同意理论中强

---

〔1〕［澳］斯蒂芬·巴克勒：《自然法与财产权理论：从格劳秀斯到休谟》，周清林译，法律出版社2014年版，第100页。
〔2〕［德］塞缪尔·普芬道夫：《人和公民的自然法义务》，鞠成伟译，商务印书馆2010年版，第137页。

调的，通过默示或明示同意得以成立的道德效果结合在一起。与其说同意理论与劳动理论存在一定程度上的对立，不如说二者殊途同归，只是在概念表述上存在差异（主要是理性劳动与中立性劳动的区别）。就此，我们可以就排他性私有财产权如何产生的问题总结出若干条道德规则：①必须通过中立性的劳动行为才能将某样事物从原始消极共有状态中解脱出来，并进行排他性的据有；②这种据有状态可能是私有，也可能是积极共有；③这种据有状态必须附加某种道德效果才能成为正当的财产权；④当据有状态为私有时，满足其他人必需权的先占能够被看作其他人对其排他性据有的默示同意，并因此给予③中所要求的道德效果；⑤当据有状态为积极共有时：明示同意可以代替（二次）劳动以起到附加道德效果的作用，前提是积极共有的财产已经通过中立性劳动自原始共有状态中脱离出来。

2. 商标权取得的道德条件

知识产权的本质是一种排他性的权利，商标权不外如是。因此，依照自然法学的观念，作为排他性财产权的商标权，其正当地取得同样需要符合道德要求。下文尝试利用前节提出的道德规则分析商标权取得的道德条件。

首先，应当厘清的是，作为一种财产的商标符号关系在事实层面"原本"处于哪种共有模式，这一点直接影响如何满足商标权取得的道德要求的问题——易言之，是否需要至少一次中立性劳动作为前提条件。如果需要，说明作为商标源泉的"共有池"处于消极共有状态，[1]如果不需要则说明处于积极共有状态——不论是现实的还是概念意义的积极共有，其存在本身就说明先前已经存在了一次将物品由消极共有中剥离出来的中立性劳动。这个问题的解决需要与商标的性质结合起来研究。正如前文所论及的，格劳秀斯对土地及其收获物等可被财产化的物品，以及海洋、沙漠等不可被财产化的物品进行区分一样，共有模式的选择显然与财产本身的事实属性有关。从这个角度来说，作为一种制度工具的商标权使得权利人能够排他性享受的既不是标识，也不是商品或服务本身包含的信息，而是符号指代关系，以确保商标功能发挥实效。因此，完全人为制造的商标符号指代关系原先"仍未"存在

---

〔1〕　"共有池"（common-pool）在经济学上指的是对于资源来说，不加限制的排他性财产权会鼓励人们过度消耗资源或尽可能地占有资源，而财产权制度的完善必须提高消耗或占有资源的成本来起到保护资源的作用。See Friedman, Alan E, "The Economics of the Common Pool: Property Rights in Exhaustible Resources", *UCLA Law Review*, Vol. 18, Issue 5 (May 1971), pp. 855~887.

于自然状态下，商标符号关系的生成至少需要一次中立性的劳动才能脱离原始共有，因此这种自然状态下的"共有池"处于消极共有而非积极共有状态。反过来说，即使认为这种追根溯源的"共有池"是积极共有，也根本无法确定积极共有的是什么——根本不存在这一商标符号。值得注意的是，这一判断并未违背德霍斯有关作为权利客体的知识产品处于积极共有状态的论断。德霍斯从正反两个方面论证了知识共有物不应当处于消极共有状态。一方面，消极共有状态下不需要明示同意，仅通过先占的方式就可以排他性地据有，这要么存在可落入私有范畴的共有物的范围无限扩大的危险——比如人类的DNA 序列被授予专利，要么存在无限制地将共有物私有化的危险——比如无期限的专利权；另一方面，创造性的智力活动具有继承性，因此应当不断扩大知识共有物的范围作为未来新的智力成果的土壤，这种情况下需要明示同意的积极共有显然更容易令有权机关履行保护共有物的"审慎义务"。[1]可见，将知识共有物纳入积极共有状态的目的不是替私有财产权寻找正当性，而是为了将其中的一部分合理地保留在共有状态中，逃离被排他性据有的命运。

　　但是，理解德霍斯的"积极共有"论实际上还需要澄清两个方面的内容。其一，只需要针对技术上可占有的知识共有物强调其积极共有的状态，[2]比如可被表达的作品、可被表述为权利要求的专利方案，可以被称为积极共有的弱理由。对于某些技术上尚无法被占有的知识共有物来说，分辨消极或积极共有并没有很大的意义，比如著作权法语境下的"思想"。其二，纳入积极共有的另外一个原因在于，将共有转换为私有的同时不能损害他人的在先合法权利。"合法权利"的存在表明，不仅个人"在创造的过程中需要与他人发生互动"，[3]在任何意图取得私有财产权的实施行为中都存在一种广义的互动关系，这种互动关系必须符合理性和自然正义的要求，而不能以浪费、抢夺或欺骗的方式干扰他人。因此，这种合法权利既可以被表述为"足够多和同

---

〔1〕 ［澳］彼得·德霍斯：《知识财产法哲学》，周林译，商务印书馆 2008 年版，第 73~77 页。
〔2〕 "技术上可占有"不表示可以明确占有的范围，只是"不可占有"的反面。比如，思想是"不可占有"的，思想的表达是"技术上可占有"的，但思想与表达的临界点难以明确，这意味着对表达的占有的明确范围很难划定。又比如，商标专用权的存在说明商标符号关系是"技术上可占有"的，但商标禁止权的范围是模糊可变的。
〔3〕 ［澳］彼得·德霍斯：《知识财产法哲学》，周林译，商务印书馆 2008 年版，第 73 页。

样好"，也可以被表述为"避免他人落入极端贫困状态的必需权"，或者他人在先占有物品的合法性。从制度规划者的角度来说，通过默示同意确保合法权利不受侵犯是困难的。其原因不仅在于物品的稀缺，也有可能在于共有物虽然可占有，但无法自然地划定先占物品的边界——比如抽象的共有知识。[1]因此，利用需要明示同意才能取得排他性权利的积极共有具有制度上的优越性，这可以被称为积极共有的强理由。从这个角度来说，在事实上商标符号源头的"共有池"是消极共有。符号意义与标识及商品或服务本身的意义没有必要关联，商标不是借助已有的共有知识体系创造出来，而是借助知识体系中的碎片来构建符号指代。[2]因此，新的商标产生前不具有现实的积极共有状态，这与借助知识体系自身的系统性内容来创造新智力成果的作品或专利方案构成了鲜明对比。继而，每一个商标符号的产生都必须经历至少一次中立性的劳动。但是，在制度层面只有积极共有状态才能确保商标产生的中立性劳动具备理性。商标使用人无法掌握全部市场信息，因此单凭使用商标的行为无法"探测"到同一市场中是否已经存在他人先占的相同或近似商标符号，也就无法确保自己对商标的先占行为是否能够达到默示同意的要求。另外，商标符号本身也需要满足合法性要求。因此，从制度安排的角度需要利用"积极共有"涵盖原始消极共有的事实状态，提供明确的财产权界限，并将默示同意转换为明示同意，以便确保创造商标符号的中立性劳动符合道德理性的要求。这也就是前文所言将商标符号由自然事实转化为制度性事实的过程。

其次，在上述积极共有中，还需要厘清的是足以取得商标财产权的理性劳动的实质，以及该积极共有导致的理性与劳动的相对分离。一方面，完成理性劳动是交换私有财产权的"义务"。理性劳动的前身是将商标符号自原本的消极共有状态中解放出来的中立性劳动，亦即实际使用商标。由于商标权建立后，权利人拥有的排他性保护与"选择商标"这一行为中是否包含创造性行为没有什么关系，即使商标所有人投入了巨大的独创性的智力活动，起到的作用也只不过是提高商标具备实然显著性的可能性。从这个角度来说，

---

〔1〕　参见冯晓青："知识共有物、洛克劳动学说与知识产权制度的正当性"，载《金陵法律评论》2003年第1期，第63页。

〔2〕　罗宗奎："'知识共有'理论下商标权取得的本质解读"，载《知识产权》2013年第5期，第29页。

"选择商标"并不属于作为商标权取得之前提的劳动行为——甚至不是中立性的劳动行为。商标所有人只有通过实际使用商标的行为才能令消费者接触并利用标识识别商品或服务来源,自此商标问题上获取财产权的"义务"方有可能完成。因此,使用行为构成了中立性劳动。另一方面,单纯的中立性劳动尚不能产生商标权利,还需要完成默示或明示同意的道德义务。可以轻易地发现,没有注册制度配合的"先使用"原则下,如果商标所有人能够证明自己是第一个完成中立性劳动(使用商标)的人,即可完成先占义务,[1]从而取得其他潜在商标使用人的默示同意。然而,商标所有人凭借个人力量很难明确自己是否完成了"先使用"的义务,即使在一定范围内确定了在先使用,当商标使用范围扩大时则无法保证是否会遭到他人明示的反对或异议。因此,这种默示同意的范围只能限于狭小的市场范围内,本身与消极共有下先占的道德义务相背离。这导致商标所有人随时有可能陷入非理性劳动的窘境。因此,最好的解决办法是在强调使用行为必要性的同时,利用一种制度框架假定积极共有的状态,以便取得框架范围内其他人的明示同意。在商标权取得问题上,这种框架假定就是注册制度。注册制度的优势在于以下两点:其一,将积极共有的框架范围扩张至一国主权所能管治的范围,最大限度地避免了商标使用范围扩大后遭到他人反对的风险;其二,通过审查程序和公示制度完成了意见表达的宏观建构,取得了他人的明示同意,解决了难以证明"先使用"正当性的问题。然而,商标积极共有毕竟只是一种框架假定而非事实,在此框架下理性与劳动可能处于相对分离状态。此时,注册制度假定商标申请人最终会通过使用行为从"共有池"中提取商标符号意义,并实现商标功能。对劳动之"理性"的审查就成了一种预先推定,而非对既存中立性劳动(使用商标)的道德检验。此时,如果商标权人最终并未实施使用行为,对劳动理性的审查反而变得毫无意义了。如果商标权人的初始目的就是恶意利用这种积极共有假定下理性与劳动相对分离的状态——亦即商标恶意抢注,甚至会直接违背取得财产权的道德要求。同时,通过注册公示取得的明示同意也就丧失了价值——他人同意的是商标所有人独占使用商标,而非同意其提出注册申请。换言之,商标权人没有实际履行取得商标权所应当承担的自然法义务,尽管这种理性与劳动分离的情况在注册阶段是值当的。

---

〔1〕 这里暂且搁置合法性等其他可保护性要件,目的是突出"先占"的重要性。

因此，符合道德规则的商标权取得制度应当通过法律规范促使"理性"与"劳动"重新吻合在一起。

（三）商标权取得的实证之维：联结与分离命题

如前节所述，从自然法理论的角度出发，商标权的取得需要同时满足两个方面的条件才能符合道德规则。条件一：存在生成商标符号意义的商标使用行为；条件二：检验这种使用行为是否满足取得排他性财产权的自然法义务的注册制度。前节提及了以注册制度构建积极共有框架假定后，会发生"理性"与"劳动"的相对分离，但是这是对制度运行结果的描述，并没有阐明二者分离的原因。这种分离情形在实证法的领域就体现为，注册取得模式下的商标权取得制度在不满足条件一的情况下就完成了商标权益由共有向私有的转换。不将商标使用作为商标权取得的前提条件是否合理？目前比较流行的观点或从效果的角度出发认为，商标权注册取得不以实际使用为必要条件的理由是提高效率以及受到国家干预主义的影响，[1]或从历史演进的角度出发认为，商标注册制度是现代商标法的本质特征，[2]或从注册制度的价值角度出发认为，注册制度已经成为权利取得的内在机制，具有推定、赋权、公示公信、初步证据等形式价值。[3]以上观点各自从不同的角度为注册制度不要求实际使用提出了更强的理由，但是，仍然没有解释实证法中"理性"与"劳动"相互分离在概念意义上可否成为一个符合"法律正确性"（legal correctness）并具有法效力（legal validity）的法律命题。笔者认为，分析这一问题需要从法实证主义论战中的联结命题（the connection thesis）与分离命题（the separation thesis）之争中寻找解决途径。

1. 联结命题与分离命题

从法理学历史的宏观图景来看，联结命题与分离命题之争是哈特重新振奋法实证主义风气所引发的一系列有关法律规范性来源论辩的一部分。[4]哈特对于法律规范性的来源以及法律规范性与道德之间关系的基本主张如下：

---

〔1〕李阁霞：《论商标与商誉》，知识产权出版社 2014 年版，第 94~96 页。

〔2〕[澳] 布拉德·谢尔曼、[英] 莱昂内尔·本特利：《现代知识产权法的演进：英国的历程 (1760-1911)》（重排本），金海军译，北京大学出版社 2012 年版，第 61 页。

〔3〕付继存："形式主义视角下我国商标注册制度价值研究"，载《知识产权》2011 年第 5 期，第 76~77 页。

〔4〕庄世同："法律的概念与法律规范性的来源——重省哈特的接受论证"，载《中研院法学期刊》2013 年第 13 期，第 4 页。

首先，法律有效性同时来源于外在面向的"服从"与内在面向的"接受"，前者对应着义务履行的初级规则，后者对应着权力授予的次级规则。[1]其次，次级规则中包含的承认规则通过指出当一个次级规则符合哪些条件时能够为法律活动的参与者（participant）通过"批判性反思"并接受，而成为判断初级规则是否有效的根据。[2]再次，承认规则将次级规则及初级规则统一起来形成了两种规则共同构筑的制度性规范，区别于简单的主权者命令，因而产生了法效力。最后，法律规范性的来源"至少"是主权者对承认规则的实质接受，从而导致社会成员对法律规则的普遍接受。[3]哈特随后进一步论证了法效力——抑或法律规范性的来源——与道德没有必然关联，法律的道德评价以及"恶法是/非法"与法的有效性判断是否应当引入道德因素是三个层面的不同问题。哈特用以佐证这一点的理由是，主权者与人民对法律规则的接受可以基于包含非道德接受在内的任何理由，而不是必须与道德相关。法律关系的主体可能在难以通过道德价值检验的情况下，基于长期利益的需要、自私自利的理由、习惯的因袭等原因依旧接受了法律规则并服从其效力。[4]因此，哈特实际主张的是，反对将道德评判作为法律规范性必要条件的"道德正当性命题"，而不是认为法效力与道德没有丝毫关系。[5]这样，法律正确性和有效性的评价与法律的道德评价就成了两种互不干涉的评判体系。

在以上论证的基础上，根据学者的总结，法律与道德之间至少可以区分为五种关系：①在内容上相互交错；②法律具有道德价值，成为道德评价的对象；③立法和司法过程中援引道德理由；④法律辨识（辨认什么是法律以及法律是否有效力）须诉诸道德评价；⑤法律概念包含道德要素。每一种关

---

〔1〕 ［英］H. L. A. 哈特：《法律的概念》（第2版），许家馨、李冠宜译，法律出版社2006年版，第52~54页，第74~77页。

〔2〕 ［英］H. L. A. 哈特：《法律的概念》（第2版），许家馨、李冠宜译，法律出版社2006年版，第89~90页。

〔3〕 ［英］H. L. A. 哈特：《法律的概念》（第2版），许家馨、李冠宜译，法律出版社2006年版，第110~111页。

〔4〕 有学者已经指出了哈特对这种非道德理由的论证存在矛盾之处：法效力依赖的至少是主权者对法律规则的普遍制度性接受，而用以论证非道德理由的则是大众的个人事实性接受。参见陈景辉："哈特的接受论证与法律的规范性——对'庄世同/王鹏翔'之争的评论"，载《中研院法学期刊》2014年第14期，第411页。

〔5〕 庄世同："法律的概念与法律规范性的来源——重省哈特的接受论证"，载《中研院法学期刊》2013年第13期，第16页。

系根据其中是"必要"还是"不必要",还可以进一步区分为"强"和"弱"两类。[1]从以上第四种关系中延伸出了两种不同的意见:联结命题与分离命题,前者认为在判断法效力以及辨别什么是法律(法律的正确性)时,法律与道德存在必然关联,后者则反之。如果持后者立场,不论是强分离命题(法效力必然不与道德评价相关)还是弱分离命题(法效力不必然与道德评价相关)都属于法实证主义的核心主张。申言之,二者论争的主要问题在于法律的社会事实命题在法效力判断中占据了什么地位。根据拉兹的论述,所谓法律的社会事实命题指的是法概念的有无及其具体内容正确性的判定完全由某些社会事实所决定,不涉及道德评判。[2]与拉兹展开论战的阿列克西将之总结为评价法律是否有效的三要素:"权威的制定性、社会的实效性以及内容的正确性",[3]其中前两者为社会事实,后者为道德评价。联结命题实际秉持的是一种"弱社会事实命题",亦即只有上述三要素齐备时法概念才具有正当性并产生效力。而不论是强或弱的分离命题秉持的都是一种"强社会事实命题",法效力只需要前两者即可产生,与内容正确性没有必然关联。[4]分离命题内部还可进一步划分为两种观点,其一如拉兹认为法律的权威性宣称已经包含了道德权威,但此权威不需要确保道德正确性;其二如哈特认为法效力的产生不需要包含道德权威。可见,两种命题的基本分野还是在于法律规范性的来源(换言之,法律规则的真值)是否与道德评价相关。[5]下面从联结命题的证成以及分离命题对其驳论的角度来说明法律规则真值的确定应当符合哪种命题的要求。

阿列克西原本对于联结命题的表述是:法律与道德之间必然存在概念上

---

〔1〕 王鹏翔:"法概念与分离命题——论 Alexy 与 Raz 关于法实证主义之争",载《中研院法学期刊》2009 年第 5 期,第 237 页。

〔2〕 [英] 约瑟夫·拉兹:《法律的权威:法律与道德论文集》,朱峰译,法律出版社 2005 年版,第 35~38 页。

〔3〕 [德] 罗伯特·阿列克西:《法概念与法效力》,王鹏翔译,商务印书馆 2015 年版,第 13 页。

〔4〕 王鹏翔:"法概念与分离命题——论 Alexy 与 Raz 关于法实证主义之争",载《中研院法学期刊》2009 年第 5 期,第 236 页。

〔5〕 法实证主义者与分离命题的拥护者并不反对法律与道德存在交集,在他们看来这是一种经验意义和思想观念上的相互渗透,而不是对法律效力的评价,也不会对法律的概念造成影响,亦即"最低限度的自然法"。参见 [英] H. L. A. 哈特:《法律的概念》(第 2 版),许家馨、李冠宜译,法律出版社 2006 年版,第 185~195 页。

的关联。[1]由于拉兹对"概念上的"这一范畴提出了反驳，认为在法概念的层面区分法律与道德不仅不可能也毫无必要相互关联，因此阿列克西通过将法效力与法概念紧密结合在一起，[2]悄然将联结命题重新表述为"法律的效力及正确性与道德评价及其正确性必然相互关联"。[3]为此，阿列克西列出了一个三段论式的证明路径：①有效的法律必然包含正确性宣称，②正确性宣称的证成必然与道德理由相关，因此③有效的法律的正确性必然与道德正确性有关。为了进一步论证上述大小前提，阿列克西区分了参与者观点与观察者观点。他认为，关心并采用法律论证方法来思考法律规范的具体内容正确性的是法律的参与者（主要指的是法官），关心并采用非法律论证方法来探寻法律规范如何实际运用而非规范正确性的是法律的观察者。举例来说，对于"买卖枪支形状的玩具被判处有期徒刑三年"这一命题，参与者关心的是该判决背后的法律规范赋予主体的权力、权利和义务是否具有正确性；而观察者只关心该判决是如何得出的——更直白地说，只关注其是否符合法律体系的宣称。[4]比如，对于"买卖任何枪支形状的物品，不论其是否具有枪支的威力，都应当承担刑事责任"的宣称，观察者只关心宣称与实际判决是否相符，以及令二者相符的过程是否满足程序要求，而不关心宣称本身是否正确。因此，从观察者的角度来看，分离命题是可以成立的，而参与者视角则不同，毋宁说思考联结命题与分离命题的价值就在于探究参与者视角下的法律。

为了证明参与者视角下联结命题的必然性，阿列克西首先利用"正确性论证"来证明上述前提①。他提出，所有法律规范都隐含了正确性宣称——没有法律规则会以"本规则应当被履行，因为本规则是不正义的"这样的面貌出现。考察法律规范正确性的参与者也必然宣称其对法律规范的理解是正确的，否则他们就会陷入"以言行事的矛盾"（performative contradiction）：[5]一个人

---

〔1〕[德]罗伯特·阿列克西：《法概念与法效力》，王鹏翔译，商务印书馆2015年版，第21页。

〔2〕[德]罗伯特·阿列克西：《法概念与法效力》，王鹏翔译，商务印书馆2015年版，第24页。

〔3〕Robert Alexy, "An Answer to Joseph Raz", in *Law, Rights and Discourse: the Legal Philosophy of Robert Alexy*, 2007, 转引自王鹏翔："法概念与分离命题——论Alexy与Raz关于法实证主义之争"，载《中研院法学期刊》2009年第5期，第236页。

〔4〕阿列克西认为，在个别规范上观察者的态度可以完全忽略正确性，不管是正确性宣称还是宣称的实质正确性，但是当观察者的视线放大至整个法律体系时，就至少要受到正确性宣称的限定。参见[德]罗伯特·阿列克西：《法概念与法效力》，王鹏翔译，商务印书馆2015年版，第35~36页。

〔5〕[德]罗伯特·阿列克西：《法概念与法效力》，王鹏翔译，商务印书馆2015年版，第39页。

或者一种规则不可能在支持、主张和断定某种意见的同时认为这种意见是不正确的，因此在表达意见之外被隐藏的观念只能是一种正确性宣称。拉兹对此提出的批驳为，避免"以言行事的矛盾"或者正确性宣称是一个广泛适用于所有具有目的与意图之行为的语言形式要件，并非法律所独有，因此不能从中必然推导出法律的正确性论据。阿列克西则回应认为，一方面，他所谓法律的"正确性宣称"具有特殊性，是法官认为的全体法律参与者共同接受的客观性宣称，而非日常语言中广泛存在的主观性宣称；另一方面，他不否认这种正确性宣称与宣称的正确性是两个问题，法律规范性必须包括实质的道德正确性还留待上述前提②的证成来解决。

其次，为了证明道德正确性与法律规范产生效力的必要条件，阿列克西进行了两个方面的论证：其一，道德不正确将会减损或抹消法效力，即所谓"不正义论证"；其二，法律正确性与道德正确性必然相关，为此他提出了"原则论证"进行证明。我们先讨论不正义论证问题。阿列克西尝试利用拉德布鲁赫公式[1]由反面证明联结命题。他将拉德布鲁赫公式浓缩为"不可忍受的不正义就不再是法律"，[2]反过来说，法律必须包含正义（道德正确性）的主张。那么自然就可以证明分离命题的谬误。对此，拉兹提出分离命题完全有可能接受拉德布鲁赫公式。其一，法官之所以可以在极端不正义的情况下适用某条法律规则，原因不是他有权作出道德评价，而是他具有适用或不适用法律规则的法律权力。其二，法官之所以具有这样的权力，原因必然是法律规则体系中存在一条"不得使用极端不正义的法律"的高位规则，而非出于法官个人的道德主张。据此，拉兹将拉德布鲁赫公式对于联结命题的意义降格为一种"司法论证主张"，而不是一个"有关法律本质的主张"。[3]对于拉兹的驳论，阿列克西提出，法律的正确性宣称使得其本质蕴含了两个面向：制度性和权威性的，以及理想性和批判性的，前者对应的是法安定性的价值，后者对应的是法的正义价值。当法律规范不正义的程度没有达到不可

---

〔1〕　公式表述为"正义和法的安定性之间的冲突是可以得到解决的，只要实在的、通过命令和权力来保障的法也因而获得优先地位，即使其在内容上是不正义的、不合目的性的；除非实在法与正义之矛盾达到如此不能容忍的程度，以至于作为'非正当法'的法律必须向正义屈服"。

〔2〕　[德] 罗伯特·阿列克西：《法概念与法效力》，王鹏翔译，商务印书馆 2015 年版，第 42 页。

〔3〕　王鹏翔："法概念与分离命题——论 Alexy 与 Raz 关于法实证主义之争"，载《中研院法学期刊》2009 年第 5 期，第 274 页。

忍受的程度时，安定性价值优先于正义价值；当极端不正义时则反之。应当说，阿列克西的回应是有些"答非所问"的。他并没有正面回答拉兹有关法官决定不适用极端不正义的规则时到底是基于什么理由，以及该理由与联结命题之间关系的质询。

阿列克西在不正义论证上的弱势与其原则论证的观点有关。原则论证建立在区分法律原则与规则的观点之上。阿列克西通过三个步骤来证成：其一，法律规范必然包括原则，即所谓"安置命题"；其二，原则必然被安置的理由是原则的道德内容，即所谓"道德命题"；其三，道德原则的安置令法律与道德正确之间具备必然关联，即所谓"正确性命题"。[1]其中，道德命题与正确性命题的提出是为了应对法实证主义对安置命题的反驳。在安置命题问题上，阿列克西认为原则首先可以通过直接转化为规则的方式安置。以我国《商标法》为例，第15条第2款规定商标注册申请人不得抢注利用业务往来等关系而知晓的他人在先使用的商标，这实际上就是诚实信用原则在商标恶意抢注问题上的一种具体转化。但是，这种"通过实证法的安置"很容易遭到实证主义观点的批判，即规则之所以有效并非因为其转化了某一原则，只是由于它们被参与者所采纳。换言之，参与者的接受而非道德内容是规则效力的来源；反之，如果参与者不接受，那么即使存在某种道德理由，也不可能转化为有效法律规则。按照前述哈特的主张，法律规则通过"承认规则"的检验而具备效力，"承认规则"本身不必然包含任何道德内容，而是源于社会的普遍接受。[2]因此，原则通过实证法安置并不能说明法效力与道德正确性有关。对此，阿列克西继而提出原则还通过权衡而安置，而权衡则需要上述道德命题与正确性命题来完成。根据哈特的实证法"开放性"理论，现实中必然存在实证法规则所无法涵盖或由于规则自身的模糊性等原因而无法解决的疑难法律问题，由于上述法律命题的正确性宣称，法官此时必然通过权衡规则之外的道德原则来予以解决，同时该道德原则必然经过正确性论证。然而，通过道德命题和正确性命题实际上仍然不能解决对安置命题的质疑：法实证主义者完全可以提出，当法律（规则）无法解决疑难案件时，当然需

---

〔1〕 ［德］罗伯特·阿列克西：《法概念与法效力》，王鹏翔译，商务印书馆2015年版，第77~88页。

〔2〕 ［英］H. L. A. 哈特：《法律的概念》（第2版），许家馨、李冠宜译，法律出版社2006年版，第97页。

要寻求法律之外的规范，但这恰好表示"之外"的道德原则本身就不是法律的一部分。[1]另外，阿列克西也没能很好地说明为什么在法律（规则）之外寻找的案件解决途径只能是道德原则。[2]

实际上，虽然阿列克西利用安置命题来证成联结命题的论证过程存在疑问，但并不表示其结论错误。换言之，联结命题可以不依赖安置命题而成立，学者将之称为"超越安置命题"的证成。[3]该论证首先提出，"安置"本身就隐含了将道德排除在法律规则之外的意义，阿列克西提出的"通过权衡而安置"错误地将道德主张（法律原则）放在了补充性的位置上。这样一来联结命题就很容易被转化为对哪些规则或原则"是"法律的安置命题论证。德沃金将这种定义法概念的方式称为分类式概念，他明确地认为这种概念在解决法律与道德之间关系时是没有意义的。联结或分离命题的真实意涵应当是一种教义学概念：在判断有关法律关系具体内容的陈述（法律命题）是否为真时应否包含道德评价。[4]这样，联结命题应当被表述为：法律命题为真的判断应当是社会事实与道德评价共同作用的结果；而分离命题则被表述为：法律命题为真的判断只须根据社会事实作出。那么，既然不需要考虑原则如何被安置为规则，分析路径自然就可以直接放宽——某些社会事实能够成为法律命题真值判断的依据，正是由于它们符合道德评价；反之，不符合道德评价的社会事实不能成为法律辨识的依据。换言之，在社会事实与法律命题的正确性（真值）之间还需要填充另外的理由。哈特给出的理由是作为法律真值根据的社会事实是一种为法律参与者一致接受的社会习惯。但是，将社会习惯作为法律根据无法解决两个问题：参与者接受的一致性与法律正确性存在必然联系吗？参与者真的能够就某一法律命题达成一致吗？举例来说，注册商标可被撤销的理由之一是连续 3 年不使用商标，用于判断这一命题正确性的社会事实是"《商标法》第 49 条第 2 款的规定"，但是为什么《商标法》的规定可以作为真值判断的依据？一种较为合理的理由是，《商标法》作

---

〔1〕 王鹏翔："反对安置命题"，载《中研院法学期刊》2010 年第 7 期，第 158 页。［英］约瑟夫·拉兹：《法律的权威：法律与道德论文集》，朱峰译，法律出版社 2005 年版，第 168 页。

〔2〕 对此，德沃金曾经举了一个著名的例子：法律并没有规定损害赔偿数额的具体计算方法，但法官为了明确赔偿数额，必须采纳数学或会计规则，这显然不是道德原则。

〔3〕 王鹏翔："反对安置命题"，载《中研院法学期刊》2010 年第 7 期，第 187 页。

〔4〕 ［美］罗纳德·德沃金：《身披法袍的正义》，周林刚、翟志勇译，北京大学出版社 2010 年版，第 260 页。

出该规定的理由是"商标资源被浪费不利于经济发展"以及"不应保护欠缺实质价值的商标"的道德评价。据此，道德评价成为对法律命题正确性的根本判断依据。

2. 商标权取得的联结命题

根据前节的分析，我们可以得出一个联结命题：法律命题的真值（法律正确性及法的有效性）判断标准必然包含社会事实与道德评价两个因素。其中，道德评价是作为真值判断因素的社会事实被择取的根本理由，可以将之称为"社会事实选择命题"。那么，通过以下分析，我们可以将该命题应用到商标权取得的法律规范上。

根据前节的分析，通过商标实际使用行为（中立性劳动），才能满足将商标财产由消极共有状态转变为私有财产的前提条件，接下来通过获得默示或明示同意来满足"理性劳动"的道德效果，私有商标财产权自此诞生。因此，状态为真的商标权取得法律命题中蕴含的社会事实为：实际使用商标、获得他人同意；其道德评价下的"社会事实选择命题"为：同时存在实际使用商标与获得他人同意，那么取得商标权就是正当的（这一道德评价的理由是人类的自然理性，前文已经述及，此处不再赘述）。在使用取得模式下，原本商标权取得的法律命题为"在先使用商标，取得商标权"。该命题本身就携带了"使用商标"这一社会事实，但在满足"他人同意"方面存在无法实现的风险。一方面，很难确定已经通过在先的使用满足默示同意条件，或者说商标使用人只能在狭小范围内确定自己使用在先，一旦使用范围扩张就可能遭遇他人反对。另一方面，使用商标可能因侵害他人合法利益而遭到反对，包括私人权益以及公序良俗。因此，为了满足道德评价的要求，通过将注册核准纳入商标权取得过程的方式，使用取得模式实现了对"他人同意"的确认，令两个社会事实能够同时具备而完成了道德评价与社会事实的联结。此时，使用取得模式下的商标权取得法律命题被修改为一个正确的命题："在先使用商标，并确实获得他人同意，取得商标权。"需要注意的是，使用取得模式下的"商标注册"并不是确认商标权取得法律命题为真的社会事实，而是一个纯工具性的程序，类似德沃金所称的损害赔偿案件中应用的算术规则。[1]这

---

〔1〕〔美〕罗纳德·德沃金：《身披法袍的正义》，周林刚、翟志勇译，北京大学出版社 2010 年版，第 265 页。

是因为注册制度在商标权取得过程中起到的作用是降低无法"获得他人同意"的风险，其本身并不是"社会事实选择命题"适用的对象。另外，"在先"指的是先于他人使用，而非先于注册使用。美国商标法对意图使用注册的支持说明当事人完全可以先注册、再使用，但最终仍必须同时满足"使用商标"和"他人同意"两个方面的要求才能取得有效的商标权。

此外，注册取得模式下，商标权取得的法律命题为"通过商标注册核准，取得商标权"，该命题中的社会事实为：通过商标注册核准。这一社会事实还可以被进一步分解为三个方面的内容：选择有形标识和使用类别、申请人向商标注册机关提出申请、注册机关审批核准。[1] 在这种模式下，并没有出现"使用商标"这一社会事实，其原因是什么？我们可以从两个角度来考虑这一问题：其一，注册取得模式是分离命题的一种制度性运用，这意味着在此模式下商标权取得的正确性可以完全出于权威的规定，不需要考虑自然理性等道德正确性评价；其二，注册取得模式仍然坚持联结命题，只不过其"社会事实选择命题"有其他更强的道德主张作为根据，使得其法律命题不需要考虑"使用商标"的社会事实。在坚持联结命题的前提下，上述第一种理由不需要再考虑，关键在于第二种理由能否成立。笔者认为，恐怕很难找到这种"更强的道德主张"。

首先，对于满足商标权取得的正当性这一要求来说，"使用商标"是一个必要非充分条件，对于"社会事实选择命题"来说是一个难以排除的强相关项。一方面，创造商标实质财产价值的只能是使用商标的行为，设置商标权的目的是为商标功能的实现不受他人不当干涉保驾护航。商标发挥功能意味着已经完成了商标符号结构的构建，换言之，作为能指和再现体的有形标识下已经凝结了商誉，同时在消费者的认知中已经成功建立了再现体与对象之间的解释关系。值得注意的是，虽然知识产权的本质是排他权，但这种强烈的排他效力是由知识产品的无形性引起的。申言之，如果将物与知识产品进行对比，前者在自然边界上的确定性实际部分减损了物权排他效力，或者反过来说，后者因缺乏给予法律保护的物质焦点而需要更强的排他效力进行弥补。在商标权问题上最明显的表现就是商标禁止权的范围大于专用权。但是，这种额外的排他效力仍然必须以商标符号的现实存在为前提。从道德评价角

---

〔1〕　杜颖：《商标法》（第 3 版），北京大学出版社 2016 年版，第 77 页。

度来说法律不应当保护虚无的对象。因此，如果不存在使用行为，则不可能存在商标符号，那么在此基础上取得商标权就存在陷入不正义状态的危险。另一方面，商标权与著作权、专利权在保护对象方面存在区别，这使得作为权利取得条件的商标使用免于遭遇"持有不正义"问题。有学者指出，财产权劳动理论在知识产权问题上欠缺解释力，原因一在于难以测算知识产品中包含多少劳动，二在于难以决定劳动与市场在知识产品价值增量中各自起到多大的作用，三在于创造性智力成果的产生必须依赖共有知识，以上三个原因导致持有排他性知识产权有侵犯公有领域的嫌疑，可能陷入不正义。[1]"持有不正义"的根本原因在于创造性智力成果是一种公共物品（public goods），因此任何人均有接触、使用的自由，而知识产权人的排他权利是法律直接为其规定的，并非自然权利。然而，根据前文的论述，原因一不能用来否定劳动是产生知识产品必要条件的主张。另外，在商标权问题上，原因二和三不能成为持有正义的阻碍。作品、专利的使用与商标使用不同，前者是一种对非排他性、非竞争性的公共物品使用，而商标使用在消费者和商标权人及竞争者两端的使用方式不同。对于消费者来说，商标是一种纯粹的非竞争性公共物品，所有消费者可以从中平等获益，而且其使用行为不会导致商标耗竭，这与作品、专利相同。但是，对于商标权人和竞争者来说，商标是一种纯粹的排他性、竞争性私人物品。[2]因此，使用方式的不同导致商标成了一种不纯粹的公共物品。[3]商标权排他性反映在商标作为私人物品的场合，故而原因二是无须担忧的。此外，商标符号意义的建立不需要创造性劳动，至少不是直接投注在商标本身上，而是在商标具体使用方式上。因此，法律制度不需要另行向持有商标提供正义依据，原因三也可以忽略。总的来说，上述正反两个方面共同说明，"使用商标"应当被列入商标权取得的"社会事

---

〔1〕 李扬：《知识产权法基本原理》，中国社会科学出版社 2010 年版，第 56~57 页。

〔2〕 有学者进一步以商标权人或竞争者对商标的使用方式将商标细分为拥挤物品与私人物品。前者指的是在不同类别的商品或服务上使用相同或相似商标（非竞争的专有性使用），可能损害商标的唯一性，降低商标的吸引力，这具有拥挤物品的性质，从而引发了商标淡化问题；后者在相同或相似类别的商品或服务商使用相同或相似商标（竞争的专有性使用）的行为是互不相容的，商标此时显示出私人物品的性质，从而引发了商标混淆问题。有关商标是拥挤物品的特性，下文将在商标注册的法律规定性中作更详细的分析。

〔3〕 David W. Barnes, "A New Economics of Trademarks", *Northwestern Journal of Technology and Intellectual Property*, Vol. 5, Issue 1 (Fall 2006), pp. 15~25.

实"中。

其次，有人可能会认为，尽管在从自然理性角度出发的道德评价中，商标使用占据了重要地位，但这是从实体价值评价的角度出发得出的结论；从形式价值的角度看，效率同样是一种重要的价值评价，为了提高效率，可以忽略商标使用要求。这种观点恐怕很难站得住脚。一方面，效率指的是制度运行的效率，而不是取得商标权的效率。尽管一般情况下前者与后者正相关，但是，当商标权的取得非正义时，高效率的制度就等同于高效率地实现非正义。申言之，提高商标权取得制度效率的目的包括以下几点：其一，以尽可能稳妥的方式确保"他人同意"这一社会事实的实现，主要通过注册审查和公示来实现。这既保证了商标权取得的正当性，又可以避免在后使用人因缺乏市场信息而浪费商标投资。其二，为商标使用人带来便利，通过注册制度，商标使用人可以节约原本为确保在先使用而投入的市场调查以及实际使用等商标投资。这也是最接近上述"取得商标权的效率"的一种便利。但是，在这个层面提高效率的目的是确保商标权人后续商标投资的安全稳定，而非单纯地令申请人尽可能快速地取得商标权。换言之，提高商标权取得程序的效率最终还是为了确保使用商标的动态安全。其三，提高授权和确权机关的工作效率，这指的主要是高效地检验商标的在先性及合法性，并将商标注册作为其初步证据。而商标显著性严格意义上说是无法通过这种方式得到检验的：不要求提交使用证据的注册审查只能是对商标显著性的推定而非验证。另一方面，尽管与自然权利相比，实证法权利确实拥有更大的糅合法政策目标的空间，[1]但是这些法政策目标本身也应当符合理性要求。如前所述，提高商标权取得制度效率的目的是有效地确定"他人同意"的社会事实，因而设置注册程序来审核商标法律规定性以及通过公示公信的信息平台降低市场主体的交易费用。如果单纯地追求权利取得的速度和数量，无异于舍本逐末、因噎废食，不符合法政策的理性诉求。

对于将效率作为高位道德评价更有力的反驳在于两点。其一，从实证法角度看，使用取得与注册制度可以相互融合，二者并无排斥。上述为商标使用人带来的便利在意图使用注册下一样可以实现。这说明商标注册核准只是

---

〔1〕　Robert G. Bone, "Trademark Functionality Reexamined", *Journal of Legal Analysis*, Vol. 7, Issue 1 (Spring 2015), pp. 183~246.

123

提高商标权取得制度效率的充分非必要条件。其二，从法律体系的角度看，这种理由割裂了商标权取得法律命题的体系正确性。商标权的取得是整部商标法实际运行的起点，也是商标法律关系的起始。取得制度的效率追求应当着眼于包括权利取得、权利维持和权利消灭的整个商标权效力评价体系，而不应仅仅停留在申请—审查—核准的程序效率上。即使为了提高权利阶段的效率，也不能以增加权利维持阶段维持法律命题正确性方面的压力为代价。在不少商标侵权案件中，法官仍然大量利用事实推论的方式来看待混淆之虞问题，不考察或者不重视商标权人的使用对于混淆可能性的影响，实际倾向于将标识近似性作为混淆测试的主要内容。比如，在"非诚勿扰"商标侵权案的再审中，法官仍未对原告是否实际使用商标以及被告提出的原告未使用商标的证据进行考查论证。[1]这种对于维持商标权效力的使用行为不加分析的态度可能就是二审错误适用"反向混淆"理论的原因之一。这种思路指引下的法官与注册机关的审查员多少有些相似。有趣的是，从法实证主义的角度来看，法官确实正确适用了法律：虽然注册取得的实证法也试图通过异议和撤销等权利无效化方式解决取得阶段无使用要求带来的问题，但确实没有将实际使用作为行使商标权的前提。换言之，商标权人没有证明自己通过使用维持商标权有效的责任，被诉侵权人也只能通过撤销和异议的方式推翻商标权有效性，在侵权诉讼中提出不使用抗辩有多大的意义值得怀疑。比如，《商标法》提供的连续3年不使用抗辩只能消除损害赔偿请求权，但停止侵害请求权仍然得到维持，并没有很好地衔接"撤三"制度。

那么，为什么注册取得模式下的商标权取得法律命题会呈现这样的面貌？一方面的原因可能在于，立法者坚持的是分离命题。另一方面可能在于对注册程序工具意义的错误认知。在联结命题语境下，商标权取得的社会事实是"使用商标"及"他人同意"。二者各自需要通过某种方式进行检验方可完成将商标由自然事实变为制度性事实的任务。因此，前者衍生出了商标权取得的事实规定性：一个标识能否被当作商标使用（发挥商标功能）最终会被且只能被市场检验；后者衍生出了商标权取得的法律规定性：在先占有（通过申请或使用进行先占）并合法，可以通过注册程序来检验。其中，注册程序并不是"他人同意"的替代物，而是提高"他人同意"效率的制度工具。因

---

[1] 广东省高级人民法院［2016］粤民再447号民事判决书。

此，我们不能否认注册取得模式部分解决了使用取得模式下商标权取得的效率问题（实际上使用取得模式通过意图使用注册同样可以解决这一问题），但是用"注册核准"代替"使用商标"和"他人同意"，则不免有矫枉过正、过犹不及的嫌疑。总的来说，在注册取得模式下维持商标权取得的联结命题，对商标权效力评价体系的完整性和系统性提出了更高的要求。

第三章 商标权的注册取得

在当今世界大部分国家的商标法律体系中，取得商标权的唯一途径是通过注册核准。在注册取得模式下，在《商标法》视野下，商标的可注册性与可保护性可以相互等同，未注册商标意欲取得间接的法律保护仍然应当符合可注册性的要求。

由于采纳使用取得模式的商标法律体系同样吸收了注册制度，因此两种取得模式下商标注册的规定性及其功能出现了同质化的趋势，尤其是在事实规定性方面，注册取得模式可以充分借鉴使用取得模式的经验。但是，对商标使用在权利取得过程中所占地位的认知仍然是二者最大的分野。在注册取得模式下，出于对注册之形式价值的重视，实际使用或意图使用都不是取得商标权的实质性要件，商标权取得的在先性指的不是在先使用而是在先申请。但从权利维持的视角出发，商标使用依然占据一席之地，如何排除"纸面商标""死亡商标"既是商标法律体系必须考虑的问题，更是商标注册取得模式健康运行的题中之义。为了坚持注册程序的高效而拒绝对商标使用状况进行审查，与为了避免割裂商标权来源及商标价值来源之间的紧密关系而在取得商标权后强调实际使用并驾齐驱，[1]二者在价值追求上的潜在矛盾必然提高制度设计的难度，也导致关于商标注册法律性质的争论长期存在。

---

〔1〕 郭修申："建议在《商标法》第三次修订中完善商标实际使用制度"，载中国社会科学院知识产权中心、中国知识产权培训中心编：《〈商标法〉修订中的若干问题》，知识产权出版社 2011 年版，第 49 页。

一、注册取得模式分析

（一）商标注册的规定性

在注册取得模式下，所谓可注册性实际就是商标注册条件在事实和法律两个方面的规定性，事实规定性主要指的是显著性以及非功能性；法律规定性主要指的是合法性和在先性。其中，不满足事实规定性的标识无法发挥商标功能，不满足法律规定性中合法性要求的标识，任何人都不能将之作为商标使用，因此反映为绝对禁止注册条件；而不满足法律规定性中在先性要求的标识，只限定了某个主体不得将之作为商标使用，因此反映为相对禁止注册条件。

1. 商标注册要件的规定性二分

如前所述，商标符号的再现体是有形标识，是商标的物质载体。但是，并非所有有形标识都能够发挥商标功能，也并非所有能够发挥商标功能的商标符号都应当被赋予权利。前者指的是商标符号的事实功能问题，即"标识不一定是商标"，后者指的是商标符号的法律正当性问题，即"商标不一定受保护"。在注册取得模式下，受到保护的商标才能受到商标权利框架的保护。因此，商标注册要件应当被二分为事实规定性与法律规定性两则相辅相成的判准。有形标识、商标及可保护的商标之间构成了一种集合关系，如下图所示：

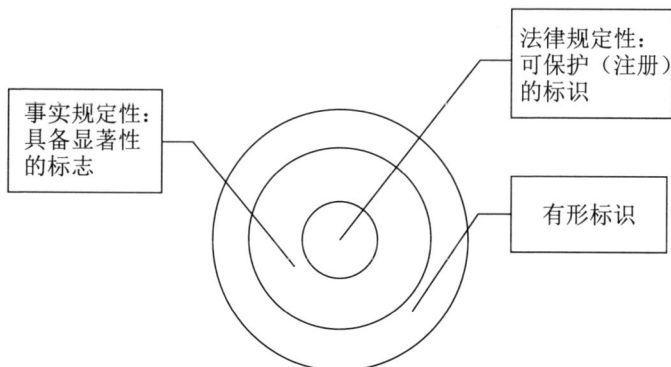

图3-1　商标构成要素的规定性

首先，从事实基础的角度，有必要区别有形标识与商标。从符号的视角来观察，凡是人类能够感知的有形标识都可以作为符号的再现体，从而指称某个对象并具有相应的符号意义。因此，不可能从纯粹形式的角度来区分商标和其他标识的区别，而应当从符号功能的角度认为具备显著性的标识才能成为商标。故而，我国《商标法》第 11 条表面上列举的"不得作为商标注册"实际应当理解为构成要素的事实规定性。换言之，不仅应当从保证公共使用的角度来理解，还应当认为该条实际上隐含了即使允许注册这类缺乏显著性的标识也无法起到商标功能的推断。这类描述性或通用名称标识作为商标使用毫无意义，其缺乏可注册性的根本理由是不具备成为商标的事实基础。反过来说，只有这样理解第 11 条第 1 款，才能解释该条第 2 款有关获得显著性的规定，也就是说，事实规定性可以被事实所推翻。其次，从法律价值判断的角度，有必要进一步限缩"商标构成要素"的定义，先明确以何者作为商标权取得的在先性判准，随后要求其符合商标在权利范式下的合法性要求。《商标法》第 10 条列举的"不得作为商标使用"的标识指的实际上是商标构成要素的法律规定性。该条中的不得使用是指，或由于公序良俗的原则，或由于容易引起消费者的误解等原因，如果允许这类商标出现在市场中，将会导致市场失灵或引发道德危机。因此，立法者应当主动排除这类商标。换言之，这类标识如果作为商标使用有可能引起消费者有关质量、出处的误解，或误以为与国家公权力、社会公益机构有关联，基于法律价值判断的理由，这类标识即使能够产生商标功能，也不能作为商标使用。

2. 商标注册的事实规定性

使用行为虽然是填充商标实体价值的唯一方式，但不是注册取得模式下取得商标权的必要条件，注册程序也不要求提供商标使用证据。因此，这种权利取得模式在设置权利获取条件时必然高度依赖抽象化的事实情境预设：一个标识是否在事实层面上已经成为"商标"不是有效权利授予的验证条件而是权利有效性判断的预先假设出现在规范体系中。故而商标注册的事实规定性指的是，当一个标识要在事实层面能够发挥商标功能时，商标权取得制度对其内在性质和表现形式方面的预设。如前文第一章所述，商标的构成要件与功能要件相互结合的结果表现为商标的显著性，因此，显著性是商标注册事实规定性的核心内容，而非功能性则是与显著性有关联的一个比较特殊的问题。

（1）显著性。

作为商标基本事实属性的显著性，不论在注册取得模式或者使用取得模式下都是最具重要性和基础性的权利取得条件。前文已经对商标显著性的概念、特征以及类型作了较为详尽的分析，因此，下文主要对显著性之评判在商标可注册性要求中起到的作用进行分析。

商标的使用是商业表达的下位概念，其表达主体——亦即商标的专有使用者——是商品的生产者、销售者、服务的提供者等市场经营主体，表达的目的是通过提供商业信息刺激和引诱消费者购买商品或服务。商业表达自由是现代市场经济环境下人的基本自由之一。[1]赋予特定主体商标权则是将这部分标识从自由表达的范畴中割裂出来，给予其法定垄断符号的权力，在制度上体现为商标权的授权确权程序。因此，包括商标在内的商业符号使用的原初形态是自由表达，商标权则是对这一形态的逆反。商标专用和排他权利的取得不仅完成了符号由公有到私有的垄断过程，而且会强化私有的特殊地位。继而，凝聚和保持权利的逆反垄断状态必然需要耗费制度执行成本（enforcement cost），[2]如何提高执行效率、决定什么样的商业符号能够成为商标权的保护对象，也就成了制度构建的题中之义。显著性要求在其中起到了十分重要的作用。

第一，显著性作为商标注册条件之一，将商标使用要求内化于注册程序，只不过在不同的商标权取得模式下这种内化作用的明显程度存在差异。如前所述，标识的显著性只能通过与商品或服务相结合，并投入市场中实际使用后才能真正实现。对于固有显著性而言，商标的实际使用是显著性由应然走向实然的理据，商标使用决定了显著性由假设和推定变为实际和确定。对于获得显著性而言，实际使用更是显著性从无到有的必经途径；而且，描述性标识若经过有效的使用而取得了牢固的消费者认同，其获得的显著性强度并不低于固有显著性最强的臆造商标。[3]因此，将显著性作为标识获得商标权保护的前提，就意味着在商标权取得制度中隐含了使用要求。在采纳使用取得模式的商标法体系中，这一要求是明示的。不论基于固有显著性还是获得

〔1〕　孙敏洁：《商标保护与商业表达自由》，知识产权出版社2013年版，第85~86页。

〔2〕　Robert G. Bone, "Enforcement Costs and Trademark Puzzles", *Virginia Law Review*, Vol. 90, Issue 8（December 2004）, pp. 2099~2186.

〔3〕　J. Thomas McCarthy, *McCarthy on Trademarks and Unfair Competition*, 2000.

显著性请求商标注册，都要求提交使用证明，注册机关据此可以直观地判断显著性的有无。而在采纳注册取得模式的体系中，实际使用是证明获得显著性的前提，如我国《商标法》第 11 条第 2 款规定，"前款所列标志经过使用取得显著特征，并便于识别的，可以作为商标注册"；但在固有显著性问题上，通常采取事实推论的方式进行判断。事实推论是根据经验法则和逻辑推理，借助已知事实得出另一未知事实存在的结论。[1]固有显著性的事实推论即根据标识与商品或服务性质关联强度的经验推出标识是否具备显著性的事实。问题在于，显著性的特征包含了商品或服务出处的特定性，因此在商标权授权确权程序的显著性判断中，申请人要素应当被充分考虑。由于注册取得模式对制度效率的倾斜，其具体表现为在有效化（授权确权）程序中放弃对申请人要素的考察，将之挪至权利无效化（无效宣告、撤销、异议等）程序中。这就要求通过有效化和无效化程序的紧密联系来保证显著性事实推论的确定性和真实性。

第二，区分不同层次显著性可以提高商标权授权确权程序的效率。不论注册取得模式还是使用取得模式，都明确区分了固有显著性和获得显著性。两者在商标权取得程序中的区别在于，固有显著性商标只需要通过使用或申请"先占"即可；而获得显著性商标必须证明其具备指示商品或服务出处的功能，同时还需要通过在先使用来"先占"权利。有学者将产生这种区别的缘由解释为固有显著性商标天生就具有区分来源功能。[2]如前所述，这种观点的解释力并不充足，既没有认识到显著性的本质，也忽略了商标符号是一种经验式的财产——其价值来源于在市场中进行反复使用。较之更有说服力的解释是，这种区分方式节约了商标权取得程序消耗的制度成本。执行商标权取得制度的目的是定分止争，将"法律上之力"赋予应得权利保护的主体，理论上应当在每个案件中实质审查标识的显著性。但是，在个案中重复进行的显著性审查成本高昂，将其摊平为划分两类显著性并对具备某种性质的商标显著性进行事实推论的规范则可以降低制度执行损耗。正如波斯纳所言，这种分类方式有时因其过于粗糙而被批判，但在制度执行成本上的节约令人

---

〔1〕 张家骥："论推定规则及其适用"，载《重庆大学学报（社会科学版）》2014 年第 6 期，第 161 页。

〔2〕 Lisa P. Ramsey, "Descriptive Trademarks and the First Amendment", *Tennessee Law Review*, Vol. 70, Issue 4（Summer 2003），pp. 1095~1176.

可以接受制度犯错导致的损失。[1]如前所述，如果从法律规范的角度来看，显著性有无的事实问题已经被化约为上述可能性高低的证明问题。这样也就可以理解臆造商标的显著性最"强"实际指的是这类商标具备显著性的可能性最"高"。而"固有"与"获得"的二分法自然也就将分类认定标准的重难点放在了两者接壤处——臆造标识、任意性标识或通用名称通常处于显著性事实推论或肯定或否定的"舒适区"，而暗示性标识和描述性标识的区分才是需要额外证明获得显著性的关键。[2]通过对显著性来源的分析，可以从正反两个方面得出区分固有显著性和获得显著性的规则。从正面来看，由于消费者需要花费更多想象力才能将暗示性标识与商品或服务自身的性质联系在一起，在区分来源的意义上完成符号解释过程的可能性就比直接表明商品或服务性质的描述性标识更大，需要投入额外审查成本的理由越小。这种"想象力测试"（imagination test）构成了"消费者认知"标准的基础。[3]从反面来看，在显著性层次中越接近"获得"一端，赋予其排他权利对商业表达自由造成损害的可能性越大，越应当投入额外成本来防止这一情况发生。因此，应当将"同行业竞争者必需"标准作为固有显著性和获得显著性证明责任之间的楔子。[4]总的来说，显著性层次的划分起到了路径分流的作用，明显节约了授权确权制度的执行成本。

第三，显著性要求是非功能性要求（non-functionality）的内因。非功能性要求起源于美国判例法，尔后在欧盟等注册取得模式国家也得到了制定法的响应。我国《商标法》第12条规定的"以三维标志申请注册商标的，仅由商品自身的性质产生的形状、为获得技术效果而需有的商品形状或者使商品具有实质性价值的形状，不得注册"就是非功能性要求的体现。美国商标判例将非功能性要求的目的解释为，保证竞争者能够自由使用用于表达商品特征或功能的标识，同时避免商标权人利用将功能性外观申请为商标的方式为"类专利"获得无限期的垄断权利，从而在无关商誉和商标识别功能的领域将

〔1〕　〔美〕威廉·M.兰德斯、理查德·A.波斯纳：《知识产权法的经济结构》（中译本第2版），金海军译，北京大学出版社2016年版，第229页。

〔2〕　Robert G. Bone, "Enforcement Costs and Trademark Puzzles", *Virginia Law Review*, Vol. 90, Issue 8（December 2004）, pp. 2099~2186.

〔3〕　J. Thomas McCarthy, *McCarthy on Trademarks and Unfair Competition*, 2000.

〔4〕　冯术杰："论商标固有显著性的认定"，载《知识产权》2016年第8期，第51页。

竞争者置于不利地位。[1]而欧盟法院则认为，如果赋予功能性标识商标排他权利，将会阻碍经营者使用与之有关的产品技术方案的正当自由。[2]由此可见，功能性的标识一般也缺乏显著性，这类标识是对商品或服务性质、功能、用途的描述而不是指示其出处。

第四，显著性要求与其他注册条件存在一定关联。从消极规范的角度看，商标注册条件可以划分为绝对禁止注册条件和相对禁止注册条件。首先，前者主要指的是违反公序良俗和不具备显著性的标识。其中，不具备显著性的标识基于其事实属性即不适合作为商标使用，而违反公序良俗的标识可以进一步区分为两类。一方面，源于《保护工业产权巴黎公约》第6条之三规定的"禁止将本联盟国家以及本联盟一个或一个以上国家参加的政府间国际组织的官方标识用作商标或商标的构成部分"，体现在我国《商标法》第10条第1款前五项和第2款中。这类标识通常已经具有极为明确的指示对象，如果将其作为商标使用，将令消费者混淆、误解标识所指向的商品或服务的出处及品质。因此，可以认为这类标识显著性中的特定性特征已经被严格限定，除非该组织授权，否则不能作为他人商标使用。与之类似的是《商标法》第10条第1款第7项有关"欺骗性"标识的规定。现代商标指示出处的功能大多被异化为通过商品或服务品质、性质等要素的一致性而确定的抽象出处，因此，"容易使公众对商品的质量等特点或者产地产生误认的"标识同样影响了消费者对商品出处的正确认知。另一方面，有碍社会主义道德风尚的标识，本身即应当被排除出商业表达自由的范围，即使具有显著性，也不能被自由使用。其次，后者主要指的是妨碍他人在先同类或异类权益的标识。一方面，对在先同类商标权益的妨碍无疑影响了其标识显著性的特定指向。另一方面，异类权益中能够阻却商标权取得的姓名权、商号权和商品化权也需要以具有较为明确的指向为前提。比如，在"乔丹"商标无效宣告案中，双方的争议焦点之一就是中文"乔丹"是否与美国篮球运动员迈克尔·乔丹构成稳定的对应关系。最高人民法院在审理意见中指出，当姓名可以起到区分商品或服务来源的作用，并容易令相关公众认为标记了姓名标识的商品或服务与当事人存在

---

〔1〕 Inwood Laboratories v. Ives Laboratories 265 U. S. 526（1924）; Qualitex Co. v. Jacobson Products. Co. , 514 U. S. 159, 165（1995）.

〔2〕 Preliminary ruling of 18/06/2002, C-299/99, Philips.

特定联系时，姓名权就可以成为撤销他人注册商标权的法理基础。[1]可见，这类在先异类权利或权益同样应当受到显著性中特定性的约束。

总而言之，显著性是商标最重要的事实属性和本质属性。将显著性作为商标权取得要件时，不仅应当从客观要素的角度考察标识是否能够发挥识别商品或服务来源的作用，而且应当考虑主体要素，保证这种功能发挥的确定性和指向性。

（2）非功能性。

非功能性（non-functionality）是各国商标法在可注册性问题上都予以关注的问题。严格意义上来说，由于涉及商标法的竞争规制目标，非功能性要求不是一个纯粹的事实问题，而是同时包含事实属性和法政策上的价值评判的综合性问题。但是，非功能性毕竟与商标显著性之间存在千丝万缕的联系，而且其事实属性确实是价值评判的起点和基础，因此为了论述的方便将其纳入商标可注册性的事实规定性一面。

在讨论非功能性的性质前，我们可以先进行实证法的考察。我国、日本、德国、英国等国的商标法及《欧盟商标条例》等都规定了商品或商品包装的形状必须具有非功能性，[2]否则将无法满足商标注册的事实规定性要求。但是，唯独美国商标法没有将非功能性要求限定在立体商标范围内，而是用了"事物"（matters）这个较为模糊的称谓。其中的原因在于，美国商标法中的

---

〔1〕　最高人民法院［2016］最高法行再27号行政判决书。

〔2〕　我国《商标法》第12条规定，以三维标志申请注册商标的，仅由商品自身的性质产生的形状、为获得技术效果而需有的商品形状或者使商品具有实质性价值的形状，不得注册。《日本商标法》第4条：下列商标，不管前条的规定如何，都不能获得商标注册……（十八）仅仅由确保商品或者商品包装功能不可欠缺的商品或者商品包装的形状构成的商标。中文本据李扬译：《日本商标法》，知识产权出版社2011年版。《德国商标法》第3条第2款规定，仅仅由下列形状之一组成的标识，不可作为商标受保护：（1）由商品自身的性质产生的形状；（2）为获得技术效果而需有的商品形状；（3）使商品具有实质性价值的形状。中文本据范长军译：《德国商标法》，中国知识产权出版社2013年版。新的《欧盟商标条例》扩张了非功能性要求的适用范围，由"形状"延伸到了"形状及其他要素"。CTMR Article 7：1. The following shall not be registered… （e）signs which consist exclusively of：（i）the shape，or another characteristic，which results from the nature of the goods themselves；（ii）the shape，or another characteristic，of goods which is necessary to obtain a technical result；（iii）the shape，or another characteristic，which gives substantial value to the goods. 美国《拉纳姆法》第2（e）（5）条规定，能够将申请人的商品与其他人的商品区别开来的商标，都能够在主注册簿上获得注册，而不论标记的性质如何，除非商标……由下列标识构成……有整体具有功能性的事物构成的……中文本据杜颖译：《美国商标法》，知识产权出版社2013年版。

功能性理论拥有一个很高的起点，其理论源头就从知识共有与财产私有的宏观图景出发来处理自然权利与实证法权利的冲突以及法政策的价值权衡问题，因此对非功能性的要求覆盖了所有形式的商标符号，而非限定于立体商标范围内。我们可以从美国商标功能性理论的演化历史中明确看出这一点。

功能性理论的发展经历了三个阶段。[1]首先，在20世纪初前后，功能性理论构筑在"自然权利框架"上。近代商标法原本只保护文字商标，在其他能够发挥来源识别功能的商业外观（trade dress）方面，主要通过仿冒之诉来进行保护。但仿冒之诉面临一个理论矛盾：复制不受版权法和专利法保护的思想理念（ideas）是一种正当权利，这同样适用于商业外观。对复制是一种自然权利的肯定来自19世纪末普通法领域占支配地位的财产权劳动理论：在无法支配的物（思想）上无法建立排他性的财产权，因此，除非思想处于秘密状态，否则无法成为财产权的客体。通过思想的实际运用而产生并公开展示的商业外观因此无法成为一种财产。在这种背景下，法院为了调和仿冒之诉与自然复制权利之间的矛盾创造功能理论，其目的是说明复制商业外观为何可能是不正当（unfair）的。为此，法院提出了两点理由：其一，恶意令复制者丧失道德及法律权利，这很好地契合了反不正当竞争的内在机理，但是当法院放松了仿冒之诉中有关仿冒人恶意的证明责任后，这一理由就无法作为非恶意仿冒侵权责任的理据了。其二，提出将商业外观作为外在表现的企业商誉也是自然法予以保护的财产，这样一来，实证法权利与自然权利的冲突就转变为两类自然权利的冲突，不过此时仍然不算是法政策的价值权衡，而是通过区分不同的事实基础来解决两种自然权利间的冲突问题。"Creamalt"案充分体现了这种"自然权利框架"（natural right framework）下的功能性理论。[2]该案中，原告销售一种受欢迎的新品种面包"Creamalt"，面包具有特殊外观，消费者利用该外观来识别来源，被告仿冒了这种外观。法院支持了原告诉请，认为原告的商誉上成立财产权，尽管被告同时具有自由选择商品外观的权利——当然也包含复制权。但是，不仅被告没有"必要"采用与原告相同的商品外观，还应当避免消费者因二者相同而混淆。法院的言下之意

---

[1]　Robert G. Bone, "Trademark Functionality Reexamined", *Journal of Legal Analysis*, Vol. 7, Issue 1 (Spring 2015), pp. 183~246.

[2]　George G. Fox Co. v. Glynn. 191 Mass. 344 (1906).

为，应当区分"本体必要性"（intrinsic necessity）和"竞争必要性"（competitive necessity），只有当被告为了实现商品本身的功能，而非为了提高竞争力而"必须"复制他人的商品外观时，其复制权才具有正当性。这已经相当接近于现代的商标非功能性要求。但是，此时功能性理论的基础没有聚焦于市场竞争的理由，而是基于一种广义的复制权。然而，以上两种必要性之间的界线很难明确：本体必要性的存在说明竞争者（复制者）使用其他商品特性来代替争议特性将承担更大的成本（burden），但什么是"更大的成本"？应当包含竞争者因无法使用争议特性而丧失交易机会的情形吗？因此，问题的实质又回到了竞争法政策这一边。

其次，美国法院在 20 世纪前期开始从"竞争成本—收益"的角度考虑功能性问题。[1]在"Shredded"案中，汉德法官（Hand）提出应当从被告能否以合理的成本与原告"市场先行者"（first comer）竞争的角度来评价涉诉商品的外观、颜色和形状是否具有功能性，而且原告不能因此获得足以阻碍他人参与市场竞争的优势。这种观点逐步流行，预示着功能性理论开始向"竞争政策框架"（competition policy framework）转向。随着法律现实主义的勃兴，理论和实务界都开始从法律的社会目标角度来思考竞争秩序、公共利益与商业外观中的功能性要素之间的关系。[2]同时，出于对商标功能在商标法中所占地位的重视，商标的形式范围开始扩张，文字商标与商业外观之间的形式区别逐渐被忽略，商标法和反不正当竞争法也开始更紧密地关联起来。法院从维护竞争的角度考虑功能的必要性，如果商业外观的模仿者拥有大量的替代方式来实现相似的功能，或者禁止其模仿行为不会构成市场竞争的实质性障碍，那么就没有任何必要保护其中有关正当竞争的"公共利益"。[3]随后，这种基于竞争需要（competitive necessity）和替代性分析（alternative analysis）的功能性判断标准在 20 世纪末得到了进一步发展和完善。在"Morton-Norwich"案中，法官明确提出上述标准应当适用于所有涉及功能性的商标确

---

〔1〕　Shredded Wheat Co. v. Humphrey Cornell Co.（250 F. 960（2d Cir. 1918）.

〔2〕　White, G. Edward, "From Sociological Jurisprudence to Realism: Jurisprudence and Change in Early Twentieth-Century America", *Virginia Law Review*, Vol. 58, Issue 6（September 1972）, p. 1007.

〔3〕　In Re Deister Concentrator Co., Inc., 289 F. 2d. 496, 506（CCPA 1961）. In Re Mogen David Wine Corp., 328 F. 2d 925, 932, 933（CCPA 1964）.

权案件，而非仅仅适用于某些疑难案件。[1]该案法官明确提出了"事实功能性"与"法律功能性"的区分，事实功能性本身不是判断的重点，只有当具有事实功能性的商标具有限制竞争的作用时才无法受到法律的保护。该案的另一个贡献是法官试图将功能性要素与专利之间的关系纳入竞争需要认定标准中，并且指出防止专利垄断被变相延长并不是商标功能性理论的重点。[2]这是一种完全出于竞争规制立场的法律解释方法。该判断标准很快就被应用在了单一颜色、气味以及声音商标的可注册性认定上，包括著名的认定单一颜色功能性的"Qualitex"案等。[3]

最后，21世纪初至今，商标功能性理论再次发生了变化。美国联邦最高法院在"TrafFix"案中推翻了以往进行竞争需要测试的做法，转而认为曾经存在专利是一个商标要素具备功能性的"强证据"，从而加大了证明商标要素非功能性的难度。[4]由于法院认为，如果商标要素对商品发挥功能具有重要作用，或者会影响商品的成本及质量就说明其具备功能性，因此即使不涉及过期专利，也依然不需要考虑竞争需要测试。联邦最高法院重新回到了以"本体必要性"作为出发点的功能性理论，只要标识具有事实功能性，就一概不予以商标法上的保护。这与"Morton-Norwich"案形成了鲜明对比，在事实上重新强化了非功能性的限制，使其成为一种"强排除"理由。但是联邦最高法院却并未给出这样做的理由，而且其论述也较为含糊。法院提出，如果某功能要素"是为了实现商品的功能和目的而必须具有的，或者采用替代方案将影响到产品的成本或质量"——法院将之称为"传统的功能性定义"，那么就不能给予商标权，这是从事实功能性的角度提出的非功能性判准。但是，法院同时又认为，如果涉诉的标识是颜色或者不符合"实用"功能定义的，

---

[1] In Re Morton-Norwich Products, Inc. (671 F. 2d 1332 (CCPA 1982)).

[2] 该案中，法官提出了竞争需要测试的四要素：①功能性要素是否被过期专利所涵盖；②原告是否在广告中宣传了这种要素在功能方面的优点；③其他竞争者是否可能拥有，以及拥有多少实现相同功能的替代方式；④这些要素的功能性是否来自较为简单、成本低廉的商品生产方法。

[3] Qualitex Co. v. JacobsonProds. Co., 514 U. S. 159, 164 165, 169 (1995); Two Pesos, Inc. v. Taco Cabana, Inc., 505 U. S. 763, 763 (1992). 案件具体内容参见彭学龙：《商标法的符号学分析》，法律出版社2007年版，第78~80页；冯术杰：《商标注册条件若干问题研究》，知识产权出版社2016年版，第98页。

[4] TrafFix Devices, Inc. v. Marketing Displays, Inc. (532 U. S. 23 (2001)).

就需要进行竞争需要测试。[1]这引发了下级法院的理论疑虑及混乱,到底什么才是"传统功能性定义",又在什么情况下标识不符合"实用"功能定义呢?[2]这种理论上的回退在"竞争政策框架"的支持者看来是不合理的,[3]他们猜测联邦最高法院在潜意识里仍然将与市场竞争行为有关的合理使用(free use)当作一种复制"权"。联邦最高法院的这种观点实际上将其提升到了一种宪法性权利的高度,却没有意识到以"非功能性"为理由限制商标权的范围,其目的在于防止消费者的混淆,这显然是一个竞争政策上的理由,而非自然权利。

美国商标法理论与实践对商标功能性理论的发展与反复说明这始终是一个疑难问题。可以肯定的是,如果从商标法的角度对其进行思考,可以从两个方面展开。其一,非功能性要求与显著性之间的紧密关系。实际上,功能性要素与通用名称具有一定相似性。在美国法上,功能性要素与通用名称都属于绝对不可注册为商标的标识,出于维持合理竞争需要的法政策目的,即使它们被证明具有事实上的第二含义仍然不足以作为获得排他性权利的理由。[4]因此,功能性要素与商品本身实用价值的关联使其相当于非文字的"通用名称"。对于文字商标而言,通用名称是同类商品或服务不可替代的称谓,正因为此,通用名称无法实现指示来源的功能,功能性要素亦同。因此,从商标功能的角度出发,不满足非功能性要求的标识意味着不具有显著性,这一点前文已经进行了相关论述。此外,与《欧盟商标条例》的规定比较,[5]不具备固有显著性、描述性以及通用名称性质的标识可以经过使用而获得显著性,但一旦标识被认定为具有功能性则不可能获得显著性。这说明非功能性要求与显著性要求在法规目的上仍然存在一定差异。其二,从商标法维护竞争秩序的目的出发,作为一种法政策的非功能性要求的目的在于限制垄断。[6]这

---

〔1〕 TrafFix Devices, Inc. v. Marketing Displays, Inc. (532 U. S. 23 (2001)).

〔2〕 Cohen, Amy B, "Following the Direction of Traffix: Trade Dress Law and Functionality Revisited", *IDEA: The Intellectual Property Law Review*, Vol. 50, Issue 4 (2010), p. 597.

〔3〕 Robert G. Bone, "Trademark Functionality Reexamined", *Journal of Legal Analysis*, Vol. 7, Issue 1 (Spring 2015), pp. 218~226.

〔4〕 J. Thomas McCarthy, *McCarthy on Trademarks and Unfair Competition*, 2000.

〔5〕 《欧盟商标条例》第7条。

〔6〕 Yvette Joy Liebesman, "Rethinking Trademark Functionality as a Question of Fact", *Nevada Law Journal*, Vol. 15, Issue 1 (Fall 2014), pp. 226~228.

要求商标法合理地完成与专利法之间的相互衔接，防止本因专利权到期而进入公有领域的智力成果通过商标权的方式获得永久性的保护。商标法上的竞争政策目标应当服从专利法基于有期限垄断的法规目的，学者将之称为"专利法优先"原则（patent law supremacy principle）。[1]从这个角度来理解商标"非功能性"要求，可以发现有形标识的事实功能性是有专利法保护的，在不存在专利权或专利权已经过期的场合，应当将"功能性"定位在竞争秩序框架中，寻找其法律含义而非事实含义。在这种情况下，即使标识使用人通过使用在实用性要素上建立了第二含义，也不能认为可以将之作为商标进行注册和保护，"商标功能性与显著性是相互分离的"，[2]这是功能性理论的竞争法本质。反过来说，如果单纯从事实功能性的角度出发，认为凡是有助于提高商品性能的功能要素一概不能获得商标法的保护，同样既不利于区分实用功能性与美学功能性（难以分辨功能要素提高的是商品品质还是对消费者的吸引力），[3]也不利于完成商标法在私人利益和公共利益之间的价值平衡追求。因此，如果竞争者需要投入更多的成本才能完成标识的替代方案，以获得与利用该功能要素相同的市场竞争优势，就应当认为该标识具有功能性。[4]

3. 商标注册的法律规定性

商标注册的法律规定性指的是商标应当符合法律价值评价的要求。这类要求得不到满足并不一定意味着标识在事实层面无法发挥区分来源等商标功能，而是无法达成商标法的价值目标。法律规定性主要指的是商标不能与在先权利冲突的在先性要求，其中包括同类权利和异类权利，以及不能误导消费者、不能违反公序良俗的合法性要求。

（1）在先性。

不论采纳"先申请"或是"先使用"原则，商标权的取得条件都包含了在先性的要求。随即在该要求下产生了何者为"先"的问题，亦即权利冲突问题。在注册取得模式下，商标的在先性具有两重含义。一方面，当双方都

---

〔1〕 Mark P. McKenna & Katherine J. Strandburg, "Progress and Competition in Design", *Stanford Technology Law Review*, Vol. 17, p. 18.

〔2〕 J. Thomas McCarthy, *McCarthy on Trademarks and Unfair Competition*, 2000.

〔3〕 实际上，"美学功能性"（aesthetic functionality）的概念本身就是一个矛盾（oxymoron）。See J. Thomas McCarthy, *McCarthy on Trademarks and Unfair Competition*, 2000.

〔4〕 凌宗亮："论立体商标的非功能性——兼谈我国《商标法》第12条的完善"，载《电子知识产权》2010年第3期，第25~27页。

是商标的同类权利发生冲突时，遵循在先申请原则。在后申请的未注册商标即使在先使用也不能获得实体商标权，只能获得有限度的在先使用抗辩权。只不过当在先申请本身非善意时，出于诚实信用原则的理由，申请的在先性被他人在先占有商标的事实破坏，从而丧失在先性。此外，先申请原则还存在一种例外情形：在先申请商标与驰名注册商标发生跨类冲突时，后者未申请的类别也可请求宣告注册无效。另一方面，当冲突双方为异类权利时，不再适用在先申请原则，而是保护在先取得的合法权利。

第一，对于上述同类权利冲突而言，在先申请可以阻却在后申请与商标的财产属性有关。首先，随着商标使用主体和使用方式的区别，商标可能表现为私人物品或公共物品两种态样。公共物品和私人物品的区分在于对物品的使用是否具有竞争性。公共物品的非竞争性指的是任何人都可以从中获取平等的利益，或者说某主体对公共物品的消费（consumption）完全不会减损他人消费该物品的机会。[1]私人物品则刚好与之相反。将之应用到商标问题上可以发现，商标同时存在两种使用方式：专有性使用（proprietary use），指的是商标权人将标识用于指引自己的商品或服务的来源；指示性使用（referential use），指的是消费者、竞争者和其他人利用商标指示他人的商品或服务。[2]这意味着商标活动同时加强了标识的专有性价值（proprietary value）和指示性功用（referential utility），后者也就是商标销售力的来源。商标的本质是符号，商标权人使用商标的目的是独占标识与其商品或服务的出处间的特定指代关系，并通过专有性的使用来确保消费者能够借之识别特定来源；而消费者通过标识溯源商品或服务的提供者并记忆其特征和品质信息，以便降低自己多次搜寻特定商品或服务的成本。显而易见的是，商标符号对于消费者来说是公共物品。任一消费者指示性使用某商标都不会阻碍其他人同时以同样方式使用该商标，也不会降低该商标对他人的利益、价值和功效。相反，商标权人对商标的专有性使用则无法达到相同的效果，因此商标对其来说是一种私人物品。在注册取得模式下，为了充分发挥公示公信和推定权利

---

〔1〕 "消费"的经济学意义指的是通过接触某物品发掘其价值功效。See Brett M. Frischmann, "An Economic Theory of infrastructure and Commons Management", *Minnesota Law Review*, Vol. 89, Issue 4 (April 2005), p. 942.

〔2〕 David W. Barnes, "A New Economics of Trademarks", *Northwestern Journal of Technology and Intellectual Property*, Vol. 5, Issue 1 (Fall 2006), p. 29.

范围等注册制度的形式价值，法律规定了通过在先申请而非在先使用的方式先占了商标财产后，以此排斥他人取得同类权利的行为。其次，驰名注册商标权人可以跨类阻却在先申请的理由仍然与商标的财产属性有关。原本作为私人物品的商标受到与标识结合的商品或服务的类别的限制，在其他类别上不存在这种属性。换言之，以某个有形标识为再现体的商标符号在未被申请注册的类别上仍然属于无主物，这些潜在的商标财产本应依旧根据在先性的要求将权利授予先申请者。然而，虽然商标符号本身对于消费者来说是一种不会因其他消费者的使用而耗散的公共物品，但是现实中消费者对商标信息的注意力却是稀缺的。消费者在单位时间内对符号解释关系的内容记忆以及这种记忆的准确性是有限的，同时注意力具有传递性。[1]换言之，消费者对商标的认知很容易出现不同符号关系解释项间的联想与误认，商标的驰名程度越高越有可能发生这种认知迁移现象。因此，商标对于消费者而言是一种不纯粹的公共物品，或可被称为拥挤物品（congestible public goods）。[2]质言之，拥挤物品是一种对公共物品概念的现实修正。[3]这种公共物品不纯粹的特性可能体现为两个方面：由于以相同方式使用物品的人不断增加导致的拥挤，以及以不同方式使用物品的人共存对物品性质的改变。[4]在第一个方面，使用者的数量可能决定是否会发生拥挤。现实中如果使用者的数量没有到达某个极值（拥挤点 congestible point）不会发生拥挤，可以近似地理解为在该极值上物品被充分使用，继续增加使用者人数会导致边际成本开始增加。在第

---

〔1〕 付继存：《商标法的价值构造研究——以商标权的价值与形式为中心》，中国政法大学出版社 2012 年版，第 177~178 页。

〔2〕 David W. Barnes, "A New Economics of Trademarks", *Northwestern Journal of Technology and Intellectual Property*, Vol. 5, Issue 1 (Fall 2006), p. 45.

〔3〕 拥挤公共物品的性质可以举例说明。假设苹果只有作为食物这一种使用方式，n 个人均等分吃一个苹果不会让这个苹果成为公共物品，因为每个人只能分享到的最大价值只是这个苹果的 1/n；但是，想象有一个超大的、包含了 n 个单位的苹果，而每个人最多能吃 1 个单位，那么对于 n 个人来说这个超大苹果就是一个公共物品，但从人数是 n+1 开始则不再是纯粹的公共物品。

〔4〕 举例来说，一个有 8 条泳道的标准泳池在第 9 个人进入后，每个人使用泳池的边际成本都开始增加。经济学家对于"拥挤物品"的讨论显示，在人数到达拥挤点之前，使用者增加有可能带来额外收益，比如 5 个朋友一起在上述泳池游泳比 1 个人孤独地游泳更有乐趣；进一步说，如果有 9 个人都需要使用泳池，要不有一个人需要在池边等待下水，付出时间成本，要不至少有 1 条泳道需要容纳 2 人，此时可以假设为了避免自己在 2 人泳道中，可以通过交易来让第 9 个人同意不使用自己的泳道，交易费用体现为成本。See Todd Sandler & John T. Tschirhart, "The Economic Theory of Clubs: An Evaluative Survey", *Journal of Economic Literature* Vol. 18, No. 4 (Dec., 1980), pp. 1491~1492.

二个方面，某些特定的使用方式之间互不相容，比如想要欣赏没有人类活动的大自然风光的海滨游客甲与热衷于海水浴的游客乙对大海的使用会导致矛盾，这种矛盾也属于"竞争性"，此时海滨对于两类游客各自来说都属于"私人物品"。对于商标问题来说，驰名商标可以被看作一种拥挤物品，虽然其他商标使用者对该商标的跨类使用是一种非竞争性的使用，却仍然加大了"拥挤程度"。因此，越来越多对驰名商标进行的专有性使用——即使不属于同一竞争市场——将会逐步消除这个标识的符号价值。总的来说，非竞争的专有性使用越多，消费者记忆商品和来源之间联系的成本越高，越容易产生不利于驰名商标权人的联想，商标的指示性功用（销售力）越低，最终导致商标专有性价值的弱化。因此，对于驰名商标来说，给予其跨类阻却在先申请的理由实际上是商标权人通过令商标驰名完成了对其他类别上的商标关系的实质性先占。因此，商标权取得制度应当通过权利配置手段为之"预留"消费者注意力的"余量"。

第二，消费者将有形标识转化为心理印记的认知过程会导致商标的形式范围扩大，继而引起了商标权与其他异类权利及权益间的冲突。《商标法》第32条前段规定，申请商标注册不得损害他人已经存在的在先权利。从《商标法》的体系安排来看，这里的"在先权利"指的不是商标权和未注册商标权益，[1]而是超出了传统意义上商标的形式范围的异类权利。而这些异类权利被商标注册行为造成的"损害"，也可以根据权利客体的差异区分为两个类型。首先，在先权利本身不允许利用商标权完成排他性占有。这类权利的客体通常属于公共物品，如作品、外观设计专利等。作品和专利也属于广义的符号，其与商标符号的解释项和对象都存在差异，即使再现体相同也处于不同的意义层面。但是，著作权和专利权的权利范围没有根据使用方式或类别作出区分，因此有权阻止将其作为商标注册，[2]防止其符号意义的归属主体被部分割裂。当然，亦有学者认为，对于这类异类权利，将其本身作为调整对象的法律已经足以解决其与商标权的冲突问题，比如《著作权法》对"保护作品完整权"的保护已经能够涵盖经常与商标权发生冲突的作品标题，《专利法》对外观设计专利的生产、使用等行为的限制也已经能够解决将其作为

---

〔1〕　国家工商行政管理总局商标局、商标评审委员会编著：《商标法理解与适用》，中国工商出版社2015年版，第120页。

〔2〕　冯术杰：《商标注册条件若干问题研究》，知识产权出版社2016年版，第127页。

商标注册、使用而发生的冲突。[1]但是，如果将《商标法》第 32 条的规定看作宣告注册商标无效在商标法上的请求权基础也未尝不可。因此，没有必要因其他部门法已经有所规定而放弃商标法对这类违法行为的调整。其次，对于已经能够起到指示商品或服务来源的权利客体来说，其所受损害为商标功能无法实现。这些客体一旦被他人作为商标注册核准，商标法将给予其独占垄断权利，换言之，将实现对某一有形标识的商标功能的排他占有。进一步说，异类权利所受的"现有"损害也就表现为无法发挥其正在发挥的商标功能。目前司法实践中接受的这类异类权利主要包括商号权、姓名权、肖像权、知名商品包装装潢权益、商品化权益等。[2]这些权利或权益都不是商标法所直接规定的权利类型，而其从属的部门法所调整的对象也不是商标法律关系。然而，商号、外观设计、姓名等要素的本质同样是符号，尽管其与商品或服务结合时并不一定出现在消费者潜意识中主动寻找的"商标点"（trademark spot）上，[3]也不一定会作为商标申请注册，但仍然有可能在长期被使用的过程中与消费者记忆中与识别商品或服务来源的心理印记发生重叠。这时，这类符号结构内部即产生了新的解释关系，从指向某经营主体（商号权）、某个自然人（姓名权、肖像权）或某个人物形象（商品化权）等单一对象变为包含了原指称对象与商品或服务出处的复杂对象。如果只从商标法的角度出发认为这些权利客体还未被注册为商标而允许以形式上的"在先申请"为由取得商标权，无疑将导致权利主体以及既有的市场竞争秩序俱受到损害。同时，这类在先权利能够阻却他人注册或宣告注册商标无效的前提必须符合两个条件：其一，在先权利的载体（商号、姓名、形象等）在商标注册核准之日前已经能够起到商标功能，或与商标注册申请指定类别的商品或服务的出处

---

〔1〕 李扬："商标法中在先权利的知识产权法解释"，载《法律科学（西北政法学院学报）》2006 年第 5 期，第 44 页。

〔2〕 著作权和外观设计权可能是一个特殊的例子。著作权与商标权发生冲突时，所依据的不是作品的商标功能，而是作品的独创性，以及《著作权法》的规范逻辑。与之相类，外观设计权与商标权冲突时，其侵权责任构成要件依据的是《专利法》。

〔3〕 "商标点"是指，消费者依照感知习惯认为的，商标会出现在包装、广告等载体上的点位。比如，食品包装的正面往往会在明显的位置标记商标。消费者在选择商品或服务时会不自觉地寻找"商标点"，以利用商标来节约搜寻成本，并在脑中不断强化这一交易经验。See Thomas R. Lee, Eric D. DeRosia, & Glenn L. Christensen, "An Empirical and Consumer Psychology Analysis of Trademark Distinctiveness", *Arizona State Law Journal*, Vol. 41, Issue 4（Winter 2009），p. 1075.

间建立了唯一联系，或足以令消费者认为载体与出处之间构成特定对应关系；其二，在先权利在商标注册核准之日前已经达到并维持知名程度，这种知名程度足以令申请人知晓该权利的存在。这是因为，这类在先权利的客体或本身并不是因为能够发挥商标功能而被法律保护，如姓名权、肖像权；或在权利获取成本及范围等有关法律层次的问题上低于商标权，如商号权；或本身的权利义务的具体内容还较为模糊，如商品化权。此时如果对这类权利阻却注册和宣告注册商标无效的能力不加限制，无异于要求商标申请人或商标权人承担过重的预见义务，也明显不利于保护本将或已经通过商标使用行为凝聚的市场信用。

值得注意的是，在司法实践中对"在先权利"的理解可以持开放态度。以"黑子的篮球"案为例，[1]涉诉商标为著名漫画的标题。当事人在第25类服装上注册了同名商标，漫画著作权所有人集英社发起无效宣告请求。法院以"谋取其他不正当利益"为由认为当事人的注册行为属于2001年《商标法》第41条第1款（即现行《商标法》第44条第1款）中的"以其他不正当手段取得注册"。该法律适用存在一些问题。根据最高人民法院的解释，该条规定是对公共利益的直接保护，[2]能否用于处理特定主体的利益存在疑问。当然，商标法调整的公共利益和私人利益本身就存在模糊重合。但是，更为关键的是，该适用混淆了第44条和第45条之间的逻辑关系。第44条第1款后段是对前段的兜底性规定，而前段指引的第10条至第12条规定都是对可注册性要件的规定。如果适用第44条，说明"黑子的篮球"商标不具备可注册性，任何主体均不得注册和使用该商标。这无疑是不合理的。与其错误适用第44条第1款的规定来追求无效宣告的正确结果，不如直接将"黑子的篮球"解释为商品化权益更加合理。"黑子的篮球"是在我国境内发行的著名漫画、动画作品，其作品中的人物形象等信息已经具备了指示商品或服务出处的作用。如果任由著作权人之外的市场主体将之作为商标使用，必然引起消费者的关联混淆，误认为当事人与著作权人存在许可或附属关系，从而攫取不当利益。因此，适用

---

〔1〕　北京知识产权法院［2015］京知行初字第6058号行政判决书。

〔2〕　最高人民法院《关于审理商标授权确权行政案件若干问题的意见》（法发［2010］12号）第19条对"以其他不正当手段取得注册"的含义作出了进一步解释，认为人民法院在审理涉及撤销注册商标的行政案件时，审查判断诉争商标是否属于以其他不正当手段取得注册，要考虑其是否属于欺骗手段以外的扰乱商标注册秩序、损害公共利益、不正当占用公共资源或者以其他方式谋取不正当利益的手段。即明确了以扰乱商标注册秩序、损害公共利益、不正当占用公共资源以及以其他方式谋取不正当利益的手段这四项内容为认定"其他不正当手段"的依据。

第 32 条前段和第 45 条第 1 款是一条更加符合商标法体系平衡的进路。

（2）合法性。

商标合法性是指有形标识本身不能违反法律规定。尽管不符合合法性要求的标识不能作为商标使用，但其原因并非该标识不能在事实层面上发挥商标区分来源、表彰商誉和品质等功能，而是由于法律的强制性规定而不能使用。这里的"强制性规定"主要指的是标识因明显侵害公共利益而不得作为商标使用。具体而言，包括误导消费者以及破坏公序良俗两类。不满足合法性要求的商标不存在注册或使用主体的差异性，一旦以合法性为由不予注册或禁止使用，则意味着全部市场主体都不能取得商标权，也不能将其作为商标使用。因此，合法性要求属于禁止注册的绝对理由，这一点在适用相关规定时应当特别予以注意。

第一，标识因其可能对消费者产生误导而不得作为商标使用。首先，与国家、政府、国际组织的名称、徽记、旗帜等标识，或与有关商品服务的检验、保证和控制的标识、印记等相同或近似的标识不能作为商标使用。这类标识往往具有特别的公信力，是公权力机关的象征，如果将之作为商标使用，容易令消费者误以为该商标指向的商品或服务来源与这些机关有关联或受到这些机关的认可。值得注意的是，如果不将上述标识作为商标注册或使用，而是将其作为商品包装的装饰等使用，是否也应当被禁止？《保护工业产权巴黎公约》第 6 条之三第 9 款将未经许可而在商业活动中使用他国国徽，可能导致消费者对商品产地产生误解的行为纳入了禁止范畴。[1]与此类似的立法例为美国《拉纳姆法》第 43（a）条的规定。其次，带有欺骗性的标识不能作为商标使用。这里所称的"欺骗性"指的不是标识作为指示来源的商标符号再现体时引起消费者的混淆或联想，而是标识本身的语义对其所表称的商品或服务的质量、性质、产地等进行暗示，导致消费者对之产生错误认识的结果。[2]因此，"欺骗"所损害的不是商标符号所承载的私人权益，不涉及财产权利归属问题。从商标符号关系的角度说，欺骗性标识试图同时作为两种符号关系对象的再现体，并引发消费者脑中的两种解释项。质言之，这类

---

〔1〕《保护工业产权巴黎公约》第 6 条之三第 9 款规定，本联盟各国承诺，如未经批准而在商业中使用本联盟其他国家的国徽，具有使人对商品的原产地产生误解的性质时，应禁止其使用。

〔2〕 孔庆兵："欺骗性标志的司法判断——评北美信托集团与商标评审委员会商标申请驳回复审行政案"，载《中华商标》2016 年第 6 期，第 59 页。

标识一方面意图指向商品或服务的来源，即作为商标符号关系的再现体；另一方面意图指向商品或服务本身，即作为语言符号关系的再现体。其最终目的是将语言符号解释项的具体内容迁移到商标符号解释项中，以变相提高商标的销售力，获得市场竞争中的优势。因此，标识欺骗性的认定中最重要的问题就在于消费者错误认识的程度。对此可以借鉴美国商标司法实践提出的三步检验法：①标识是否存在误导性描述；②消费者是否可能相信该误导性描述；③消费者是否会因被误导而作出购买决定。[1]申言之，标识的误导性描述是一个客观问题，而消费者是否可能产生误信，以及是否可将其购买决定归因于这种误信则是注册机关对事实的预期推定。因此，注册机关应当考虑商品和服务相关消费者的整体认知水平，结合标识的构成方式以及与指定商品或服务的具体结合方式来作出判断。

第二，有违公共秩序与善良风俗的标识不能取得商标权。我国《商标法》对善良风俗的规定位于第 10 条第 1 款第 6、8 项。违背公共秩序指的是政治秩序、社会秩序等，不应当包括商业竞争秩序；违背善良风俗的标识指的是与一般社会道德观念相冲突，并引发负面消极评价的标识。这类标识之所以不能注册和使用，其根本原因是有可能对社会公共利益造成侵害。将善良风俗列入合法性要求是各国商标法以及商标国际公约普遍认可的规则。然而，我国《商标法》采取了一种颇具特色的规定方式，第 10 条第 1 款第 8 项中与善良风俗并列的"其他不良影响"在司法实践中引发了不少争议。第 8 项规定的本来目的是作为合法性要求的兜底条款，防止前七项规定列举的具体事项无法涵盖所有的相关纠纷事实。但是，在该项规定的实际运用中，其作为绝对禁止注册事由的法规目的时常被忽略，反而被错误地作为与公共利益无关的相对禁止注册事由。这一方面反映出对商标注册合法性要求法规目的的理解存在争议，另一方面也说明我国商标法在处理与在先性要求有关的相对禁止注册事由上的法律规定存在缺漏。

将合法性要件作为相对禁止注册理由的案件时常出现。引发广泛探讨的"微信"商标异议案是一个更为明显的例子。[2]本案中原告先提出了"微信"

---

[1]　Budge Mfg. Co. Inc., 857 F. 2d 773, 775, 8 USPQ2d 1259, 1260（Fed. Cir. 1988），aff'g 8 US-PQ2d 1790（TTAB 1987）.

[2]　参见北京知识产权法院［2014］京知行初字第 67 号行政判决书；北京市高级人民法院［2015］高行知终字第 1538 号行政判决书。

商标的注册申请，但未实际使用；与此同时腾讯公司已经实际使用"微信"商标，且已经构成了事实上的未注册驰名商标。此时，案件争议的焦点实际上是"微信"商标应当归属于谁的法律规定性问题，而非"微信"能否发挥商标功能的事实规定性问题。但是，法院遭遇了两难情形：在法律层面，如果严格按照注册取得模式所依赖的商标权取得根本范式先申请原则，应当由在先提出申请的原告取得商标权；然而，在事实层面，"微信"商标确实已经与腾讯公司而非原告紧密结合在一起，消费者利用该商标识别的即时通信软件的来源是腾讯公司。结果，如果坚持在法律层面决定商标权的归属，就将发生权利主体与事实情况的极大背离。该案一审法院通过适用第 8 项"其他不良影响"的规定选择驳回原告的在先申请，但是这一法律适用方法引发了学者的广泛争议。有学者直言这是对合法性要求及绝对禁止注册事由的错误理解，以公共利益之名行保护私人利益之实，是对先申请原则的极大破坏。[1]有学者则认为该案不能适用第 8 项规定，而应坚持先申请原则将商标权授予原告，但应当承认已经形成的竞争秩序，只不过在后续可能发生的商标侵权之诉中可以支持腾讯公司以支付金钱赔偿为代价继续使用"微信"商标。[2]也有学者认为既有的市场秩序以及消费者对某一商标符号的广泛认知属于"公共利益"，因此原告的申请注册确实产生了"不良影响"，应当适用第 8 项规定驳回其申请。[3]也有学者另辟蹊径，不仅指出消费者的认知确实属于第 8 项规定指向的公共利益，而且认为商标法保护的公共利益仅仅指消费者的广泛认知，保护目的是防止消费者的混淆；而具体到"微信"商标异议案的解决，则与公共利益没有直接关系，原因是法院尚未解决"微信"商标的显著性问题。[4]实际上，该案二审法院就依循与此类似的思路认为"微信"商标不具有固有显著性而未支持原告的诉请。但是，有关"微信"只是"对上述服务（移动互联网即时通信平台）功能、用途或其他特点的直接描

〔1〕 王太平："论商标注册申请及其拒绝——兼评'微信'商标纠纷案"，载《知识产权》2015年第 4 期，第 24 页。

〔2〕 张韬略、张伟君："《商标法》维护公共利益的路径选择——兼谈禁止'具有不良影响'标志注册条款的适用"，载《知识产权》2015 年第 4 期，第 71 页。

〔3〕 邓宏光："商标授权确权程序中的公共利益与不良影响：以'微信'案为例"，载《知识产权》2015 年第 4 期，第 60 页。

〔4〕 李扬："'公共利益'是否真的下出了'荒谬的蛋'？——评微信商标案一审判决"，载《知识产权》2015 年第 4 期，第 34 页。

述"因而缺乏固有显著性的意见明显存在问题。现代汉语中原本并没有"微信"这一词语，法院将该文字标识拆分为"微小""信息"两个部分，认为该词是对即时通信软件的描述性称谓，这种观点未免有些牵强。"微信"是一个暗示性标识，应当被认定为具有固有显著性。只能说二审法院试图通过这个方式来弥合法律与事实间的错位，一方面承认第 8 项规定的是违背合法性要求的绝对禁止注册事由，一旦适用则任何主体都不可再注册或使用该商标（而且这是一个很难推翻的理由），因此无法适用；另一方面将"微信"定义为缺乏固有显著性的标识，而原告显然没有通过使用令其具备获得显著性，这样即可为腾讯公司留下将来以获得显著性取得注册的机会。

"微信"商标异议案确实涉及了公共利益：腾讯公司初始善意的在后使用令广大消费者业已形成有关"微信"标识指示的是腾讯公司而非其他来源推出的即时通信软件这样的稳定认知。但是，商标法上的公共利益指的是不特定多数消费者免于混淆以及维持正当市场竞争秩序。由于商标兼具私人物品和公共物品属性，往往损害商标权人私人利益的行为会同时损害公共利益。但是，"免于混淆"以及"反不正当竞争"本身就意味着必然存在"不会混淆"以及"正当竞争"的商标专有性使用。因此，对上述商标法上公共利益的维护是与保护特定主体的私人利益共生共存的，应当适用的是在先性要求及相对禁止注册事由。而合法性要求之一的"不良影响"则与之无关。事实上，《商标法》第 10 条没有关于免于消费者混淆的规定，合法性之"法"指的也不是商标法，而是其他公法规范和道德标准。逐一分析来看，第 10 条第 1 款第 1、2、3、5 项保护的是公权力机关或国际组织的公信力，第 4、7 项和第 2 款区分的是商品或服务的产地、质量和特点，第 6、8 项则是对社会共同接纳的道德准则的保护。其中没有任何一款规定涉及了对商品或服务来源出处的混淆。质言之，从符号学的角度看，第 10 条规制的不是符号作为商标时的解释关系，而是作为其他文化或社会标识的解释关系。二者在再现体方面相互重合。

总而言之，该案一审法院所犯的错误实际上就是将商标法上的公共利益等同于"不良影响"，错误地利用合法性要求解决在先性问题。因此，"其他不良影响"之所以引发了上述争议，根本原因是我国《商标法》规定的可注册性条件不周延，特别是在决定商标权归属的在先性要求方面存在缺漏，导致司法实践中裁判机关不得不试图在具备兜底性质的条款中寻找解释空间来进行弥补。[1]但是，合法性要求的目的是将一部分标识从商标财产权利取得的潜在范围中排除出去，而不是解决该潜在范围中的财产应当归属于谁的问题，结果就导致了类似"微信"商标异议案遭遇的法律适用窘境。实践中大量涉及在先性要求的授权确权案件被指引到了第 8 项规定下被认定为"不良影响"，比如名人姓名与商标注册申请相冲突导致的商标确权纠纷。[2]与之类似的是，在处理私人权益和在先权利问题时援引第 44 条第 1 款中的"其他不正当手段"来宣告注册无效。[3]因此，对于合法性要求法律条款的错误适用体现出的是我国商标权取得制度中的系统性问题，尤其是在涉及商标权归属的相对禁止注册事由方面，其中涉及了注册取得模式下商标注册制度的系统性困境。只要这种困境仍然存在，对"不良影响"及"其他不正当手段"等合法性要求的"制度受迫性"误用就不是依靠对这些法律概念的澄清和解释所能解决的。

（二）商标注册的功能与性质

有学者精确地指出，前现代知识产权法与现代知识产权法之间的一个显著区别在于基本理念上从创造到对象的系统转向。这种转向有以下几个象征：其一，在处理无形财产时不再热衷于古典法理学（尤其是自然法）中形而上的自然理性乃至神性的本质性书写，而是津津乐道法经济学有关成本和收益的话语以及功利主义的哲学背景；其二，现代知识产权法不再建立在对创造性劳动过程的描摹之上，而是集中在"作为一个闭合和可靠实体"的保护对象的经济价值和社会贡献之上，因而可以从一个更加广阔的视角看待知识产品的合理分配；其三，知识产品不再仅仅是一种难以明确支配和排他边界的自然事实，而是可被纳入现代权利框架的制度性事实，为了构建这种条理清晰、范围明确的权利框架，注册、登记等具有潜在自组织性的制度工具应运而生。[4]在商标法的发展过程中，这种理念转向表现得淋漓尽致。现代商标法发轫于商标财产观念，而这一观念必须由注册制度予以配合才能发扬光大。因此，注册制度构成了

---

[1] 参见李琛："论商标禁止注册事由概括性条款的解释冲突"，载《知识产权》2015 年第 8 期，第 5 页。

[2] 例如，刘某华案（北京市第一中级人民法院［2011］一中知行初字第 2272 号行政判决书）；郭某晶案（北京市高级人民法院［2011］高行终字第 529、539、541 号行政判决书）。

[3] 北京知识产权法院［2015］京知行初字第 6058 号行政判决书。

[4] 参见［澳］布拉德·谢尔曼、［英］莱昂内尔·本特利：《现代知识产权法的演进：英国的历程（1760-1911）》（重排本），金海军译，北京大学出版社 2012 年版，第 206~210 页。

商标法的主要内容,[1]整个商标权效力评价体系都离不开注册制度。

1. 商标注册的功能

在注册取得模式下,商标注册具有三项功能。第一,商标注册明确了商标权的内容和范围。现代知识产权法是一项创造新财产权类型的伟大事业,但在其形成之时,立法者所关注的是对创造性智力成果的保护,商标因不创造"任何新的东西"而从未进入过其视野范围之内。[2]彼时,由于商标被认为与商誉绝对不可分离且找不到提供法律保护应当付出的对价,在它的财产属性尚未明确之前,商标只能通过商誉进行保护,具体依赖的是仿冒和欺诈之诉。然而,随着贸易的日益兴盛和产业经济的发展,将商标作为一项财产进行保护的呼声日渐高涨。在其财产属性未被法律承认时,人们就开始考虑利用各种方式将其纳入绝对性权益的范畴:不断降低传统仿冒欺诈之诉中"主观恶意"要求的证明难度,从作为原告的证明责任向法院予以推定发展;[3]或将其当作一种人格的象征,依循与著作权法类似的思路赋予其绝对性;[4]或试图利用著作权及外观设计等既存的制度安排将商标图样进行登记保护。[5]随着知识产权法对"创造"概念本身的日渐冷落,[6]以及通过禁令制度积极有效地解决商标仿冒纠纷的现实需要和司法能动,[7]终于令商标以财产的面貌出现,作为财产权的商标也就得以从司法实践和理论中正式诞生。

几乎与商标财产论的理论障碍被破除的同时,商标注册制度的逐步完善为财产权意义上的商标权利扫除了最后的技术性障碍。从财产权的理论构架

---

〔1〕 张玉敏:《商标注册与确权程序改革研究:追求效率与公平的统一》,知识产权出版社 2016 年版,第 57 页。

〔2〕 〔澳〕布拉德·谢尔曼、〔英〕来昂内尔·本特利:《现代知识产权法的演进:英国的历程(1760-1911)》(重排本),金海军译,北京大学出版社 2012 年版,第 203 页。

〔3〕 Margreth Barrett, "Finding Trademark Use: The Historical Foundation for Limiting Infringement Liability to Uses in the Manner of a Mark", *Wake Forest Law Review*, Vol. 43, Issue 4 (2008), p. 903.

〔4〕 〔澳〕布拉德·谢尔曼、〔英〕莱昂内尔·本特利:《现代知识产权法的演进:英国的历程(1760-1911)》(重排本),金海军译,北京大学出版社 2012 年版,第 202 页。

〔5〕 Sidney A. Diamond, "The Historical Development of Trademarks", *The Trademark Reporter*, Vol. 65, Issue 4 (July-August 1975), p. 277.

〔6〕 〔澳〕布拉德·谢尔曼、〔英〕莱昂内尔·本特利:《现代知识产权法的演进:英国的历程(1760-1911)》(重排本),金海军译,北京大学出版社 2012 年版,第 233~235 页。

〔7〕 Edelsten v. Edelsten (1863) 1 De G. J. & S. 185. Hall v. Barrows (1863) 4 De G J. & S. 150, 转引自余俊:《商标法律进化论》,华中科技大学出版社 2011 年版,第 91~96 页。

上看，学者将财产与财产权的相互关系化约为"财产体"与"财产权"。前者指的是各种类型的财产权作用的对象，人对财产体的处分体现的是人与物之间的关系，一个财产体上可能成立多种或多个财产权。后者指的是人对于财产体处分的法律能力的集合，体现的是人与人之间的关系。[1]通过这种区分，财产体的法律地位被虚化了。财产权的内容和范围成了法律制度下的必然，财产体本身随着财产权的转移变更而占有和交付反倒成了一种"偶然"——财产权与财产体在物理层面的相互脱离是一个平常的制度性事实。财产权制度因此具备了特殊的形式价值。然而，财产权与财产体能够相对分离必须满足两个前提：作为处分对象的财产体的内容和范围是确定和可预见的，以及必须在物理占有之外存在用以说明财产权变动事实的其他表征方式。商标注册制度通过明确记载有关信息解决了这两个前提问题。注册是在先占有商标符号关系、商标使用的商品或服务类别以及商标使用地域范围的初步证据，并以此明确了商标财产权能够施加于财产体（商标符号）上的各项权能的具体内容和范围。具体来说，商标使用行为虽然是商标财产价值的源泉，但仅仅凭借使用行为无法令使用人明确自己在事实上占有的商标财产是否能够成为具备绝对性的法定财产，也无法解决能在哪些类别和地域禁止他人使用相同或近似商标符号的范围。这样的商标权利至多只能是一种事实权利。当使用人试图维护自己的排他性权利或免于承担侵权责任时不得不对这种事实权利的合法性另外加以证明，[2]此外还需要承担证明失败的风险。而商标注册通过记载相关信息划定了商标权取得的时间边界、类别边界和地域边界，同时成为以上三项内容的初步证据，转化为商标权人身份的商标使用人在确认其商标权的财产属性和边界时不再需要承担过重的证明责任。[3]

第二，商标注册公示构建了一个商标权属和效力状态的信息平台，提高了商标法的预见性和安定性，并降低了市场竞争者的交易费用。公示是商标注册制度的必然组成部分。如前所述，商标符号对于消费者而言是一种具有非竞争性的公共物品，亦即同时指示性使用商标的消费者数量增加不会增加商

---

[1] 冉昊："制定法对财产权的影响"，载《现代法学》2004年第5期，第11页。

[2] 这里所称的"合法性"不是上节分析的商标注册法律规定性意义上的"合法性"，而是满足商标可注册性全部条件的广义合法性。

[3] 参见付继存："形式主义视角下我国商标注册制度价值研究"，载《知识产权》2011年第5期，第78页。

标权人的边际成本，这同时意味着该物品（商标符号）的价格应当为零。[1]但是，商标符号在商标权人自身和其他市场竞争者之间则是一种私人物品。那么，为了保护私有财产，不论是站在权利人的角度意图令自己在商标财产遭到侵害时得到及时的救济，还是在其他竞争者的角度降低自己侵害他人财产权利的风险，都要求获得清晰、完整的商标信息。对于权利人来说，需要明确自己的权利边界，以判断是否遭到损害。对于竞争者来说，需要明确他人的商标权是否存在以及权利范围的大小，以判断是否可能因侵害他人的财产权而承担法律责任——换言之，竞争者享有自由使用除已经取得商标权的标识之外的其他标识的权利。因此，双方都需要公示制度作为统一和权威的商标权利信息来源。假设商标注册制度与公示分离，当事人的商标权通过审查核准后处于秘而不宣状态，那么注册制度的推定力就被自然消解。因此，商标注册制度要实现上述权利内容和范围的功能，必须与公示紧密结合在一起，才能解决商标符号关系抽象性和模糊性的问题。质言之，意图令商标权成为一种具备绝对性的财产权利，就要求商标权取得后能够起到排斥不特定的多数人享有和处分同一商标符号指代关系的作用，主观商标权利的证成必须以这一作用的实现作为前提。故而通过注册制度记载和确定了商标权的在先性、类别和地域边界后，必须通过公示方式向受到排斥的其他人"广而告之"。以此宣示商标权的归属和状态，使之成为一种垄断性的权利从而保障商标财产的静态安全的同时，可以为其他市场竞争者提供充足的信息，降低其承担商标侵权责任的风险，也可以防止其对他人已经取得权利的商标进行重复投资。当然，也有学者指出商标权权利边界的模糊性是与生俱来的，注册和公示制度并不能将之完全消除。其一，商标禁止权的范围大于专用权，这种"点—面"之间的差异令在后注册者难以准确判断自己是否落入在先注册商标禁止权的范围。其二，注册和公示制度本身存在技术上的不准确性，商标检索系统并不能提供完全准确、真实的商标信息。其三，复杂的商业环境往往令已尽到合理注意义务的商标在后使用人被误导而确信自己处于善意或有权使用

---

　　[1]　David W. Barnes, "A New Economics of Trademarks", *Northwestern Journal of Technology and Intellectual Property*, Vol. 5, Issue 1 (Fall 2006), p. 37. 商标的公共物品属性是知识产权法发展初期立法者认为商标不是一种财产的理由之一。相反，凝结在商标中的商誉对于消费者而言不是一种公共物品，因此，假冒之诉的存在是有必要的。

状态。[1]但是，注册制度至少减轻了以上问题造成的损害，而以先申请作为商标在先性的判准也令经营者更加便利地履行自己的合理注意义务。因此，注册制度对于现代商标法来说是必要的，问题的关键不在于是否需要商标注册，而是如何将其修订改良以解决注册与使用之间的矛盾。

第三，商标注册决定权利的有无。注册制度确定权利归属和内容，以及公示制度确保市场主体知晓商标信息的作用反映了商标注册的推定价值、公示公信价值和证据价值。使用取得模式融入的注册制度同样可以获得以上三种价值，而对于注册取得模式下的商标注册而言，还具有决定商标权有无状态的赋权价值。实际上，注册取得模式下商标注册的赋权价值和决定权利有无的作用相当于对使用取得模式下证据价值的强化。换句话说，证据价值在注册取得模式下被当然包含在了赋权价值中。申言之，使用取得模式下商标注册确定无疑地属于确权行为，其目的是确认通过实际使用已经现实存在的商标权。这种注册制度具有推定商标权利已经存在、公示权利的具体内容、作为权利合法性（在先使用、不违背法律强制性规定、具备显著性）的初步证据三种意义，唯独不能单纯地根据注册行为获得实体商标权利。而在注册取得模式下，能且仅能通过商标注册取得商标权。学者认为，未使用、已注册商标不仅不应当否定其商标权利，而且应当得到充分认可，理由如下：其一，从我国的历史与现实环境出发不能认可基于自然权利理论的使用取得模式，而应当坚持权利取得的法定性。能够推翻商标注册推定力的只能是在先合法权利，而这其中显然不包括未注册商标权益。其二，取得商标权的目的是保护商誉，但保护商誉不是取得商标权的唯一目的。相反，承认未使用的商标也可以通过注册获得权利层面的保护，可以给予商标权人充足的准备时间来对商标进行投资，至少3年的"不使用豁免期"是符合市场规律的。其三，未实际使用的注册商标虽然不存在实质价值，但仍然具有形式价值，商标权人据此拥有完整的实体权利。[2]据此分析，商标注册的赋权价值已经完全涵盖了证据价值，更可以作为决定商标权有效或无效的根本依据。

2. 商标注册的性质：一种系统性困境

从价值和面向来看，注册取得模式是一种重视注册制度的形式价值以及

---

〔1〕 崔国斌："商标挟持与注册商标权的限制"，载《知识产权》2015年第4期，第37页。

〔2〕 张玉敏：《商标注册与确权程序改革研究：追求效率与公平的统一》，知识产权出版社2016年版，第70~72页。

偏向所有人面向的商标法律制度。这影响到了该模式下对注册制度法律性质的认识。目前学者对此的观点主要包括以下几种：

第一，授权说。该说认为商标注册是一种行政授权行为。授权说来源于两种主张。其一，从商标符号无形性的事实属性出发，认为商标使用人不能凭借类似占有管领有体物的方式对商标进行控制和专有，因此单纯地使用商标的行为无法有效地获得和行使商标权利，必须经过国家有权机关通过行政授权行为予以认可才能明确权利的归属和边界。[1]其二，从现存制度出发，认为既然注册取得模式不以商标使用作为权利取得的必要条件，那么商标注册就可以近乎"无中生有"地授予或创设注册商标权。此外，注册商标权一旦取得就在全国范围内享有，与原先使用的范围无关，而且其权利边界仅仅包含了指定商品或服务的类别，有形标识的具体形态也以注册登记簿为准，同样与原先使用的类别及标识图样无关。[2]

第二，确权说。该说认为商标注册是一种行政确认行为，注册核准的目的是将本就属于商标权人的权利予以法律上的审核和确认。该说的理论根据是商标符号的实际财产价值不在于有形标识本身，而是通过实际使用行为凝结在标识下的商誉。未曾使用过的商标只是一个空虚的标识，无法承担符号意义，也就没有赋予其排他性财产权的价值。因此，值得被授予商标权的标识必然存在先于申请注册的使用行为，而行政机关的目的也无非是核准和认可这种财产价值，并将之向社会公示。[3]确权说还发展出了以下几种较为"另类"的观点。其一，备案说。这种观点在上述确权说的基本理念之上，认为商标注册虽然包含了审查程序，但审查结果却不是终局性的。许多情况下当事人正是通过推翻注册机关的审查错误而重新获得了商标权，或免于承担商标侵权责任。因此，商标注册可看作向行政机关备案的行为。[4]其二，准司法行政确认行为说。该说在确权说的基础上，认为商标管理机关有权对注册行为的有效性进行审理，类似法院的司法活动。[5]同时，当事人不服商标管理机关的裁决的还可以向法院提起行政诉讼。因此，商标注册是一种具有准司法性质的行

---

〔1〕　吴汉东、胡开忠：《无形财产权制度研究》，法律出版社 2001 年版，第 67 页。

〔2〕　孔祥俊：《商标与不正当竞争法：原理和判例》，法律出版社 2009 年版，第 55 页。

〔3〕　余俊：《商标法律进化论》，华中科技大学出版社 2011 年版，第 131 页。

〔4〕　阳平："商标行政授权行为是一种'备案'"，载《中华商标》2004 年第 7 期，第 35 页。

〔5〕　《日本商标法》中就存在由特许厅裁判注册有效性的准司法审判制度。

政确认行为。[1]其三，权利范围扩大说。该说认为商标权只能由使用行为而取得，但经过注册后，商标权的地域范围由原本的使用范围扩大到了全国范围。因此，商标注册虽然不是纯粹的行政确认行为，但绝对不是授权行为。[2]

第三，设权说。该说认为商标注册行为首先不是行政行为，而是通过自己的意思表示（通过注册以取得商标权）设定商标权的民事法律行为。这种观点进一步认为商标注册行为是一种单方（不需要与注册机关协商一致）、要式（须符合商标注册的规定形式并通过注册机关的核准）、无相对人的法律行为。设权说提出，通过注册取得的商标权既不是行政机关的许可、授予或"创设"，也无关现有权利的确认，而强调是当事人为自己"设立"的权利。[3]

应当说，上述每一种观点都存在一定问题。首先，授权说存在天然的缺陷。行政授权意味着被授权的行为是一般人未经许可不得实施，只有获得许可的特定人有权做出的行为。之所以如此规定，是由于这类行为一般需要特别的条件或资质才能实施。[4]如果认为商标注册是一种行政授权，那么自然意味着商标注册核准后行使专用权的行为原先是一种"一般禁止性行为"。以我国《商标法》为例，该法第4条规定，为了获得商标专用权应当提出注册申请。[5]那么，首先就应当厘清在商标注册前后，商标使用人的行为性质是否存在变化。毫无疑问的是，在提出注册申请前，商标使用人可以自由地将标识作为商标使用，只不过这种使用行为无法产生支配性和排他效力。在注册核准后，商标权人除了自己使用商标还可以禁止他人在相同或近似商品或服务上使用相同或近似的商标。有观点据此认为，从商标专用权和禁止权是注册核准新创权利的角度出发，认为在通过注册前商标使用人没有权利禁止他人使用相同或近似的商标，因此以行政许可行为或行政授权行为作为商标

---

[1] 杜颖、王国立："知识产权行政授权及确权行为的性质解析"，载《法学》2011年第8期，第96页。

[2] 郑其斌：《论商标权的本质》，人民法院出版社2009年版，第154~155页。

[3] 张玉敏：《商标注册与确权程序改革研究：追求效率与公平的统一》，知识产权出版社2016年版，第63~65页。

[4] 冯术杰："论注册商标的权利产生机制"，载《知识产权》2013年第5期，第21页。

[5] 《商标法》第4条规定，自然人、法人或者其他组织在生产经营活动中，对其商品或者服务需要取得商标专用权的，应当向商标局申请商标注册……

注册的法律性质是合适的。[1]然而，这种观点混淆了主观权利（right）和客观法（law）、权利与权利的救济之间的关系。行政授权前后，被授权人原先的"不作为"义务被取消，完成了向"可作为"的转换，这种转变反映了个人权利与公权力之间的博弈。而对于商标注册来说则并不存在这种行为模式的转换。一方面，即便从最广义的角度出发，认为商标使用人原先具有不作为的义务，其内容也不是"不得使用商标"，而是"不得使用他人已经使用的商标"，或者说应当合理避让他人的商标使用行为。这种义务承担的对象不是注册机关，而是其他商标使用人。另一方面，商标注册"给予"商标权人的禁止权只是"使用商标"权利救济手段的确认，不仅不是权利本身，甚至这种救济手段也不是商标注册"授予"的。未注册先使用的商标所有人虽然没有取得商标权，但依然有权利阻止他人恶意抢注以及仿冒商标的行为就充分说明了这一点。商标注册最大的作用就在于将权利的具体内容（商标图样以及使用类别）和归属（先使用或先申请人）在全国范围内进行公示，[2]令上述"不得使用他人已经使用的商标"的义务具备期待可能性。因此，注册商标权人才具有充分的救济可能性。从这个角度来说，商标注册不符合行政授权行为的基本特征。

其次，并不能因为商标注册不属于行政授权而自然地认为其属于行政确权。行政确权又称为行政确认，指的是有权行政主体"对某行政相对人的法律地位或某种法律关系、法律事实进行认可、确定、证明并予以宣告的具体行政行为"。[3]商标注册显然不是对法律地位的认可，而是对商标权利义务关系以及引发这种法律关系的法律事实的确定和宣告。如果将注册行为认定为行政确认（确权），那么是对哪种法律事实的确定和宣告就是必须澄清的问题。对行政确认的内容可以区分为行政确认引起的法律关系以及行政确认予以确认的法律关系，前者发生于请求确认人（行政相对人）与行政机关之间，后者可以包含平等主体之间的民事法律关系。[4]很明显，即将通过注册核准

---

[1]　唐艳、王烈琦："对知识产权行政授权行为性质的再思考"，载《知识产权》2015年第1期，第60页。

[2]　冯术杰："论注册商标的权利产生机制"，载《知识产权》2013年第5期，第22页。

[3]　姜明安主编：《行政法与行政诉讼法》（第5版），北京大学出版社、高等教育出版社2011年版，第239页。

[4]　姜明安主编：《行政法与行政诉讼法》（第5版），北京大学出版社、高等教育出版社2011年版，第242页。

予以确认的商标权以及其他人不侵犯商标权的权利义务关系是"行政确认予以确认的法律关系"。[1]如果该关系确实可供确认,那么其中实际隐含了商标权人取得所有权的"义务"——或者前提条件,即创建商标符号。换言之,行政确认只能对既存的商标法律关系进行认可和宣示,而不能主动对尚未发生的法律事实进行"预告"。那么,如果提出商标申请,尚不存在待确认的法律关系,这样的行政确权还有实际意义吗?由于注册取得模式并没有将实际使用作为取得商标权的必要条件,商标注册的行政确权说很有可能陷入"无法律事实可供确认"的尴尬境地。因此,商标注册也不是行政确认行为。

最后,设权说虽然是一种解释力较强的观点,但同样面临争议。设权说的前提是商标注册为民事行为。包括知识产权注册、不动产权利登记等内容在内,具有"创设"权利意味的广义财产权登记的法律性质是行政行为还是民事行为目前仍未取得共识。[2]支持民事行为说的观点有三点理由支撑。其一,商标注册申请是由申请人自己发动的意思表示,《商标法》并没有规定必须提出申请的义务。其二,注册申请的目的是达成一定私法上的效果,注册机关的核准相当于注册商标权的法定生效要件。其三,注册机关不是商标申请行为的相对人,没有拒绝或接受商标申请的权力,只要申请内容符合《商标法》的规定就必须予以核准注册。[3]然而,在使用后申请注册商标的情形中,以上三点理由均不能有效地证明商标注册是民事行为。行政确认同样可以分为依申请和依职权的确认,而且依申请进行的行政确认更加常见;行政确认同样可以包括对平等主体之间权利义务关系的确认,且同样必须依法作出,只要当事人提交的确认申请符合法律规定,行政机关就必须予以认可。[4]因此,商标注册的民事行为说显然是为了解决行政确权说无法涵盖未

---

〔1〕 在行政确认说下,商标申请注册中包含的商标申请、注册审查两个行为构成的是"行政确认引起的法律关系"。在该关系中,申请人承担的义务是按照法律规定的期限和内容提交相关证明材料,而其权利是要求注册机关按照法律确认其拥有商标权,注册机关则反之。

〔2〕 参见龙卫球:"不动产登记性质及其纠纷处理机制问题研究——兼评《物权法司法解释(一)》第1条",载《法律科学(西北政法大学学报)》2017年第1期,第95页。

〔3〕 参见田晓玲:"商标注册民事法律行为论",载《西南民族大学学报(人文社会科学版)》2016年第5期,第93~94页;冯术杰:"论注册商标的权利产生机制",载《知识产权》2013年第5期,第22页。

〔4〕 姜明安主编:《行政法与行政诉讼法》(第5版),北京大学出版社、高等教育出版社2011年版,第243页。

使用而申请注册商标的问题而提出的，如果达不到这个目的，其解释力就与行政确认说没有区别。然而，在这一点上民事行为说依然无法达成目标。一方面，民事行为说极力弱化审核和公告的行政性质，认为这只是行政机关为申请人提供的一种确认合法的服务及向第三人进行公告的机制，因此单凭商标申请行为即可取得商标权。另一方面，民事行为说并不否认商标法应当规定"撤三"制度来排除长期未使用的注册商标，也不否认"死亡商标"不应当成为在后申请注册的近似商标取得权利的障碍。[1]那么，为什么"三年前"的申请行为是取得权利的一个"自足"的法律代价，"三年后"就丧失了这一效果？又为什么当初依照意思自治为自己设定的合法商标权，只不过因为没有使用就无法排除在后申请的近似商标？难道商标法认为这些仅仅根据申请行为就堂而皇之取得的完整商标权利就应当遭受混淆之虞的威胁吗——尽管它们并没有被实际使用，也没有被消费者认知，根本不具有导致实际混淆的可能性。[2]要在商标申请民事行为说的语境下回答这些问题，只能认为商标申请是一个附隐性条件的民事法律行为，该条件就是应当在注册后的合理时间内（3年内）实际使用商标。然而，由于民事行为应当遵循意思自治原则，受到商标权相对无效事由影响的利害关系人应当自行提出撤销或宣告无效的请求，那么这一条件是否满足纯粹寄予利害关系人能否及时发现相对无效事由，设置这一条件的必要性就大打折扣了。

总而言之，授权说的行政管理色彩过于浓厚，以致"无权"而授权；确权说无法解释实证法规定下未使用先注册的合理性；设权说意图左右逢源，对前两者取长补短，但其解释依然不能令人充分满意。实际上，商标注册的法律性质到底是授权、确权还是设权可能并没有那么重要。真正重要的是这一争论反映出了注册取得模式下商标权效力评价体系遭遇的一个系统性困境：商标使用

---

〔1〕　田晓玲："商标注册民事法律行为论"，载《西南民族大学学报（人文社会科学版）》2016年第5期，第96页。

〔2〕　混淆之虞标准之所以代替了实际混淆标准，其根本原因并不在于商标法的目标是将一切"混淆可能性"消灭于萌芽状态，而是实际混淆的证明难度过大（技术性原因）。实际混淆仍然应当在混淆之虞的判断过程中占据重要地位，至少应当成为消极判断标准，亦即如果根本不存在实际混淆的任何可能性——比如争议双方之一根本没有任何实际使用行为，消费者自然不可能被混淆——那么就不需要对混淆之虞进行任何假设，除非未使用一方能够举证自己存在为使用而做准备的行为，那么可以以排除妨害的理由认定存在混淆之虞。参见姚鹤徽：《商标混淆可能性研究》，知识产权出版社2015年版，第409~429页。

到底在该评价体系中占据了什么地位。换言之，注册取得模式既希望充分发挥注册制度确定权利内容与范围、提供商标信息公示公信平台的形式价值和效率优势，又承认商标使用对于商标符号构建和实际价值填充的重要作用。但是，在现实中很难通过制度安排达到两全其美。其一，商标注册审查难以保证绝对禁止注册事由方面的判断准确性，也无法对相对禁止注册事由中的异类权利问题（如商号权、姓名权、知名商品包装装潢等）进行全面审查。此外，注册机关的审查员对"近似"的判断并不一定与查询商标信息的潜在申请者或权利人对"近似"的判断保持一致。这都导致商标注册的公信力并没有想象中的那么充足，学者据此提出注册只是商标权的成立要件，应当对注册程序进行全面不审查制改革的建议。[1]但是这样一来，注册制度只能作为公示机制，其既无法真正决定商标权的效力，也就无法明确商标权的真正内容。那么，这样的注册效果与使用取得模式下的商标注册又有多大的区别？其二，注册取得模式的商标法体系并不排斥未注册商标获得商标法层面的保护，未通过注册制度进行公示的未注册商标如同散逸在注册制度之外的"负外部性"，令其无法形成"大而全、全而准"的注册信息平台，同样不利于发挥注册制度的种种优势。因此，有学者建议应当彻底划分商标法和反不正当竞争法的界限，将商标法中所有有关未注册商标的保护措施全部去除。[2]然而，这一"壮士断腕"式的改革能否实施不无疑问。其三，注册取得模式在商标权取得时不要求实际使用和意图使用，但是在权利维持阶段要求注册商标权人通过使用商标维持权利的有效性。这表面上是为了维护注册商标信息的质量，防止"死亡商标"不当占用商标资源，实际上仍然出于对使用行为与商标价值之间唯一因果关系的承认。那么，这是否说明在商标权取得时——至少在核准注册后的 3 年间——权利人实际处于一种"不正义地持有权利"状态？稍加深入思考，为什么商标连续不使用的撤销对所有使用类别都统一设定 3 年的期限？既然注册和公示信息平台应当排除"死亡商标"，为什么不通过在注册核准满 3 年时要求商标权人提交使用证据的方式主动核查长期不使用的商标？

也许我们还是需要回到先前在有关商标权取得联结命题的探讨上提出的

---

〔1〕 冯术杰："论注册商标的权利产生机制"，载《知识产权》2013 年第 5 期，第 23 页。张玉敏：《商标注册与确权程序改革研究：追求效率与公平的统一》，知识产权出版社 2016 年版，第 100~105 页。

〔2〕 余俊：《商标法律进化论》，华中科技大学出版社 2011 年版，第 135 页。

一个疑问：通过实现商标权取得的效率以及达成注册制度的形式价值目标，就能够构建一种"不正义地持有权利"的正义吗？这个问题也许在注册取得模式下永远无法得出令人满意的答案。

二、注册取得比较分析：以欧盟商标法实践为切入点

注册取得模式贯彻了大陆法系重视形式价值的传统。该传统何以建立的问题可从法律规范的生长点进行考察。美国采纳使用取得模式的原因在于其商标法律制度旨在维持三项价值目标间的精细平衡：保护消费者免遭混淆、保护商标权人的商誉、保护竞争者的合法权益，其中第一点是规范的生长点。[1]而注册取得模式虽然同样将以上三点作为立法目的，但其规范生长点为保护商标权。大陆法系国家普遍将商标作为"企业经营的工具"（entrepreneurial instruments），提供保护是因为商标有利于提高企业运营水平。[2]考虑到欧盟商标法规糅合了各大陆法系国家的相关制度，故本部分以包括《欧盟商标条例》以及《欧盟商标指令》在内的欧盟法规为切入点进行探讨。此外，立法原点与面向的差异导致包括我国在内的以注册取得模式为商标权取得方式的法律制度重注册而轻使用，因此，为比较研究同为注册取得主义下异国注册制度的科学性，应当反过来将重心放在商标使用要求与注册取得的关系之上。实际上，欧盟商标法规本身也非常注重使用要求与商标权取得及维持之间的关系，《欧盟商标指令》序言第31段直截了当地规定，实际使用是商标发挥功能的前提，为了降低注册商标、可保护的未注册商标以及它们之间争议的总体数量，应当在具体规定中强调商标使用的地位。

（一）可注册性要件解析

如前所述，与明显将商标注册的效果限制为权利取得的外在保障机制的美国法相比，注册取得模式下的商标注册在推定、公示、证据效果之外还具有明显的赋权效力。因此，在该模式下基本不存在可注册性与可保护性剥离的情况，禁止

---

〔1〕　美国法学者甚至认为在其现有法律制度下扩张商标实体权利的措施将必然导致立法重心向第二点偏移，以至于形成一种接近大陆法系特色的商标法体系。See Kenneth L. Port, "The Congressional Expansion of American Trademark Law: A Civil Law System in the Making", *Wake Forest Law Review*, Vol. 35, Issue 4（Winter 2000）, p. 910.

〔2〕　Rudolf Rayle, "The Trend Towards Enhancing Trademark Owners' Rights—A Comparative Study of U. S. and German Trademark Law", *Journal of Intellectual Property Law*, Vol. 7, Issue 2（Spring 2000）, p. 230.

注册也就意味着不可保护。同时，禁止注册理由可以用于异议、撤销等将商标权利无效化的各种程序。因此，可注册性问题贯穿了整个商标权效力评价体系。

1. 禁止注册的绝对理由

欧盟商标法系统将禁止注册的理由分为绝对禁止与相对禁止两种。前者由《欧盟商标条例》第 7 条规定详细区分为五个类别 13 种情形：不符合《欧盟商标条例》第 4 条规定的商标定义的标识；[1] 不具有显著性的标识（缺乏显著特征的，描述性的通用名称）；损害公共利益的标识（仅具有功能性的，违背公共政策以及广为接受的道德原则的，欺骗性的）；违背公约义务的（违反《保护工业产权巴黎公约》第 6 条之三规定的，[2] 与其他徽章、旗帜等标识相同或近似，有可能损害特定公共利益的）；其他国际公约、欧盟法规或成

〔1〕《欧盟商标条例》第 4 条规定，商标可以由任何可被书写的标识构成，尤其是文字，包括人名、设计、字母、数字、商品及其包装的外形，只要这些标识能将企业的商品或服务与其他企业相区别。

〔2〕《保护工业产权巴黎公约》第 6 条之三 ［商标：关于国徽、官方检验印章和政府间组织徽记的案例］（1）（a）本联盟各国同意，对未经主管机关许可，而将本联盟国家的国徽、国旗和其他的国家徽记，各该国用以表明监督和保证的官方符号和检验印章以及从徽章学的观点看来的任何仿制用作商标或者商标的组成部分，拒绝注册或使其注册无效，并采取适当措施禁止使用。（b）上述（a）项规定应当同样适用于本联盟一个或一个以上国家参加的政府间国际组织的徽章、旗帜、其他徽记、缩写和名称，但已成为现行国际协定规定予以保护的徽章、旗帜、其他徽记、缩写和名称除外。（c）本联盟任何国家无须适用上述（b）项规定，以免损害本公约在该国生效前善意取得的权利的所有人。在上述（a）项所指的商标的使用或注册性质上不会使公众理解为有关组织与这种徽章、旗帜、徽记、缩写和名称有联系时，或者如果这种使用或注册性质上大概不会使公众误解为使用人与该组织有联系，本联盟国家无须适用该项规定。（2）关于禁止使用表明监督、保证的官方符号和检验印章的规定，应该只适用于在相同或类似商品上使用包含该符号或印章的商标的情形。（3）（a）为了实施这些规定，本联盟国家同意，将它们希望或今后可能希望、完全或在一定限度内受本条保护的国家徽记与表明监督保证的官方符号和检验印章的清单，以及以后对该项清单的一切修改，经由国际局相互通知。本联盟各国应在适当的时候使公众可以得到用这样方法通知的清单。但是，就国旗而言，这种相互通知并不是强制性的。（b）本条第 1 款（b）项的规定，仅适用于政府间国际组织经由国际局通知本联盟国家的徽章、旗帜、其他徽记、缩写和名称。（4）本联盟国家如有异议，可以在收到通知后 12 个月内经由国际局向有关国家或政府间国际组织提出。（5）至于国旗，上述第 1 款规定的措施仅适用于 1925 年 11 月 6 日以后注册的商标。（6）至于本联盟国家国旗以外的国家徽记、官方符号和检验印章，以及政府间国际组织的徽章、旗帜、其他徽记、缩写和名称，这些规定仅适用于接到上面第（3）款规定的通知超过两个月后所注册的商标。（7）在有恶意的情形下，各国有权取消即使是在 1925 年 11 月 6 日以前注册的含有国家徽记、符号和检验印章的商标。（8）任何国家的国民经批准使用其本国的国家徽记、符号和检验印章者，即使与其他国家的国家徽记、符号和检验印章相类似，仍可使用。（9）本联盟各国承诺，如未经批准而在商业中使用本联盟其他国家的国徽，具有使人对商品的原产地产生误解的性质时，应禁止其使用。（10）上述各项规定不应妨碍各国行使第 6 条之五 B 款第（3）项所规定的权利，即对未经批准而含有本联盟国家所采用的国徽、国旗、其他国家徽记，或官方符号和检验印章，以及上述第（1）款所述的政府间国际组织特有符号的商标，拒绝予以注册或使其注册无效。

员国法律规定的标识（地理标志，酒类标识，传统的特殊保证标识，植物品名）。其中第二类列举的有关不具显著性的标识可以通过使用获得显著性。这些绝对禁止注册事由同时也是注册商标宣告无效事由。

在绝对禁止注册理由中，经常引起争议的是标识显著性的判断。显著性的判断、是否仅具描述性和是否为通用名称都涉及裁判者对消费者认知的推定问题，也因其主观性而可能通过商标在先使用而获得注册核准。其中，为了确保主观推定的公平正义，需要解决以下两个问题：①主体方面，对"消费者"范围的判断；②保护对象方面，标识显著性的认定标准。

第一，在主体方面，裁判者需要站在消费者的视角推定标识能否起到商标功能，因而框定"消费者"的范围为题中之义，在"AMARILLO"案中，[1]奥地利最高法院对此进行了分析。该案中，申请人在果汁、果酱、酒类饮料类别上申请奥地利商标"AMARILLO"被驳回，理由是该标识与瓜类水果学名"Amarillo"相同，相关公众会将其识别为描述性标识而非商标。上诉法院修改了驳回理由，认为虽然终端消费者不会认为该标识意在描述某种颜色或水果，但专门从事相关贸易的人（specialized traders）会根据其经验和知识将之认定为水果学名。奥地利最高法院在终审意见中支持了上诉法院的观点，认为如果从商标使用的各个环节（包括生产制造、销售、终端消费者等）的相关公众之一视角推定其无法识别标识为商标，均可作为驳回商标注册申请的决定性理由，而不论其专业知识和经验的影响以及所占全部公众数量的比例。该案忽略专门中间商与普通消费者认识能力差别的前提是专门中间商与申请人也属于消费者与经营者的关系，而非竞争者之间的关系，其实质说明裁判者在判断商标固有显著性时应当以广义的消费者群体中识别能力最高者为基准。

第二，在标识显著性的认定方面，以商标仅具描述性为由请求权利无效化的案件较多。在"WET DUST CAN'T FLY"案中，[2]商标权人 Rexair 公司在第 3 类和第 7 类（家庭清洁用品、真空吸尘器等）上注册了联盟商标"WET DUST CAN'T FLY"，Pro-Aqua 公司向内部市场协调局提出撤销该商标

〔1〕　Case No. 4 0b77/15z（2015）（Austrian Supreme Court, May 19, 2015）（AMARILLO）.

〔2〕　Pro-Aqua International GmbH v. OHIM, Case T-133/13,［2015］ECR II-（GC, Jan.22, 2015）（WET DUST CAN'T FLY）.

的请求，理由是其仅仅描述了相关商品的功能和效果。然而，欧盟常设法院（General Gourt）认为此请求不成立。第 3 类清洁用品可能是水状的，但其并不依靠淋湿灰尘的方式发挥作用；同理，第 7 类中的吸尘器等商品也不需要喷水来实现清洁功能。继而，该商标也不能以"应保持公用"（need to keep free）的理由而被无效化，原因是并不会导致竞争者无法描述同类商品的性质和功能。最后，法院认为"wet dust"词汇本身属于臆造词，而非仅具描述性标识。法院判决依据的是标识与其指向商品的自身属性是否存在关联这一规则，这从正面分析了何谓"描述性"。与之类似的是法国最高法院审判的"I love…"案，[1]该案更突出地强调了从商标实际使用中探查商标是否仅具描述性。该案中原告拥有商标"I love Paris"，被告试图注册"I love la Tour Eiffel"商标遭其异议，被告则认为原告的商标缺乏显著性，并反诉撤销之。法院指出，原告商品为旅游纪念品，且其使用地域范围为巴黎景区，认定其商标的显著性，应当考虑其消费群体的认知；而消费者在看到"I love Paris"商标时，会认为其指向的是巴黎这座城市，而非原告商品的来源，因此应当撤销原告的商标。

由以上案例可见，在分析固有显著性问题时，欧盟法院适用了两条标准。其一为"AMARILLO"案中着重解释的"消费者认知"标准，该案的意义在于细化了"消费者"或"相关公众"的范围，认为应当将交易链条中认知能力最高的消费者作为推定认知水平的基础。其二为"WET DUST CAN'T FLY"案中法院提及的"应否保持公用"标准。然而，分析如何更加恰当地将"消费者"认知作为认定标识可注册性——特别是在判断固有显著性方面——的标准并不是必需步骤。从标识"是否同行业竞争者必需"而非消费者认知的角度看待固有显著性明显更加客观确定。如果赞同该反面标准的科学性，那么考虑哪些消费者的认知应当被作为固有显著性的认定基础就显得没什么必要了。具体到"AMARILLO"案中，可以发现单一适用反面标准确实能够达到相同的结果，而且思维过程更加简单明了——既然"Amarillo"一词是水果的学名，那么同行业竞争者自然有使用该学名的权利和必需。因而，既然已经触犯了"同行业竞争者必需"的下限规则，也就不需要考虑"相关公众无

〔1〕 Zilberberg et Societe France Trading v. Societe Paris Wear Diffusion, Case No. 13-17.108（French Supreme Court, Jan.6, 2015）.

法认知"的上限规则。相反，"相关公众能够将之识别为商标"实际是对"同行业竞争者必需"或"应保持公用"标准的否定，属于认定不具有固有显著性的商标是否通过使用具备获得显著性的判断标准。

2. 禁止注册的相对理由

与关乎标识本身是否能发挥商标功能的禁止注册绝对理由不同，禁止注册的相对理由产生的原因并非标识不能作为商标使用，而是商标归属引发的冲突。相对理由主要解决的是在先权（earlier right）问题，包括在先注册商标权、在先注册申请以及其他类型的商业标识权利。禁止注册的相对理由主要包含禁止注册"双同"（double-identity）商标、禁止注册非"双同"但具有混淆可能性的商标。

第一，"双同"规则首次出现在 1993 年 12 月通过的《欧洲共同体商标条例》中。适用"双同"规则意味着法院不需要对混淆可能性进行推定，也不需要其他任何要件即可判断在后商标权利无效或应承担侵权责任。但是，在实际操作中，首先对何为"双同"以及该规则的适用是否有限度需要斟酌。在"Gillette"案中，[1]原告吉列公司在芬兰拥有"Gillette and Sensor"商标，并使用在手动刮胡刀和刀片上。销售相同商品的被告 LA 公司拥有商标"Parason and Flexor"，但在其销售的刀片包装上写有意为"可供 Parason and Flexor 牌和 Gillette and Sensor 牌手动刮胡刀更换使用"的字样。吉列公司认为 LA 公司故意令消费者误认为两者之间存在关联，继而混淆商品来源。赫尔辛基地方法院直接适用"双同"规则认定 LA 公司侵权，而上诉法院则认为被告不侵权的理由为，LA 公司只是用较小的字样说明其刀片适用于吉列公司的刮胡刀，而其刀片包装上醒目地单独标注了"Parason and Flexor"商标，这种标注方式不会导致消费者的混淆。欧盟法院最后在先决裁定中认为，指示性地使用他人商标应当限于"除此之外别无他法"描述该商品性质的情况；此外，指示性的使用不能令消费者误以为其与吉列公司存在商业关联而获取不正当的竞争利益，否则即不符合豁免侵权责任的"诚实使用"（honest use）要求。先决裁定往往不针对具体案件事实，仅关注法律适用，但其细化了"双同"及其抗辩要件的认定，倾向于认同地方法院的判决并给出了法理背

---

[1] Case C-228/03, The Gillette Co. and Gillette Grp. Fin. Oy v. LA-Labs. Ltd Oy, 2005 E. C. R. 1-02337.

书。其次，"双同"是否需要考虑识别出处之外的商标功能要素也是需要解决的问题。在"Trésor and Miracle"案中，[1]原告欧莱雅公司在英国拥有在香水类别上与"Trésor""Miracle"有关的文字、图形、嗅觉、商品包装等类型的商标，且均为著名商标；被告Bellure公司在自己生产销售的商品上使用了与引证商标近似的商品包装，且向零售商广告其香水与欧莱雅"Trésor""Miracle"香水气味一致。欧莱雅公司遂诉请依据"双同"规则裁判被告侵犯商标权。在先决裁定中，欧盟法院指出，对"双同"规则的适用不应当局限于商标识别出处的功能，该规则赋予商标权人"绝对"的保护效果应当及于商标的广告宣传、品质保障等功能，如果在进行比较广告或类似比较广告的行为时有可能损害商标的任何功能，都有可能落入"双同"规则的生效范围。由此可见，欧盟法院对"双同"规则射程的解释已近文义所能到达的最远处，不仅最大限度地排斥非商标性使用抗辩，还将生效范围扩大到了商标所能起到的全部功能。这是与欧盟商标法律体系中注重经营者面向、注重将商标作为企业经营要素的司法传统密不可分的；可以说，欧盟法院在进行裁判时依赖的"前见"是保护商标权人而非从消费者认知的角度出发。

第二，在需要对混淆可能性进行推定时，时常需要解决的是如何认定两个商标或商品、服务是否近似的问题。首先，欧盟成员国和语言众多，因此文字商标的含义与书面表达上的异同就成为判断近似性时常见的问题；而我国商标注册中也时常发生中文与外文在含义上发生交叉或同种语言同义不同字的问题，因此欧盟法院的观点值得借鉴。在"ARTIST/ARKTIS"案中，[2]被异议的商标为在奥地利提出申请的文字商标"ARKTIS"（ARTIC一词的德文），引证商标为"ARTIST"。奥地利最高法院认为，原则上说，两个文字标识相似性的判断可以围绕视觉、呼叫或含义的层面来进行，但是词语含义上的差异是具有主导地位的；由于两个商标的含义完全不同，因此其视觉上的相似之处可以忽略。其次，用于判断可注册性的固有显著性认定标准不能使用在用于判断混淆可能性的近似性认定标准上。在"BGW"案中，[3]争议商标为"BGW BUNDESVERBAND DER DEUTSCHEN GESUNDHEITSWIRTSCHAFT"，

---

〔1〕 Case C-487/07, L'Ordal SA v. Bellure NV, 2009 E. C. R. 1-05185.

〔2〕 Case No. 4 Ob228/14d (2015) (Austrian Supreme Court, Mar. 24, 2015) (ARTIST/ARKTIS)

〔3〕 BGW Beratungs-Gesellschaft Wirtschaft mbH v. Bodo Scholz, Case C-20/14, [2015] ECR I- (CJEU, Oct. 22, 2015)

"BUNDESVERBAND DER DEUTSCHEN GESUNDHEITSWIRTSCHAFT"，意为"德国卫生保健"，德国专利法院认为该词仅具描述性，"BGW"只是其首字母组合，而不认同申请人有关标识整体与引证商标"BGW"不构成近似的观点。在先前的"STRIGL"案中，[1]欧盟法院的先决裁定提出了一种意见，即为了认定标识可注册性而分析其固有显著性时，如果文字标识由若干个描述性词语及其首字母组合并列组成，而且消费者能够从其表达方式上察觉两者之间的联系，那么该文字标识整体不具有显著性。而在"BGW"案中，德国专利法院请求先决裁定解决这一用于判断可注册性的标准（以下简称"标准一"）能否用于解决混淆可能性问题（以下简称"标准二"）。欧盟法院首先指出，标准一与标准二依据的法律规定具有不同目的（前者为认定固有显著性，后者为框定禁止注册的相对理由），保护不同的权益（前者为保障同行业竞争者都有权使用的标识不被垄断，后者为在先商标所有人的个人利益不因在后申请商标可能与之混淆而受损），不能等同视之。最后，对标识相似性问题的判断仍然要回到标识本身。针对该案具体事实，"BGW"既是争议商标的主要识别要素，也是该标识中具有显著性的部分，因此不能排除其与引证商标的近似性。该先决裁定的合理性值得怀疑。标准一与标准二保护的法益虽然有区别，然而，一方面，两者都应当被置于推定消费者认知的大环境中；另一方面，如果标识本身的固有显著性有问题，也就不需要再探讨混淆可能性和近似性问题了。笔者推断欧盟法院自身对"STRIGL"案中有关首字母组合显著性的认定标准存在疑虑，因此不愿意在其他案件中将之扩张适用。

（二）注册取得与使用要求的结合

欧盟商标法律体系与我国注册制度一样不要求在注册（取得）商标权利前存在商标使用行为，也不要求商标权人通过证明其持续的使用而维持或续展权利。但是，欧盟同时通过以下方式贯彻了"要么使用，要么失权"（use it, or lose it）的原则。

1. 注册期限与商标使用

第一，以未使用为由要求撤销商标权，这种情况多发生在商标侵权诉讼

---

[1]　Alfred Strigl Deutsches Patent- und Markenamt and Securvita Gesellschaft zur Entwicklung alternativer Versicherungskonzepte mbH v. Oko-Invest Verlagsgesellschaft mbH, [2012] Joined Cases C-90/11 and C-91/11) ECR- (CJEU, Mar. 15, 2012).

中，以被告提出反诉的形式出现，亦有可能作为独立诉因。《欧盟商标条例》第18条规定，如果在注册核准后5年内没有在核定使用的商品或服务上真实使用商标或连续5年中断使用商标——包括实质性改变注册商标的使用对象和方式以及仅在出口商品上贴附的情形——商标权人应当承担不利后果，除非不使用存在正当理由。该条规定实际上承认了在商标注册核准后5年内如果不存在真实使用，也无须承担不利后果。在瑞典最高法院审理的一宗商标侵权案件中，[1]原告在第36类中的"不动产事务、不动产保险评估、房屋出租、不动产管理"以及第37类中的"建筑建造、维修和安装服务"上注册了联盟商标，被告则在第37类的相同子类上使用与原告商标近似的标识。双方都承认原告的主要业务和真实使用发生在第36类上，而在第37类上原告从未使用且未计划在将来使用其商标，但原告商标注册尚未超出5年。据此，瑞典地区上诉法院明确认为，混淆与否应当以真实使用的类别而非注册证书上记载的类别而确认，虽然原告商标在当地相当著名，且被告使用商标的类别与原告商标注册类别存在重合，但由于争议相关的两个子类相差甚远，被告的使用行为并不会导致相关公众的混淆。该判决引发了重大争议，如果被认定为正确，则说明在未超出5年期限的条件下，也应当通过证明存在持续的使用而非注册事实来维持权利。在上诉时原告指出由于尚未超出5年期限，注册的类别范围不可推翻且应当作为混淆可能性判断的决定性因素。瑞典最高法院则在向欧盟法院请求初步裁决（preliminary ruling）时提出了一个关键问题：如果商标权人在注册后5年内存在无真实使用商标的情况，是否会引发一定法律后果？该法律后果是否会影响其联盟注册商标权利？目前该案正在等待欧盟法院的裁决。[2]可以推断瑞典地区上诉法院的裁判几乎不可能为欧盟法院认同，否则将引发欧盟商标法规的大变革。

第二，以在先取得商标权为由对他人商标提出异议时，如果主张在先权利者提出的最初取得时间距今超过5年，被异议一方可以要求异议方提出使用证据。《欧盟商标条例》第47条规定，在先注册时间已经超过5年的异议方应当提交被异议商标公告之日前5年内真实使用商标的证据，且该证据效

---

〔1〕 Länsförsäkringar AB v A/S Matek, Case T 3403 - 14, 〔2015〕（Swedish Supreme Court, Dec. 3. 2015）.

〔2〕 Länsförsäkringar AB v A/S Matek（Case C-654/15）.

力限于真实使用对象和方式的范围。在超出 5 年期限时如何厘清是否存在真实使用，从"TEFLON"案中可窥一斑。[1]该案中，异议人杜邦公司注册"TEFLON"（特氟龙，一种化学材料）联盟商标已超过 5 年，注册范围为第 1、11、17、40 类项下的若干子类；[2]杜邦公司以被异议人 Polytetra 公司在相同类别上申请注册的商标"POLYTETRAFLON"有可能与"TEFLON"商标混淆为由提出异议；Polytetra 公司遂要求杜邦公司提交使用证据。异议机关审查杜邦公司提交的证据后确定其在第 1、11、17 类（生料及其制成品）上存在真实使用。而 Polytetra 公司则起诉至欧盟常设法院，并称在制成品上起到识别功能的是第三人的商标，而其上标注的"TEFLON"商标只能作为描述制成品质量和性质的标识。欧盟常设法院首先将争议归结为三点：TEFLON 材料与制成品的关系、杜邦公司与第三方制造商公司的关系、消费者的认知。法院最终认为，在消费者接触同时标注 TEFLON 商标和第三方制造商商标的制成品时，可以很轻易地区分两者的区别：前者表明制成品的性质，而后者表明商品（制成品）的出处和来源；引导消费者选择不同制成品的符号是第三方的商标而非 TEFLON 商标。因此，将 TEFLON 商标标注在制成品上并不属于商标性的使用行为。

以上规定说明在欧盟商标法语境下，注册核准后的 5 年期间商标权人拥有"不可争议"的商标权利，其权利边界以注册簿的记载而非商标实际使用来判断。相反，在 5 年期限经过后商标权反而处于相对不稳定状态，需要将实际使用作为维持权利的背书。这种规定方式是平衡注册效力与使用要求的路径之一，而且规定时间期限的方式为知识产权法政策的调节留下了空间。

2. 使用要求与权利有效性的关系

通过商标使用状况判断其权利有效性的做法实际上承认了在权利维持方面应当贯彻消费者面向的司法立场。其背后的理念依循以下逻辑而构建：商标权利有效的前提是存在真实使用，而存在真实使用的判断则根据消费者能否从权利主体使用商标行为的结果中获得识别商品或服务来源并与他人相区

---

[1]　Polytetra GmbH v. OHIM Case T-660/11，[2015] ECR II-（GC，June 16, 2015）（TEFLON）.

[2]　其中第 1 类为"工业、科研、摄影、农林业用化学材料，人造树脂生料，化肥，灭火材料，回火和焊接用材料，烹饪用化学材料，鞣革物，工业用黏合剂"；第 11 类为"照明、加热、烹饪、冷藏、干燥、通风、给水、卫生、蒸汽发生用设备"；第 17 类为"橡胶、杜仲胶、树胶、石棉、云母及其制成品，工业用成型塑料，填塞和绝缘材料，软管"；第 40 类为"材料处理"。

别的认知。在这种使用要求基础上，权利保护的重心已经由经营者占据主动转移到了消费者占据主动的局面。换言之，在注册取得阶段注册机关根据商标权申请人（经营者）的要求决定权利有无与范围大小的赋权活动，在权利维持阶段已经转变为司法与行政保护机关站在一般消费者认知的立场上而决定权利效力状态与范围大小。

第一，商标真实使用的具体情况对注册权利的边界（商品或服务的类别）存在影响。有法院认为，当商标侵权案件中需要对商标权边界进行判断时，应当通过其实际使用的商品或服务范围来确定，而不是直接依照商标注册的类别范围。在英国法院审理的"ASSOS"案中，[1]原告 Roger 公司经营高端专业骑行服，并在第 25 类"服装、鞋履和帽盔"上注册了联盟商标"ASSOS"。被告 ASOS 公司经营网络销售时尚服装，并使用"ASOS"等多个商标。原告认为被告使用的标识会导致己方商标混淆和淡化；而被告抗辩称原告的注册商标权因欠缺真实使用而应被部分撤销。一审和上诉审都支持了被告的意见，认为原告商标的确切边界应当由其真实使用的范围而确定。法院认为，首先，从法理上看，对商标侵权的裁判应当考虑被侵权商标被实际使用在哪些类别上，同时考虑一般消费者因而产生的认识。如果实际使用范围较注册范围小，同时将权利外延限制在前者并不会影响消费者识别被侵权商标（易言之，前者范围已经足够发挥商标的识别功能），那么就不能认为在某些子类上的使用足以覆盖其他子类别。其次，尽管原告在骑行服外还销售田径服和部分休闲服饰，但数量极少，因此其商标权的范围应当被重新限定在"专业骑行服、夹克、T 恤、带领短衫、田径服、短便衣、便帽"中，该范围与原先第 25 类相比大大缩小了。[2]此外，在"SUN FRESH"案中，[3]被异议人 Nannerl 公司在第 32 类上申请注册联盟商标"SUN FRESH"；[4]异议人

---

〔1〕 Roger Maier and Assos of Switzerland SA v. ASOS plc and ASOS. com Limited〔2015〕EWCA Civ 220（Apr. 1. 2015）.

〔2〕 该争议点在上诉审中存在少数意见，Sales 大法官认为多数意见对具体使用类别的划分较为草率，毕竟原告和被告都销售便装，而且两者难以划出一条清晰明确的界限。但是该少数意见并没有彻底反对多数意见中有关实际使用范围对注册商标权外延的影响，而是认为限缩原告的权利范围至某些具体子类的判断不够严谨。

〔3〕 The Sunrider Corporation v. OHIM, Nannerl GmbH & Co. KG intervening, Case T-221/12,〔2014〕ECR II-（GC, Jan. 23, 2014）.

〔4〕 具体子类包括"啤酒，矿物质水和其他非酒精饮料，果汁和果酒，糖浆和其他饮品配料"。

Sunrider 公司提出申请商标与自己的引证商标 "SUNNY FRESH" 存在混淆可能。[1]由于引证商标经过 5 年期限，被异议人要求异议人提供使用证据。欧盟内部市场协调局的商标上诉委员会裁决认为异议人提供的证据只能证明其在草本营养浓缩液中使用了引证商标，且 "第 5 类与第 32 类上的相关商品明显应当因浓缩液的营养目的与饮料本身的性质（液体、可食用）有区别而忽视两者间的关联性"，因此驳回其异议。在上诉至欧盟常设法院时，异议人提出上诉委员会对第 5 类的解释过宽，对第 32 类的解释过窄，因此没有正确认识到两者之间的关联。然而，欧盟常设法院认为，第 5 类中的浓缩液具有广义上的药用作用，且异议人在其商品上明确标注了不可任意饮用；而第 32 类上的饮料则是用于解渴，且没有特殊的营养或药用功能。因此，消费者不会混淆两者类别，亦不能通过证明第 5 类上存在真实使用而关联证明第 32 类上也存在真实使用，最终驳回了异议人的主张。这种结合具体使用情况对商品或服务类别进行细致区分的态度不禁令笔者想起我国法院审理的 "非诚勿扰" 商标侵权案，该案法院对作为争议焦点的服务类别划分的裁判意见引起了广泛讨论。[2]制作和提供电视节目服务的目的显然与婚介服务有所差异，将婚介场景作为电视节目的情节是否说明电视台提供了婚介服务呢？答案应当是否定的，否则岂非综艺节目必须进行预防性的全类注册？该案裁判意见或许与当前我国第 35 类 "广告、商业经营、商业管理、办公事务" 异乎寻常的高注册率形成互文。两者背后的逻辑都是在处理具体使用的商品或服务类别时不加精细甄别，其结果只能是不当扩大商标权的边界、浪费商标资源。

　　第二，在明确了 "要么使用，要么失权" 原则的前提下，厘定何谓 "使用" 就是顺理成章的。首先，使用规模是否影响权利有效性应当以使用行为能否发挥商标功能为归依。在荷兰法院审理的 "Ten Cate" 案中，[3]原告 Ten Cate 公司提出，被告 TD 公司的两个注册商标因缺乏真实使用而应被撤销；TD 公司则举证自己在已销售的 872 件商品上使用了争议商标。法院比较了实际销售时间与注册核准时间，并结合 TD 公司本身的规模，认为虽然商标使用的规模很小，但仍旧应当被认定为善意下的真实使用。值得注意的是，法院

---

〔1〕　引证商标被注册在第 5 类 "草本营养补品" 和第 32 类中的 "植物饮品和草药茶" 子类上。

〔2〕　深圳市中级人民法院［2015］深中法知民终字第 927 号民事判决书。

〔3〕　District Court Overijssel, Feb. 11, 2015, ECLI：NL：RBOVE：2015：800, *BIE* 2015/18（TEN CATE/TD）.

排除了 TD 公司提交的其他证据，这些证据显示 TD 公司曾向供应商订购贴附争议商标的商品部件。法院指出，这些证据不具相关性的原因在于，真实使用虽然可以根据具体事实排除使用规模大小的影响，但必须能够被认定为使用行为足以引起消费者对商标区别来源作用的注意。这也从侧面区分了真实使用或象征性使用在维持商标权利方面截然不同的作用。其次，注册取得模式下商标标识的具体样式和使用方式应当与注册簿保持相对（而非绝对）一致，而一致性的判断同样须以消费者认知为基础。在德国最高法院审理的一宗案件中，[1]原告 Milupa 公司诉请撤销被告 HIPP 公司的文字商标"PROBI-OTIK"和"PRAEBIOTIK"，理由是被告因变形使用争议商标而缺乏真实使用。法院在审理过程中提出，根据《德国商标法》第 26（3）条的规定，使用与注册中的形式相偏离的商标可以被视为使用注册商标，只要该偏离未改变商标的典型特征；而本案中被告对争议商标的使用虽然附加了装饰性花边，并将两个商标合并使用，但核心的争议点应当是商标的具体使用方式是否影响了消费者对该商标功能的认知发生偏差。而被告对商标的使用显然不会使消费者对两个商标相互之间的独立性产生误解，装饰性的花边也不会影响消费者对其进行识别，因此并不能以此认为被告在使用中实质性改变了注册簿上的标识图样。

---

［1］　Case No. I ZR 38/13, GRUR 662 (2014) (German Federal Supreme Court, Jan. 8, 2014) (PRO-BIOTIK).

第四章 商标权的使用取得
CHAPTER 04 ▪

　　目前，在商标权取得制度中采纳使用取得模式的国家很少，以美国为典型。使用取得模式以在先使用而非在先申请作为商标权可保护性条件中的"在先性"要求。因此，使用取得模式与注册取得模式真正的分野在于以什么作为"先占"权利的成本，[1]二者在这一点上的差异反映出不同的商标法律体系的法规目的与价值倾向上的理念区别。注册取得模式注重发挥注册制度的形式价值，使用取得模式则重视商标符号的实质价值。与注册取得模式因权利取得成本过于低廉而产生大量死亡商标、恶意抢注和商标囤积行为较为严重的现实相比，使用取得模式以商标实际使用作为权利取得的根本依据，理论上杜绝了以上制度缺陷。[2]但是，使用取得模式的劣势也恰好自其使用要求中衍生。商标实际使用费时费力，不同主体既可能重复使用相同或近似商标，也受限于使用地域，导致共存商标现象。这反过来不利于维持良好的竞争秩序。问题的症结在于缺乏商标信息的公示公信制度，证明使用在先不

---

〔1〕 〔美〕威廉·M.兰德斯、理查德·A.波斯纳：《知识产权法的经济结构》（中译本第2版），金海军译，北京大学出版社2016年版，第218~219页。

〔2〕 之所以说是"理论上"，原因在于实践中美国商标局依靠审查书面使用证据来判断商标是否经过实际使用，但在使用证据造假的情况下，"使用哲学"就无法在商标确权过程中得到有效的贯彻。事实证明，近来随着跨境电商的蓬勃发展，美国商标审查机关确实饱受虚假使用证据的困扰，出现了大量"空壳商标"（deadwood），不得不在多个阶段持续升级应对手段，包括但不限于①采取技术手段识别虚假证据；②要求在美国申请商标必须经过美国律师的代理；③与疑似恶意申请人口头或书面沟通、警告或发出解释命令（Show Cause Order）；④建立恶意商标代理人黑名单，对来自某些被证明多次提出恶意申请的代理人的申请一概予以驳回；⑤行政制裁恶意注册，包括在商标数据库中对疑似恶意申请的商标附加特殊标志表明该商标面临制裁，有效性存疑，以及立即中止恶意申请、对已经通过的恶意注册拒绝予以续展或更新。但这些行政手段是否能够有效阻止与使用取得模式相违背的恶意注册还有待验证。

仅意味着投入大量市场调查成本，也缺乏争议发生与解决的预见性。这本身就是一种制度（交易）费用，同样会降低社会效益。因此，采纳使用取得模式的商标法律体系同样引入了注册制度来弥补自身的"系统性困境"。

使用取得模式的基本特征体现为两个方面：其一，在先使用产生取得权利的优先性，使用要求贯穿商标生命始终，而且是获取注册商标权不可争议性的前提；[1]其二，注册不产生真实的商标权利，但可以获得一些程序上的好处，如证据效力等。也就是说，除了通过实际使用，在美国没有第二种方法可以获得财产权属性的商标权利。[2]然而，商标注册作为大陆法系传统下的一种具有权利外观和形式价值的制度，如何与强调商标实际使用的普通法规范相互融合？两者相互碰撞产生的化学反应对我国商标注册体系的发展有何启示？这都是颇为值得分析和研究的话题。因此，本部分拟对商标实际使用的具体内涵、美国联邦注册的具体程序、使用与注册之间的关系等问题进行分析，厘定使用取得模式下注册核准产生的效果，并研究提供"形式价值"的制定法程序与界定"实体权利"的普通法规范之间存在何种典型的互动关系，以期发现使用取得模式下商标权取得制度的特色。此外，下文还将对2014年《加拿大商标法修正案》进行评析。该修正案试图进一步融合使用与注册，但是很可能导致不良后果，值得作为我国商标权取得制度改良之镜鉴。

一、商标权取得的使用要求

（一）使用方式的历史流变

要界定商标使用行为，首先应当厘清商标通过哪些具体方式使用可能产生来源识别功能。以美国为例，在《拉纳姆法》颁布实施之前，美国国会曾多次制定商标成文法，[3]但大多命途多舛。不过，从数次立法文本中可以清晰地看到有关使用方式的法律规定的历史流变路径。

在早期商标法规中，商标被区分为"狭义商标"（technical trademark）和

---

〔1〕 15 U.S.C. § 1065.

〔2〕 李明德：《美国知识产权法》（第2版），法律出版社2014年版，第520~521页。

〔3〕 1870年、1881年、1905年、1920年美国国会曾经多次试图制定《联邦商标条例》或利用某些双边条约引入成文商标法。1938年、1939年、1941年、1953年、1945年，美国国会也多次提出《联邦商标法》（草案），但多次被联邦最高法院裁判违宪。直至1946年终于颁布《拉纳姆法》，并于1962年和1988年进行了两次重大修改，分别引入了反淡化法和意图使用注册。

第二含义商标，前者相当于具有固有显著性的传统商标，而一般不具有固有显著性的商业名称（如地理标志、姓名、外观设计或商号等）必须通过使用获得显著性。区分两者的重点在于给予排他商标权利是否会对他人的权益造成损害：对于狭义的商标来说，不论是臆造的或与其本来含义没有关系的，权利人以外的人都没有合法理由使用相同或相似的标识来指代自己的商品；而大部分商业名称本身即有含义，存在于商业活动中合理使用的可能性，不可能如同前者一样具有绝对的排他性。[1]在两种标识的具体使用方式上，狭义商标的权利主张者需要将商标"贴附"在商品上，而且必须在物理意义上完成这一表现过程，但是出于商业名称本身表现方式多样，主张第二含义标识权利则不需要完成这一物理贴附过程。在随后制定《联邦商标法》的努力中，这两种标识在权利取得和侵权保护等方面开始相互融合，导致使用要求中的具体使用方式的区分也逐步消失。

具体而言，于1870年制定的《联邦商标法》虽然没有明确规定取得商标权意义上的商标使用形式，但规定了商标侵权行为为复制、防止他人注册商标并物理"贴附"在自己的商品上的行为，1881年《联邦商标法》继承了这一规定。[2]1905年《联邦商标法》开始明确规定商标使用人在提出注册申请前已经在自己的商品上贴附商标，并宣誓商标已经在州、外国或印第安部落进行商业使用是取得商标权的前提条件。同时，1905年《联邦商标法》通过将侵权责任认定中的商标使用要求规定为"任何未经商标所有人同意，在与其注册登记之描述具有相同功能的商品上贴附，或基于销售或其他关联意图在与其注册登记之描述具有相同功能的商品的标签、标记、印刷品、包装、包装纸或容器上重制、仿冒、模仿或着色任何他人之商标，应承担责任……"，[3]实际上将具体使用方式由必须贴附在商品上向可以贴附于商品或商品的标签等位置进行扩张，更加注重商标使用是为发挥商标指示来源功能的真实意涵。1920年《联邦商标法》是1905年《联邦商标法》的重要修订，扩充了注册商标的形式范围，构成了《拉纳姆法》规定的辅助注册簿以及第

---

〔1〕　James Love Hopkins, *The Law of Trademarks*, *Tradenames*, *and Unfair Competition*, 1905. See Margreth Varrett, "Finding Trademark Use The Historical Foundation for Limiting Infringement Liability to Uses in the Manner of a Mark", *Wake Forest Law Review*, Vol. 43, Issue 4 (2008), p. 905.

〔2〕　Trade-Mark Act of 1870, Ch. 230, § 79. Trade-Mark Act of 1881, Ch. 138, § 7.

〔3〕　Trade-Mark Act of 1905, Ch. 592, § 16.

43（a）条（未注册商标侵权和不正当竞争诉因）的前身。在商标权取得层面，不再使用"贴附"一词，而是概括表述为"在商业中使用，或在关联商品或服务上使用"（use in commerce，use upon or in connection with），〔1〕而在商标侵权责任有关使用要求的较为具体的规定中，也采用了更为中性的"施用"的表述，而非仅有"贴附"。〔2〕自此，基本统一了对商标使用要求的主要问题的意见，完成了制定《拉纳姆法》的理论准备。《拉纳姆法》的草案中对使用方式的表述则更为复杂一些，在该法颁布前的七个草案中，虽然在注册要件条款中始终采用了概括式的"在商业中使用"表述，但是在商标使用的定义以及侵权认定条款中，反复在"贴附""施用""使用""使用或展示"（服务商标）等用语间徘徊。最终《拉纳姆法》仍然存在一些法条表述上的缺憾。其一，第45条定义条款中，没有规定商品商标在广告宣传中的使用是否属于在商业中使用。虽然第32条侵权认定条款提及了"广告"，但在第43（a）条又没有明确提及广告与商标使用的关系。〔3〕其二，第45条对商标使用的定义还不够理想，原因是该条实际上还是围绕原始的"贴附"要求展开对使用的定义，这种定义方法有时过于宽泛（并非存在贴附行为就一定能达到指示来源的目的），有时又过于狭窄（无法容纳广告宣传中的使用，而且过于依赖通过视觉完成的指示功能，忽略声音等其他传播方式）。总的来说，这种规定方式不够灵活，所幸法院在适用第45条时有灵活变通的能力。〔4〕

（二）"商标使用"的界定

在英美法传统下，制定法是对普通法规范的成文化表述。由于在采纳使用取得模式的商标法中，注册对于实体商标权利的取得没有实质性影响，因此这一要求可以看作商标权取得要件的一种成文化规范。美国《拉纳姆法》（1988年修正案）引入了意图使用商标注册（ITU registration），申请人基于真实使用意图即可提出联邦商标注册申请，不需要以既存的实际使用行为作为

〔1〕 Trade-Mark Act of 1920 § 1.

〔2〕 Trade-Mark Act of 1920 § 3（商标侵权行为指的是通过贴附或者将有可能导致消费者混淆的、与他人已取得权利的标识相同或相似的标识通过重制、复制、仿冒、着色等其他方法施用在自己的商品本身或商品包装上。）

〔3〕 该条中涉及广告的条款只限于在广告中错误表述商品的性质、品质、来源等，并未规定在广告中使用商标构成在商业中使用。

〔4〕 Margreth Varrett，"Finding Trademark Use The Historical Foundation for Limiting Infringement Liability to Uses in the Manner of a Mark"，*Wake Forest Law Review*，Vol. 43，Issue 4（2008），p. 945.

申请依据。[1]但是基于意图使用提出的注册仅仅相当于获得了一种商标注册优先权，最终的核准发证仍然要以申请人按时提交使用证据为前提（或将申请变更为依据实际使用注册）。依照修正后的《拉纳姆法》第45条的定义，能够取得和维持注册商标权的"商标使用"必须是善意诚实的使用（bona fide use），而不能仅仅是为了保留权利而进行的象征性使用（token use）。《加拿大商标法》（以下简称"CTMA"）同样规定通过在先使用取得商标权，且其现行注册制度也以使用为中心。CTMA 直接定义了商标注册的使用要求，即第4条规定，商品商标的"使用"指的是在通常交易流程（in the normal course of trade）中，[2]当移转商品的所有或占有权利时通过在商品本身或其包装上或其他任何可以令受让方注意商品和标识之间联系的方式使用商标；服务商标的"使用"指的是在提供服务时或在广告宣传中使用或展示商标。

综上所述，在使用取得模式下，"商标使用"主要包含了两个方面的要求："在商业中"使用，以及不属于象征性使用。在司法实践中，这两点通常是相辅相成的。

1. "商业中"及"通常交易流程"的界定

与美国法中判断是否构成符合取得权利的使用要求需要以是否"商业中使用"（use in commerce）作为核心命题一样，根据 CTMA 的规定，商标使用的重心是判断使用行为是否属于"通常交易流程"。因此，厘定商标使用要求，应当先明确"商业中"或"通常交易流程"的内涵和外延。

在《拉纳姆法》的语境下，早期曾认为，由于联邦商标法的适用范围是国会有权管制的跨州或跨国交易，因此作为注册要求的商品商标在"商业中"使用必须以商品跨州或跨国交付为条件。但是对商标侵权责任的判断则没有这么严格，只要求原告的商业交易产生跨州或跨国的商业影响（affect commerce）即可。[3]美国联邦关税和专利上诉法院（CCPA）随即指出，应当将商标注册和侵权案件中有关商标使用的认定标准统一起来。理由正是现代商业交易不可避免地存在顾客跨州流动、跨州的广告行为等行为因素，国会理应

---

[1]　15 U. S. C. § 1051（b）

[2]　"通常交易流程"明显来自美国商标普通法有关商标必须在"惯常的商业流程中"（ordinary course of trade）使用的观点。

[3]　J. Thomas McCarthy, *McCarthy on Trademarks and Unfair Competition*, 2000.

从商标法的角度给予这些商业行为最大限度的保护。[1]因此，对于"商业中"标准的认定来说"跨州交易"只是一条非常松散灵活的要求。只要商业交易中包含任何跨州或跨国要素即可满足。[2]这就是所谓"商业流动"标准：即使完全在当地完成的交易，只要这项交易被包含在跨州或跨国交易链条的任何一个部分之内，就可以在概念认为符合"在商业中"使用的要求。[3]

这种观点理所当然地得到了加拿大商标司法实践的充分认同。在全球化市场环境中，进出口贸易和利用外国销售渠道屡见不鲜，因此，直接针对消费者的销售端和商品供应端相互割裂、跨越不同法域也是正常现象，很有可能出现整条商品供应链只有一部分落入一国境内的情形。在 1985 年的 Philip Morris 案中，法官指出，"通常交易流程"可以容纳自制造者开端到消费者终端、连续性的商品转让链条而且可以为链条的每个部分提供商标保护。[4]在这个问题上，Manhattan Industries 案法官的观点经常被引用：商标使用行为不能局限于所有或占有权利的转让之时，在"通常交易流程"中"使用"商标应当包含从商品制造开始、经由批发、零售或其他销售者中介至最终为消费者购买的整个过程，只要该过程的任何一环发生在加拿大，就可满足"商标使用"要求。[5]亦即不论在加拿大发生的交易之对象是终端消费者、零售商、批发商还是其他的市场主体，只要该交易是完整交易链条的组成部分，就构成 CTMA 所称的"使用"，即使最终的销售行为发生在其他国家。[6]

此外，在加拿大的司法实践中，对"通常交易流程"的定义呈现出逐步扩张的趋势。在 1976 年的 Molson Companies 案中，加拿大联邦法院法官认为，在加拿大境内使用商标，需要"商标权人与消费者缔结以交易标记商标的商

---

〔1〕　Robert W. Sacoff, "The Trademark Use Requirement in Trademark Registration, Opposition and Cancellation Proceedings", *The Trademark Reporter*, Vol. 76, Issue 2 (March–April 1986), p. 117.

〔2〕　但是，在某些涉及不动产交易的案件中，法官以不存在跨州消费者和跨州广告宣传为由认为其不满足"在商业中"使用商标的要求。In re U. S. Home Corp. of Texas, 201 USPQ 602 (TTAB 1978).

〔3〕　Carol V. Calhoun, Use in Commerce After Silenus: What Does It Mean?

〔4〕　Philip Morris Inc. v. Imperial Tobacco Ltd. (1985), 7 C. P. R. (3d) 254 (F. C. T. D.).

〔5〕　Manhattan Industries Inc. v. Princeton Manufacturing Ltd. (1971), 4 C. P. R. (2d) 6 (F. C. T. D.).

〔6〕　88766 Canada Inc. v. Tag Heuer SA, 2010 TMOB 108. 这种认识与我国最高人民法院审理的"PRETUL"案（最高人民法院〔2014〕民提字第 38 号民事判决书）中对"商标使用"的定义形成了对比。但是，由于我国采纳注册取得模式，不存在应否统一商标取得与商标侵权责任中有关商标使用定义的规定这一问题。因此，两案观点虽然对立，仍然可能出于不同的价值权衡而作出相关认定。

品（wares）为内容的合同，并根据合同完成商品的交付"。[1]这显然是一个范围非常狭窄的定义。然而，之后的联邦法院判决推翻了这一狭隘的解释，在一系列案件中回到第 4 条规定的文义，并根据法规目的，将"通常交易流程"的定义总结为"以获得商誉和利润为目的而进行的商品交易中移转商品的所有或占有权利的过程"。在 Osler 案中，听证官（Hearing Officer）认为，通常交易流程中的"交易"指的是为买卖商品而付款或交换的过程，或者将商品交换作为为博取商誉和利润而进行的经营行为的一部分；[2]在 Cast Iron 案中，听证官则认为"善意的交易方式"包含了以追求利润及商誉为主要目的的交易行为，这即为根本的、法律意义上的"交易"。[3]

2. 象征性使用的认定

《拉纳姆法》明确将排除仅为取得或保留商标权利而进行的象征性使用作为法律规定的目的之一，这是使用取得模式商标法共通的要求。象征性使用指的是不能发挥商标区分来源功能的使用，[4]例如仅存在运输商品而无销售的情形。[5]象征性使用的认定不能以使用的具体方式或交易规模作为标准，而应当以商标是否与商品联系在一起并接触市场作为判断依据。

具体而言，象征性使用的认定关涉到以下几种情形：第一，市场测试（test marketing）与象征性使用的关系。美国商标注册机关认为，应当区分在诚实的市场测试中使用商标的行为与象征性使用行为，前者足以构成取得商标权的充分使用（sufficient use）。市场测试的目的是通过少量投放使用某商标的商品来观察消费者对之的反应。从一般商业规律来说，在正式进行品牌投资前对商标进行市场测试是正当的，因此也应当被包括在"惯常的商业流程"中。换言之，分辨一个少量销售行为是市场测试还是仅仅为了注册商标而进行的象征性使用，应当由申请人举证证明自己在未来仍然有继续使用申

〔1〕　Molson Companies Ltd. v. Halter（1976），28 C. P. R.（2d）158（F. C. T. D.）.

〔2〕　Osler, Hoskin & Harcourt v. Rogers Foods Ltd.（1994），53 C. P. R.（3d）570（T. M. S. H. O.）.

〔3〕　Cast Iron Soil Pipe Institute v. Concourse International Trading Inc.（1998），19 C. P. R.（3d）393（T. M. S. H. O.）.

〔4〕　李明德：《美国知识产权法》（第 2 版），法律出版社 2014 年版，第 509 页。

〔5〕　Ft. Howard Paper Co. v. Kimberly–Clark Corp.，390 F. 2d 1015，157 U. S. P. Q. 55（C. C. P. A. 1968）.

请商标的诚实意图。[1]加拿大的司法实践认为类似市场测试这样的行为是否属于商标使用行为的关键在于是不是商业上的惯常行为以及是否确实为之后进一步销售做准备。因此，单纯测试产品的行为容易被认定为象征性使用。比如，在 Premier School Agendas 案中，原告以被告的商标"COLLEGIATE TIME TRACKER"未实际使用而申请撤销之，被告举证其散发了印有该商标的书籍样品用作产品测试。但商标异议委员会认为这种产品测试不属于使用，原因是被告举证既不足以证明其产品测试后有继续销售的意图，也不属于 CT-MA 第 45 条规定的未实际使用标识的正当"特殊情况"理由。[2]与之对比，在 ConAgra Foods 案中，法官认为，为测试加拿大市场的反应，向加拿大食品商散发试吃食物的行为属于"食品工业里通常交易流程中的一环"，而且证据表明 ConAgra 公司在测试完成后实际使用了争议商标，因此先前的产品测试"足以构成商标使用"。[3]可见，将行业惯例与商标权人举证后续实际使用行为相结合是判断产品测试是否满足使用要求的关键。

　　第二，首次使用是否满足注册的使用要求问题。对此，注册机关认为，对于注册而言，由于这种使用本身并无危害（no damning per se），诚实善意的首次使用即可满足注册的使用要求，但其必须以申请人仍然具有继续使用商标的诚实意图为前提。[4]在《拉纳姆法》（1988 年修正案）生效前，为了与"欺诈性使用"（sham use）相区别，"善意的象征性使用"的法律概念被提出，并作为注册商标的最低使用要求而得到肯定。[5]在这个时期，对这类象征性使用的肯定源自一种政策需要，目的是将企业得以申请商标的时点提前，而不必等到真正完成了充分使用才能提出注册申请。此外，这还能令申请人提前探测市场中是否已经存在其他在先使用的相同或近似商标，以此尽量避免商标投资落空。这种观念随后通过意图使用注册而被制度化。同时，对于注册后是否具有"继续使用商标的诚实意图"，应当结合案件的具体事实

---

〔1〕　Game Power Headquarters, Inc. v Owens, 37 U. S. P. Q. 2d 1427, 1431（E. D. Pa. 1995）. 该案中，申请人证明了自己在一家商场使用申请商标的行为是作为将来在 500 家加盟店使用商标而进行的市场测试，因而构成了在先实际使用。

〔2〕　Premier School Agendas Ltd v Styles, 2007 CanLII 80984（CA TMOB）.

〔3〕　ConAgra Foods Inc. v. Fetherstonhaugh & Co. ,（2002）FCT 1257.

〔4〕　Ft. Howard Paper Co. v. Kimberly - Clark Corp. , 390 F. 2d 1015, 157 U. S. P. Q. 55（C. C. P. A. 1968）.

〔5〕　Standard Pressed Steel Co. v. Midwest Chrome Process Co. , 183 U. S. P. Q. 758（T. T. A. B. 1974）.

来进行判断。在一些案件中，法院试图从反面解决这个问题，比如根据一般商业惯例判断中断使用的时长是否足以创造一个令在后使用人建立商誉的时间窗口。[1]此外，交易次数、销售规模等不能直接用于判断是否维持了商标实际使用。例如，在加拿大的 J. C. Penney 案中，法官认为，"……在我看来，使用商标的行为与商标经营的成功不能画等号，比如，假设一个商人将其商品在加拿大市场上销售，但几年来只成功进行了很少几单交易，这能够成为阻止其获得商标权的理由吗？如果商品和行业本身的特点导致很长时间里只会有一两宗交易成功，其经营者是否无法获得商标权？因此，是否满足商标使用要求不能由交易或商品的数量多少来衡量，而应当结合全部的案件因素来判别。CTMA 本身没有对商标使用行为作出任何程度或数量上的要求，只对使用行为是否被'通常交易流程'容纳进行了规定"。[2]这种观点是较为全面和正确的，对是否达到商标权取得基础的使用要求进行判断，应当回归法条的本意，也就是探求法规原本的目的：通过真实存在的交易行为（商标在相应商品或服务上的实际使用）向相关公众展示商标，从而建立商标与商品或服务来源之间的紧密联系；而交易的具体形式和数量、商标在商品上表现的具体方式等可被看作"商标使用"这一概念在现实中的"投影"，可以作为工具性的判断要素，但不能取代法规本义。从理想状况考虑，如果法官、注册机关的审查员等有权作出判断的人具有充分的信息和认识能力，将某一宗具体案件中的全部工具性要素有机结合在一起，就能精确得出是否符合本义的结论，而在非理想状况下（现实中），至少也应在逻辑上不断贴近追求这一思维过程。因此，任何只根据若干要素作出的判断都有可能曲解法规目的，扭曲法律规范原本意图实现的价值。[3]

〔1〕　E. I. Du Pont de Nemours & Co. v. G. C. Murphy Co., 199 U. S. P. Q. 807（T. T. A. B. 1978）.

〔2〕　J. C. Penney Co. v. Gaberdine Clothing Co.（2001），16 C. P. R.（4th）151（F. C. T. D.）.

〔3〕　"象征性使用"的概念在我国商标法司法实践中也有涉及，多出现在有关商标"撤三"的场合。在 2009 年的"大桥 DAQIAO 及图"案中，法院首次在判决书中提及在"撤三"案件中应当剔除"象征性使用"。学者总结了象征性使用认定的参考因素，包括商品的性质、价格、数量，商标使用的时间、环境，当事人的经营能力和规模，商标使用的方式等。参见臧宝清："关于撤销三年不使用案件中'象征性使用'判断问题的初步思考"，载《中华商标》2013 年第 7 期，第 51 页。

二、使用取得实证分析：以美国联邦注册为切入点

（一）制定法中的商标权取得程序[1]

在美国，一次成功的商标注册需要经过申请、审查、申诉和公告、异议、核准发证五个阶段，按照申请基础的不同还可以进一步细分。[2]其中较有代表性的是基于意图使用而申请注册者存在"许可"阶段。将使用要求融入注册程序的具体做法集中体现在申请和形式审查、实质审查、意图使用商标的许可及维持注册四个方面。

1. 申请和形式审查

但凡商标注册首先需要进行申请，申请阶段重要的节点是申请日期的取得（filing date）。申请日期意味着在该日取得《拉纳姆法》规定的优先（priority）和推定使用（constructive use）效力（下文详述）。根据美国《商标审查程序手册》（Trademark Manual of Examining Procedure，TMEP）的规定，申请人至少应提交身份资料和联系方式、商标图样、商品或服务项目、申请官费，专利商标局（PTO）进行形式审查，通过后即将收到所有材料的日期确定为申请日期。值得注意的是，提交注册基础不是取得申请日期的前提条件，申请人最迟可在 PTO 下发初次审查意见（first Office action）时答复和提交注册基础有关信息。[3]

以基于实际使用和基于意图使用提交注册基础信息为例，前者需要提交在申请日期已经在商业中使用商标的陈述（statement）、日期、商标使用的证据样本；后者需要提交意图诚信使用商标的陈述。两者不能共存，但前者可在提交信息时修改为后者。

2. 实质审查

审查阶段是指 PTO 审查员对标识进行实质审查，审查内容包括申请商标的审查和冲突申请的处理两个方面。

---

[1] 本节中所称"制定法"指的是由 2015 年《美国法典》第 15 编"商业与贸易编"第 22 章《拉纳姆法》、2015 年《美国商标法实施规范及联邦法规》（U. S. Trademark Rules of Practice & Federal Statutes）、2016 年《美国商标审查程序手册》（TMEP）、2016 年《美国商标审判及上诉委员会程序手册》（TBMP）等成文法律规范组成的商标法律体系。

[2] 《拉纳姆法》规定的申请基础包括：①基于当前实际使用；②基于善意图使用；③基于国际优先权；④基于外国商标注册；⑤基于马德里体系的延伸注册。

[3] Kraft Grp. LLC v. Harpole, 90 USPQ2d 1837, 1840 (TTAB 2009).

一方面，"商标法用于注册商标，而非注册词语，存在商标使用是可注册性的前提"。[1]申请商标的实质审查包含两点内容：对标识本身的审查以及对标识使用情况的审查，后者是区别于注册取得模式下的商标实质审查的关键。其一，对标识本身的审查与注册取得模式下的审查类似，总的来说，除了权利冲突和公序良俗等理由外，这部分工作集中在对标识固有显著性的审查上。审查实践总结了一系列典型情形：①仅作为商号使用，原因是商号指示的是主体从事经营或事业的名称；[2]②申请注册商业外观为商标的，不满足非功能性要求；[3]③装饰性的标识，任何人均可利用其美学特性，而不能用之区别于其他商品；④单纯传达说明、陈述、描述等信息的标识和色彩。其二，对商标使用情况的审查。首先，对商标载体的审查。这指的主要是标识必须在商品上使用，来源于《拉纳姆法》对"在商业中使用"商标的要求。满足要求的商标载体必须直接对消费者有用，因此，商品模具、信笺表格礼品等附件不具备商标载体价值。其次，对获得显著性的审查。该部分审查主要依照"审查员初步判断是否具有固有显著性""申请人举证具有获得显著性""审查员举证获得显著性不能排除驳回理由"的顺序交替进行。申请人可以根据《拉纳姆法》第2（f）条举证标识具有获得显著性来针对性地弥补固有显著性不足的问题。举证可以围绕以下三点进行：①与已有的注册商标相同且相关；②声明在申请日前5年已经进行了实质性、持续性使用；③其他实质性证据。显然，在证明问题上存在两极：固有显著性和获得显著性，对前者偏离越远，证明难度就越大；而且以上三点对获得显著性的证明要素都属于取得注册的必要非充分条件。最后，审查员可以以下原因举证并驳回获得显著性主张：①一般性、功能性或纯粹装饰性的，从而无法产生商标作用的标识；②包含不道德或令人反感的内容；③包含欺骗性内容且足以误导相关公众的交易决定或具有地理欺骗性内容；④对自然人或法人、信仰、国家象征进行贬损或虚假暗示存在关联的标识。总的来说，美国商标注册实质审查的特色聚焦于对商标性的审查，即用于申请的标识是否能够通过动态的使用行为起到区别和识别商品来源的作用。

---

[1]　Standard Oil Co., 275 F. 2d 945, 947, 125 USPQ 227, 229 (C. C. P. A. 1960).

[2]　In re Letica Corp., 226 USPQ 276, 277 (TTAB 1985).

[3]　Wal-Mart Stores, Inc. v. Samara Brothers, Inc., 529 U. S. 205, 210, 54 USPQ2d 1065, 1068 (2000).

另一方面，冲突申请（conflicting application）指的是两个正在申请中的商标相同或相似并可能导致混淆的情形。冲突申请的优先公告顺序根据申请日期的先后决定，同一日获得申请日期的在先签署的申请优先进入公告程序，不考虑在先使用，也不考虑意图使用日期。这是为了让冲突申请程序快速了结，在先使用在取得权利方面的优先性通过异议程序体现。如果冲突商标申请曾被放弃后请求重新生效或恢复，应当分情况处理：申请日期在后的申请已经公告的，暂停恢复的在先申请；已经核准注册的，直接拒绝在先申请商标的注册。

3. 意图使用商标的许可

基于意图使用注册（intent-to-use application，ITU）是使用主义取得模式下的特有产物。意图使用商标通过特有的"许可"（notice of Allowance，NOA）程序嵌入注册程序中。下文主要讨论 ITU 商标的注册与基于实际使用注册商标在程序方面的区别。

第一，ITU 商标的初步实质审查，将对标识本身的审查及对标识使用情况的审查区分开来，在申请日期确定后对标识本身进行初步实质审查，这部分相当于注册取得模式下对商标进行的实质审查。而第二部分对商标使用的审查则有待于 ITU 商标转化为实际使用商标后进行。

第二，ITU 商标的转化。为了保证商标权取得以使用作为前提条件，ITU 商标在经过初步实质审查后，必须补充提交使用证明将之转化为实际使用商标。转化存在两种方式：①在申请日期后、初步实质审查结束前将之修正为实际使用商标（amendment to allege use），应当提交使用证明、申请商标所在的类别、官费，其后的程序与基于实际使用申请注册的步骤一致；②初步实质审查结束时申请人并未将之修正为实际使用商标的，如果审查员认为符合注册要求，则将其登载在商标公告中以待异议，顺利通过异议期后由商标局发出 NOA。

第三，ITU 商标的许可通知（NOA）。NOA 的法律性质类似备案，目的是表明申请人已经"获准"注册商标，但注册机关并未核准注册。收到 NOA 意味着申请人应当在 6 个月内提交使用声明（statement of use，SOU）以及相关证据，该期限最多可以延长至 3 年。[1]如果发现申请存在"明显错误"

---

［1］ 延长申请每6个月提交一次，提交延长申请时必须满足以下条件：①只能由商标注册申请人本人提出；②说明意图使用商标的商品或服务，并与 NOA 记载一致；③证明使用意图的善意；④说明延长期限的合理理由。

（clear error），NOA 可能被撤回并重新进行初步实质审查，否则在此期间（从申请人收到 NOA 至递交 SOU 之间）审查员无权驳回申请。

第四，ITU 商标的核准。申请人通过提交 SOU 启动 ITU 商标的第二次实质审查。如果申请人未能在期限内提交 SOU，ITU 商标的申请被视为自动抛弃。[1]SOU 的内容包括商标在商业中使用的样本和实际使用的宣誓声明。对 SOU 实质审查的内容通常仅包括商标使用状况（use in commence），主要审查首次使用时间和使用样本。通过审查之后 ITU 商标直接核准发证，不再进行第二次公告。

4. 维持注册

依照制定法的规定，当前美国商标权的保护期间为 10 年，可在连续 10 年期满前 1 年或期满之后 6 个月（宽展期）向注册机关提出续展。除此之外，制定法规定了宣誓书制度用以维持使用要求下注册的效力。

根据《拉纳姆法》第 8 条的规定，宣誓书指的是商标权人向注册机关出具的用以证明在商业中使用商标或有正当理由未使用且未意图放弃商标的法律文件。宣誓书的提交时间则为：在初次注册的保护期间内提交两次，分别为第 6 周年届满前及第 10 周届满前 1 年内；之后的每个保护周期内在第 10 周年届满前 1 年内提交一次；提交宣誓书的宽限期为上述两个时间点届满后 6 个月内。在提交宣誓书时存在两点值得注意：其一，对于"正在使用"宣誓书来说，应当附随提交商标使用样本，且该样本应足以证明商标权人在注册的商品或服务类别上于商业中使用注册商标；其二，对于"正当理由未使用"宣誓书来说，至少需要表明：①未使用的客观环境要素（商标权人无法控制的外部因素）及理由；[2]②未在哪些注册类别上使用商标；③并无放弃商标

---

[1] 根据统计资料，1981 年至 1989 年间商标注册成功率高达 77%；而 1988 年《拉纳姆法》修改后，允许基于意图使用注册后，1989 年至 2007 年间注册成功率骤降至 53%，其中基于实际使用而注册的成功率保持在 75%，而基于意图使用注册则仅为 37%，大部分原因在于申请人未能通过"许可"阶段及时提交使用证明和声明导致。See Barton Beebe, "Is the Trademark Office a Rubber Stamp?", *Houston Law Review*, Vol. 48, No. 4, p. 752, 2011; NYU Law and Economics Research Paper No. 12-03, pp. 762~763.

[2] 类似权利人的商业决策、商品或服务需求降低、在外国使用、在非注册类别的商品或服务上使用等理由不能作为"正当理由"。See In Re Conusa Corp., 32 USPQ2d 1857 (Comm'r Pats. 1993). 相对地，贸易禁运、处于出售包含商标的业务期间、因疾病和灾害等确实会影响到商标权人正常运行等可以作为"正当理由"。

的意图；④停止使用和恢复使用商标的时间点；⑤恢复使用商标的具体措施；⑥未使用商标的时间长度一般不超过连续 3 年。宣誓书制度的目的是满足注册机关监督商标权利状况，排除未使用的僵尸商标；因此，如果注册商标权人未能及时提交符合要求的宣誓书，其注册商标权将被注册机关撤销（cancelled）。[1]

5. 共同注册

在 1916 年和 1918 年的两个判例基础上，美国联邦最高法院发展出了判断商标共存正当性的"蒂罗斯—莱格特纳斯"规则。这一普通法规则包含两个构成要件。其一，远方使用，指的是共存商标必须在两个不同距离较远的区域市场中使用，或者在不重叠的消费者群体中使用。使用取得模式下商标权利的取得以实际使用为前提，而法律意义上的"实际使用"映射到现实中就有可能客观反映为"远方使用"。其二，主观善意，善意的界定经历从"不知"到"无恶意"的发展，如果在后使用人没有搭便车的恶意而采取了如加入区别标记等做法，那么就可能判断其行为不会影响正常的商标使用秩序。[2]采纳这两个构成要件的目的是帮助法官判断是否存在混淆可能性。有学者认为还存在另外两个构成要件：商标符号的相同或近似，以及共存商标上各自因使用建立起了一定商誉。[3]由此可以认为，远方使用和商标符号的相同或近似是共存的客观因素，而是否存在建立于使用人实际使用基础上的独立商誉及其善意的认定需要裁判者发挥主观创造性进行法律推理。

美国《拉纳姆法》建立的联邦注册制度带来了商标权在全国范围内"推定通知"的效果，对远方使用和主观善意两个要件都构成了一定冲击，显然会影响裁判者的决断。然而，这种情况下商标法体系不仅接纳了判例中既存的普通法规则，而且以承认"同时使用注册"（concurrent use registration）的方式为商标共存作了制定法的背书。除了远方使用和主观善意这两个用于判断混淆可能性的要求外，美国的商标法律和审查规范还通过一系列程序安排

---

〔1〕 在注册机关驳回宣誓书后注册商标权人可以予以解释说明；如果仍不能被接受，方可向专利局局长而非 TTAB 提出申诉（petition），申诉结果为终局性的行政裁决（final action）；如当事人仍然不服裁决，可向联邦法院提出申诉。

〔2〕 参见李雨峰、倪朱亮："寻求公平与秩序：商标法上的共存制度研究"，载《知识产权》2012 年第 6 期，第 3~7 页。

〔3〕 蔡中华、王欢："'商标共存'制度之法律质疑"，载《法学杂志》2015 年第 4 期，第 68 页。

来辅助裁判者作出决断。[1]首先，申请同时使用注册的基础为实际使用商标，明确排除依据外国注册或马德里协定而提出并存注册申请，这保证了"远方使用"与各自独立的商誉具备现实基础。其次，申请人除了要求满足一般商标注册的标准，还应当提交以下材料：申请人必须指明商标使用的地域范围和使用方式；申请人已知的他人同时使用商标的情况，包括商品或服务类别、地域范围和使用方式、商标注册或申请注册的情况。最后，申请人必须至少符合以下情况之一才能提出同时使用注册：其一，直接寻求根据商标评审和申诉委员会（TTAB）的同时使用注册审查程序而提出申请；其二，申请人先于已注册或待核准的商标的申请日期使用商标，这说明申请人错过了异议期，属于使用取得模式下未注册商标保护的问题；其三，根据法院作出的有关支持同时使用商标权利的判决提出同时使用注册，这种情况下审查员不需要再对混淆可能性进行判断，但应当审查申请人提交的商标使用方式等信息是否与法院判决一致，否则应当转为上述第一类程序；其四，注册商标的所有人达成协议（consent agreement）同意注册。

　　由此可见，上述四类情况中，第一、二类导向 TTAB 的同时使用注册审查程序（concurrent use proceeding），该审查要求符合：①商标已经实际使用，②申请人先于已申请或已注册商标权人而使用商标，③通过申明使用地域、方式等举证并存注册不具有混淆可能性，④其他商标注册的实质审查标准这四种条件。第三类依靠法院来审查注册的正当性。较为特别的是第四类情况，提交商标共存协议可以代替证明在先使用的要求。[2]共存协议应当被明确为统一在使用取得模式下的一种商标取得例外形式，其精神内核延续了判例法的有关规则。起源于判例法的"蒂罗斯—莱格特纳斯"规则并不以共存商标人在先使用商标为前提，相反法官都支持了在后使用人；因此，普通法规则中的商标共存可以看作先使用原则下的一种商标侵权阻却事由。而 TTAB 的同时使用注册审查程序一般要求在先使用，可以看作通过权利补正的方式来保护未及时注册的先使用商标，得以补正的前提显然也是先使用原则。对比来看，一方面，共存协议存在时，申请人即使在后使用也有可能取得同时使用

---

〔1〕　See 15 U. S. C. §§1051（a）（3）（D）–1052（d）；37 C. F. R. §§ 2.42-2.99；TMEP § 1207.04（2016）；TBMP §1100（2016）.

〔2〕　15 U. S. C. §§1052（d）（3）.

注册，是先使用原则下的例外；另一方面，共存协议的存在不能代替其他围绕使用建立起的商标共存判断要件。比如，申请人仍然要举证证明已经实际使用商标并借此建立了独立的商誉，远方使用和主观善意也依然是帮助裁判者决断是否存在混淆可能性的重要因素。这类证明既可以体现在共存协议中，也可以单独举证。因此，与其说共存协议是同时使用注册的依据，毋宁仅仅称其为开启审查程序的一把钥匙，其作用与基于在先使用或法院判决而要求并存注册并无二致。这一点在美国的司法实践和审查规范中有明确的反映：共存协议只是否定混淆可能性的因素之一；[1]由于只表明了在先注册人的同意，没有提供共存商标的使用地域、方式等足以举证不具有混淆可能性的实质性信息，"无证据的"（naked）共存协议显著地缺乏说服力；[2]相反，如果共存协议只体现了先注册人的同意，但申请人另外举证同时使用商标的两者具有特殊关联关系而能够否定混淆可能性，也足以说服裁判者同意同时使用注册。[3]总的来看，申请人手握一份充分丰满的共存协议比起片面地举证商标共存不会导致混淆，在证明力上是具有相当优势的。联邦巡回上诉法院倾向于接受商标利益直接相关者（申请人和在先注册权利人）对市场状况的判断，先注册人的同意也足以说明没有必要特意另行推定申请人的善意。[4]但这不仅以共存协议和其他证据在混淆可能性方面的证明力为条件，而且并未根本改变普通法中的商标共存判断规则。打个比方来说，共存协议可以被看作否定混淆可能性证据的精致包装，而并不存在"协议共存"这一独立的商标共存类型。在美国商标法体系下，应当认为只存在通过 TTAB 同时使用注册审查程序而得到的"补正式商标共存"，与适用"蒂罗斯—莱格特纳斯"规则否定混淆可能性的"阻却侵权式商标共存"。

（二）联邦注册的效果[5]

"未使用的已注册商标"（deadwood）总是能引起美国商标法理论界的本

---

[1] In re N. A. D. Inc., 754 F. 2d 996, 224 USPQ 969 (Fed. Cir. 1985).

[2] In re Donnay Int'l, S. A., 31 USPQ2d 1953, 1956 (TTAB 1994). In re Mastic Inc., 829 F. 2d 1114, 4 USPQ2d 1292 (Fed. Cir. 1987). In re Permagrain Prods., Inc., 223 USPQ 147 (TTAB 1984).

[3] In re Wacker Neuson SE, 97 USPQ2d 1408 (TTAB 2010).

[4] In re E. I. du Pont de Nemours & Co., 476 F. 2d 1357, 1363, 177 USPQ 563, 568 (C. C. P. A. 1973). In re Four Seasons Hotels Ltd., 987 F. 2d 1565, 26 USPQ2d 1071 (Fed. Cir. 1993).

[5] 笔者认为，在美国商标法语境下，申请人期望通过商标注册程序达到某种目的反映到法律规范上适宜称之为注册程序的"效果"，以便与实际使用而产生商标权的"效力"相区别。

能厌恶。[1]芝加哥学派的学者津津乐道于商标降低消费者搜寻成本的功能，其基本假设是美国将使用与注册相互结合的商标注册体系运行良好，能够充分降低注册取得商标权模式下的抢注和囤积商标等寻租行为的可能性。[2]由于浸淫于普通法传统，相对于完整充分地关注注册体系的问题，学者更多地从普通法角度来寻找商标权利的渊源，导致制定法上一系列权利效力确认程序被掩蔽在普通法权利的光芒之下。比如，当学者对混淆理论的扩大适用进行批判时，大多认为应当警惕商标权利变得太大太强以致与公共利益发生冲突，未关心注册体系在其中起到的作用。[3]总的来说，美国学者习惯于将注册体系视为一种民法传统的"舶来品"，是披在普通法制度上的一条"大陆法披肩"。[4]然而，作为一个已经运行了近70年的法律制度，围绕注册建立起的一系列商标权利效力确认程序已经与美国商标权的取得、维持和消灭紧密联系在一起，不仅仅是一个仅具形式意义的"装置""工具"，还会在司法实践中对商标的功能、价值等实体问题造成切实的深刻影响。因此，研究联邦注册的效果是分析使用取得模式如何结合注册制度优点的必经之路。

联邦注册的效果可以分为两个层次：第一层为注册之一般效果，为《拉纳姆法》第7（b）、（c）条、第22条及第33（a）条所规定；第二层为取得注册不可争议性后的效果，为该法第15条、第33（b）条所规定。

1. 注册的一般效果

商标使用而非注册是美国商标权的基础。美国商标法一直坚守其以使用为基础的基本理念，坚决地拒绝采纳其他国家通行的以注册先后划分商标权取

---

[1]　Graeme B. Dinwoodie, "Trademarks and Territory: Detaching Trademark Law from the Nation State", *Houston Law Review*, Vol. 41, Issue 3 (2004), 885~974, p. 898.

[2]　参见［美］威廉·M. 兰德斯、理查德·A. 波斯纳：《知识产权法的经济结构》（中译本第2版），金海军译，北京大学出版社2016年版，第218~220页。需要注意的是，这里所谓"mixed system of registration and use"并不是指美国商标法在权利取得制度上采纳混合取得模式，而是指注册制度起到了一种工具性的作用，作为一个便利的信息提示系统（provide cheap notice）来降低交易费用。

[3]　See Ann Bartow, "Likelihood of Confusion", *San Diego Law Review*, Vol. 41, Issue 2 (May~June 2004), pp. 721~818. Barton Beebe, "Search and Persuasion in Trademark Law", *Michigan Law Review*, Vol. 103, Issue 8 (August 2005), pp. 2020~2072.

[4]　Rebecca Tushnet, "Registering Disagreement: Registration in Modern American Trademark Law", *Harvard Law Review*, Vol. 130, 2016, p. 4.

得优先性的法律体系。[1]即使如此，也不能否认注册制度的重要性。除了通过普通法上的商标使用建立排他性权利之外，注册程序可以为商标权人带来诸种额外优势。

第一，第22条规定的公示公信效果。该条规定在主注册簿上注册商标，视为注册人发出了对商标主张所有权的通知，效果及于全国。

第二，第7（c）条规定的推定效果。[2]该条规定可以分为三个层次：首先，在主簿上注册的标记，提出标记的注册申请就构成标记的推定使用。由于可以基于意图使用提出注册申请，这种推定产生效果不需要以商标的实际使用为前提。[3]其次，推定的内容是在全国范围内产生使用标记的优先权利。最后，这种优先权利可以对抗其他任何主体，但已经使用者、已经提出注册申请者、已经获得商标注册者或取得申请优先权者四类主体除外。

第三，第7（b）条和第33（a）条规定的"初步证据"（prime facie evidence）效果。总的来说，该效果是指注册有转移证明责任的证据功能。注册核准后商标权人在主张权利时不需要承担证明其权利有效性的责任；同时可以凭借注册证书证明自己拥有该商标，且将商标投入了实际使用。在司法实践中，不同法院对这种效果存在一定分歧。一方面，多数法院认为该效果具体落实到诉讼中即为权利有效性（实为证明无效）的证明责任转移到了案件被告（通常为被诉侵权人）身上，其有责任通过优势证据（preponderance of the evidence）证明商标权的瑕疵，同时意味着原告的证明责任"弱化"为证明注册的真实性。[4]另一方面，少数法院则认为，对于未获得不可争议性的商标注册来说，其转移证明责任的效力并没有那么强，表现为被告的证明不需要达到优势证据的程度即可推翻商标权的有效性。

2. 商标权的"不可争议性"

《拉纳姆法》第15条和第33（b）条规定了注册商标权人可在一定条件

---

[1] Graeme B. Dinwoodie, "（National）Trademark Laws and the（Non-National）Domain Name System", *University of Pennsylvania Journal of International Economic Law*, Vol. 21, Issue 3（Fall 2000）, 495~522, p. 496.

[2] 15 U. S. C. § 1057（c）.

[3] Barton Beebe, "Is the Trademark Office a Rubber Stamp?", *Houston Law Review*, Vol. 48, No. 4, p. 752, 2011; NYU Law and Economics Research Paper No. 12-03, p. 754.

[4] Pom Wonderful LLC v. Hubbard, 775 F. 3d 1118, 1124（9th Cir. 2014）. Vox Amplification Ltd. v. Meussdorffer, 50 F. Supp. 3d 355, 372（E. D. N. Y. 2014）.

下获得商标权的不可争议（incontestability）。相较于注册的一般效果，该性质起到什么样的作用、是否说明制定法超越普通法规范而设定了新型的实体权利颇有一番争议。

（1）不可争议性概述。

首先，从法律文本上来看，不可争议性的获得方式由第15条规定，可以概括为"注册核准之日起连续五年实质使用商标""向商标局提交请求获得不可争议性的宣誓书"两个程序要件。需要注意的是，获得不可争议性不需要经过商标局的实质审查，[1]商标局只对注册商标权利是否处于未决状态进行形式审查。另外，不可争议性指的只是商标使用而非商标权不可争议，

其次，不可争议性的效果。该问题一直是美国商标法中的一个迷思，存在观点分歧。在美国的商标侵权案件中，原告对以下三点内容承担证明责任：商标有效且可保护，原告是商标的所有人，被告使用标识的行为具有混淆可能性。商标经过联邦注册这一事实在联邦范围内对前两点内容具有初步证明的作用，但无法排除被告就此提出的抗辩。一些评论认为，获得注册的不可争议性则令原告（商标权人）获得更多的好处，亦即对以上前两点内容的证明作用提升到了"决定性证据"（conclusive evidence）的层级。一旦商标权进入不可争议状态，原告在侵权之诉中只需证明该状态合法存在，证明责任即转化为被告须证明商标无效或原告不是商标的所有人，而被告只能根据第33（b）条列明的几种情况针对商标效力进行抗辩。因此，不可争议性可以被描述为一种侵权诉讼中原告可借助的"证明过程中的巨大优势地位"。[2]而一部分法官则认为"不可争议"这一称呼引发了字面上的广泛误解，实际上该性质只不过是阻却商标侵权责任的20多种理由之一而已，并无特殊之处，更不能认为不可争议性的规定表明制定法超越普通法规范创造了新的实体商标权利。[3]

最后，不可争议性的抗辩理由为第33（b）条列举的九种情形。其中，标识的性质与不可争议性的关系是争议最大的问题。美国商标法律按照固有

---

〔1〕　法院有可能在具体案件中对不可争议性的实质条件进行审查，如是否符合"实质使用"的要求以及商标是否变为属名等。See Brittingham v. Jenkins, 914 F. 2d 447, 453（4th Cir. 1990）.

〔2〕　Joan L. Dillon, "The Effect of 'Incontestability' in Trademark Litigation", *Denver University Law Review*, Vol. 68, Issue 2（1991）, pp. 277~282.

〔3〕　Park' N Fly, Inc. v. Dollar Park & Fly, Inc., 469 U. S. 189,（1985）（Stevens, J., dissenting）.

显著性由弱到强将标识分为一般性、描述性、暗示性、任意性、臆想性五个类型。其中一般性（generic）标识为商品或服务的属名，不得获得不可争议性；由商标变为属名的，其先前获得的不可争议性可在案件中为法院否定；而暗示性、任意性和臆想性标识都具有一定的固有显著性。问题在于描述性标识，在以往的判例中，标识仅具描述性说明权利人背负证明其具备第二含义（获得显著性）的责任。[1]然而，由于第33（b）条没有列举商标仅具有描述性（merely descriptive）时可对不可争议性作出抗辩，因此引发分歧。一种观点认为，应当严格按照文义解释，即使侵权之诉当时被告抗辩商标确实仅具描述性，举证责任也转移为被诉侵权人证明标识不具有第二含义；另一种观点则认为，在侵权之诉中原告商标的不可争议性与混淆可能性（上述原告证明责任的第三点）是相互交叉（orthogonal）的两个问题。权利人是否豁免证明商标具有第二含义，或被诉侵权人是否能成功利用描述性合理使用作出抗辩有没有价值，取决于混淆可能性的判断。如果确实混淆，证明的豁免没有任何意义；反之，如果没有混淆可能性，证明豁免与否也没有任何价值。这表明在一个完全建立在混淆测试基础上的商标法体系中，不可争议性实际上不具有任何实际意义。[2]

（2）标识的描述性与不可争议性的关系："Park' N Fly"案与"micro color"案。

美国联邦最高法院曾经在两个标识性案件中对"不可争议性"相关问题作出裁判，其中直接进行论述的是"Park' N Fly"案，此案裁判一经作出即引发各巡回法院的巨大争议。也许尚不愿意在该问题上过多纠缠，在其后的"micro color"案中美国联邦最高法院未直接论述不可争议性。

在"Park' N Fly"案中，[3]被告Dollar Park and Fly公司自1973年开始使用标识"Park"和"Fly"。原告Park' N Fly公司于1971年核准注册"Park' N Fly"商标，于1977年取得该商标的不可争议性；同年原告发现被告使用其标

---

〔1〕 General Time Instruments Corp. v. United States Time Corp. , 165 F. 2d 853, 854 – 55（2nd Cir. 1948）；Black & Decker, Inc. v. North Am. Philips Corp. , 632 F. Supp. 185, 194（D. Conn. 1986）. 证明标识具有第二含义是比较困难的，因此改变举证责任的承担有可能影响到案件的胜负结果。See 20th Century Wear v. Sanmark-Stardust, Inc. , 815 F. 2d 8, 10（2nd Cir. 1987）.

〔2〕 See Rebecca Tushnet, "Registering Disagreement: Registration in Modern American Trademark Law", *Harvard Law Review*, Vol. 130, 2016.

〔3〕 Park' N Fly, Inc. v. Dollar Park & Fly, Inc. 469 U. S. 189（1985）.

识的行为并发函要求被告停止使用。被告拒绝后，原告向地区法院提出侵权之诉。被告则认为原告商标仅具有描述性，如果原告不能证明其具有第二含义则因缺乏可注册性而应撤销；原告提出被告抗辩无效的理由是，根据《拉纳姆法》相关规定的文义解释，一旦商标获得不可争议性，就应终局地推定有效，除非根据第 33（b）条列明的事项进行抗辩。第九巡回法院认为不可争议性不得在侵权案件中用于反驳侵权人的抗辩，只能在撤销之诉中作为商标权人的抗辩理由；同时认为被告的抗辩理由不应当限于第 33（b）条。然而，联邦最高法院多数意见认为从法律文本和立法历史两个角度考察，第九巡回法院的意见都是错误的。本案中原告认为，《拉纳姆法》的解释应当从不改变普通法规范的原则出发；但是，实际上该法多处对普通法规范进行了修改增删。首先，从《拉纳姆法》的规范体系（第 14 条、第 15 条、第 33 条）来看，区分不可争议性的防御性或进攻性作用是毫无必要的，第 33 条表述的"决定性"适用于侵权案件，这从规定本身涉及侵权案件中对不可争议性的抗辩理由即可得知。此外，法律解释应当首先遵从文义解释，第 33（b）条未列举"仅具描述性"作为不可争议性的抗辩理由。"仅具描述性"作为推翻可注册性的理由应当在商标获得不可争议性之前提出，这一点并不是国会立法的疏失而是特意为之。[1] 其次，从立法历史来看，国会制定《拉纳姆法》的目的是改变以往各州商标法律各自为政的局面，强调商标权在全国范围内能够保持稳定。规定不可争议性的目的就是通过满足一定条件令商标权状态趋于稳定，[2] 反之，如果能以标识不具有可注册性为理由推翻既存的不可争议性状态，该规定只能成为具文。最后，联邦最高法院回溯了第九巡回法院引用的一个主要判例，发现其裁判依据来源于商标局的意见，"权利人不能在注册核准范围外将商标权的不可争议性作为一种'进攻性武器'来使用"，这恰好说明在注册核准范围内不可争议性的作用无须区分防御性或进攻性。

　　总的来说，联邦最高法院在"Park' N Fly"案中的裁判意见说明不可争议性可以作为商标权有效性推定的基础，其背后的价值追求是舍普通法规范之"灵活"而取注册制度之"稳定"。但是，该案后各巡回法院和地区法院并没

---

　　[1]　See H. R. Conf. Rep. No. 2322, 79th Cong. , 2d Sess. , 4（1946）（explanatory statement of House managers）.

　　[2]　See Hearings on H. R. 82 before the Subcommittee of the Senate Committee on Patents, 78th Cong. , 2d Sess. , 21（1944）（remarks of Rep. Lanham）.

有因此统一对不可争议性作用的认识。由于商标强度往往是多要素混淆测试的组成部分之一，[1]"Park' N Fly"案后各法院对不可争议性的认识不仅进一步分裂为四种意见即不可争议性可/否直接推定商标强度、不可争议性是/否仅作为商标强度分析的一部分，在同一法院内部还出现了在以上意见间不断摇摆的状况，降低了法院裁判的可预测性。[2]

然而，在 2004 年的"micro color"案中，[3]美国联邦最高法院作出了几乎相反的裁判。本案原被告都经营一种遮盖疤痕的"永久化妆品"，两者都使用了"micro color"标识。原告于 1992 年申请该商标注册，并于 1999 年获得不可争议性；被告则声称自 1990 年起开始使用该标识。原告发现被告仍在使用争议商标后提出侵权之诉，而被告则认为其使用行为只是为了描述商品的性质而非起到商标作用，属于第 33（b）（4）条规定的不可争议性抗辩事由。地区法院在没有进行混淆测试的情况下认可了被告的抗辩。而第九巡回法院则认为地区法院这一做法错误，应以混淆测试为基础判断被告是否属于合理使用——如果消费者有可能混淆，则必然不属于合理使用，而且混淆与否的证明责任应当由被告承担。然而，联邦最高法院推翻了上述意见。首先，在侵权案件中要求被告证明无混淆可能性是不合理的。其次，第 33（b）（4）条与第 32 条"侵权责任"对比，没有提及"有可能造成混淆"，因此混淆测试不是适用该条抗辩的前提；而且合理使用制度的存在本身说明法律容忍一部分混淆可能性。该条规定列入不可争议性的抗辩事由说明《拉纳姆法》认同普通法中任何人不得根据使用在先获得描述性词语独占权这一观点，以防止商业垄断日常用语，而这些日常用语只有被证明获得了第二含义后方可注册。

在本案中，联邦最高法院将论述重点放在了合理使用与混淆测试的关系上，但有意无意忽视了三点内容。其一，第 33（b）（4）条规定的"描述性

---

〔1〕 See Ty, Inc. v. Jones Group, Inc. , 237 F. 3d 891, 897-98 (7th Cir. 2001)；King of the Mountain Sports, Inc. v. Chrysler Corp. , 185 F. 3d 1084, 1089-90 (10th Cir. 1999)；Frehling Enters. , Inc. v. Int' l Select Group, Inc. , 192 F. 3d 1330, 1335 (11th Cir. 1999)；Elvis Presley Enters. v. Capece, 141 F. 3d 188, 194 (5th Cir. 1998)；Shakespeare Co. v. Silstar Corp. of America, Inc. , 110 F. 3d 234, 241–42 (4th Cir. 1997).

〔2〕 Kenneth L. Port, "The Illegitimacy of Trademark Incontestability", *Indiana Law Review*, Vol. 26, Issue 3 (1993), pp. 548~550.

〔3〕 KP Permanent Make-up, Inc. v. Lasting Impression I, Inc. , 543 U. S. 111 (2004).

合理使用"与商标仅具描述性的抗辩有无异同。其二,不可争议性的"决定性证据"作用是否无法对抗"描述性合理使用"抗辩,但可对抗"仅具描述性"抗辩;如是,是否说明"决定性证据"的程序效果对实体问题产生了直接影响。其三,有学者提出,联邦最高法院在本案中没有考虑借鉴欧盟商标法中的"双同"规则(double identity)直接推定存在混淆可能性背后的理由在于认定为合理使用即可容忍混淆可能,而合理使用的认定必然要对商标是否仅具描述性或被告仅描述性使用标识进行分析,但联邦最高法院显然对这个问题避而不谈。[1]联邦最高法院论述不充分的原因可能是不愿意正面界定不可争议性对实体权利的影响范围,担心这也许会成为吹响开启"制定法超越普通法规范"这个潘多拉魔盒的号角。

(3)有关不可争议性作用的分歧。

美国商标法中对不可争议性作用的分歧集中在两个方面:其一,不可争议性的作用是否需要区分为防御性和进攻性;其二,标识的描述性以及描述性合理使用能否作为不可争议性的抗辩。围绕着这两方面问题的实际上是两种观点的交锋:《拉纳姆法》作为制定法(可注册性和注册制度等问题)是应当严格地执行将普通法规范成文化(codify common law)的任务,且在法律解释时严格地自我约束不得越"唯普通法创造商标实体权利"之雷池一步;还是承认制定法有自己独立的价值,且可被解释为规定了普通法规范之外的实体权利。由于不可争议性作用的来源是商标注册,因此后者的实质是注册能否"产生"商标实体权利;而这一观点有撬动使用取得模式的可能,因此需要谨慎对待。

支持前一种观点的人认为,商标本身不是一种财产,美国商标法中存在采纳(adopt)、使用(use)、抛弃(abandon)三个概念,仅凭"采纳"是不能获得商标权的——不论制定法还是普通法规范都承认这一点,商标伴随使用且未抛弃才有可能被抽象为财产权利。而1946年《拉纳姆法》颁布时,就有学者认为注册制度衍生出的不可争议性如果具有创造实体权利的作用将引发承认商标本身是财产的危险。[2]在·些学者看来,第33(b)条中的"决

---

〔1〕 See Rebecca Tushnet, "Registering Disagreement: Registration in Modern American Trademark Law", *Harvard Law Review*, Vol. 130, 2016, pp. 38~40.

〔2〕 Rudolph Callmann, "Unfair Competition without Competition? The Importance of the Property Concept in the Law of Trade-Marks", 95 U. PA. L. REV, 443 (1947).

定性"（conclusive）一词本身就难以理解。对照普通法规范和《拉纳姆法》其他规定中使用的"排他性"（exclusive）一词，在这里特别表述为"决定性"似乎意味着获得不可争议性的商标权与一般的商标"财产权"（排他性地使用商标）有一些区别。可能的解释之一是国会意图表述的是商标权人对标识本身（而不仅仅是标识的商标性使用）拥有了"绝对的"权利。而这一解释在美国商标法传统中是不可思议的，法院也没有接受该解释。[1]而其他论者认为，在理论上，不可争议性在程序上"省力"[2]的好处不能抵消赋予仅具描述性的标识以独占权利时对公共利益的侵蚀。持这种观点的论者似乎认为没有必要区分是标识仅具描述性还是行为人在描述性层面上使用标识，原因是第二含义标识仅在表达该含义时可以获得商标权保护，在此范围以上两种情况没有区别。[3]而在解释法律时，不应当孤立看待第 33（b）条的规定：第 33（b）条（抗辩）、第 34 条（禁令）、第 35 条（损害赔偿）规定的都是对侵权的救济，在涉及公共利益时应当特别注意贯彻衡平原则。而描述性对显著性的影响规定在第 2（e）条中，该条作为可注册性的规定与第 33（b）条构成的天然张力不应被法院忽视。[4]

总而言之，一方面，将不可争议性的作用区分为防御性或进行性无甚必要。首先，第 33（b）条总括性地将该性质统一适用于注册商标法律关系，并没有区分其作用是积极的还是消极的。其次，不论将不可争议性的作用限制在"防御性"的撤销之诉中还是应用在"进攻性"的侵权抗辩中，同样面临着商标权利归属的正当性问题，其结果都是维护了注册商标权人使用商标的独占权利。另一方面，不可争议性与标识的描述性问题并列时，不应区分"仅具描述性"或"描述性使用商标"。首先，如果标识仅具描述性，不论由

---

〔1〕 See Kenneth L. Port, "The Illegitimacy of Trademark Incontestability", *Indiana Law Review*, Vol. 26, Issue 3（1993）, pp. 519~588.

〔2〕 这里的"省力"指的是获得不可争议性即令法院在解决商标权争议时不再需要审查标识是否具有显著性。《拉纳姆法》第 37 条（15 U. S. C. § 1119.）给了法院裁量商标注册效力的权力，但并不表示法院必须另行判断，因此，注册程序的"省力"点体现为，除非法院认为必要或者回应当事人的意见，注册的初始证据效果令法院无须关照商标权的有效性。而不可争议性是否能够达至第二次"省力"点——即使当事人提出显著性抗辩法院也可豁免审查，即为争论的焦点。

〔3〕 Park' N Fly, Inc. v. Dollar Park & Fly, Inc., 469 U. S. 189,（1985）（Stevens, J., dissenting）.

〔4〕 另一种观点认为，如果一个标识仅具描述性，那么在注册商标人提交的获得不可争议性宣誓书就不满足"在商业中使用"的必要条件。See Richard A. Wallen, Michael J. MacDermott, "Federal Registration and Incontestability", *The Trademark Reporter*, Vol. 79, Issue 3（May-June 1989）, pp. 373~378.

侵权人还是商标权人来使用都不能起到商标功能。而第 33（b）（4）条规定的"描述性合理使用"可以抗辩不可争议性，是从侵权人的角度作出的判断，举轻以明重，标识仅具描述性应当然属于抗辩不可争议性的理由。其次，侵权人提出描述性合理使用或标识因仅具描述性而显著性退化任一种抗辩理由，不论是获得不可争议性的时点前（考虑到不可争议性的获得只需要进行形式审查，这是完全有可能的）或时点后，都有因争议一方不符合使用要求而部分或全部抹消商标权利有效性的可能。使用是美国商标法普通法规范的核心概念，也是权利效力状态的判断标准；而主导制定法的基本立场是将普通法规范成文化，因此，当制定法的字面文义未能明确时，应当适用普通法规范和衡平原则。

最后，如果认同"Park'N Fly"案中联邦最高法院的观点，认为制定法可以新创实体商标权利，则意味着美国法语境下注册制度与权利取得的关系有重新变革的可能。"牵一发而动全身"，这并不利于维持法律性格的安定性。如上分析可知，"仅具描述性"与不可争议性的关系本来只是法律解释中的一朵小小"浪花"，并无特别的必要以此为突破口重新界定商标注册的效果，后续事实也说明联邦最高法院并无此意。因此，"Park'N Fly"案可谓"不争而争"。与其说不可争议性是厘清使用要求与制定法程序互动关系的窗口，还不如说这只是一个认识误区。实际上，另有现实问题引发上述关系中的疑难争议。

（三）使用要求与制定法程序的互动

注册取得模式的存在说明从正当性的角度看，注册本身就可以决定经营者能否取得商标权，并没有考虑消费者认知的必要性。相反，使用取得模式则认为，从消费者利益的角度出发，注册应当限制在其程序特性上，应当服从于潜藏在程序明面下的普通法规范（借助侵权规范决定商标权的真实边界），不应当具有独立地位。[1]这说明注册程序的作用可分两极，既可以被看作具有实质授权功能的制度，也可以仅仅发挥其辅助确权程序功能。当前美国司法实践中出现了一种在两极之间摇摆的趋势。这是由于美国法试图利用《拉纳姆法》规定的注册制度将两个只能实际部分调和的目标糅合在一起：作为公示公信平台引导经营者，以及根据消费者的理解匹配商标权利。而在获

---

[1] Rebecca Tushnet, "Registering Disagreement: Registration in Modern American Trademark Law", *Harvard Law Review*, Vol. 130, 2016, p. 14.

取商标权利问题上以注册制度为代表的制定法程序与将普通法规范中的使用要求融入注册程序的法律特质之间存在天然的张力。其根本原因在于，以设置权利为目的的注册制度从立法动因上来说是经营者面向的，欧洲国家的商标法将商标作为一种企业经营要素看待就是明证；[1]但是，以解释权利为目标的商标权保护体系必须引入消费者面向的价值。这种价值与价值、面向与面向之间的差异最终会导致商标法系统的内部张力，也会导致注册机关与法院之间对规范理解的分歧。这种张力致使使用要求在与制定法程序发生互动时出现了真与假两类冲突。

1. 假冲突：商标可注册性与可保护性

可注册性与可保护性的关系集中体现在：是否存在不可注册但可能获得保护的商标？这个问题可以进一步提炼为，一个标识通过实际使用足以起到商标作用——令消费者建立标识与商品或服务具有唯一联系的认知，以及该标识具有其他可能阻碍其注册的事实要素（主要指的是具有毁誉性等违反公共政策、公序良俗的要素，而非与可能其他商标混淆），这两个方面的内容与商标权利的取得、商标的可注册性之间到底是什么关系？[2]

按照以往的观点，"注册商标"只是"商标"的子集这一观点有着制定法和法律史的双重根据。《拉纳姆法》第 2 条的文字表述为"凡是能够将申请人的商品与其他人的商品区别开来的商标都不应当被拒绝注册，除非……"，麦肯纳认为该表述"说明标识是否可被定义为'商标'的判断既是先于也是独立于可注册性问题的"。[3]也就是说，只有一部分商标适合被注册，而可注册性并不是商标权受保护的充要条件。然而，20 世纪下半叶开始，可注册性与可保护性外延相同（coextensive）的观点开始占据上风。在 Qualitex v. Jacobson 案中，美国联邦最高法院认为几乎任何标识只要能起到指示来源作

---

〔1〕 See Rudolf Rayle, "The Trend Towards Enhancing Trademark Owners' rights—A Comparative Study of U. S. and German Trademark Law", *Journal of Intellectual Property Law*, Vol. 7, Issue 2（Spring 2000）, pp. 227~314.

〔2〕 与这个问题类似的是著作权法中的内容"非法"作品问题。与之不同的是，内容非法（如违反公序良俗）作品与合法作品都遵循创作完成即自动取得著作权的原则，只是对于内容非法作品而言，缺失复制、传播等积极权利并不影响其禁止他人抄袭等消极权利的价值。而商标的生命在于使用，商标权如果丧失其积极权利则不具有任何价值。因此，可注册性与可保护性间可能存在的矛盾表现得更加尖锐。

〔3〕 Mark P. McKenna, Trademark Year in Review, Feb. 5, 2015.

用，都可以被认定为商标，而且都具有可注册性。[1]而在 Taco Cabana v. Two
Pesos 案中，美国联邦最高法院明确提出《拉纳姆法》第 43（a）条规定的未
注册商标可保护性与第 2 条规定的商标可注册性可以等同看待。[2]著名学者
麦卡锡也认为从法理的角度来看，商标法应当具有"一致性"的秉性，不需
要同时具有两种商标权范围的实体规范，否则会影响法理规范的预见性。[3]
那么，问题是可注册性的射程应以可保护性为准还是相反。如果可保护性的
外延被"缩小"至可注册性，是否表明美国商标权的使用取得模式发生了实
质性改变？答案应该是否定的。

　　类似功能性、欺骗性的标识确实同时被第43（a）条和第2条排除出了商
标权保护的范围。但是还有一些否定可注册性的规定并未出现在第 43（a）
条中，比如不道德的、毁誉性的标识，与联邦或地方政府的旗帜、徽章等相
同或相似的标识等。这些标识因公共政策或公共利益的理由而被排除在注册
商标之外，但并不表示其无法发挥指示来源的商标功能；也就是说，可注册
性的判断存在两种理由：无法发挥商标功能——核心理由，与公共利益原
因——非核心理由，而未注册商标的可保护性判断是否应当同时考虑两种理
由？在 Renna v. County of Union 案中，[4]上诉法院否认了新泽西州联合郡政府
申请注册其政府徽章作为服务商标的合理性。首先，依据第 32 条或第 43（a）
条，保护商标权有三个前提：标识具有法律上的有效性和可保护性、原告是
标识的所有人、被告使用标识的行为具有混淆可能性。其次，从第 32 条的规
定来看，郡政府徽章不具有可注册性。联合郡政府两次向 USPTO 提出服务商
标注册都被驳回，理由是第 2（b）条规定的绝对"禁注理由"（absolute bar），
这一点不因申请人是郡政府本身而改变，原因是该条规定没有提供任何例外。
最后，从第 43（a）条的规定看，郡政府认为即使徽章不具有可注册性，但
具有法律上的有效性，因此具有可保护性。而法院认为，可注册性确实不是
使用第 43 条规定的前提条件，但是第 43 条和第 32 条适用的共同前提是法律

〔1〕 Qualitex v. Jacobson, 514 U. S. 159, 162（1995）.
〔2〕 Taco Cabana Inc. v. Two Pesos Inc., 505 U. S. 763, 784（1992）.
〔3〕 3 J. Thomas McCarthy, *McCarthy on trademarks and unfair competition*, 2000.
〔4〕 值得一提的是，该案的情节类似发生在我国的"英国国防部诉国家工商行政管理总局商标
评审委员会商标驳回复审行政纠纷案"，但该案并未涉及绝对禁止注册条款，而是集中讨论标识的显
著性。参见北京知识产权法院［2015］京知行初字第 3204、3205、3206 号行政判决书。

上的有效性和可保护性，因此不能得出类似"通过使用，标识不具有可注册性，但一定具有可保护性"的推论，而应当认为"正是由于标识不具有可保护性，因此不具有可注册性"。这样，法院认为第 43（a）条保护的商标和根据第 2 条可注册的商标是"同一类"标识，并且认为第 2 条起到了一种"筛选"作用，将可保护的标识从其他标识中筛选出来。反过来说，如果一个标识不具有可注册性，就不能使用第 43（a）条保护之。[1] 这种作用是具有实体功能的，说明第 2 条的规定不仅仅是注册制度程序性推定效力的背书。

但是，将可注册性与可保护性等同起来，并不表示注册程序代替了在先使用成为美国商标权取得的途径，两者之间并不存在法律意义上真的冲突。从另一个角度来看，第 2 条对可注册性的规定也可以认为是对商标实际可保护性的一种形式描述。事实上实际注册与实际保护之间是否存在唯一的因果联系才是商标权取得方式的核心命题。

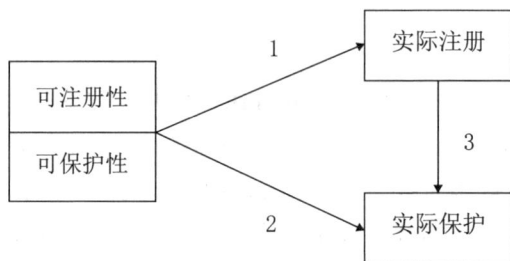

图 4-1 可注册性与可保护性的关系

如上图所示，不论是注册取得模式还是使用取得模式，左侧的"可注册性""可保护性"实际上描述的都是商标权利保护的法定界限，重点在于其实质内容，至于落实到法律规定的文字上时，被称为"可注册性"或其他什么称谓都是没有分别的。而右侧则是商标权利保护的实效，箭头指示的是法律实效发生的途径；在注册取得模式下，由于注册是取得商标权的唯一途径，只能通过箭头 1、3 对商标进行权利范式的保护，而箭头 2 表示的是对未注册商标的法律保护，通常通过权益范式实现；在使用取得模式下，箭头 1、3 之外还存在通过箭头 2 表示的独立的权利保护范式。可见，只要美国商标法律体系没有切断箭头 2 的权利范式，对可注册性和可保护性异同的讨论尚不会

---

〔1〕 Renna v. County of Union, 88 F. Supp. 3d 310（D. N. J. 2014）.

动摇其权利取得的基础。

2. 真冲突之一：商标注册是否具有争点效

使用取得模式下，由于实际使用是获得注册商标权的前提，因此存在实际比较混淆可能性的条件，这也带来了一个新问题：在注册程序中由注册机关对混淆可能性进行判断与在司法程序中由法院对混淆可能性进行判断有无程序或实体问题上的区别，或者说有没有必要作出区别。在 B & B v. Hargis 案中，[1] TTAB 以申请商标（Hargis 公司于 1996 年申请的 "SEALTITE" 商标）与在先注册的引证商标（B & B 公司于 1993 年注册的 "SEALTIGHT" 商标）存在混淆可能性为由驳回了申请，其后 Hargis 公司没有提出申诉，而是继续使用其申请商标。B & B 公司在提出异议的同时向地区法院提出了商标侵权诉讼，并请求地区法院承认 TTAB 裁决的争点效（issue preclusion）。[2] 地区法院则认为由于 TTAB 对混淆可能性问题没有司法管辖权而拒绝了 B & B 公司的请求。美国联邦最高法院在该案中提出，TTAB 对混淆可能性的判断对后续的司法程序（联邦法院诉讼）具有争点效作用。这意味着在商标权争议案件中，作为问题核心的混淆可能性判断有机会由法院转移到注册机关手中。一旦注册机关作了混淆与否的判断，在后续诉讼中除非当事人能够提出决定性的证据推翻其判断（比如当事人以商标注册程序后的使用行为和市场状况为理由对原争点提出新的抗辩），法院将直接适用注册机关的判断结果。这就说明美国联邦最高法院认为，由于注册程序和诉讼过程中对商标混淆可能性的判断非常相似，因此两者没有必要作出区别。

然而，有学者提出，从产生争点效的角度来看，美国联邦最高法院的意见存在明显问题。首先，注册程序中注册机关的审查范围限于当事人提交的材料，往往只是双方商标的图样和单独的使用样本；而法院在侵权诉讼中则

---

〔1〕　B & B Hardware, Inc. v. Hargis Industries. Inc. , 800 F. 3d 427（2015）.

〔2〕　争点效（issue preclusion）在美国法传统中是 "请求排除效"（claim preclusion）的子概念，指的是阻断已经裁判的若干诉讼争点（issues）再次进入诉讼程序的一种裁判效力。有学者认为争点效与禁反言（collateral estoppel）等同，目的是节约裁判资源、维护裁判权威、减轻原被告的讼累、推动终局裁判。See Edward D. Cavanagh, "Issue Preclusion in Complex Litigation", *Review of Litigation*, Vol. 29,（2010）p. 860; Eli J. Richardson, "Taking Issue with Issue Preclusion: Reinventing Collateral Estoppel", 65 Miss. L. J. 41, pp. 1995~1996. 而在我国及大陆法系国家，争点效指的是在保持既判力体系稳定的前提下，将既判力的客观范围由判决主文向判决理由事项的扩张。参见丁宝同："论争点效之比较法源流与本土归化"，载《比较法研究》2016 年第 3 期，第 75~91 页。

需要审查与原被告商标使用相关的一切情况，这当中存在的与注册申请材料不同的环境信息（relevant circumstances）对于裁判者的决断偏向"混淆"抑或"不混淆"可能产生决定性的影响，包括商标图样的具体使用方式、消费者群体、商品或服务的具体类型等要素。[1]其次，注册机关一般不实质性地考虑消费者对商标认知的证据，而法院则将之作为混淆可能性判断中最具决定性的证据。[2]即使注册机关对这类证据进行考察，也不是将其放置于动态的市场环境中进行，甚至会主动拒绝进行这样的推定。[3]总的来说，注册机关对于混淆可能性的审查存在过于抽象的可能，而且其推定过程中往往会自觉地代入有利于在先注册商标的市场环境，即使这并不一定符合现实。这一方面是由于摆在审查员面前的相关信息有限导致的，[4]更为重要的原因是举证责任分配的区别：注册程序中申请人承担举证不存在混淆可能性的责任，而在侵权诉讼中则正好相反，而这种倒置的区别显然会对裁判者的推理过程产生影响。

美国商标法对于这类问题是否应当（即使只是附条件地）给予争点效的讨论确实触发了注册程序是否能够产生实体商标权利的争议。而对于以注册作为商标权唯一取得方式的我国商标法律体系来说，更大的启发在于权利取得（注册）阶段与权利维持阶段（以侵权诉讼为代表的一系列程序）对于混淆可能性的判断是可以也是应当为法律实践者能动地分割开来的两种性质不同的法律推理过程，但是不可否认的是两者在结果上存在相互影响的可能性，因此认识到两者的区别才更加重要。质言之，注册程序中基于混淆可能而令权利无法取得，是建立在有限、抽象的证据材料之上的，而且由于举证责任分配而令申请人处于微妙的劣势地位（即使是在先诚实使用的申请人）。而司法程序中对混淆可能性进行判断的基础则正好相反，裁判者用于推理的客观事实更加翔实准确。然而，通过注册取得的商标权利只具备抽象的权利边界，

---

[1] 比如，在 Homady v. Doubletap 案中，法官指出"注册核准的标准不能代替混淆可能性，必须根据市场中的消费者认知来判断这一标准"。See Hornady Mfg. Co. v. Doubletap, Inc., 746 F. 3d 995 (2014).

[2] Alliance Metals, Inc. of Atlanta v. Hinely Indus., Inc., 222 F. 3d 895 (2000).

[3] Meier's Wine Cellars, Inc. v. Meyer Intellectual Props. Ltd., 2008 WL 902837 at ＊4－＊6 (T. T. A. B. Mar. 4, 2008).

[4] Anne Gilson Lalonde, Jerome Gilson, Gilson on Trademarks. LexisNexis Matthew Bender (2014). § 9. 01 [2] [b].

通过商标的使用和后续的撤销、侵权诉讼等事实行为与司法程序，其边界逐渐具象化，与原先的抽象范围相比可能缩小、消灭，亦有可能扩大，这一具象化过程也就是上述"两者在结果上相互影响"。对于商标财产来说，具象化的权利边界才具有实际意义，而通过注册程序获得的只是一种可待具象化的"法律资格"，这种不明确范围的产权尚无制度价值。因此，从制度体系的角度来看，商标权的注册取得本身只是商标产生价值的"万里长征第一步"，在对于发挥制度效用来说更加重要的权利维持阶段，如何看待商标注册的价值和地位应当是一个严肃的问题。

3. 真冲突之二：商标注册与显著性强度

虽然在美国商标法体系下，注册不包含赋权效力，但是在涉及确权前提的侵权诉讼中，"已注册"这一事实本身在法官的心证中成了影响混淆可能性的重要因素，学者将这种思维偏好称为经验主义引导的推理过程中存在的"法律虚构"。[1]这种认为注册具有"隐性赋权"的意见虽然没有被直接表达出来，但确实隐藏在法院进行的混淆测试中。

在美国判例法中却出现了一种潜藏的意见，认为商标注册不仅说明可以推定其权利状态为有效，而且可以用来推定其强度。[2]这种意见之所以重要，是由于商标显著性越强，越能在混淆可能性测试中占据优势——极端情况为驰名商标，其显著性强度甚至能够令其突破商品或服务的类别。一部分法院认为商标是否注册是判断其显著性的首要标准。[3]这种将显著性强度的推定与注册与否挂钩的做法同时误解了"注册"和"显著性"的法律意义。首先，通过注册只意味着注册机关确认一个标识符合了作为商标的最低标准（具有固有或获得显著性），而不意味着该商标具有比未注册商标更高的"强度"。其次，商标的强度指的不是商标的显著性更"强"。商标强度具有两个向度上的意义：一方面，商标价值更高，在商标实际使用过程中凝结的商誉具有更大的财产价值；另一方面，商标权的边界更大，法律赋予更强的保护

---

〔1〕　Rudolf Rayle, "The Trend Towards Enhancing Trademark Owners' rights—A Comparative Study of U. S. and German Trademark Law", *Journal of Intellectual Property Law*, Vol. 7, Issue 2 （Spring 2000）, pp. 227~314, p. 32.

〔2〕　Savin Corp. v. Savin Group, 391 F. 3d 439, 457 (2004) Road Dawgs Motorcycle Club of the U. S., Inc. v. Cuse Road Dawgs, Inc., 679 F. Supp. 2d 259, 286 （2009） Dollar Rent A Car Systems, Inc. v. Sand Dollar Car Rentals, Inc., 765 F. Supp. 876, 879 （D. S. C. 1990）.

〔3〕　Polo Fashions, Inc. v. Gordon Group, 627 F. Supp. 878, 887 （1985）.

力度。从法律现实主义的角度看，后者为前者实现的原因，而商标权保护范围更大的原因实际是商标符号的解释关系能够容纳的符号意义膨胀，不仅具有商品或服务出处的识别力、品质一致性的保障力，还凝结了企业形象和文化意涵，商标符号继而开始向下一个符号过程阶段演进。

这种认识冲突对于我国的注册制度来说同样具有借鉴意义。由于不要求使用，因此在注册时不需要提交使用证据，而审查员往往完全不会从商标使用的具体情况来对其显著性进行判断。反过来说，在我国商标法语境下，注册程序本身更不应当也不适合成为商标强度的授权性背书。有学者指出，在注册程序中对商标固有显著性的认定应当遵循最低标准，即"同行业竞争者非必需"标准，而非目前较多适用的"相关公众商标意义认知"标准。[1]这种观点恰好说明，核准注册只能说明对于显著性的评价仅仅迈过了商标强度的最低门槛，而不能说明其具备任何"更强"的"显著性"。

4. 真冲突之三：注册与商标权边界分歧

在商标侵权案件中，判断商标权的边界至关重要。对于注册商标来说，其权利边界是根据注册文件中的描述还是其实际使用标识的方式在两种权利取得模式下都存在问题，其背后是权利授予的权威（注册机关）与权利解释的权威（法院）之间的分歧（以下简称"边界分歧"）。当然，在注册取得模式下这种分歧表现得没有那么明显，而在使用取得模式下则成了一个显著的问题，原因在于注册机关"授予"权利的权威性本身值得怀疑。

边界分歧可以包括符号功能分歧和地域性分歧两类。前者最常见的表现形式是为了保证权利取得的成功率，在注册程序中缩减权利要求，而在侵权案件中扩张（比如在注册时声明放弃标识中不具有固有显著性的部分，但是在侵权案件中法院会进行整体比对）。此外，还存在二维图形和三维形象之间的对应关系带来的符号意义的扩张（比如在美国的一个注册案件中，TTAB拒绝核准某二维图形的理由是该图形会让消费者理解为商品的三维形象）。[2]在商标指向的商品和服务上也存在分歧，注册簿上显示的商品和服务在侵权诉讼中不能精确定位权利边界，法院仍然会结合商标强度及实际使用来决定混淆可能性。后者在美国法中体现为联邦注册与州注册、注册的地域范围与实

---

[1] 参见冯术杰："论商标固有显著性的认定"，载《知识产权》2016年第8期，第49~55页。
[2] In Re Crane USA, Inc., 2015 WL 5118052, No. 86172232 (T. T. A. B. Aug. 7, 2015).

际使用的地域范围之间的分歧。造成边界分歧的原因在于注册程序的技术性要求。作为公示公信的信息平台，商标注册的天然特性从不同角度观察呈现出利与弊的不同结果。对于市场主体来说，包含法律规范的注册程序可被视为一个信息"黑箱"，为了实现交易的可预测性，就需要注册系统保证信息"输出"的稳定性，继而需要在商标信息"输入"系统时将之分门别类、保证路径尽可能唯一；尽可能消除主观因素的可注册性判断标准、严格的商品和服务类别划分、对地域性的严格贯彻都有助于实现以上要求。可以说，信息输出越稳定，输入的路径"旷量"越小。然而，在存在普通法规范先见的美国，法院是注册机关之外的规范引入者（reintroduce），例如在商标权地域范围中仍旧适用"Dawn Donut 规则"。[1]这一方面是对清晰严格的注册制度的一种柔性回馈，另一方面也导致制定法追求的可预测性陷入困惑。从法规目的的角度来看，联邦注册制度的建立是基于国会对整体经济政策的考量，而法院对普通法规范的遵守则是出于消费者面向，这种理念上的差异也是美国商标法律体系中注册制度与商标实体权利渊源间关系产生迷思的根源。

三、取得模式融合分析：《加拿大商标法》的修改

由于种种原因，加拿大商标法律体系在权利取得程序等方面的鲜明特色没有引起我国理论研究的注意。《加拿大商标法》制定之初，同时参考了英国和美国商标法律制度，并试图结合双方优点。其结果为形成了一套极具特点的商标权注册程序：既不同于美国使用取得模式下有关提交使用证据的规定，又不同于注册取得模式下无使用要求的规范。总的来说，既贯彻了使用主义下对实际使用的重视，又为减轻注册程序的负累作了相应的规定。这一立法取得了加拿大理论和实务界的广泛认同。该国商务部于 2014 年启动了《加拿大商标法》修正工作，其后公布的修正案几乎彻底改变了商标权取得的基本理念，引起了各方强烈质疑。将加拿大商标法律体系及其修正案作为一个典型的规范变革进行剖析，对我国商标权取得制度来说具有相当大的意义。

（一）当前加拿大商标权取得模式

加拿大商标注册原本采纳先使用原则。1985 年制定的《加拿大商标法》

---

〔1〕 Dawn Donut Co. v. Hart's Food Stores, Inc. 267 F. 2d 358 (2d Cir. 1959). 此案中法院拒绝应原告的要求发出禁令，原因是认为原告尽管取得了联邦注册，但并没有在被告经营地域范围使用商标。

（以下简称"CTMA1985"）将使用作为商标法律制度的核心。该法第 3 条规定了商标在实际使用、知名或申请注册三种情况下可以被认定为被某人"采用"（adopted），而"采用"则是获取商标权的前提。其中，知名和申请注册都不一定需要在加拿大境内实际使用商标，但根据第 5 条的规定，"知名"的前提是在其他国家实际使用商标，而申请注册则以现在或将来的实际使用为基础。因此，"使用"与"注册"在加拿大现行商标权取得体系中属于主与辅的关系。根据第 2 条的定义，除证明性标识（certification mark）和区别性外观（distinguishing guise）外，"商标"包括商品商标、服务商标及意图使用商标（proposed trade-mark），相当于我国商标法律中的"普通商标"。这三类商标有何异同及如何取得是本节分析的重点。

1. CTMA1985 中的商标权取得制度

GTMA1985 规定的与商标权注册取得有关的制度主要包括普通商标注册的基础、注册证发放的前提、异议和撤销程序、商标注册效力等方面。

首先，依据申请注册时商标是否实际使用以及使用范围，划分了商标注册申请的不同基础。CTMA1985 第 30 条规定申请时须提交商标已经使用或意图使用的说明，并将之分为四种情况：其一，申请时已经在加拿大境内实际使用商标，说明实际使用的起始日期；其二，申请时尚未在加拿大境内实际使用，但已经在加拿大知名，[1] 说明在联盟成员国 [2] 中已经使用和在加拿大知名的起始日期；其三，申请时既未在加拿大境内实际使用，也未在加拿大知名，但已经在联盟成员国完成该商标的注册或已提出申请，说明已经在该国使用；其四，基于意图使用申请，说明未来在加拿大境内实际使用该商标的意图。此外，CTMA1985 第 16 条规定，"有权确保其注册"（entitled to secure its registration）指的是提出注册申请应当基于以上四种基础之一，[3] 且申请商标不得与以下三种标识相混淆：其一，在申请日前已经在加拿大实际

---

〔1〕　CTMA 第 5 条规定，认定商标"知名"需要满足两个条件：（1）除加拿大外的《保护工业产权巴黎公约》或世界贸易组织（WTO）成员方国民已经在相关商品或服务上使用该商标，并且该商品已被分销（distributed）至加拿大境内或者，在向有关该商品或服务的加拿大境内潜在经销商或使用者投放的任何以印刷物或无线电广播为媒介的广告中使用该商标；（2）通过上述分销或广告行为，该商标在加拿大已经是众所周知的（well known）。

〔2〕　CTMA 第 2 条规定，"联盟成员国"指《保护工业产权巴黎公约》成员国及 WTO 成员方。

〔3〕　CTMA 第 37 条规定，如果不依照第 30 条规定的四类基础之一提出，注册申请将被注册机关驳回。

使用或知名的他人商标；其二，在申请日前已经在加拿大提出注册申请的他人商标；其三，在申请日前已经在加拿大实际使用的商号。

值得注意的是，将 CTMA1985 第 16 条与第 17（2）条和第 21（1）条联系起来看待，可以发现在先使用的未注册商标的保护范式是混合式的。第 17（2）条规定了"不可抗辩的注册"，指的是凡是核准之后的商标权稳定经过连续 5 年期限则不可被无效化，除非证明申请人当初存在恶意。第 21（1）条规定对于善意地先于已受第 17（2）条保护之商标权人而使用可能混淆之商标者，可以提请法院允许其在特定地域内继续使用该商标，法院可以要求附加区别标记；可见该条与我国《商标法》第 59 条第 3 款基本一致。

其次，根据是否实际使用，注册证发放的前提不同。CTMA 第 40 条规定，其一，除基于意图使用申请外，一旦注册通过，应当发给注册证；其二，基于意图使用申请的，注册通过后，注册机关应提示申请人提交包括申请人、申请人的权利继受人或该商标的被许可使用人中任一方已经在加拿大境内实际使用该商标的法定声明（declaration）；其三，如果注册机关在发出上述提示 6 个月后，至多在申请日 3 年届至时仍未收到该正式声明，商标注册申请将被认为已遭放弃。这种依靠"正式声明"在注册制度中贯彻实际使用基础作用的方式是加拿大商标权取得制度中较具特色的规定，将美国《拉纳姆法》意图使用注册中有关使用证据的实质审查变为书面审查。1947 年成立的加拿大商标法律修订委员会（TMLRC）受政府委托以 1932 年的《加拿大反不正当竞争法》为蓝本制定了《加拿大商标法》，其中重要命题之一是未来的《加拿大商标法》如何容纳基于意图使用注册商标。《加拿大商标法》制定之初可借鉴两种注册制度：只需要有使用意图就可以取得注册证的英国模式，以及以"在商业中使用"（use in commerce）作为唯一注册基础的美国模式；[1]结果两种模式均被拒绝借用，原因是立法者担忧采用前者会导致注册制度为无善意使用意图的申请人大开方便之门，采用后者可能会刺激申请人利用商标的象征性而非实际使用取得注册。[2]最终 TMLRC 选取的方案是允许申请人仅基于使用意图申请商标注册，为了保证后续的实际使用采用了两道制度"安全

---

〔1〕　当时美国商标法尚未引入基于意图使用注册的制度。

〔2〕　Henry W. Leeds, "Intent to Use—Its Time Has Come", Vol. 79 *Trademark Reporter*, 269（1989），271.

阀"：其一，申请人须提交已实际使用的声明来换取注册证；其二，自注册日起3年后，任何人都可要求注册机关提示注册商标人提交在过去3年内实际使用该商标的证据（宣誓书或法定声明，并可采纳双方具体称述），如果未能提交，商标注册可能被撤销。[1]如果商标权人提交虚假的使用声明（不论是否故意），则将在异议程序中承担不利后果。[2]可见，不同于《拉纳姆法》中规定同时提交使用声明和使用样本（specimens）的做法，[3]利用宣誓书或声明的方式向注册机关证明商标的真实使用实际上是将实质审查使用与否的成本和收益引导至市场主体（商标权人或异议人）而非注册机关处，而注册机关仅承担形式审查的职责，这是一种相当巧妙的规定。

再次，与使用要求紧密相关的异议和撤销程序。CTMA1985第38条规定，在2个月的商标公告期间，任何人都可以基于四点理由之一对注册提出异议：其一，申请不符合第30条的规定；其二，申请商标不具有可注册性；其三，申请不符合第16条的规定；其四，申请商标不具有显著性。第45条规定了商标撤销程序，即为上述有关第三人提请注册机关要求商标权人提交实际使用声明的规定，注册机关也可以自行发出提供使用证据的要求，商标权人在收到通知后应当在3个月内提交实际使用声明。该条规定可以看作《加拿大商标法》中的"撤三"条款。值得注意的是，该条规定如果因"特殊情况"（special circumstances）而未实际使用，则商标可免于被撤销。在加拿大的判例中，"特殊情况"受到严格限制，如在Scott Paper案中，联邦上诉法院认为即使可以证明商标权人有使用商标的强烈意愿，也不属于法定"特殊情况"，因而驳回了商标异议局的听证结论。[4]实际上，"特殊情况"的形成必须归结为不可抗力等外部因素，不得归因于商标权人自身。[5]

最后，商标注册的效力。CTMA1985第18条规定，当商标不具备可注册

〔1〕 Daniel R. Bereskin, Miles J. Alexander, Nadine Jacobson, "Bona Fide Intent to Use in the United States and Canada", Vol. 100 *Trademark Reporter*, 709（2010），719~720.

〔2〕 *See* Parfumes de Coeur, Ltd. v. Asta, 2009 FC 21, [2009] 4 F. C. R. 139; General Motors of Canada v. Decarie Motors Inc., [2001] 1 F. C. 664（C. A.）.

〔3〕 15 U. S. C. § 1051（d）（1）.

〔4〕 Scott Paper Ltd. v. Smart & Bigger, (2008) F. C. A. 129, 转引自李阁霞："加拿大商标法律制度简介"，载《知识产权》2013年第3期，第95~100页。

〔5〕 Paul Tackaberry, "Exploring the boundaries of 'use' after the 2014 amendments to the Canadian trademarks act", *The Trademark Reporter*, Vol. 104, Issue 6（November-December 2014），p. 1342.

性、欠缺显著性、商标被放弃（通常由于商标权人长期不实际使用商标导致）或商标申请人无权获得注册时，商标权利无效。第 19 条规定，只要不存在无效的情形，核准注册人将取得在加拿大境内于相应商品或服务商排他使用注册商标的权利。第 17（2）条规定了"不可抗辩的注册"，即当注册核准 5 年后，即不得以在先使用或知名为由要求撤销、修改或宣告该注册商标无效，除非可以证明商标权人"采用"（adopted）该商标时明知可能与在先使用或知名的其他商标相混淆。

总的来说，先前加拿大商标法建立的商标注册制度是紧密围绕实际使用而确定的。对于已经使用的商标来说，注册是对商标权归属的官方确认和公告，而对于尚未使用的商标来说要取得商标权利还需满足使用要求。

2. 商标注册与使用的关系：Masterpiece 案

加拿大属于判例法国家，在制定法中规定的注册制度之外，有必要结合先前判例对注册和使用的关系进行分析。加拿大最高法院一次充分论述商标使用与注册的相互关系是 2011 年的 Masterpiece 案，重申在先使用商标的申请人优先于未实际使用、仅申请注册商标者获得商标权利之观点。原告 Masterpiece 公司和被告 Alavida 公司都运营退休住宅（retirement residence）业务，原告自 2001 年起在亚伯达省使用了多个未注册商标，包括"Masterpicec the Art of Living"等；被告在安大略省运营相同业务，并于 2005 年 12 月 1 日基于意图使用申请注册商标"Masterpiece Living"，2007 年 3 月 23 日获得核准。在被告提出商标注册申请不到 1 个月后，原告也开始使用"Masterpiece Living"商标，并于 2006 年 1 月申请注册商标"Masterpiece"，于 2006 年 6 月申请注册商标"Masterpiece Living"，但两商标均被加拿大知识产权局（CIPO）驳回，理由是有可能与被告已经申请注册的商标相混淆。原告遂诉请法院宣告被告的商标无效。

本案一审驳回了原告的诉讼请求。法官将争议拆分为两个问题：在被告申请注册"Masterpiece Living"商标前，原告是否使用或令其申请注册的"Masterpiece"商标知名？如果第一个问题的答案是肯定的，则需要进行商标混淆测试（confusion test）：按照 CTMA1985 第 16（3）（a）条和第 18（1）条的规定，基于意图使用申请注册的商标如果与在申请日前已经被他人实际使用或在加拿大知名的商标相混淆，则注册无效。据此，法官提出如下观点：其一，原告对实际使用了"Masterpiece"系列商标，但只是"零星的"；而且

207

原被告各自使用商标的地理位置距离较远。其二，争议商标不构成混淆。混淆与否的判断应当引用 Veuve 案中确立的标准，即"任一消费者基于对商标偶然的第一印象是否会误认商品或服务的来源"。[1]法官认为消费者对高价的退休住宅会倾注更大注意力，因此混淆可能性将降低。而且被告对商标的使用在具体设计和样式上区别于原告，这些区别进一步降低了混淆可能性。[2]二审法院基本认同一审的意见。[3]

然而，加拿大最高法院推翻了先前的裁判意见，认为在原告存在实际使用的基础上，本案争议焦点包括：其一，商标使用的地域与混淆可能性有无关系；其二，如何评估未实际使用的已注册商标和已实际使用的未注册商标之间的混淆可能性；其三，商品和服务自身属性对混淆有何影响。

第一，被告提出 2005 年 12 月日前原告从未将退休住宅物业拓展到东部，亦即两造经营事业的地域相差甚远，原告辩驳认为自己已经计划在东部拓展业务。加拿大最高法院认为既然商标权一旦取得范围就及于全国，自然不需要考虑使用地域的问题。

第二，对于未实际使用的已注册商标与已实际使用的未注册商标之间的混淆可能性，加拿大最高法院的观点如下：其一，核准注册本身不保证商标权的优先取得，在普通法规范下，只有通过使用来获得排他的商标权；商标制定法给予注册商标权人相应权利的规则仍然遵循"通过使用建立商标权"这一原则，[4]正如 Partlo v. Todd 案中里奇（Ritchie）法官指出的，"注册不会带来先占商标的权利，当事人必须在注册前占有商标"。[5]其二，比对争议商标时，如果被告申请日前原告使用的任一商标可能与申请商标混淆，就可作为撤销理由。本案中应当将原告已经使用的"Masterpiece""Masterpiece the Art of Living"及"Masterpiece the Art of Retirement Living"三个商标分别与被告意图使用的"Masterpiece Living"商标进行比对；而一审法官只进行了一次综合比对，这是导致其作出错误判断的原因之一。其三，由于争议商标都是

---

〔1〕 Veuve Clicquot Ponsardin v. Boutiques Cliquot Ltée, 2006 SCC 23, (2006) 1 S. C. R. 824.

〔2〕 Masterpiece Inc. v. Alavida Lifestyle Inc. , (2008) FC 1412.

〔3〕 Masterpiece Inc. v. Alavida Lifestyles Inc. , (2009) FCA 290.

〔4〕 David Vaver, Intellectual Property Law: Copyright, Patents, Treademarks, 2nd ed, Toronto: Irwin Law, 2011, p. 471.

〔5〕 Partlo v. Todd , (1988) 17 S. C. R. 196.

单一文字商标，一旦核准，权利人将可以任何大小、字体或颜色使用该标识，因此，如 Mr. Submarine 案一样，在判断两个商标是否混淆时，不但要考虑已经使用的式样，还要考虑可能采用的其他合理式样和方式，[1]问题的关键在于"注册程序能让申请者做什么，而不是申请者已经做了什么"。[2]本案中，显然被告的注册商标与原告先使用的"Masterpiece the Art of Living"商标是近似的，"Masterpiece"是最突出的识别要素，消费者的第一印象通常会在该词上，具有混淆可能性。

第三，加拿大最高法院反对应当考虑退休住宅作为昂贵商品和服务这一本身属性对消费者分辨能力造成影响的观点。一审法官认为消费者会倾注更大注意力因此混淆可能性将降低，"消费者一般不会仅仅根据第一印象就选择退休住宅，反而会详加考虑，因此在本案中可假设消费者更难混淆两方商标"。消费者在购买高价商品如汽车或昂贵电器时确实会倾注比购买低价商品时更多的注意力，然而，由于不涉及消费者的专业技能等特殊因素，注意力作为混淆测试的要素之一，指的仍应当是消费者在看到商标时的第一印象，而不是之后可能进行的考察和评估过程。[3]一审法官实际上混淆了类似"消费者不会因第一印象选择住宅""通常会考虑更长时间"等主观要素与商标发挥识别功能的心理过程，两者之间的区别是重要的，因为即使是昂贵的商品和服务，仍然可能因使用相同或相似的商标而导致消费者的混淆，因而令商标无法正常发挥识别功能。换句话说，消费者在产生第一印象后，因商品和服务的自身属性而投注的"额外"注意力有时确实可以"补偿"先前的混淆，但力图确保（基于相同或相似商标而造成的）先前混淆无从产生正是商标法的目标，不能因后续可能发生的补偿作用而放纵先前的混淆。[4]

可见，该案涉及的主要问题非常清楚：在先实际使用的商标能否阻挡在后基于意图使用（实际上就是单纯提出注册）而提出的注册申请？对于法院来说，前提性的问题还有原告的申请商标是否与被告的引证商标近似。加拿大最高法院指出，"原告 Masterpiece 公司已经将'Masterpiece'系列商标投入实际使用"，"且正是由于原告的不断使用，如果被告获得这一标记上的商标

---

〔1〕　Mr. Submarine Ltd. v. Amandista Investments Ltd. , (1988) 3 F. C. 91.

〔2〕　Mattel, Inc. v. 3894207 Canada Inc. , 2006 SCC 22, (2006) 1 S. C. R. 772.

〔3〕　General Motors Corp. v. Bellows, (1949) S. C. R. 678.

〔4〕　Masterpiece Inc. v. Alavida Lifestyles Inc. , (2011) 2 S. C. R. 387.

权，将使消费者混淆原告和被告的商标"。法院实际上认为，"Masterpiece"商标能起到的识别、品质保证和广告等诸般功能对于潜在的使用者（原被告或第三者）来说是同等的，但原告已经通过持续的实际使用行为"先占"了该商标，在消费者心目中已经将商标与原告提供的商品和服务固定联系起来，此时如果被告取得商标权而得以使用，将造成消费者的混淆。

（二）2014 年《加拿大商标法修正案》及其争议

1. 相关国际公约对使用要求的影响

如前所述，《加拿大商标法》进行修改的原因之一是为了完成加拿大国内法与三大商标国际公约（《商标国际注册马德里协定》（以下简称《马德里协定》）、《商标法新加坡条约》（以下简称《新加坡条约》）及《商标注册用商品和服务国际分类尼斯协定》）的对接，其中与使用要求关系较为紧密的是《马德里协定》和《新加坡条约》。

虽然加拿大尚未成为两者成员国，但早在 2012 年初，加拿大知识产权局就发表了一份名为"有关加拿大参加《马德里协定》的法律及技术问题"的报告（以下简称《报告》）。[1]《报告》第四部分就加拿大若选择加入各商标国际公约须如何对国内商标法律在注册申请方面的规定作出修正进行了详细讨论，可以看作 2014 年《加拿大商标法修正案》（以下简称《修正案》）的前身和指导。其中对使用要求的讨论主要包括以下几点：其一，CTMA1985 第 30（b）条要求提交实际使用信息的规定仍然可以保留，但不能继续要求申请人当即提交实际使用的声明或相关证据，只能要求其在法定期限（受理申请之日起不少于 3 年）内提交；因此，可能采取的措施是通过某种规定鼓励申请人尽早提交实际使用信息。其二，CTMA1985 第 30（c）条有关以加拿大境内知名作为申请基础的规定与《新加坡条约》冲突，应当删除。其三，CTMA1985 第 16（2）条基于在外国注册并使用商标而在加拿大国内注册的规定应当被删除。其四，CTMA1985 第 40 条规定的基于意图使用的注册应当先提交实际使用声明的要求可能被删除，以免与《新加坡条约》实施细则产生不

---

〔1〕 "Legal and Technical Implications of Canadian Adherence to the Madrid Protocol", https://www.ic.gc.ca/eic/site/cipointernet-internetopic.nsf/vwapj/mcProtocoleMadrid-tmMadridProtocol-eng.pdf/$file/mcProtocoleMadrid-tmMadridProtocol-eng.pdf.

必要的冲突。[1]

可见，至少从《报告》开始，加拿大政府就发现参加相关商标国际公约的代价是大幅度删改 CTMA1985 中与注册程序有关的大部分使用要求。实际出台的 2014 年《修正案》甚至走得更远，第 16 条、第 30 条、第 40 条均改头换面。其结果就是，虽然"使用"仍然是加拿大商标法律的核心概念，包括在异议和撤销程序中依旧充分体现了商标使用的重要地位，但在注册取得商标权利的程序中其身影几乎消失。

2. 法律条文的修改

《修正案》对商标权取得制度的修改主要体现在以下几个方面。首先，对 CTMA1985 第 16 条的修改。该条原第 1 至 3 款规定与他人在先使用、在加拿大境内知名或申请注册的商标、商号可能混淆的商标不可通过注册，原因是这些情况下申请人"无权"注册（not entitled）。第 1 款规定以商标实际使用或知名为基础申请的，"在先"以实际使用或知名日期为准；第 2、3 款规定以商标在外国注册并实际使用或以意图使用申请的，"在先"以申请日为准。可见，依照该条规定，在加拿大实际使用或知名（也需要在其他国家使用）的商标因与在先权利冲突注册失败的风险较小。《修正案》删除了四类基础的划分，统一规定所有与他人在先使用、在先知名或在先申请注册之商标或商号混淆的商标无权注册，"在先"与否以申请日或在加拿大初次实际使用之日（较早的日期）为准。其次，对第 30 条的修改。该条意在规定申请人须提交的信息。原条款根据四类申请基础分别规定了各自需要提交的实际使用日期、在加拿大知名的日期、在外国注册及使用的信息等；《修正案》删除了四类基础的划分，统一规定须提交在加拿大实际使用或意图使用的陈述；另外，《修正案》增加一项"其他规定提交的信息或陈述"作为兜底规定（该项可以为《加拿大商标法条例》利用进行技术性的细化，但拟修改的《加拿大商标法条例》未针对该项作任何详细规定）。最后，对第 40 条的修改。如上所述，基于意图使用而注册的商标在核准后需要提交实际使用的正式声明才能取得排他性的注册商标权利，而基于实际使用或知名而注册的商标可直接获发注册证。由于《修正案》在前列条款删除了注册的四类基础，因此该条也作了大

---

[1]　Paul Tackaberry, "Exploring the boundaries of 'use' after the 2014 amendments to the Canadian trademarks act", *The Trademark Reporter*, Vol. 104, Issue 6 (November–December 2014), pp. 1332~1365.

幅度删改，规定如果注册申请没有异议，或异议结果有利于申请人，注册机关应当向申请人发放注册证。可见，《修正案》不再区分实际使用或意图使用商标，彻底删除了提交实际使用声明的要求。

3. 对《修正案》的批评

加拿大知识产权学界、实务界、国际商标协会等各方对《修正案》都是饱含忧虑的，只是程度不同而已。评价主要集中在以下几个方面。

首先，结合判例预测《修正案》生效的前景，这是相对乐观的看法。有观点认为《修正案》不会对 Masterpiece 案规则产生大的影响。但是，可以预见《修正案》将导致大量未使用注册商标阻挡实际使用商标的非必要争议；而且解决这些争议的成本将大为提高。[1] 例如，假设甲乙经营相同的商品或服务，甲使用了商标 A，然后乙注册商标 A，如果甲寻求依据实际使用注册该商标（前提是能够清除乙的权利），那么显然会产生纠纷。在《修正案》的规定下，甲很难确定乙实际使用该商标的最初时间抑或乙根本没有使用，而乙自然也将因无须提交使用声明即可注册的规定而获益。至此如果仍然贯彻 Masterpiece 案规则，甲将承担更高的诉讼成本和败诉风险。因此，注册程序将对权利取得产生实质影响，自注册通过起能够存活 3 年的"纸面商标"将显著增加，进而削弱《加拿大商标法》的使用基础。[2]

其次，对《修正案》疑虑重重乃至极大反对，其代表是加拿大律师协会知识产权法主席弗拉那托（Angela Furlanetto），他曾向加拿大国会提议废止这一《修正案》。他认为《修正案》一旦颁行，将刺激商标流氓现象增加，最终令善意的商标使用者遭受不公待遇。[3] 反对者们批评《修正案》将会"批发"商标权，而对注册后（post-registration）滥用商标权的控制措施不足，可能造成以下连锁反应：其一，不再对注册基础进行分类，删除了现行商标法中明确规定的提交使用时点及声明的义务，这意味着不再对申请者的风险

---

〔1〕 Stephane Abitbol, "The Canadian trademark regime: amendments to the trade-marks act and the threat to Canada and the United States", *Cardozo Journal of International and Comparative Law*, Vol. 24, Issue 1 (Fall 2015), pp. 229~xvii.

〔2〕 Paul Tackaberry, "Exploring the boundaries of 'use' after the 2014 amendments to the Canadian trademarks act", *The Trademark Reporter*, Vol. 104, Issue 6 (November-December 2014), pp. 1332~1365.

〔3〕 Stephane Abitbol, "The Canadian trademark regime: amendments to the trade-marks act and the threst to Canada and the United States", *Cardozo Journal of International and Comparative Law*, Vol. 24, Issue 1 (Fall 2015), pp. 229~xvii.

偏好进行引导，一些未实际使用也无使用意图的申请者可以直接获得至少 3 年较为稳定的商标权。其二，由于所有申请者都不需要提交实际使用或意图使用的日期，导致以在先使用为依据提出的商标异议增加证明成本。其三，潜在的商标使用者为了避免标识被他人抢占不得不争先注册商标，或干脆直接恶意抢注商标，从而导致大量只注册未使用的商标出现，而这些"商标权人"原本可能被使用基础所约束，最终劣币（"纸面商标"）驱逐良币（已经使用的"实质商标"），出现利用纸面商标挤占市场的商标流氓。[1]

最后，针对《修正案》提出修正建议。《马德里协定》和《新加坡公约》均未禁止在注册程序中（包括申请时、公告前、注册后或续展时）规定商标申请人自愿提交使用声明，因此国际商标协会（INTA）对《修正案》提出了数条建议：其一，鼓励申请人自愿提交使用声明，提交声明的申请人可被推定为已经实际使用该商标，该推定是可推翻的。其二，如果注册人在申请时或注册通过后 3 年内未提交上述使用声明，则在商标注册通过之日起 3 年后，或在其每次续展商标时 1 年内，注册机关应启动第 45 条规定的撤销程序。[2]这两条建议都是为了清理"纸面商标"，激励申请人的使用。其三，利用《修正案》第 30 条增加的兜底条款"其他规定提交的信息或陈述"，在《加拿大商标法条例》中规定申请时应当提交使用陈述。另外值得注意的是，有观点认为以上建议尚不足以维护使用基础，加拿大应当借鉴美国商标法的经验。美国同样加入了三大商标公约，但仍然维持其要求提交使用声明和使用样本（specimens）的规定；作为紧密的经济伙伴，加拿大应保持与美国相类似的商标法律制度。[3]

从各方评论可见，论者基本认同现行法的规定，反对《修正案》。意图使

---

〔1〕　Daniel R. Bereskin, "Canada's ill-conceived new 'trademark' law: a venture into constitutional quicksand", *Trademark Reporter*, Vol. 104, Issue 5（September-October 2014）, pp. 1112 ~ 1131. Sheldon Burshtein, "Canada weakens trademark structure by demolishing use foundation", *Trademark Reporter*, Vol. 105, Issue 4（July-August 2015）, pp. 930~937.

〔2〕　Submission by the International Trademark Association in response to the Canadian Intellectual Property Office consultation paper: proposed amendments to the Trade-marks Regulations 2014（Nov. 29, 2014）, 8~11.

〔3〕　Stephane Abitbol, "The Canadian trademark regime: amendments to the trade-marks act and the threst to Canada and the United States", *Cardozo Journal of International and Comparative Law*, Vol. 24, Issue 1（Fall 2015）, pp. 229~xvii.

用也可注册，并不是使用基础的例外，而是为了调和先使用原则对效率的牺牲。此次《修正案》使得未来加拿大商标权取得方式事实上向单一注册取得偏移。虽然加拿大政府认为这种偏移是对接国际公约的必然，"商标立法改革的目标是令国内商标权人在其他国家顺利地完成商标注册，也令外国商标权人确信他们可在加拿大获得足够保护"，[1]但各方仍然质疑这种修正的必要性，认为修法之利不足以掩盖损害使用基础之弊。

（三）2014 年《加拿大商标法修正案》对商标权取得模式的影响

CTMA 第 19 条规定注册可以产生商标权利，按照时间顺序，与确认权利效力（有效化或无效化）有关的程序包括：申请注册（审查与公告）、异议、注册核准、撤销、其他无效宣告（如下图所示，括号内为对应条文编号）。[2]由于异议、撤销和无效宣告程序的发生意味着商标权利的归属发生矛盾，一方因此丧失权利，另一方因此取得或可能取得权利，故而应得到一并讨论。

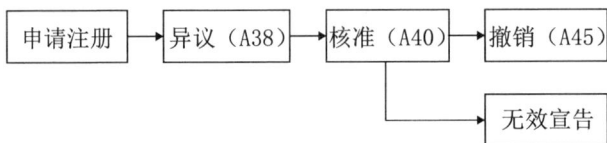

图 4-2　加拿大商标权效力评价程序

值得注意的是，规范商标权利效力状态的法律规范在理想情形下应当凭借有效化和无效化程序而处于一种动态平衡状态：通过有效化程序确认某一市场主体的商标权利，同时保留通过无效化程序纠正权利归属错误或权利利用低效益的可能。具体而言，在强调使用要求的法律体系下，恶意抢注侵犯了他人通过在先使用而取得的普通法权利，属于权利归属错误；注而不用、囤积商标则属于权利利用低效益的情形，两者都是商标法应当通过制度安排予以消除的情形。从程序的实际运用来看，随着市场经营行为的变化发展，原先有效的商标权利可能因长期不使用而僵尸化，应当通过无效化程序将其撤销；原先无效的商标权利可能因为主体积极真实的使用而令权利（重新）

---

〔1〕　"Trademarks legislative changes and international treaties"，载 https://www.ic.gc.ca/eic/site/ci-pointernet-internetopic.nsf/eng/wr03964.html，2023 年 5 月 23 日访问。

〔2〕　CTMA 中确认商标权无效或部分无效的用语包括商标权被法院或注册机关驳回（refuse）、删除（expunge）、撤销（cancellation）、修正（amend）和认定无效（held invalid）。

有效化。因此，有效和无效状态是随着不同主体视角、不同使用状况的变化而不断变化的，你中有我我中有你，两者紧密缠绕在一起。为了分析方便，下文分别从无效化和有效化程序发起方的角度来说明《修正案》对使用要求的影响。[1]

1. 无效化程序中的使用要求

2014年《修正案》出台后，商标注册申请相较从前极度简化。加拿大与欧洲内部市场协调局、澳大利亚、新西兰等步调一致，提出商标注册申请不再需要注明初次使用日期，也不需要提交任何有关已经使用的声明。一旦《修正案》生效，原本由CTMA1985第16条和第30条确认的四类注册基础将被取消。

法律适用是一个体系化的系统工程，这一修改首先涉及《修正案》未修改的第17（1）条"注册与在先使用的关系"、第37（1）条"驳回注册申请"与修改后的第16条、第30条结合适用时是否会受到影响的问题。第17（1）条规定，按照第37条进行公告的注册申请不得驳回、注册商标不得因与在先使用或知名的商标相混淆而被该商标申请人以外的人撤销、修改或宣告无效，除非该人可以证明注册申请公告时其尚未抛弃该（在先使用或知名的）商标。第37（1）条规定，当申请不符合第30条的规定，或商标不具备可注册性，或由于申请商标与申请注册待决（pending）的另一商标相混淆而导致申请人无权注册时，注册机关应当驳回注册申请；反之，注册机关应当按规定进行注册公告。第16条、第17（1）条、第30条、第37（1）条之间有什么样的关系可以通过Effigi案探究一二。

该案中，Effigi公司于2000年12月基于意图使用申请注册"MAISON UNGAVA"商标，注册类别为床上用品；2001年10月，Tricorn公司以自1981年起其已实际使用为由申请注册相同类别上的"UNGAVA"商标。注册机关驳回了Effigi公司的申请，理由是Effigi公司的申请商标可能与Tricorn公司待决的"UNGAVA"商标（在先使用）相混淆，Effigi公司遂提起诉讼。注册机关驳回申请的法理依据是：根据第37（1）（c）条的规定，当申请人"无权注册"时注册机关应当驳回申请，而"无权注册"的判断应当依第16

---

〔1〕 这里有效化程序的发起方指的是申请注册者，无效化程序的发起方指的是与有效化程序发起方存在矛盾而利用异议、撤销、无效宣告程序令他人商标权无效化的主体，一般是在先使用人。

条作出；因此，在本案事实下应当根据第 16（3）（a）条的规定，基于意图使用申请注册的 Effigi 公司商标因与在先使用的 Tricorn 公司商标有可能混淆而被驳回。法院否定了注册机关的理据，其将法律适用拆分为几个问题：其一，第 37（1）条与第 16 条中都出现的"无权注册"之间的关系。法院认为两者应当属于并列关系，而非注册机关认为的条件关系（第 16 条只能用于解释第 17 条等其他条款中的"无权注册"）。第 37（1）条实际规定了一种独立于第 16 条之外的"无权注册"情形，理由是第 16（4）（5）条规定了确保注册不被（前三款规定的）在先使用、知名或申请的商标影响，除非这些商标的注册被依据第 37 条而进行的申请公告阻碍，这说明第 16 条只能适用于注册审查程序结束后出现的争议，而不能作为审查程序的依据。其二，如何处理本案中使用与注册的冲突。法院认同注册机关有关"使用是取得、维持和执行商标权利的核心"这一主张，但认为注册机关无权在审查程序因存在在先使用而直接驳回申请，这一理据应当体现在异议程序中。其背后的原因在于，由于《加拿大商标法》明确规定了以陈述、声明或宣誓书（statement, declaration or affidavit）作为申请注册时的实际使用信息，因此在审查阶段不可能进行实质审查；在 Unitel International 案中，注册机关即以"审查程序以当事人提交的书面信息为准，只能在异议或诉讼程序中进行实质审查"为由驳回了申请人有关另一在先使用人提交的使用日期有误的主张。[1]因此，法院最终判决驳回注册机关的裁定，同时指出 Tricorn 公司仍然有权通过后续的异议程序而以自己在先使用为由撤销 Effigi 公司的商标权。[2]可见，该案实际上是以"法律适用错误"为由终结案件的，法院强调了注册与异议程序中如何正确适用不同法律规范的重要性。可以预见的是，Tricorn 公司的主张如果属实且案件继续发展下去，商标异议委员会和法院显然而且必然将以在先使用为由，在异议和诉讼程序中通过适用第 16 条的规定来撤销 Effigi 公司的商标权。正如本案中法院总结的，"商标法并未忽视使用要求，只是将其安排在后续程序中"。

　　值得注意的是，Effigi 案的结论与上述 Masterpiece 案并不矛盾，我们可从

---

〔1〕 Unitel International Inc. v. Canada（Registrar of Trade-Marks），(1999) F. C. J. No. 46（QL）.

〔2〕 Effigi Inc. v. Canada（Attorney General），35 CPR（4th）307, 260 FTR 142 Canada（Attorney General）v. Effigi Inc. , 339 NR 109；41 CPR（4th）.

两案对比中窥见《加拿大商标法》注册审查、异议与撤销三个程序是如何相互衔接的。首先，Effigi 案说明在 2014 年《修正案》提出前，注册机关也不能在审查程序中支持商标在先使用人在获得商标权上的优先性，而应当适用申请在先原则；但这里申请在先带来的优先性的射程只到公告阶段，这时商标权利是悬而未决的，并不意味着先申请就先取得商标权，且随时可能被他人以先使用为由将注册程序中止而导致权利最终无效化。此外，在注册程序中体现商标使用的还有第 12（3）条规定的人名注册的例外：注册时商标标识具有区别性，包含了通过使用获得的区别性，第 32（1）条则允许审查员要求申请人提供颜色、三维商标等非典型商标标识具有区别性的证明（通常都包含了使用的证明）。[1]其次，正如 Masterpiece 案所示，维护先使用原则的任务是由异议、撤销程序承担的，第 16 条明确了在先使用商标具有取得权利的效力，这一保护范式并没有因《修正案》而被改变［《修正案》第 16 条言明"以申请日或在加拿大初次实际使用之日（较早的日期）为准"判断取得商标权的优先性］。没有改变在先使用的未注册商标的保护范式说明《修正案》在理论上没有改变使用原则在注册和异议程序中的地位。最后，《修正案》基本保留了原第 45 条规定的撤销程序，只做了若干语言调整，新增了撤销方和商标权人应相互送达各自意见的规定。这说明理论上要维持已经取得的商标权必须实际使用商标。此外，第 18 条规定的商标权无效的几种情形，也保留了原条文规定。

2. 有效化程序中的使用要求

法律规范能起到引导行为模式的作用，程序的修改变动更可以直接影响人的具体行为及风险偏好，因此但凡对程序的修改往往牵一发而动全身。加拿大理论和实务界对 2014 年《修正案》如此紧张——甚至引起了美国律师协会的注意并专门出具报告——并不是无的放矢，真正对商标权取得中的使用要求造成冲击的是对第 40 条"核准注册"条款的修改。该条改变直接导致有效化程序（申请并核准商标注册）中的使用要求被削弱，令加拿大采取的商标权取得混合取得模式中对先使用和先申请比重的度量从前者显著地向后者倾斜。加拿大原先通过使用声明来协调普通法与制定法上权利的做法在大多

---

〔1〕　Paul Tackaberry, "Exploring the Boundaries of 'Use' after the 2014 Amendments to the Canadian Trademarks Act", *The Trademark Reporter*, Vol. 104, Issue 6 (November–December 2014), pp. 1332~1365.

数人看来是稳妥的，薄薄一纸使用声明看似只在形式上约束申请人，但实际是横亘在使用取得与单一注册取得商标权模式之间的一堵高墙。如果申请人在声明上作假，未来将承担商标异议和撤销的不利后果，从而引导申请人的风险偏好。因此，这是将满足商标行政管理需要和提高确权效率的注册制度与承担商标价值的实际使用联系起来的桥梁和枢纽，平衡了效率与公平的双重价值追求。丧失了这一"利器"，单从程序的角度来看，未实际使用的商标初次注册（first application）即成功取得权利的可能性大为提高，应当说这才是引发忧虑和批评的根源所在。

当前《加拿大商标法》中规定的商标权利发生效力的模式由以下几个条文构建出一个相互平衡的体系。首先，如前所述，根据第 19 条的规定，注册程序可以产生商标权，核准取得注册证意味着商标权利已经落地生根，只有依据第 45 条规定的撤销程序和依据第 18 条提出的无效申告可令"权利之树"枯萎。其次，原基于意图使用注册的商标在第 40（1）条的规定下是不能取得注册证的——必须至按时提交实际使用声明或宣誓书后方可取得。最后，根据第 17（2）条的规定，如果自商标注册核准之日起 5 年内没有人提出在先使用或知名的请求，商标注册进入稳定状态，不可被撤销、修改或宣告无效，除非证明注册人明知该商标已经被在先使用或知名。这几条相互结合，可以保证未实际使用的商标不能取得确实的商标权利，至多能达到在注册程序中"提前占座"的效果。相互限制与反限制的条款形成了以使用为核心的"权利生效过滤网"。

然而，这一模式由于《修正案》而受到了负面影响。《修正案》取消了注册基础的区别，根据更改过的第 40 条的规定，未使用的商标（原意图使用商标）也可以直接取得注册证；但第 17（2）条、第 18 条、第 19 条、第 45 条均未被修改，这直接打破了原本由以上条文构建的较为完整的"使用之网"。在先使用人原本拥有的异议、撤销和无效宣告三个主张自己权利优先性的工具都会被削弱。首先，在《修正案》的规定下，未实际使用的商标可以根据第 40 条直接获得注册证，结合第 19 条的规定意味着获得在加拿大境内的排他性权利。其次，这也说明异议期已经经过，在先使用人首先可能因未注意到商标公告而丧失异议程序这一工具。再次，由于缺乏原第 40 条对意图使用商标的限制，未实际使用的商标经过 5 年期限进入不可抗辩的稳定状态的时间将大为缩短，撤销和无效宣告成功的可能性随之显著降低。复次，在先使用人的注意义务和相应的证明困难程度被隐性提高：其一，在先使用人为了确保自己的商标权利必须时刻检索他人注册商标是否可能产生混淆；其二，商标混淆测试在客观上是一个主观性极强的程序，除了显而易见的相同或相似外，在一些边际情形下，在先使用人难以确保自己对混淆可能性的判断与法官或注册机关恰好相同；其三，经过 5 年期限之后，要令在后注册的商标权无效化必须证明注册人的恶意，这显然提高了证明难度。因此，第 40 条被修改很有可能导致抢注商标行为增加。最后，《修正案》导致原本清晰的在先使用未注册商标保护范式变得模糊，原本的（普通法）权利范式因四类注册基础被删除被显著削弱。新的商标权利生效模式下，虽然第 16 条仍旧保证将在先使用商标作为权利取得方式看待，然而如上所述，由于程序安排的变化，这一保护范式在现实中的效果很可能大幅降低。

总的来说，《加拿大商标法》在 2014 年《修正案》公开前，一直"风平浪静"地坚持以商标使用作为权利取得和维持的核心要素。然而，如果以使用取得模式、注册取得模式与混合取得模式作为划分不同商标权取得制度的界限，《加拿大商标法》应当属于混合取得模式而非使用取得模式：其一，制定法明文规定注册可以产生商标权利；其二，在确认权利效力状态的各个程序中都审慎地遵循普通法中的使用原则；其三，有条件地适用权利范式来保护在先使用人获取商标权利的机会，具体体现为在先使用人可以通过异议、撤销和其他无效宣告程序"挤占"先注册但未使用人的权利，但在经过一定期限后，又通过提高在先实际使用人的证明门槛的方式保证注册取得商标权的权威性而采取了在先权范式。显而易见的是，加拿大商标制定法从立法思路产生之初就刻意选择了这种看似"骑墙"风格的混合取得模式；而且，与德国商标法、英国商标法等广为人知的商标权混合取得法律体系相比，这种希冀在使用与注册取得模式之间左右逢源的意图更加深刻而彻底地嵌入了其各个法律程序。

不得不说这是一种相当有趣的法律思维——由于加拿大在经济和政治等方面似乎一直被隐藏在其南方邻居庞然大物的阴影之下，其商标法律上的鲜明特色也始终没有得到国内理论研究的重视，其理论和实务界都满足于现行商标法的各项规定，认为"大拆大建"不如"小修小补"。其结果就是，加拿大政府为了加入商标国际公约和提高行政效率而抛出的 2014 年《修正案》似乎不仅立即打破了原有混合取得模式的平衡，也激起了学者和律师的急切批评欲望。《修正案》的规定之下，注册取得商标权在程序上成为商标权取得的主流方式，删改申请和核准程序中的使用要求的措施在其国内看来无异于自废武功，将会刺激商标抢注、放纵囤积商标行为。

第五章 我国商标权取得制度的改良

CHAPTER 05 ■ -

　　商标权是商标法的核心概念，商标法体系是围绕着商标权的取得、维持与消灭而展开的。因此，研究商标权的取得必须建立总体视野，将其作为商标权效力评价体系的一部分来分析研究。

　　之所以赋予商标财产利益以法定权利的保护方式，其目的是实现商标法的价值目标。由于商标法律关系涉及权利人、其他竞争者以及消费者三方主体，可欲实现的法规目标也区分为保护财产权利、保护竞争秩序以及保护消费者利益三种。商标权人关心的是如何以最低成本、最高效率取得范围最大的排他性权利以及权利取得后能在多大程度上确保商标功能的实现，而其他竞争者关心的法律如何界分"攀附他人商誉"与"合理使用他人商标标识"，消费者关心的则是能否凭借商标最大限度地降低商品或服务交易信息的获取成本。可见，三方主体的利益相互纠缠难以区分，在现实中往往呈现出此消彼长的态样。这就要求商标法通过价值权衡的方式来平衡各方主体之间的利益诉求。因此，现代商标法的范式转向不能简单地评价为"消费者面向"向"所有人面向"或"保护消费者的利益"向"保护商标财产"的转变，而是对商标功能及其财产价值形成机制的理解发生了变化。[1]立法和司法者认识到商标不仅仅便利消费者识别来源及便利使用人与其他竞争者相互区分，而且还能够承载商誉、品质等丰富的信息，甚至随着这类信息的不断产生，商标可以突破原有的符号解释关系，进入品牌形象宣传的新大陆。为了保护这种在新的生产关系中被愈加重视的财产价值，法律规定向商标权人利益的方

---

　　[1] Mark P. McKenna, "The Normative Foundations of Trademark Law", *N otre Dame Law Review*, Vol. 82, Issue 5 (June 2007), p. 1843.

向倾斜就成为一种法政策取舍的结果，这在实证法上的表现就是更加便利和高速的商标权取得方式、不断扩张的商标权形式范围和效力范围、更加充分的商标权法律救济。[1]

如前文所述，不同的商标权取得模式实际上反映了这种价值目标倾向性的差异。毫无疑问的是，注册取得模式本身就代表立法者对于商标权人利益的倾斜和关照。但是，所有以上目标都必须以商标被实际、充分、真实地使用为根本前提。离开这一前提，部分商标权人的利益诉求就由为充分保护自己的商标投资而尽可能方便快捷地取得商标权利，变为如何仅以微小的注册成本圈占商标标识以便挟持商标诚信使用人。这种情况下，制度的根本生长点——保护正当商标财产利益——已经被粗暴地拔除，讨论现代商标法的范式转换或是商标法的价值权衡只不过相当于没有任何意义的屠龙之技。因此，如何利用商标权效力评价体系来规制各种类型的商标恶意注册是注册取得模式下的商标法最优先的任务。

一、我国商标权取得制度的现状与问题

（一）商标权取得与符号圈地问题

1. 商标符号结构异变：符号圈地现象

所谓符号圈地，指的是以商标权的名义实行符号垄断之实的行为。[2]符号圈地现象从不同角度观察具有不同的意味。从消费者的认知心理角度出发，这说明其对商标意义的认知被扭曲。从商标法律制度的角度出发，这说明商标权取得制度的实效性出现偏差：商标权利的"有无"与"大小"偏离了市场实际状况。从符号学角度出发，符号圈地说明常态商标符号结构发生异变，静态二元结构中能指和所指间的关系被割裂，动态三元结构中链接再现体和对象的解释项出现偏差。两种结构异变都与商标权取得制度有关。二元结构异变直接来自商标权取得程序，主要表现为注册后不使用商标。圈地的方式是通过制造一个纯粹静态、所指空虚的"准商标"（quasi-trademark）或者说"僵尸商标"（deadwood）、"死亡商标"来圈占本应归属于他人的符号利益。该行为集聚之后则成为商标囤积（trademark banking）行为。三元结构异变与

---

[1] 杜颖："商标法律制度的失衡及其理性回归"，载《中国法学》2015年第3期，第120页。

[2] 李琛："商标权救济与符号圈地"，载《河南社会科学》2006年第1期，第65~68页。

抢注商标权有关，圈地行为主要表现为恶意抢注他人已经在先使用的商标或能够发挥商标功能的其他商业标识，其方式是通过扭曲符号解释项不当扩张自己的符号利益。以下分别详述二者各自的特征。

第一，二元结构下的符号指的既不是能指也不是所指，而是两者之间的意指关系。[1]所指（商誉）随着经营者不断强化消费者对符号关系的记忆以及消费者不断熟悉能指（有形标识的心理印记）而逐渐凝结产生，同时建立起意指关系。现实中，如果这一归属关系被切断、替换，商标二元结构就可能发生异变。之所以将这种改变符号归属的行为贬称为"异变"，原因在于商标能指与所指之间由任意性关系发展为规约性关系，依赖的是符号使用者之间的一种集体"约定"，[2]这一社会约定的产生又依赖于标识作为商标而有效使用的过程，法律规范理应将符号的所有权授予商标实际使用者，亦即符号——意指关系的创造者而不是其他人。因此，这种异变现象违背商标法基本主旨，应当被坚决排除。

在商标法语境下，二元结构的异变指的是商标的形式归属与实际归属被不当分离的情况，异变的结果是商标符号缺乏动态解释过程，只存在一个空虚的静态二元结构模型，其意指关系是被拟制而非创造的。根据这一判断，我们可以得出商标二元结构异变的模型，可用下图表示：

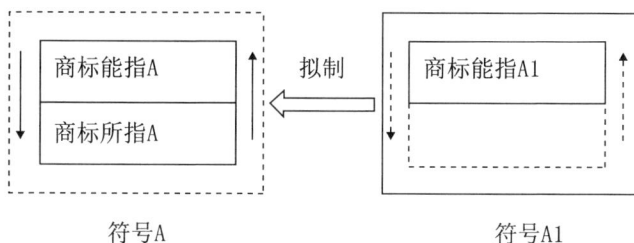

图 5-1　商标二元结构异变模型

上图中，符号 A 为"实质的商标"，已经完成了能指和所指及其意指关系的构建，因此其内部采用实线框和箭头表示。但 A 并未取得形式上的商标权（未注册），因此整体采用虚线框表示。这同时意味着符号 A 可能表现为商标，

---

〔1〕　［法］皮埃尔·吉罗：《符号学概论》，怀宇译，四川人民出版社 1988 年版，第 28 页。

〔2〕　［法］罗兰·巴尔特：《符号学原理》，李幼蒸译，中国人民大学出版社 2008 年版，第 36 页。

也可能以商标之外的权利或权益形式表现出来，如商号、店面装潢、企业名称、姓名等，但其已经起到了指示商品和服务出处的作用，因此其内部结构可称为商标能指和所指。而符号 A1 为"形式的商标"，其结构内部只存在于商标能指 A 相同或近似的能指 A1，由于未经实际使用，其所指和意指关系都是空虚的，因此采用虚线框表示；同时商标 A1 取得了形式上的商标权（已注册或已申请注册），因此整体采用实线框表示。继而，除了作为"纯关系项"的能指拟制自商标 A 的能指之外，商标 A1 不具有商标符号的任何实质性要素。空缺的符号实质与实存的符号形式构成了现实的矛盾。商标法应当通过权利效力的确认程序来解决这一问题。

第二，符号二元结构模型只是对符号静态的、结果层面的描述。作为意指关系的符号，其目的不在于说明能指和所指何以相互联结，而是将两者的结合作为前提来说明何以区分不同符号。[1] 故而对符号内部要素之间如何产生结合关系进行阐释的三元结构模型更加适合研究在商标使用中发生的符号圈地现象。

如前所述，商标在投入实际使用后开始建立再现体、对象以及解释项间的动态三元关系，而商标权的权利内容包含专用权和禁止权。两者相互结合，可以认为设置专用权的目的是在法律关系上确认商标再现体与直接对象（商品或服务的出处）间的指示关系，而禁止权的目的则是保障该指示关系不遭阻断。为了达成以上两个目的、厘定专用权和禁止权的确定性和正当性，必须以再现体与对象之间的解释关系不被破坏和歪曲为前提。以此为基础进行分析，可以认为导致符号圈地的三元结构异变有两种现实表现方式：其一，保持再现体的相同或相似，偷换符号对象并导致解释项具体内容的变化。这种异变实际上利用再现体与对象之间的呈现及再现条件关系反向"劫持"解释项的具体内容。在商标法语境中，就是对恶意抢注他人在先使用商标这一行为的符号学描述：抢注人抢先注册与在先使用商标相同或近似的标识，导致消费者对商品来源发生混淆，达到"劫持"商誉的目的。其二，扭曲解释关系的性质。这与商标混淆侵权不同，混淆之虞发生在同一性质（商标功能）的不同解释关系之间；而解释关系的扭曲指的是商标权人利用再现体的相似

---

〔1〕 〔法〕罗兰·巴尔特：《符号学原理》，李幼蒸译，中国人民大学出版社 2008 年版，第 34 页。

性侵夺既存的其他符号解释关系，以此达到圈占符号价值的目的。这种异变通常体现为抢注商标与姓名权、著作权等其他类型符号之间的冲突关系。该符号异变推翻了正常的符号解释过程：再现体通过解释项的"铰链"作用与对象建立符号关系，而不同性质的解释关系决定了一个标识呈现在人们眼前时承载的是商标功能还是其他符号作用。如果商标权人扭曲该解释关系，将原先的符号功能（如指示自然人的身份）替换为商标功能（指示商品或服务的出处），就能够利用既有符号的再现体与对象间的像似性，令消费者误以为原解释项（如自然人的名誉和信用）与商标解释项（商誉评价）可以等量齐观。据此，两类三元结构的异变模型可以通过下图表示：

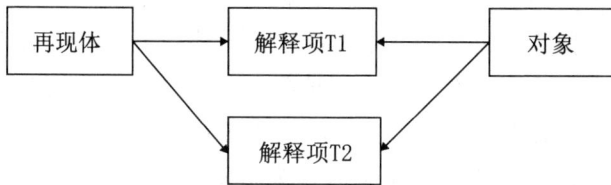

（解释项被"劫持"发生异变）

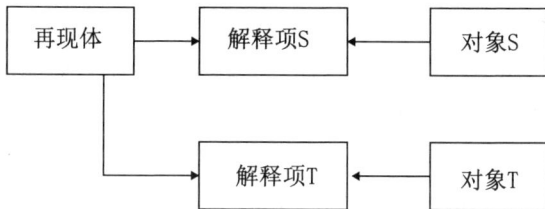

（解释项性质发生异变）

图 5-2　商标三元结构异变模型

上图中，在商标解释项被"劫持"的情形中，同一个再现体原本已经指代了通过在先使用发挥商标功能的解释项 T1 和对象。恶意抢注者通过抢先注册与再现体相同或近似的有形标识将解释项 T1 替换为另一具体含义的解释项 T2，令相关公众误以为解释项 T2 仍然受到原本的对象限定，导致原符号结构发生异变。而在解释项的性质发生异变的情形中，对象 S 的内涵并非商品或服务的出处，但是仍旧通过包含某种信用信息的解释项 S 与再现体关联起来。而恶意抢注人为了攀附这种包含信用信息的解释项 S，利用抢先将相同或近似的再现体作为商标注册的方式，构筑了包含原解释项 S 内容的新解释项 T，令消费者误以为对象 T 与对象 S 之间存在某种关联关系。

这里有必要对两种三元结构异变之间的区别作出说明。解释项性质发生异变并不以消费者发生混淆为前提，原因在于这类符号结构异变并不以在先符号具备商标功能为前提，因此不存在商标侵权责任意义上的"混淆"。举例来说，同一个再现体可以通过不同的解释项完成对不同对象的指示、代替。比如，"奔马"一词既可以作为商标使用，也可以作为描述"奔跑的马"的汉字名词使用。又如，在与体育运动有关的场合，"乔丹"指的就是美国篮球运动员迈克尔·乔丹。以历经波折的"乔丹"商标无效宣告案为例，[1]原告迈克尔·乔丹以其姓名被恶意抢注为商标为由诉请撤销被告乔丹公司的商标。最高人民法院的裁判意见认为，未经许可擅自将他人姓名注册为商标，令人误认为与他人存在代言、许可等特定联系是商标注册损害他人姓名权的重要因素。这一观点实际上说明了解释项的性质被扭曲所导致的商标符号结构异变。自然人姓名符号中的解释关系体现为指示自然人身份并与他人相区别，同时还包含了公众对其人的评价，体现为自然人的名誉和信用等结构性信息。将他人姓名抢注为商标的行为表明，商标权人试图利用相同的再现体（商标标识与他人姓名）将原本属于姓名符号的解释关系迁移到商标符号中。通过再现体与对象间的像似性及限定作用，令消费者误以为商品或服务也具有类似该自然人名誉和信用的品质。

2. 符号圈地问题的实质：商标权形式、实体二分

商标二元和三元结构发生的如上所述的各类异变只是"符号圈地"的表现，商标权取得制度实为"符号圈地"能力之滥觞。因此，该现象实质为形式商标权和实体商标权的差异。换言之，在形式上取得商标权并不一定意味着实际获得了实体性的权利，当两者分离时必然导致符号圈地现象的发生。

权利的本质令形式与实体权利分离成为可能。有关权利的概念，拉伦茨认为"某人拥有权利，意思是说，他依法能享有什么，或者应该享有什么。这不是一个定义，只是一个框架概念"。[2]这里的"什么"指的是权利的内容和范围，也就是利益的内涵和外延，而"享有"指的是法律给予主体保护

---

〔1〕 最高人民法院［2016］最高法行再 27 号行政判决书。

〔2〕 ［德］卡尔·拉伦茨：《德国民法通论》，王晓晔等译，法律出版社 2003 年版，第 279 页。

这一利益的"法律上之力"。这从侧面说明，法律赋予的拘束力和权利实现的规范基础——权利的形式，与因受保护的利益和权利的事实基础——权利的实体，是可以区分的。利益不经过法律确认不成其为"权利"，对其保护的位阶也必然低于权利。[1]而在商标权问题上，标识、商标和商标权三者之间的逻辑关系决定了权利形式下是否必然存在财产利益之实体。

第一，具备符号价值和意义是标识成为商标的充要条件。如前所述，完整的商标符号结构应当包含商标能指和所指两个部分，商标二元结构的异变说明商标所指空缺。同时，商标发挥符号作用，需要以通过使用在标识与对象之间建立起商标性的解释关系为前提，商标三元结构的异变说明商标解释项的作用范围或性质被改变。前者说明标识成为"商标"须经过从无到有的构建过程。换言之，向某个商标这一"容器"中填充价值需要满足两个呈现递进关系的要求：①实际使用；②能够使用标识指示商品或服务的出处并与他人相区别（为论述方便笔者姑且将以上两个要求称为价值要求）。后者说明商标符号的解释关系应当被限定在符号发挥商标功能的范围之中，超出此范围即不具有商标符号的实体性质。因此，满足价值要求是标识成为"商标"的充要条件。标识具备指示和区分功能说明三元商标结构构件完成，二元结构中的所指（商誉）也开始凝结在能指之下。同时，标识以"商标"的面貌出现，即可推论其已经满足了价值要求。

第二，商标财产和取得商标权间的逻辑关系则更为复杂。成为商标的标识具有特定的价值和意义，因此能够成为财产；继而应当解决的是财产的归属和范围，也就是由谁取得财产权，以及其取得的财产权外延何在问题。在普通法语境中，谁能够满足以上两个价值要求谁就拥有商标权，同时商标权的范围受到符号所指——商誉（商标解释项）的限定。[2]联邦注册的目的是令普通法上的商标权得以公示以降低商标信息的搜索成本，也就是建立"全国商标名录"（national list of marks）。但是注册不是商标权的渊源，注册必须令自己尽可能地贴合实际使用状况、反映市场现实，处于被决定的地位。[3]在这种规范方式下，成为商标财产是取得商标权的充要条件：有商标价值，

---

〔1〕 王利明："民法上的利益位阶及其考量"，载《法学家》2014年第1期，第79~90页。

〔2〕 J. Thomas McCarthy, *McCarthy on Trademarks and Unfair Competition*, 2000.

〔3〕 J. Thomas McCarthy, *McCarthy on Trademarks and Unfair Competition*, 2000.

才有注册权利；有注册权利，可反推标识具有商标价值。而在我国，商标权通过注册核准而取得，其范围随之记载在注册簿上，且不需要符合使用要求。[1]而未经注册的商标即使已经投入使用并附着了商誉也不能取得权利。这导致只能以权益方式获得规范位阶上次一级的保护。[2]因此，我国只存在制定法上的商标权，并不存在类似美国法中的普通法商标权与制定法商标权的关系。那么，在我国商标法语境下，标识成为"商标"是确定商标权归属的不充分不必要条件。首先，由于注册核准不以商标实际使用为前提，尚未具备"商标"功能的标识只要在先提出申请就可以取得法定商标权，因此成为"商标"不是取得商标权的必要条件。其次，通过注册取得商标权也不能推论标识已经具备商标功能，因此成为"商标"也不是取得商标权的充分条件。简而言之，标识是否具备"商标"功能、是否成为完满的商标符号，与商标权的取得以及取得的范围不存在任何条件关系。这说明在我国，"商标权"的形式和实体是可分的。两者关系如下图所示：

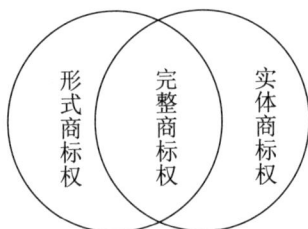

图 5-3 形式与实体商标权的关系

纯粹的形式商标权下，标识不具有商标功能，但通过注册核准拥有制定法承认的权利外壳，且"外壳"的大小也根据注册确定。纯粹的实体商标权则体现为未注册已使用商标，标识通过实际使用行为获得了商标功能，其外

---

〔1〕 李扬："论商标权的边界"，载《知识产权》2016 年第 6 期，第 23~27 页。

〔2〕 有学者提出，商标使用行为可以产生一定程度上的商标禁止权，理由是通过我国《反不正当竞争法》第 6 条第 1 项的规定，实际使用为未注册的商标可以作为知名商品或服务特有的名称、包装或装潢来获得保护，禁止他人擅自使用标识的行为。参加冯术杰："我国离商标使用取得制度有多远？"，载《中国知识产权报》2015 年 4 月 24 日。这一观点值得商榷，商标标识的形式类型比商品名称、包装或装潢范围广泛得多，而且商品名称、包装和装潢要成为具有区分指示功能的商标也十分困难。从正反两面都可得出，这种"商标禁止权"只是极小范围内的特殊情况，不能以偏概全地认为在我国，在先使用商标可以产生商标权利。

延也根据使用范围而确定。但纯粹的实体商标权缺乏通过注册才能获得的权利"外壳"。两者交叉则成为完整而充实的商标权：其完整在于获得制定法的承认，拥有了"商标权"之形式；其充实在于标识不是空虚的能指质料或再现体，而是已经附着商誉、能够指称对象的商标。当构筑在相同或近似的标识之上的形式商标权和实体商标权属于不同主体所有时，即不可实现完整而充实的商标权。此时法律规范应当作出价值判断：对于形式商标权来说，其异变符号结构是不完整的，通过形式商标权圈定的符号利益是否具有价值正当性？而实体商标权既缺乏法律上的拘束力，其受保护的范围也不明确，是否应当授予、如何授予以及授予多大范围内的"法律上的力"？

（二）现有商标权取得制度及其问题

1. 商标权取得制度构造梳理

在注册取得模式下，商标权取得制度的构造大体上可以区分为两个相互关联的体系：包含令商标权利有效化的注册制度，也将纠正赋权错误而将权利无效化的撤销及无效宣告等制度包含在内。下文将以现行《商标法》的有关条文为线索对我国现有商标权取得制度的体系构造进行梳理。

第一，有关《商标法》第 4 条第 1 款的理解。在 2019 年修改《商标法》前，长期以来，都有学者认为可以从原第 4 条第 1 款有关"在生产经营活动中，对其商品或者服务需要取得商标专用权"的表述中推定，我国存在商标权利的取得以实际使用——至少存在使用意图——为前提的倾向。实践中也存在注册机关以申请人明显不具有使用目的为依据驳回商标注册申请的情况。但是，原第 4 条第 1 款的规定从规范类型上看只具有宣示性，并不能改变我国采纳注册取得模式处理商标权取得，并在注册程序中毫无使用要求的表现。事实上，在全国人大对《商标法》（2013 年）的权威释义中，[1]对原第 4 条第 1 款的解释着重在释明取得商标权的方式为商标注册，以及取得商标权的主体包括自然人、法人和其他组织，并未强调该条款的价值内涵。尽管如此，笔者曾认为，对原第 4 条第 1 款的积极理解显然有助于保证商标切实发挥符号功能，可以将之作为明确商标使用要求的规范原点，构建排除符号圈地现象的第一道防线。换言之，虽然在行政授权确权程序中不审查商标实际使用的具体情况，但是在申请

---

〔1〕 参见"中华人民共和国商标法释义（2013 年修改）"，载 http://www.npc.gov.cn/zgrdw/npc/flsyywd/minshang/2013-12/24/content_ 1819929. htm，2023 年 5 月 23 日访问。

审查阶段利用原第 4 条第 1 款的规范目的对商标注册申请是否诚信进行审查；在确权之诉中也可以根据该条款对使用意图进行司法审查，明显不具有使用意图的可以撤销商标权；在侵权诉讼中，发现作为请求权基础的注册商标权利系基于无使用目的的恶意注册获得的，限制其排他请求权。现实中，通过一系列司法实践的归纳总结，[1]逐步形成了原第 4 条第 1 款搭配第 44 条第 1 款的适用方法，事实上成了一种新的无效宣告具体事由，即"无正当理由大量囤积商标，破坏商标注册秩序，谋取不正当利益"，并借由类推适用方法在商标申请审查阶段"参照适用"，[2]最后形成了 2019 年《商标法》最重要的修改亮点，即"不以使用为目的的恶意商标注册申请，应当予以驳回"的新规定。

第二，第 7 条第 1 款规定了普适性的诚实信用原则。在商标法语境下，诚实信用原则应当分为两段阶梯式的具体适用。一方面，诚实信用原则已经被融入商标法其他规则时，不应当直接适用第 7 条第 1 款，防止出现具体规则向一般原则的逃逸。[3]另一方面，既有规则不能涵盖的事实情形，可以利用诚实信用原则填补法律漏洞或作为法律解释的依据。有观点认为该条款可以用于第 15 条第 2 款的"其他关系"的扩大解释，比如，当注册申请人与域外商标权人存在业务关系而明知其商标状况处于值得我国商标法保护情形却仍然在中国抢先注册的，可以认定其为恶意的抢注行为。[4]

第三，第 8 条和第 9 条构成了有关商标可注册性的基本规定。第 8 条和第 9 条既是对商标事实属性的法律规定，同时相当于可注册性要求的"总则"。[5]其中，第 8 条前段是对商标显著性的要求，明确规定了显著性的内涵是利用标识区别商品与服务的来源。同时这也是对商标基本功能的规定，其"能够……可以"的表述隐含了如果"不能够"发挥区分来源功能则"不可以"

---

〔1〕 参见最高人民法院〔2013〕知行字第 41 号行政裁定书，最高人民法院〔2017〕最高法行申 4191 号行政裁定书，北京知识产权法院〔2018〕京 73 行初 2236 号行政判决书，北京市高级人民法院〔2019〕京行终 300 号行政判决书。

〔2〕 参见北京市高级人民法院〔2015〕高行（知）终字第 659 号行政判决书。

〔3〕 梁慧星："诚实信用原则与漏洞补充"，载《法学研究》1994 年第 2 期，第 22~29 页。

〔4〕 刘自钦："论我国商标注册诚信原则运用机制的改进"，载《知识产权》2016 年第 11 期，第 68 页。

〔5〕 有学者认为，从法理机制的角度看，《商标法》第 8 条是商标构成要素的一般规定，其中的"能够……区别开"应当理解为商标构成要素的事实和法律两个方面的规定性要件。参见孔祥俊："论商标可注册性要件的逻辑关系"，载《知识产权》2016 年第 9 期，第 5~6 页。

作为商标注册。因此，第 8 条中的"商标"指的是完整的商标符号。而第 8 条后段与第 9 条第 1 款前段是对商标符号构成要素的规定。前者对可构成商标符号物质质料的有形标识的具体形式进行了列举和概括式规定。后者表述中"具有显著特征"与"便于识别"为递进式关系，指的是商标符号的构成要素应当满足结构差异性的要求——也就是有形标识以及在消费者脑中留下的心理印记具有相当程度区别的要求，而非对商标显著性的要求。其中"显著特征"指的是商标标识可以与他人标识相区别，而"便于识别"指的是这种差异性可以深入符号能指的心理印记层面，以便消费者区分。这种差异性的要求实际划定了第 57 条第 2 项所称"商标近似"的最低要求。[1]从这个角度来说，第 9 条的规定存在表述上的瑕疵。其一，该条第 1 款前段所指的"商标"应当是商标标识而不是商标符号，否则其后"便于识别"的规定就与第 8 条前段对商标显著性的规定重复。[2]其二，既然第 9 条第 1 款前半句

---

〔1〕《商标法》第 57 条第 1 项和第 2 项中的"商标"指的应当是商标标识，而不是完整的商标符号。

〔2〕 有学者区分了商标符号的"显著特征"（显著性的外在表现）、"区别性"（区分不同来源商品或服务的能力，也就是所谓"相对区别能力"）和"显著性"（指代商品或服务来源的能力，亦即所谓"绝对区别能力"），目的是在体系上与相对或绝对禁止注册事由相连接，分别从正面和反面规定商标注册条件的事实规定性问题。参见孔祥俊："论商标的区别性、显著性与显著特征"，载《现代法学》2016 年第 6 期，第 66~68 页。实际上，在这种区分表述下，"显著性"指的就是显著特征，而"区别性"则指的是传统认知中的"显著性"。传统"显著性"必然要从"具备指代来源的能力"深化到"具备指代某一来源的能力"，而"显著特征"并不需要解决后一问题。比如，美国商标法律实践中对"纯粹装饰性"标识不能被注册为商标的规定，就说明某些标识连"指代来源的能力"都不具备，就不需要进一步考虑其是否"具备指代某一来源的能力"了。这种情况下，这类标识首先就不具备"显著特征"，遑论"显著性"。而区分"显著特征"和"显著性"的目的实际上也就是解决固有显著性的预先推定可能与事实情况不符的问题。在某些情况下，不具有"显著特征"（孔祥俊文中所谓"显著性"）的标识很可能通过大量使用获得显著性（孔祥俊文中所谓"区别性"），这时《商标法》第 9 条第 1 款前段就不应当成为注册的障碍。换句话说，对以上两种能力进行划分本身的目的就是解决标识可注册性的问题。如果一个标识不能通过符号解释关系深化到"指代某一来源"的层面，就不能"成为商标"，不论其理由是缺乏"显著特征"还是缺乏"显著性"。可见，美国商标法实际上出于商业表达自由的目的，实际上将显著性划分为三个层次：①通用名称，绝对不可被认定为商标权而获得垄断保护；②具有显著特征但无法深化到显著性层面的标识，可以通过证明具备获得显著性的方式取得商标权；③具有显著性的标识自动取得商标权。而我国和欧盟等商标立法由于不拒绝将通用名称转化为商标，因此实际上只有两个层次。因此，在已经存在"显著特征"与"显著性"的划分时，再进行"区别性"和"显著性"的划分，并认为"显著特征"是"显著性"的外在表征是否还有意义存在疑问。另外，这种新的划分方法还有可能导致对显著性存在强弱分别的误解。前文已经论及，并不存在"最低限度的显著性"，只存在"存在显著性的可能性较小"的情形。一旦跨越了可能性和现实性的界分判断标识存在显著性，就不存在所谓显著性弱的问题。

的商标指的仅仅是标识，那么就不应当与后半句连接在一起。后半句中不得与他人合法权利冲突的明显是完整的商标符号，所谓的冲突实际是商标功能的冲突，而不是标识本身相同或近似。从商标符号的形式建构角度看，具备第 8 条所称"显著性"必然说明标识具有第 9 条所谓的"显著特征"，除非申请人能够证明不具有显著特征的标识因使用而获得显著性，继而发挥商标功能。因此，第 9 条第 1 款前半句或者应当删除，或者可以并入第 8 条作为其第 2 款，并重新表述为"申请注册的商标，一般应当具备显著特征，并便于识别"。这样新的第 8 条即可完整囊括商标符号的构成要素与功能要素等事实属性，而有关获得显著性的认定则通过第 11 条成为其但书。

第四，第 10 条是对商标符号法律规定性中合法性的要求，第 11 条和第 12 条是对商标符号显著性和非功能性的事实规定性的具体要求。这三条规定构成了商标符号的绝对禁止注册事由，同时出于对公共利益的保护，第 10 条还属于禁用事由。而第 11 条和第 12 条只规定了"禁止注册"而不需要规定为禁用事由，原因是缺乏显著性的商标符号无法发挥商标功能，没有禁用的需要，但法律亦不可给予其专用和排他的权利。此外，第 59 条第 1 款和第 2 款规定了对商标标识中缺乏显著性的部分可以进行合理使用。以上规定是从商标权有效化的角度进行的规定，而第 44 条第 1 款则是从无效化的角度解决由于违反绝对禁止注册事由而引发的注册错误。值得注意的是，第 44 条将"不正当手段"与违反绝对禁止注册事由的援引条款并列，而且没有对提出无效宣告请求的主体资格进行限制，说明该条作用的效果及于全部市场主体，是对公共利益而非特定主体利益的保护，一旦宣告无效，任何人都不得注册和使用争议商标。在这种情况下，将"不正当手段"解释为恶意抢注他人商标、大规模抢注等欺骗其他竞争者的行为，与绝对禁止注册事由的性质可能产生冲突。2010 年最高人民法院印发的《关于审理商标授权确权行政案件若干问题的意见》明确第 41 条第 1 款（即现行《商标法》第 44 条第 1 款）中的"不正当手段"适用的范围是破坏注册秩序、占用公共资源等损害公共利益而非私人利益的行为。前述 2019 年《商标法（修正案）》在原第 4 条第 1 款后增加的新条款就延续了这一立场，将商标囤积行为一概解释为"不正当手段"，从而通过链接第 44 条第 1 款的规定获得合适的法律后果（"宣告无效"）。但是，在实际适用时，仍然应当谨慎区分恶意抢注他人商标和大规模囤积注册的区别，两者对市场竞争秩序造成损害的原因和途径是有差异的。

第五，第 30 条和第 31 条是对商标注册申请在先性的规定，第 13 条、第 15 条和第 32 条构成了对在先使用的未注册商标正当权益的保护，前文已经进行了分析，此处不再赘述。以上规定是相对禁止注册事由的具体规定，相对应的，第 45 条第 1 款是对违反相对事由而错误注册的纠正。值得特别注意的是，目前对第 30 条的认识主要集中于先申请原则的规定，该条规定中"凡不符合本法有关规定"的意义没有得到足够的重视，该句与后文"同他人在同一种商品或者类似商品上已经注册的或者初步审定的商标相同或者近似的"的规定之间以"或"相连，说明前后两句针对的是不同的事实情形。"本法有关规定"的表述具备丰富的内涵，毋宁说是申请审查阶段的万能条款，可以链接全部禁止注册事由及类似第 7 条第 1 款、第 4 条第 1 款第一句这样的原则性条款，并提供"由商标局驳回申请，不予公告"的法律后果，对于未来可能产生的各类恶意注册事实情形具备超强的适用前景。

第六，第 48 条和第 49 条第 2 款是对商标使用要求与注册取得之间关系的规定。注册取得模式下，在商标法的立法面向和价值目标，以及法律命题本身正确性等方面存在注册与使用之间的固有矛盾，这一点前文已经反复述及。因此，为了弥补权利取得阶段忽略商标符号实质价值的问题，采纳注册取得模式的商标法体系普遍规定了"撤三"条款。这与《拉纳姆法》上的商标连续 3 年不使用则产生商标权放弃效果存在微妙的差别。前者的主要目的是激活商标符号，避免因自始不要求使用而导致商标长期空置而死亡；后者则是与商标权的取得、续展、撤销及其他放弃事由等制度配合起来自始至终通过使用要求维持实质商标权利。这种差异体现到具体法律规定上就表现为使用取得模式下的"撤三"条款强调商标使用的充分性和连续性，[1]而我国《商标法》第 49 条第 2 款仅仅要求存在使用行为，而没有对之进行进一步的限定。作为最重要和直接地将使用要求引入注册商标权的取得和维持的法律规定，"撤三"条款有进行重大修改和完善的必要性和急迫性。

2.《商标法》规定的不足

与 2013 年《商标法》相比，我国现行《商标法》完善了商标权取得制

---

〔1〕《拉纳姆法》第 45 条规定，在下述任一情况下，商标视为"被放弃"：商标中断使用、意图不再恢复使用。意图不再恢复使用可以根据具体情况进行推定。连续 3 年不使用是放弃的初步证据。"使用"商标是指在通常经营中真实使用商标，而不仅仅是为保持商标权利进行使用。

度。从肯定正当商标权效力的方面看，对商标恶意抢注规制规定的解释更加精致和科学，通过出台司法解释（主要是指最高人民法院《关于审理商标授权确权行政案件若干问题的规定》）甄别、明确了大量实践中逐步摸索的法律适用经验。但是，《商标法》尚未能彻底解决现实中出现的商标结构异变问题，仍需将法律规范精益化，以强化对符号圈地现象的规范力度。下文以商标法中的基本概念及相关规范体系的构成为线索对此进行分析。

第一，规范体系的法条表达较为凌乱，反映出恶意注册概念体系的缺失。我国《商标法》的一个明显问题就在于规范的条文表达呈现为零散杂乱的面貌。以历经多次修改接近完善的恶意抢注规制规范为例，第13条、第15条、第32条规范分散规定在"总则""商标注册的审查和核准"两章，第32条更杂处于程序规范中；另外，第19条第3款禁止商标代理机构帮助恶意注册，却未征引第13条，不知何故。此类问题在《商标法》中屡屡得见。虽然经过多年司法和行政实践，分散规定似乎并未在规范适用时造成明显的困扰，但按照"所规整之事实问题以及特定生活领域"，"以尽可能让人一目了然的方式安排各项法律规范"的一般原理，以便找法用法是成文法规范体系科学化的象征之一。[1]《商标法》在这方面未臻完备反映了商标权取得规范并未形成围绕"恶意注册"概念建立的清晰明确的总分概念体系。在对2019年《商标法（修正案）》的解读文件中，注册机关仍然混合使用了"非正常申请""恶意注册""商标囤积"等表述，时而将"恶意注册"与"商标囤积"并列，时而将"恶意注册"作为上位概念。[2]事实上，注册机关对恶意注册相关术语的使用一直比较含糊。反映在统计类别中，一方面将恶意抢注和商标囤积都列入"恶意注册"的门类，认为恶意注册是恶意抢注和囤积的上位概念，另一方面又将"恶意注册"（实际指一类批量恶意抢注行为）与商标囤积并列，认为二者为平行关系。[3]

第二，缺乏商标恶意注册一般条款，降低了相关规范体系的实效。一般意义上的"恶意注册"概念的功能是提供价值判断，因此无法直接反映为法

〔1〕［德］齐佩利乌斯：《法学方法论》，金振豹译，法律出版社2009年版，第127页。
〔2〕参见"商标法修改相关问题解读"，载 http://sbj.cnipa.gov.cn/zcfg/201905/t20190528_301475.html，2023年5月23日访问。
〔3〕参见"2019年上半年商标注册工作情况分析"，载 http://sbj.cnipa.gov.cn/sbtj/201910/W020191021371345959639.pdf，2023年5月23日访问。

律规则的构成要件。但是，通过一般条款的表达和转化，即可实现其约束各类恶意注册具体行为的目的。与列举式规定对立，一般条款的重要意义在于一种灵活的立法技术，借助普适性的不确定法律概念实现了前者不具备的开放结构，同时其真正意义是在形式上令一系列事实无遗漏和发展性地承受某个法律后果。[1] 一般条款的上述特性使得它既能充分地接纳变化发展的社会评价，使得法官得以完成法的续造，其本身又可表达规范体系的主导思想，以制约列举式规定的解释。[2] 因此，如果无法穷尽类型化事实或在既有的类型化尝试失败的情况下，更加需要一般条款来提高规范体系的实效。对于商标恶意注册而言，恶意的具体类型不可能穷尽列举。事实上先前对恶意注册的类型化尝试大多是失败的，[3] 这是由于恶意和诚信都是模糊性概念。概念的模糊性并不反对其相对稳定性，不妨碍我们识别明显违法或合法的行为，但必然在两极之间形成灰色地带。这种认识上的模糊性是应对复杂系统的必然结果，在立法技术上通常反映为一般条款，并成为法官自由裁量的依据。

第三，恶意抢注规制规范之间的体系关系应当得到廓清，第 15 条的法律后果应当被修正。目前《商标法》第 13 条、第 15 条与第 32 条后段共同组成了恶意抢注商标行为规制体系，但其法律后果被区分为"不予注册"和"不予注册并禁止使用"。从规则体系的内在规约性看，规制恶意抢注行为的各条规则的构成要件属于同类，应当关联相同的法律后果。从商标法对权利义务的恰当安排和有效治理恶意抢注的角度，应当明确权利与法益保护范式的区别，将法律后果统一为"不予注册"。在具体的条文规定上，第 13 条涉及驰

---

〔1〕　[德] 卡尔·恩吉施：《法律思维导论》（修订版），郑永流译，法律出版社 2014 年版，第153 页。

〔2〕　参见 [奥] 恩斯特·A. 克莱默：《法律方法论》，周万里译，法律出版社 2019 年版，第40~44 页。

〔3〕　这种失败主要体现在具体类型之间相互重合，缺乏明确界分的种差。比如，有学者将注册之恶意区分为"不知""仅明知""搭便车"和"恶意抢注"。参见刘丽娟："论商标法中的'恶意'"，载《电子知识产权》2012 年第 7 期，第 64~70 页。很明显，即使不考虑"不知"是否属于恶意，至少"搭便车"和"恶意抢注"是可能重合的，即恶意抢注就是为了搭便车；再如，有学者将恶意注册分为不正当竞争型（再分为"搭便车"和"阻止在先权利人进入市场"两个亚类型）和权利滥用型（再分为"缺乏真实使用意图的大量注册"和"从在先权利人处获取经济收益"两个亚类型）的观点，参见孙明娟："恶意注册的概念、类型化及其应用"，载《中华商标》2018 年第 3 期，第 31~32 页。不同类型之间同样存在大量重合之处，比如"从在先权利人处获取经济收益"往往是借助"阻止在先权利人进入市场"实现的。

名商标的特殊保护，其第 2 款、第 3 款构成了"权利取得+权利保护"复合型规范，因此可以保留"禁止使用"，但第 15 条第 1 款并没有这样特殊的规范性质，规定"并禁止使用"的法律后果悖于《商标法》对未注册商标权益施加间接保护的基本立场，应当将之删除。

第四，商标囤积规制规范和"预防性注册"之间的关系尚待澄清。在2019 年修正《商标法》的过程中，为了集中解决在申请审查阶段缺乏对商标囤积行为进行规制的法律依据这一问题，提出了"不以使用为目的的商标恶意注册，应当予以驳回"这一新条款。随后，在全国人大立法机构对此进行审议时，认为诚信市场主体的"预防性注册"不应一概予以驳回，因此增加了"恶意"要件，最终呈现为当前的条文样貌。[1]但如何理解"预防性注册"，这类注册申请又应当如何与商标囤积行为相区分，以及如何与相关规范模块相协调还有待分析厘清。

第五，目前《商标法》第 48 条对"商标使用"概念的界定存在比较大的问题，影响了包括注册商标的撤销、商标侵权、商标权利限制等与商标权利有效性有关的规则的恰当解释。其一，较为明显的，前后句主体不一。第 48条前半句列举的若干种商标使用具体行为，其主体显然是商品或服务的经营者，而后半句"识别来源"的主体显然是消费者/相关公众——因为经营者是不需要"识别"来源的。前文已述，经营者和消费者各自使用商标行为的目的和性质均存在较大区别，对于经营者群体而言，商标是具备竞争性、排他性的私人物品，对于消费者群体则反之。正是这一主体不一的现象，创造出了涉外定牌加工商标侵权案件中脱离《商标法》第 57 条的适用即可得出是否侵权结论的"解释空间"，即"不接触中国消费者—不用于识别来源—不属于商标使用行为—不侵犯商标权"的逻辑链条。[2]第 48 条条文表述的这种特性也导致法律适用不统一，即这类案件出现了相互冲突的裁判结果：如果需要保护涉外加工行业，则如上述思路判断国内受托加工方不侵权；如果需要维持国外委托方在中国取得的商标权，不因其自身未在中国境内实际使用商标而导致注册

〔1〕参见"全国人民代表大会宪法和法律委员会关于《〈中华人民共和国建筑法〉等 8 部法律的修正案（草案）》审议结果的报告"，载 http://www.npc.gov.cn/npc/c30834/201904/b5c3fad9f3c14db19ae08f371df58249.shtml，2023 年 5 月 23 日访问。
〔2〕参见最高人民法院［2014］民提字第 38 号民事判决书。

商标被撤销，则又认为加工方的行为属于"商标使用"；[1]最后为了解决两类判决理由的冲突，只能得出未实际使用商标（不论是"指示"来源还是令国内消费者"识别"来源）的委托方构成商标使用，实际完成贴附行为的受托加工方不构成商标使用的奇特结论。[2]其二，该条规定的位置与其表述难以得出统一协调的解释。第48条的法条次序处于《商标法》第六章"商标使用的管理"的第一条，按理说是对该章节中涉及的"商标使用"的规定，即对商标权利人合法、恰当使用自己的注册商标的规定以及维持商标权利有效性的规定（反面规定为注册商标撤销事由）。但是该规定表述为"本法所称商标的使用"，这样一来，就将商标注册、注册商标使用义务、商标侵权等全部场合中涉及的经营者、他人及相关公众对商标进行的使用全部包含进来，而该条规定目前的表述无法完全承受如此丰富的内涵。

通过以上分析，可见我国《商标法》在商标权取得规范制度上尚有不少语焉不详之处。总的来说，《商标法》中以商标恶意注册规制规范为代表的权利取得规范模块在理论和条文解释适用两方面都还有许多问题亟待解决，商标权利取得与权利保护、权利利用等规范模块间的体系关系也有待梳理。从司法实践中可以发现，为了弥补这一缺漏，法院尝试了多条既有规则，如利用《商标法》第7条诚实信用原则，[3]或利用第10条中的"不良影响"，[4]或利用第11条有关欠缺固有显著性的规定，[5]从有效化程序的角度解决该问题，或利用第44条规定的"以欺骗手段或者其他不正当手段取得注册"从无效化程序的角度排除抢注或不当注册的商标。[6]但是，这些规范或过于原则，或适用错误，或需要改善，都需要进行更加精益的制度和程序安排来真正解决商标权取得制度暴露的问题。这其中既有立法技术的原因，也与对商标法主旨以及商标权取得基础的认知模糊有关。法律规范的含糊不清助长了符号圈地和商标符号结构异变现象的发生，因此，我国商标权取得制度仍然存在持续研究的必要和规范改良的余地。

---

〔1〕　参见北京市高级人民法院［2010］高行终字第265号行政判决书。
〔2〕　参见最高人民法院［2018］最高法行申8135号行政裁定书。
〔3〕　北京市高级人民法院［2015］高行（知）终字第918号行政判决书。
〔4〕　最高人民法院［2016］最高法行申483号行政裁定书。
〔5〕　北京市高级人民法院［2015］高行知终字第1538号行政判决书。
〔6〕　北京市高级人民法院［2016］京行终475号行政判决书。

二、我国商标权取得制度的改良

不论注册取得或使用取得模式都不否认商标符号的实质价值来自商标使用，这是商标财产利益形成和发展的基本面。如果说使用商标可能是非正义的侵权使用，因而导致法律责任承担，取得商标权后缺乏实际使用则必然陷入"不正义地持有权利"状态。注册取得商标权模式的优势在于，通过范围上可规制和时间上可预见的注册行为代替在先使用行为作为先占商标权利的依据，能够确保商标法的安定性。这种对形式价值的追求是以部分牺牲商标使用原本应当在商标法律体系中占据的核心地位为代价的。因此，注册取得模式引导下的商标法在取得环节丢失的实质价值应当在权利维持和消灭环节得到弥补。为了达到这一目的，首先应当从维持商标权有效性的角度对商标使用的内涵和特殊类型进行界定，其次在明确了商标使用要求后将之应用于商标权效力评价体系，连接和融贯取得、维持、撤销、无效宣告等有关制度。

（一）商标使用的规范化构想

1. 商标使用概念的层化

在注册取得权利模式下，不论是实际使用商标或意图使用都不能作为提出注册申请以及获得核准注册的前置条件。但是，无法否认的是，商标符号发挥功能与填充实质价值依赖的是商标使用。出于效率与法安定性的需求，在权利取得阶段可以暂时承认无使用内涵的商标权具有合法性，但是这种临时状态如果始终持续则有违基本的道德评价和自然理性。因此，商标权利的取得和维持均与商标使用有关。

商标法规定的"商标使用"牵涉多种不同的法律关系。学者将其分为"促使商标形成的使用"和"商标形成之后的使用"，构建商标使用概念的制度目的是将之作为商标符号利益分配的重要方法，与商标权利取得和维持、商标权利保护（侵权构成）均有关联。[1]这种分类方法以信息论和认知心理学为基础，建立在对商标使用具体过程的分析之上，"促使商标形成的使用"的法律意义是使商标财产利益内核得以形成，在此基础上根据具体情形决定该利益内核被哪一种法权形式所包裹，即商标权利或未注册商标权益；"商标

---

[1] 参见王太平："商标法上商标使用概念的统一及其制度完善"，载《中外法学》2021年第4期，第1027~1047页。

形成之后的使用"的法律意义主要是通过"知名度"这一概念中介影响商标权利和未注册商标权益可诉的范围。但是，对于商标权取得制度而言，这种建立在商标已经实际使用基础上的分类方法显然没有充分考虑使用和注册的关系，并未将注册取得模式下未经使用的商标仍然能够取得权利的现象纳入解释范围，至多涉及商标使用与商标注册核准后的权利维持之间的关系。由于商标权利的维持必然与权利人通过实际使用令商标正常发挥功能紧密联系在一起，同时，商标侵权的实质即他人未经权利人同意也令标识发挥"商标功能"的情况，因此仅与权利维持、权利保护有关的商标使用概念能够得到统一定义，即综合考虑商标使用的场合（"贸易过程中"或"商业流程中"）、主体（经营者及消费者）、典型行为方式以及对象后，将"商标使用"定义为"在贸易过程中，以营销为直接目的，将标志直接使用于商品或服务并使相关公众认识其为商标的行为"。[1]

然而，该定义与当前《商标法》第48条的规定相比较，仍然会出现两种解释。第48条后半句"用于识别商品来源的行为"目的是在前半句列举具体商标使用行为的基础上，界定"商标使用"的性质。后半句本身就存在解释空间：狭义的解释是"实际发生了识别功能"，广义的解释是"有可能发生识别功能"。[2]上述学者的新定义也存在类似情况：狭义观之，"并使相关公众认识其为商标"是实际已经发生的使用后果，在需要以商标使用效果为条件激发法律意义的场合，这么定义"商标使用"是没有问题的，如认定注册商标保护范围、损害赔偿数额等；广义观之，"并使相关公众认识其为商标"指的是商标发挥功能的可能性，即使用行为的目的。从商标使用主体的角度来看，狭义的解释是对经营者"指示"来源和相关公众"识别"来源两类行为的综合规定，如果仅有指示来源行为则不构成"商标使用"；广义的解释仅包括经营者"指示"来源行为，能够通过具体使用行为判定经营者意欲使相关公众将来能够借之识别来源即可成立"商标使用"。总而言之，新定义仍然隐含了冲突解释的可能性，其与当前第48条的规定相比，优点在于从规范表述角度解决了该条规定前后句主体不同的问题。

---

〔1〕 王太平："商标法上商标使用概念的统一及其制度完善"，载《中外法学》2021年第4期，第1040页。

〔2〕 参见殷少平："论商标使用概念及其立法定义的解释"，载《法学家》2022年第6期，第156~168页。

如果综合考虑商标权利取得、维持、消灭、保护、利用、限制等多个规范模块，商标法中涉及了多种不同类型的商标使用：①在注册取得模式下，权利取得及部分权利消灭场合下的虚拟使用。未经使用的商标申请注册时，注册机关必须审查该标识能否发挥区分来源功能（显著性）、是否侵害公共秩序和利益（合法性）、是否对他人合法在先权益造成损害（在先性）、是否因具备实用性而影响竞争秩序（三维标志的非功能性），但是这些授权实质条件的审查均以假设而非实际使用为前提，因此无法审查与实际使用有关的一系列事实，如知名度等。②权利维持、注册商标行政管理以及商标侵权场合下的实际使用。这类使用还牵涉与商标权利限制等有关规范模块，并涉及不同主体使用商标带来的不同法律意义、使用行为的目的和后果的区分等问题，因此，该情形特别复杂，有必要特别予以分析。首先，应当说明的是，虽然主要讨论的是与商标权利取得和维持制度有关的商标使用概念，但一则注册取得模式下，为了平衡申请商标无实际使用要求的特点，有必要在取得权利后高度强调实际使用义务，其中即包含了权利人是否实际使用决定了应否限制甚至排除其商标禁用权的问题；二则近来对"商标使用"概念的研究似乎已经从曾经的类型化分别定义——强调不同使用行为在要件方面的差异性，向统一定义并将之成文化反映至《商标法》总则部分转化，进一步将这种强调相同性的定义方法作为构建商标法体系思维以及科学解释相关规范的必要条件。[1]因此，有必要将各规范模块下的商标使用一并进行讨论。其次，同一概念的统一解释确实是体系思维的基本要求，也是避免法律适用前后矛盾、逻辑错乱的必要条件，但是，统一定义的前提是概念同一，如果概念之间的差异性相较于相同性之于规范目的的相关程度本就较为突出，仍然强行进行统一解释，要么导致相关规则的"过度包含"（over-inclusive），要么导致"潜在包含"（under-inclusive），[2]均可能使得规则文义偏离规则目的。问题的关键在于不同场合和规范模块中的"商标使用"之间，到底是差异性还是相

---

〔1〕 参见蒋万来："商标使用的恰当定位与概念厘清"，载《政法论坛》2016年第3期，第176~184页；张慧霞、杜思思："商标使用的类型化解读"，载《电子知识产权》2020年第12期，第62~77页；王太平："商标法上商标使用概念的统一及其制度完善"，载《中外法学》2021年第4期，第1027~1047页；殷少平："论商标使用概念及其立法定义的解释"，载《法学家》2022年第6期，第156~168页。

〔2〕 参见陈景辉："规则的普遍性与类比推理"，载《求是学刊》2008年第1期，第78页。

同性对于实现规范目的更加重要。最后，"商标使用"概念能否统一决定《商标法》对该概念的合理规定方式。统一的商标使用概念理所应当出现在"总则"章节中，具体来说应当放置于当前《商标法》第 3 条和第 4 条之间，以便统领其后所有涉及"使用"的规则。相反，如果认为不存在统一的商标使用概念，那么自然应当根据相应规范模块的需要分别进行规定。前者的典型立法例是《日本商标法》第 2 条第 3 款，直接列举了典型的"使用"行为；后者的典型立法例为《德国商标法》，分别在商标权利取得（第 4 条第 2 项、第 43 条第 1 款）、权利保护（第 14 条第 3、4 款）以及权利限制（第 26 条）、注册商标因缺乏实际使用的撤销（第 55 条第 3 款）等场域或定性或列举式地规定了"商标使用"。

结合以上因素，应当认为，不存在完全统一的"商标使用"概念，不应当在《商标法》"总则"章节中规定"商标使用"。应当根据不同场合的规范目的，形成对"商标使用"概念不同层次的解释，并借鉴《德国商标法》的规定方式，分别规定于《商标法》的不同章节中。理由如下：

第一，不同类型主体使用商标行为的事实属性存在较大差异，毋宁说各自将"商标"视为性质完全不同的对象来看待。详言之，商标是参与市场竞争的通信中介，对商标权人、竞争者、消费者各自的商标使用行为法律意义的评价应当共同置于维护正当市场竞争秩序的大旗之下。共同立法目的的指引能够使得不同性质的行为在更抽象的层次上获得统一解释，但并不应该就此遮蔽这些行为各自的重要差异：①对于商标权人及其竞争者而言，不论诚信使用还是非诚信使用商标，均将商标视为构建竞争优势地位、夺取交易机会的工具，因此将商标看作与有体物类似的私人物品，在其价值实现过程中自然附带了竞争性，即不论正当与否，商标价值只能由权利人或竞争者其中之一享有。②对于消费者而言，使用商标主要是为了降低商品品质信息搜寻成本，商标价值的发挥主要是借助消费者自身的认知记忆网络达成的。因此，商标对于消费者而言属于典型的非竞争性公共物品，使用商标的消费者数量增加并不会提高物品供给的边际成本。

第二，各类"商标使用"在事实层面并存的情况下，重要的是各自具有什么样的法律意义。首先，《商标法》的立法目的在于规制经营者有可能发挥商标功能的标识使用行为，具体包括商标权人的使用行为、未注册商标权益所有者的使用行为以及侵权人的使用行为，而消费者"商标使用"获得的利益只获得反射性保护，消费者也没有任何请求权基础。市场竞争参与者对商标的使用是以"指示来源"作为目的，以第48条前半句列举的若干典型类型作为行为方式。其次，消费者"商标使用"行为的确体现为"识别来源"，但该因素是经营者使用行为的结果，不是《商标法》的调整对象，虽然可以作为某些场合下确定法律关系具体内容的考量因素，比如商标权利保护场合下用于判断竞争者的商标使用是否存在混淆可能性，或在权利维持的场合下用于判断注册商标是否应当被撤销，但无论如何，"识别来源"都不是《商标法》直接关注的对象。最后，当前第48条中"用于"的表述容易令人误以为前半句列举的典型行为方式是以后半句中的"识别来源"为行为目的。但是，如前所述，经营者使用商标的目的是传达来源信息、指示来源，实际上"以识别来源为目的的使用"与"不以识别来源为目的的使用"的一对区别对于《商标法》来说是没有法律意义的，受到《商标法》规制的经营者的行为诸因素中值得考量者为其标识使用行为是否具有指示来源的目的。从这个角度来说，如果存在"商标使用"的定义条款，那么没有必要也绝不应当出现"识别来源"的表述，以免导致本不应发生的误解。

第三，为了认定商标使用成立与否，以经营者具备指示来源的行为目的或消费者实际产生识别/混淆来源行为结果为条件存在较大差异，该差异即使通过特定的规则文字表述强行"捏合"在一起，也不能避免规范解释发生冲突的可能性。前述学者将商标使用重新定义为"将标志直接使用于商品或服务并使相关公众认识其为商标的行为"，其中"直接使用于……"指的是经营者（商标权人和竞争者）使用商标，"相关公众认识其为商标"指的是消费者使用商标，看似兼顾了两种不同的使用行为，但仍旧不能厘清商标使用的成立是否要以具备消费者识别来源的使用效果为条件。这主要是由通过构建因果关系而连接两种使用行为的使动句中，用于辨别使动词到底传达的是致使意义还是明确的动作结果义的完句成分被省略导致的。[1]具体来说，从汉语语法的角度，该定义中"（经营者）将标识直接使用于……"是原因事件，"相关公众认识其为商标"为结果事件，其中"认识"为使动词。但是，"认识"前既可以填补表示可能性的能愿动词"可以"，也可以填补表示结果发生的程度副词"已经"，二者各自导向不同的结果事件。前者以经营者完成贴

<hr>

[1] 参见张豫锋："现代汉语使动句的完句成分考察"，载《复旦学报（社会科学版）》2009年第3期，第106~111页。

附、展示等将商标标识施用在商品或服务上的行为存在即可认定商标使用成立，因此时消费者"认识其为商标"的可能性已经被成功建立；后者以消费者确实因商标权人/侵权人指示来源的行为而识别/混淆来源为条件认定商标使用，因此时消费者"认识其为商标"的结果方才确实发生。因此，增加不同的完句成分将呈现为不同构成要件要素，并通向不同的规范解释结果。当然，也许不能否认立法者故意选择"隐藏"完句成分以便主动追求这种"灵活"解释路径的可能性，但这样一来，新的定义与目前第 48 条的解释空间就没有明显区别了。

第四，为了实现《商标法》的立法目的，不同法律关系和规范模块对"商标使用"相关事实进行择取和筛滤并附以法律意义的标准存在较大差异。尽管它们统合于共同的《商标法》立法目的之下，但立法目的本身也是具备层次的，因此，这些差异不能被"统一解释"所有效涵盖，毋宁说"统一解释"因过于抽象而丧失了支撑正确解释相关规则的能力。所谓"有层次的立法目的"，前文第二章讨论商标权构建的"所有人"和"消费者"二重面向时曾经提及这一问题，指的是《商标法》第 1 条所揭示的三重目的之间的层次关系，即如何正确解释"保护商标专用权""保护消费者利益"及"促进社会主义市场经济发展（维护正当竞争秩序）"之间的关系。对此学者有不同意见，有认为三者为层层递进关系，保护商标专用权仅为手段，保障消费者利益才是统领性质的最根本目标；[1]有认为"保护商标专用权"为重要目标，但对三者关系有分歧：或认为保护正当竞争秩序为终极目标，消费者利益被反射保护，[2]或认为正当竞争秩序和消费者利益的保护均为附带作用。[3]对三者关系的不同认识发生了"手段与目的"的分裂，并成为决定商标法政策倾向性的关键：为了实现"目的"，必要时"手段"是可以被解释、代替甚至推翻的。但《商标法》的最终立法目的应是维护正当竞争秩序。商标是消费者与经营者联系的纽带，商标使用包含消费者识别来源和经营者指示来源两个维度，两类使用共同组成竞争秩序，割裂二者只求其一是狭隘的偏见。

---

〔1〕 参见卢海君："反不正当竞争法视野下的商标法（上）"，载《电子知识产权》2017 年第 3 期，第 24~34 页。

〔2〕 参见王太平：《商标法：原理与案例》，北京大学出版社 2015 年版，第 33~37 页。

〔3〕 参见刘铁光：《商标法基本范畴的界定及其制度的体系化解释与改造》，法律出版社 2017 年版，第 8~12 页。

正当秩序在不同阶段有不同表现。在商标权取得和维持阶段体现为权利取得的正当秩序（同时反射性保护未注册商标），在商标权保护阶段体现为注册商标的正确保护，为此有时可以对商标专用权作出限制来实现正当秩序。因此，不同规范模块实际具备了不同的"子目的"，最终汇集、显化为商标法总体层面上"有层次的三重立法目的"。所谓"相关事实"，主要包含商标使用主体（商标权人/申请人或竞争者）、具体使用方式（是否突出显著地使用等）、使用目的（是否意图指示商品来源）、使用效果（是否令消费者得以识别/混淆来源）等事实因素。将这些因素如同拼搭积木一般组合在一起，使之呈现为不同层次的"商标使用"概念，即可实现不同的规范模块子目的，并使得规模模块以特定的结构关系进一步组合，实现商标法适用的整体平衡。此即本节标题所谓与商标使用概念的统一解释相对应的"商标使用概念的层化"解释，具体而言，可以根据规范适用的场合逐一进行分析。

（1）在商标权利取得的场合，存在两种商标使用。其一为商标注册申请人使标识获得显著性的使用（《商标法》第11条第2款），由于必须形成真实的标识"第二含义"，因此需要拼接"申请人"（主体）、"突出显著使用标识"（方式）、"指示商品来源"（目的）、"识别商品来源"（效果）四个要素。其二为竞争者得以有效阻碍申请人取得商标权的使用，在《商标法》上反映为由第13条、第15条和第32条后半句构成的恶意抢注规制规范中涉及的"使用"概念。这种使用的实质是商标注册申请人存在恶意的证明事实，"使用"的具体要素取决于恶意证明的途径。其中，第15条第1款因代理、代表关系包含的信义义务形成了足够紧密的法律和事实关系，因此无任何商标使用要求。第15条第2款的情况比较特殊，虽然有学者认为该款是在第1款的基础上适度扩张特殊关系的结果，商标申请人（抢注人）承担了某种程度的信义义务，因此其中规定"商标使用"要件毫无必要，或者应当修改为"采用"。[1]但是，司法解释已经将"其他关系"扩张到了"营业地址邻近"和"亲属关系"等广义的"特殊关系"之上，[2]很难讲这类关系在竞争自由

---

[1] 参见王太平："我国未注册商标保护制度的体系化解释"，载《法学》2018年第8期，第135~150页；王太平："商标法上商标使用概念的统一及其制度完善"，载《中外法学》2021年第4期，第1027~1047页。

[2] 参见最高人民法院《关于审理商标授权确权行政案件若干问题的规定》（法释〔2020〕19号）第16条。

的基本市场法则下能够有效建立起某种程度上值得法律保护的信义义务。因此，为了维系规则适用的可普遍性，第 2 款规定"使用"要件是必要的，可以作为推定"其他关系"能否令申请人知晓对方商标已经存在的事实依据，但此处"使用"只需要拼接"竞争者（他人）"（主体）、"突出显著使用标识"（方式）、"指示商品来源"（目的）三个要素。第 13 条和第 32 条后半句的情况比较简单，因其必须通过产生使用效果的实际使用来推定申请人是否知晓，因此需要拼接"竞争者（他人）"（主体）、"突出显著使用标识"（方式）、"指示商品来源"（目的）、"识别商品来源"（效果）四个要素。

（2）在商标权利维持的场合，主要指的是《商标法》第 49 条第 2 款规定的"撤三"制度涉及的商标使用。"撤三"制度的目的在于排除不使用和象征性使用注册商标的情况，避免浪费商标资源，实际设定了商标权人使用其注册商标的法定义务，通过这种方式解决形式、实体商标权二分的问题，实现制度价值和财产价值的耦合。这种情况下，看似同样应当拼接四项使用要素，但一方面象征性使用的认定不能以实际达成的交易规模等定量因素作为标准，被许可人的使用同样也可以被视为权利人的使用；另一方面这无法解释为何许多立法例均规定国内商标权人完成商标标识贴附后单纯出口的行为同样符合使用要求。[1]实际上，规定商标权人的使用义务主要是为了促使其及时将注册商标投入"通常交易流程中"，或者依照《商标法》的表述"在生产经营活动中"使用商标创造价值。单纯出口行为虽然不接触国内消费者，不可能产生使用效果要素，但仍然属于生产经营活动，同样属于真实使用商标的行为。因此，维持商标权利的使用需要具备"商标权人"（主体）、"突出显著使用标识"（方式）、"指示商品来源"（目的）三项要素。

（3）在商标权利保护的场合，涉及两种商标使用行为。其一为竞争者（侵权人）使用商标的行为。对于停止侵权责任的判定而言，目前《商标法》第 57 条的 7 项规定中，除第 7 项兜底条款未明确规定外，[2]第 1、2、3 项属

---

〔1〕　典型如《欧盟商标指令》第 16 条第 5 款、《德国商标法》第 26 条第 4 款。

〔2〕　有学者认为《商标法》第 57 条第 1、2、3 项已经穷尽了所有的商标使用导致侵权的情形，因此第 7 项指的必然是不构成商标使用的行为。参见王太平："商标法上商标使用概念的统一及其制度完善"，载《中外法学》2021 年第 4 期，第 1027~1047 页。但是这种观点不一定十分准确，最高人民法院《关于审理商标民事纠纷案件适用法律若干问题的解释》第 1 条规定，"将与他人注册商标相同或者相近似的文字作为企业的字号在相同或者类似商品上突出使用，容易使相关公众产生误认的"行为被列为第 7项所指的侵权行为，该行为显然属于"将标志直接使用于商品或服务并使相关公众认识其为商标的行为"。

于不法商标使用而成立的侵权行为，第 4、5、6 项均与商标使用无关，不会直接阻碍注册商标发挥功能，这些行为之所以也列入商标侵权行为，原因在于其与不法商标使用行为之间存在某种关联。由于不法商标使用实际阻碍或妨碍注册商标发挥功能都应当予以规制，因此侵权使用的成立同样不需要以消费者实际混淆商品来源（使用效果）为前提。对于损害赔偿数额的判定而言，侵权人使用商标的非法所得当然要以消费者混淆来源的定量分析（使用效果）为前提。其二为商标权人使用商标的行为。认定这种行为的目的一方面是认定知名度因素，用于判断是否存在混淆可能性；另一方面是计算权利人所受损失的数额，作为损害赔偿数额确定的依据，因此必须包含全部四项要素。

（4）在商标权利限制的场合，同样涉及两种"商标使用"。其一，商标权人的商标使用行为。依据《商标法》第 64 条第 1 款的规定，如果商标权人未能证明此前 3 年实际使用商标，侵权人不承担损害赔偿责任。此处"实际使用"的含义应与第 49 条规定的"实际使用"相同。其二，竞争者（侵权人）的使用包括两类。一方面即第 64 条第 2 款规定的"合法来源抗辩"。由于销售侵权商品是典型的商标使用行为，因此此处商标使用的含义与侵权场合下竞争者商标使用的含义相同。另一方面为第 59 条第 3 款规定的"在先使用抗辩"，由于该抗辩成立的前提是相当程度商誉的成功建立，因此必须同时包含四项使用要素。值得注意的是，第 59 条第 1、2 款规定的"使用"行为，其使用对象并非商标，因此不属于商标使用行为。

总的来看，"商标使用"可以按照是否以具备"使用效果"要素为成立条件区分为较为明显的两个层次，由于规范模块各自目的的明显区别，二者统一后的"商标使用"概念难以获得足够的解释力。因此，应当对试图概括"本法所称的商标使用"的《商标法》第 48 条进行修正。由于商标权取得规范模块以及在先使用抗辩的既有规则已经可以通过规则构成要件要素的彼此配合界定"商标使用"的具体含义，有必要单独予以规定的是权利保护、撤销和限制规范模块中商标使用的含义。考虑到规范目的，应当将目前第 56 条的规定内容换至第 48 条后进一步修正，同时删除第 56 条后将现第 48 条前段的内容修正后移动至第 57 条中，作为第 57 条第 2 款。

首先，考虑到注册商标撤销和商标行政管理间紧密的关系，第 48 条本身的体系位置不需要更改，但应当将其对"商标使用"的定义适用范围缩小至该章节本身，内容应当做如下修改：

第48条　本章所称商标的使用，以注册商标专用权人在生产经营活动中将核准注册的商标在核定使用的商品上进行了实际使用为限。

注册商标专用权人将商标贴附在单纯以出口为目的制造的商品或其包装上的行为视为前款所称的商标使用。

经注册商标专用权人同意的实际使用，视为由注册商标专用权人进行的使用。

其次，权利保护规范模块同样需要通过明确的商标使用定义条款来解决涉外定牌加工商标侵权案件中由于原第48条规定的冲突解释导致的问题，并与上述修正后的第48条第2款相互协调。具体修正方式应为删除后更新现有第56条的规定。第56条本身的内容就严重不匹配其体系位置，其规定内容长期以来让人误解"商标权"的范围，即使通过专用权和禁用权范围存在差异得到相对合理的解释，该规定也没有必要出现在第七章"注册商标专用权的保护"中，而是应当处于第六章"注册商标使用的管理"，并支撑第52条有关禁止将未注册商标冒充注册商标使用的规定，因此上述对第48条规定的修正纳入了第56条的规定。而第56条本身应当在删除后修正为第57条第2款：

第57条　有下列行为之一的，均属侵犯注册商标专用权：

……

前款所称使用，尤其指的是：

（1）将商标标识使用在商品或商品包装、容器上；

（2）将商标标识使用在商品广告宣传、展览中；

（3）在出口或进口商品上使用商标标识的。

2. 商标使用的特殊类型

前文对商标使用的讨论大多集中于商标权人或竞争者的主动使用行为，或在先使用抗辩等场合下的在先使用行为。考虑到商业活动涉及的各类复杂情形，有必要对两类特殊的商标使用行为进行单独讨论。

（1）被动使用。

商标的被动使用指的是非出于商标权人或商标使用人主动对商标进行的使用，而是社会公众对商标的使用。[1]由于商标的本质是符号，严格来说在

---

〔1〕　邓宏光："为商标被动使用行为正名"，载《知识产权》2011年第7期，第11页。

商标权人的主动使用中必然包含了相关社会公众对商标的使用，否则符号解释关系无法正确建立。因此，可能具有法律意义的商标被动使用应当被限定为社会公众对元商标的变形形式进行商标权人未明确表示拒绝的使用。认定被动使用具有两个前提条件。其一，社会公众对元商标的变形进行指示性使用，通常表现为商标俗称或简称，如"广汽丰田"的简称"广丰"，"YONEX"及"尤尼克斯"商标的俗称"YY"。商标俗称应当能够起到正确识别商品或服务来源的作用，方才具有进一步探讨被动使用法律意义的价值。如果来源发生变化，则没有能够发挥商标功能的可能性。如原本"海南马自达"的俗称为"海马"，但由于合资企业分离，导致新的"海马"不再与"马自达"品牌存在商品或服务来源方面的关联，此时"海马"就不再是"海南马自达"或"马自达"的被动使用形式。其二，元商标权人未明示拒绝被动使用的具体形式。一些商标俗称及简称可能是对元商标的贬损称谓，可以合理推定商标权人会拒绝这类被动使用；或被商标权人明确表示不予认同，如索尼爱立信公司曾经明确表示不认同"索爱"是其商标的简称。[1]需要注意的是，商标权人不拒绝被动使用并不表示只有商标权人明示同意才构成被动使用，否则被动使用行为将自动转化为主动使用。

有学者将主动使用与被动使用的划分标准定为商标使用是否违背商标权人的意志，如果并未违背其意志，那么即使是商标权人以外的社会公众或媒体等对商标的使用也只是假借他人之手的使用，不会落入被动使用的范畴，继而认为被动使用保护是错误的。[2]这种观点有待商榷。社会公众对商标的使用与商标权人的使用在性质上完全不同，可以说二者是将商标看作完全不同的物品进行使用的。而"违背商标权人意志"的使用大多数情况是侵权使用行为，这类行为与商标权人的使用性质相同而相互冲突，当然不能得到保护。提出被动使用保护论的真正原因在于，商标功能的实际发挥必须结合以上两种不同的使用方式才能实现，这导致从结果角度观察，相关公众对商标变形形式的使用可能"遮蔽"或"代替"商标权人的使用而产生区分来源的效果。申言之，主体限定为商标权人的专有性使用构成了商标价值填充的起

---

[1] 北京市高级人民法院［2008］高行终字第 717 号行政判决书。
[2] 黄汇、谢申文："驳商标被动使用保护论"，载《知识产权》2012 年第 7 期，第 86 页。

始条件。[1]侵权使用已经破坏了这一限定性，抢注行为即将破坏这一限定性，因此当然应被禁止。[2]相关公众的使用则是产生商标功能实效的限定条件。从商标符号的动态运行角度看，再现体（标识及其心理印记）与对象（来源）通过解释项相互联结而形成的意指关系是一种存在于相关公众之间的公共约定。[3]从积极的一面而言，商标权人的主动使用行为可以促发这种约定，并且其使用的具体方式和强度还能够在一定程度上塑造相关公众对符号解释关系的认知。从消极的一面而言，商标权人的主动使用并不必然激发这一约定，并且如果其使用方式错误反而可能导致相关公众对商标符号的约定的强度减弱或破裂，具体表现为商标的通用名称化。因此，主动使用只是商标符号关系构建的充分非必要条件，两者之间更不存在单凭商标权人的意志就能够引发效力的因果关系。相关公众完全可以将商标权人实际使用的商标符号再现体变形后自发形成新的"符号约定"，其呈现的依然是元商标符号结构中的"对象"。同时，由于符号对象对解释关系的限定性，[4]新约定仍然能够发挥商标功能。这样一来，元商标的变型形式也就具备了财产价值，具备受商标法保护的潜在可能性。

由以上分析可知，相关公众对商标变形形式（俗称或简称）的被动使用以商标权人的主动使用为前提，不仅能够代替元商标发挥商标功能，而且这种使用方式不违背商标权人的主观意志。问题在于，被动使用行为对商标权人来说是否具有法律意义。换言之，被动使用是否属于《商标法》第 32 条及第 45 条第 1 款所规定的"已经使用"，并能以此作为阻却他人申请注册的理由。答案应当是否定的，或者说，进行这种认定是没有必要的。被动使用是

---

[1]　董慧娟："澳大利亚 Barefoot 案对商标'使用'含义的突破及引发的思考"，载《电子知识产权》2011 年第 5 期，第 80 页。

[2]　因此，前文提及的驳斥商标被动使用保护论的观点无异于先树立一个错误的标靶，再对其进行无谓的批判。这种观点提出，利用在先注册商标和驰名商标保护模式来保护元商标的法律之力已经足够多和足够好，发展被动使用保护论是多此一举。但是这完全依赖于俗称、简称等元商标的变形形式必须保持与元商标近似以及二者归属于不同主体则具有混淆之虞两个条件。这不仅不能解决"巴黎之花"案（深圳市中级人民法院［2009］深中法民三初字第 323 号民事判决书）中的图形转变为文字商标的事实情形，即使在"索爱""陆虎"等案件中，也仍然存在其本身批判的"变相将范围更大的禁止权扩张为专用权"的认知。

[3]　李琛："商标所指的意义与解读——评'索爱'商标争议行政诉讼案"，载《中国专利与商标》2009 年第 3 期，第 80 页。

[4]　有关这种"限定关系"（bonding）参见本书第一章第一节的相关分析。

否具有法律意义的关键之处不在于"商标使用"是否限定在商标权人的主动使用范围内，而是元商标及其变形形式之间是否构成近似标识。被动使用保护论者错误地将相关公众对商标的指示性使用看作被动使用的主要内涵，[1]因此误以为出于指示性使用对商标功能发挥实效的限定作用而应当采纳某种"结果主义"的观念，将被动使用纳入商标使用概念中。反对被动使用保护论者延续了这一思维方式，认为被动使用法律意义的认定是商标法消费者面向与所有人面向、竞争秩序与财产权保护之间的权衡，继而从财产权的劳动理论等角度进行批驳。[2]其结论和解决方案是正确的，但论证过程却是缘木求鱼。实际上，从商标权保护对象——商标功能的角度看，当对商标及其变形形式进行专有性使用的主体发生分离并将导致识别功能和商标显著性的唯一性被破坏时，就应当认为二者构成近似标识。换言之，两个符号解释关系的对象和解释项是相同的，只是再现体存在区别，那么这两个再现体就应当被认定为近似。这样一来，利用《商标法》第30条和第57条第2项就可以解决所谓"被动使用"导致的问题。

（2）在后使用。

不论在注册取得模式还是使用取得模式下，满足某种时间上的在先性要求都是取得商标权的前提。注册取得模式以在先申请、使用取得模式以在先使用作为时间界标，同时由于使用取得模式一般都吸纳了意图使用注册，因此在某种意义上"在先申请"也在使用取得模式的在先性要求中占据了一席之地。以注册申请这一时间点为界线，可以将商标使用区分为在先使用与在后使用。由于对于商标财产价值的建立这一命题来说，"注册申请"完全是一个法律拟制的时间界标，以之作为"先"与"后"的判准实现的是程序正义；而先于申请日的商标使用行为满足了真正的"先到先得"原则，体现的是商标法的实质正义，因此在先使用行为能够排斥恶意抢注。但是，在后使用行为能否具备阻却在先申请注册的效力？该问题在现实中的典型例证即引发广泛讨论的"微信"商标异议案。[3]该案引发争议的内在原因即案外人腾讯公司对"微信"商标的使用发生于原告先申请商标后、初审公告前，并迅

---

〔1〕 邓宏光："为商标被动使用行为正名"，载《知识产权》2011年第7期，第15页。

〔2〕 黄汇、谢申文："驳商标被动使用保护论"，载《知识产权》2012年第7期，第86~91页。

〔3〕 参见北京知识产权法院［2014］京知行初字第67号行政判决书；北京市高级人民法院［2015］高行知终字第1538号行政判决书。

速具备了较大影响力，形成了较为稳定的市场格局，双方的申请和使用均为善意，因此裁判者要面对维护在先申请原则（制度价值）还是承认既有市场竞争秩序（财产价值）的两难窘境。

要解决这个问题，可以从分析在先使用阻却在后注册需要满足哪些条件方面入手。首先，在先使用人的主观状态为善意。这个判断似乎多此一举，但仍然有必要进行说明。民法上的"善意"包含两种界定方式：①主体在从事行为时积极地"相信"自己的行为没有违法及不正当的目的；②主体在从事行为时消极地"不知"自己的行为缺乏合法依据或没有实施行为的权利。〔1〕二者的区别在于是否容忍主体对其行为的合法性、合理性产生"怀疑"，换言之，其分野之处为"应当知道而不知道"的情况是否属于善意。通说认为，应当以消极"不知"为原则、积极"相信"为补充构建善意的判准。〔2〕因此，判断商标在先使用行为的主观状态以当事人不知道、无法知道或不应知道为标准，可以认定其为善意。这是由于在先使用之"先"指的是在注册申请日之先，当商标处于未注册状态时，商标权利的归属缺乏公示手段，因此当在先使用与在后注册申请两相比较时，在先使用当然处于善意状态。〔3〕其次，在先使用人的商标使用行为符合实际使用标准，这一点无须赘述。最后，在后注册为恶意。恶意与善意相对，指的是"明知"自己的行为缺乏正当性和法律依据的心理状态。值得注意的是，有学者认为商标法上的恶意不是民法上的"明知"式恶意（反过来说，商标法上的善意也不是"不知"式的善意），而应当修正为不符合诚实信用要求；继而提出两步验证法：①多数消费者会将先后两个商标指代的商品或服务来源相互关联；②在后注册申请人明知会发生这种关联而有攀附他人商誉的意图。笔者认为，这种认定方式实际上涵盖了行为的主观意图和行为的结果两个方面的内容。在后注册申请人是否成立恶意的心理状态是一个主观要素，而消费者是否会因在后申请注册行为而混淆商品或服务的来源则是一个客观要素。换言之，完全有可能出现在后申请人存在恶意，但其结果并不会导致混淆的情况发生。以《商标法》第15条

〔1〕　汪泽："民法上的'善意'、'恶意'及其运用"，载《河北法学》1996年第1期，第8页。

〔2〕　董学立："论物权变动中的善意、恶意"，载《中国法学》2004年第2期，第65页。

〔3〕　当先后存在不同主体的未注册商标使用行为时，在后使用的可能构成未注册商标"抢用"，这种行为并不是商标法规制的对象。参见王好："未注册商标'抢用'问题的规范分析——以指导案例30号为例"，载《政治与法律》2015年第4期，第78~90页。

第 2 款为例，[1]其后段规定的"明知"即属于对在后申请人主观状态的认定；而前段的"相同或近似"指的就是行为结果，而且实际上包含了两种推定：其一，"双同"情况下直接推定存在混淆之虞；其二，非"双同"情况则需要另外推断是否存在混淆之虞。这与第 57 条第 1 款、第 2 款的法律适用方式保持一致。因此，商标法上的"恶意"指的仍然只是"明知"。

而在出现在先申请与在后使用发生冲突（存在导致混淆的可能性）的场合，应当适用相同的判断标准来解决在后使用的法律意义问题。首先，由于不存在"在先使用"，申请必然"在先"，因此申请行为必然是善意的。其次，在后使用符合商标实际使用的要求。最后，关键问题在于，导致混淆之虞的在后使用是善意抑或恶意。如果是恶意的，那么在后使用当然不能发生阻却在先申请的效果，反而还要承担停止使用的法律责任。如果在后使用是善意的，能否发生阻却效果？笔者认为，即使确实因为不知道也不应当知道在先申请，在后使用也不能阻却其注册效力。原因有二：其一，注册取得模式下在先申请是取得商标权的根本依据，为在先或在后的善意使用提供阻却注册的救济，都属于法律规定的例外而非常态。任何情况下，商标使用都不具有直接取得商标权的效力，[2]而是填充商标财产价值的途径及维持注册商标权的条件。其二，在先使用之所以能够阻却注册，乃是商标法为了平衡商标注册制度对形式价值的追求与商标财产的实质价值发生冲突时做出的法政策上的退让。[3]其根本原因在于这是两种财产权益之间的冲突。由于能够排除冲突申请和冲突使用，商标申请本身也具有财产属性。[4]当财产权益的归属不确定时，原则上应当适用先占规则。如果在后申请人能够证明自己的申请行为也是善意的——这意味着在先使用的地域范围和影响并未扩大到在后

---

〔1〕《商标法》第 15 条第 2 款规定，就同一种商品或者类似商品申请注册的商标与他人在先使用的未注册商标相同或者近似，申请人与该他人具有前款规定以外的合同、业务往来关系或者其他关系而明知该他人商标存在，该他人提出异议的，不予注册。

〔2〕即使未注册驰名商标也只能通过阻却他人注册的方式获得保护，只不过由于在商标注册申请提出前已经达到驰名，其影响遍及全国，因此可以直接推定申请者应当明知商标驰名在先，这种情况下，"驰名"事实起到了与注册相同的公示作用，因此可以"豁免注册"。理论上不可能出现未注册驰名商标与在后注册商标权之间的冲突，这种冲突实际存在的唯一原因只能是注册机关错误注册。

〔3〕李扬："商标在先使用抗辩研究"，载《知识产权》2016 年第 10 期，第 8 页。

〔4〕王太平："论商标注册申请及其拒绝——兼评'微信'商标纠纷案"，载《知识产权》2015 年第 4 期，第 22 页。

申请人处，那么在先使用的事实对于在后申请而言丧失了"先占"意义，也就无法阻碍其通过注册取得商标权，只能退而求其次提出在先使用抗辩。这种抗辩不仅限制了在先使用人继续使用商标的范围，而且还应当附加区别标识。[1]可见，在"双善意"的情况下，在先使用自动丧失了阻却注册的效果。同理，当在后使用与在先申请也处于"双善意"的情况下，在后使用同样不应当排斥在先申请进化为注册商标权的事实。当二者发生冲突时，解决进路应当与在先使用抗辩相同，在后使用人应当在商标上添加区别标识。

问题在于，作为一种财产权益的在先申请必须通过合适的方式进行公示。公示是财产权对世效力的来源，公示的范围就是对世性和排他效力的射程。[2]如果在先申请未能得到及时公示，才有可能出现善意的在后使用。如前文所述，商标注册制度发挥其形式价值全赖于商标信息的公示，商标申请不外如是。有观点认为，商标权生效时间应当提前到申请日，只是在核准公告前的公示仅能用来对抗恶意第三人，核准公告后产生对世效力。[3]这种做法可以有效地解决申请日至公告日之间可能发生的在后使用商标冲突。然而，如果商标申请信息不能及时有效地通过注册系统进行公示，将商标权生效日期提前只会反受其害。当前我国商标申请信息公开的时间往往滞后于实际申请日数月之久，[4]申请日与公开日之间的时间段就成为商标信息的"黑洞期"。一旦解决商标申请信息及时公开的问题，"在后使用"引发的法律问题就被自然消解了。

（二）商标权效力评价体系的融贯

在《商标法》第三次修改前后，学者曾多次建言，将我国商标权取得制度由注册取得模式整体改变为结合商标注册的使用取得模式，[5]或使用与注

---

〔1〕《商标法》第59条第3款规定，商标注册人申请商标注册前，他人已经在同一种商品或者类似商品上先于商标注册人使用与注册商标相同或者近似并有一定影响的商标的，注册商标专用权人无权禁止该使用人在原使用范围内继续使用该商标，但可以要求其附加适当区别标识。

〔2〕高富平："物权公示与公信力原则新论"，载《华东政法学院学报》2001年第5期，第23页。

〔3〕冯术杰："论注册商标的权利产生机制"，载《知识产权》2013年第5期，第24页。

〔4〕黄武双、阮开欣："商标申请人与在后使用人利益的冲突与权衡"，载《知识产权》2015年第4期，第48页。

〔5〕黄汇："注册取得商标权制度的观念重塑与制度再造"，载《法商研究》2015年第4期，第189页。李雨峰、曹世海："商标权注册取得制度的改造——兼论我国《商标法》的第三次修改"，载《现代法学》2014年第3期，第68~69页。

册混合取得模式。[1]但是，经过屡次修改后的《商标法》依然坚持了注册取得制度。这一方面是为了与当今世界主流的商标权取得制度及国际公约保持一致，避免出现美国和加拿大那样为了将公约要求转化为国内法而在法律修订上花费额外成本的情况；另一方面也是为了继续发挥注册取得模式在权利归属、交易安全和证明效率方面的优势。[2]同时，自我国近代制定第一部商标法律开始，就一直采纳注册取得模式，从未变更，制度自身的延续性也使得骤然转变为使用取得模式难免引发社会公众及法律共同体的疑惑与反感。然而，经过上文的分析可知，注册取得模式一方面不以符号结构的完整构建为权利取得之前提，因而不能完整地反射商标的事实属性——尤其是作为核心内容的功能要素；另一方面不能彻底地反映财产权的劳动及同意理论，也无法自始落实关乎商标权取得之法律规范正确性的联结命题。换言之，注册取得模式在商标权取得阶段是一种"跛足"的制度。在只能满足形式价值追求的语境中，对"不正义地持有商标权"的疑虑必然如影随形。因此，在商标注册后阶段强调商标使用的要求，乃至将其定位为一种法律义务，是完成商标法价值回归的必然选择。这要求商标法人将一个商标权的"出生""入死"看成一根绵延连续的效力链条，将取得、维持、撤销、无效宣告以及商标权利的行使等所有与商标权有效性有关的制度融贯起来，才能完成纠正注册取得天然隐疾的目标。结合目前理论和实践的情况，可以将该问题具体化为两个方面：恶意注册的规制，以及与其紧密关联的商标权排他效力的限制问题，二者刚好一头一尾涵盖了权利取得和权利实现（保护）的正当性评价命题。

1. "恶意注册"的概念释明与一般条款

我国商标法理论和实践的一大主题即恶意注册行为的有效规制，该问题既是对《商标法》中商标权利取得制度具体规定形式的科学性、体系性的集中反映，也是未注册商标权益法律保护的重要组成部分，同时也是联系商标权利取得、维持、保护等不同规范模块，并使得商标权效力评价体系得

---

〔1〕 王莲峰："我国商标权利取得制度的不足与完善"，载《法学》2012 年第 11 期，第 75~76 页。邓宏光："我们凭什么取得商标权——商标权取得模式的中间道路"，载《环球法律评论》2009 年第 5 期，第 60~61 页。

〔2〕 参见张玉敏：《商标注册与确权程序改革研究：追求效率与公平的统一》，知识产权出版社 2016 年版，第 67~68 页。

以融贯的"钥匙"。总而言之，在商标权利注册取得模式之下，一个精益化的恶意注册规制规范体系是解决商标注册制度中蕴含的系统性困境的必要前提。

（1）"恶意注册"的概念释明。

恶意注册规制规范体系的建立首先要解决的问题是"恶意注册"的概念释明，即溯本求源，厘定涵盖各类不正当注册行为的通约性质的属概念"恶意注册"，该概念应当能经受商标法基本理论的评价，并符合立法目的。

"恶意注册"的意涵向来众说纷纭，关键在于诠释何谓"恶意"。第一，一般意义上的"恶意"应为超越主观状态的客观非诚信。仅仅将恶意看作一种主观认知状态不足以承担基本价值判断的功能，与之构成对反关系的是诚信而非善意。在现代民法中，伦理学中的"善"转化为法律概念"诚信"并分化为主观和客观两面。[1]前者退缩为"善意"，仅栖身于具体规则中，不独立承担价值评价，而是促进交易安全的法律技术手段。[2]而后者是以主观上的"善"为基础的行为评价标准，法官以此判断当事人行为是否符合当下社会公认的正当观念，从而干预其意思自治。[3]换言之，"善意"是一种描述，而"诚信"则是一种规定，将之翻转即为一般意义上的"恶意"。恶意落足于客观而非主观的另一个重要作用是为裁判者的决断提供较方便的支持理由。主观恶意即当事人是否"知情"，此时还需要另一个推论规则来解决为何应给予法律上的不利后果。[4]而客观恶意表明当事人的行为背离立法者心目中的理想情形和公众普遍认可的正当生活秩序，[5]违背了正直、德性、勿害他人等价值判断。虽然价值判断本身不能当作行动指令或规范，但它是将事实判断和规范判断联系起来的桥梁。[6]换言之，客观恶意包含了"某些行为不好"的价值判断，并潜在地指向"不好的行为应当被反对"的规范判断。

第二，在商标法视阈下，"非诚信"指的是破坏正当竞争秩序，实质为不

---

〔1〕　参见徐国栋：《民法基本原则解释：诚信原则的历史、实务、法理研究》，北京大学出版社2013年版，第177~180页。

〔2〕　[德]卡尔·拉伦茨：《德国民法通论》，王晓晔等译，法律出版社2003年版，第60页。

〔3〕　参见王泽鉴：《民法学说与判例研究》（第1册），北京大学出版社2009年版，第156页。

〔4〕　参见[德]罗伯特·阿列克西：《法律论证理论：作为法律证立理论的理性论辩理论》，舒国滢译，商务印书馆2019年版，第106页。

〔5〕　See David E., "Pozen: Constitutional Bad Faith", 129 *Harvard Law Review*, 885 (2016), 893.

〔6〕　参见赵汀阳：《论可能生活》（第2版），中国人民大学出版社2010年版，第96页。

当阻断商标功能。首先，诚信原则的功能之一是将被社会成员共同接受的理性认知引入私法自治，因此必然内化于立法目的。《商标法》第 1 条展示的多重立法目的（保护商标权、正当竞争秩序、消费者利益）之间到底是何关系，学者向来有不同意见。对三者关系的不同认识发生了"手段"与"目的"的分裂，并成为决定何谓商标法视域内的"正当"的关键：为了实现"目的"，"手段"有可能被限制、代替甚至有条件地推翻。[1]商标是消费者与经营者联系的纽带，商标使用包含消费者识别来源和经营者指示来源两个维度，[2]两类使用统合在竞争秩序之下，单独将保护商标权或消费者利益作为最终目的都不合适。因此，商标法的最终目的应是维护正当竞争秩序。其次，从商标利益关系的本质看，不论将商标视为传递来源信息的符号，抑或视为动态竞争工具，[3]借助商标参与市场竞争并形成正当秩序的内在实质即商标功能正常发挥。反过来说，破坏正当竞争秩序的表现包括两类：通过标识使用行为直接阻断他人商标发挥功能（商标侵权），通过注册行为埋设障碍间接阻断商标发挥功能（恶意注册）。后者除了不正当地危害特定第三人在先成立的合法权益外（即不得恶意抢注），还可能存在不针对特定第三人的情形。二者同样以《商标法》的立法目的为皈依来推断恶意的具体所指和认定尺度，即若申请注册不是为了实现商标功能，则必然属于恶意注册。值得注意的是，恶意的具体类型不可能穷尽列举。事实上先前对恶意注册的类型化尝试大多是失败的，[4]这

---

〔1〕 这也潜在地指向将商标挟持行为认定为权利滥用并限制甚至排除其注册商标专用权是否符合《商标法》立法目的的问题。如果认为"保护商标专用权"是最终目的，这种处理方法当然违背《商标法》，如果认为维护正当竞争秩序是最终目的，"保护商标专用权"在必要的时候当然可以忽略。

〔2〕 David W. Barnes，"A New Economics of Trademarks"，*Northwestern Journal of Technology and Intellectual Property*，Vol. 5，Issue 1（Fall 2006），29.

〔3〕 参见章凯业："商标保护与市场竞争关系之反思与修正"，载《法学研究》2018 年第 6 期，第 92~108 页。

〔4〕 这种失败主要体现在具体类型之间相互重合，缺乏明确界分的种差。比如，有学者将注册之恶意区分为"不知""仅明知""搭便车"和"恶意抢注"。参见刘丽娟："论商标法中的'恶意'"，载《电子知识产权》2012 年第 7 期，第 64~70 页。很明显，即使不考虑"不知"是否属于恶意，至少"搭便车"和"恶意抢注"是可能重合的，即恶意抢注就是为了搭便车；再如，有学者将恶意注册分为不正当竞争型（再分为"搭便车"和"阻止在先权利人进入市场"两个亚类型）和权利滥用型（再分为"缺乏真实使用意图的大量注册"和"从在先权利人处获取经济收益"两个亚类型）的观点。参见孙明娟："恶意注册的概念、类型化及其应用"，载《中华商标》2018 年第 3 期，第 31~32 页。不同类型之间同样存在大量重合之处，比如"从在先权利人处获取经济收益"往往是借助"阻止在先权利人进入市场"实现的。

是由于恶意和诚信都是模糊性概念。概念的模糊性并不反对其相对稳定性，不妨碍我们识别明显违法或合法的行为，但必然在两极之间形成灰色地带。这种认识上的模糊性是应对复杂系统的必然结果，在立法技术上通常反映为一般条款，并成为法官自由裁量的依据。[1]

（2）"恶意注册"的规范表达：一般条款。

一般意义上的"恶意注册"概念的功能是提供价值判断，因此无法直接反映为法律规则的构成要件。但是，通过一般条款的表达和转化，即可实现其约束各类恶意注册具体行为的目的。与列举式规定对立，一般条款的重要意义在于其是一种灵活的立法技术，借助普适性的不确定法律概念实现了前者不具备的开放结构，同时其真正意义是在形式上令一系列事实无遗漏和发展性地承受某个法律后果。[2]一般条款的上述特性使得它既能充分地接纳变化发展的社会评价，使得法官得以完成法的续造，其本身又可表达规范体系的主导思想，以制约列举式规定的解释。[3]一般条款在内涵和外在形式上都应当与立法根本目的和价值判断紧密相连。因此，规制恶意注册的一般条款可以直接安置于原第 4 条基础之上，即"自然人、法人或者其他组织在生产经营活动中，对其商品或者服务需要取得商标专用权的，应当向商标局申请商标注册……应当予以驳回"。理由如下：

第一，该条款在《商标法》"总则"一章的体系位置合宜。[4]在第 1 条"立法目的"、第 2 条"管理机关"、第 3 条"注册商标和商标权"之后安置商标注册的基本原则是自然而然的，符合按照"所规整之事实问题以及特定生活领域"，"以尽可能让人以一目了然的方式安排各项法律规范"的一般原理，以便找法用法。[5]

---

〔1〕 参见［奥］恩斯特·A. 克莱默：《法律方法论》，周万里译，法律出版社 2019 年版，第 161 页。

〔2〕 ［德］卡尔·恩吉施：《法律思维导论》（修订版），郑永流译，法律出版社 2014 年版，第153 页。

〔3〕 参见［奥］恩斯特·A. 克莱默：《法律方法论》，周万里译，法律出版社 2019 年版，第40~44 页。

〔4〕 我国《商标法》的问题之一就在于规范的条文表达呈现为零散杂乱的面貌。单以历经多次修改接近完善的恶意抢注规制规范为例，第 13、15、32 条规范分散规定在"总则""商标注册的审查和核准"两章，第 32 条更杂处于程序规范中。另外，第 19 条第 3 款禁止商标代理机构帮助恶意注册，却未征引第 13 条，不知何故。此类问题在《商标法》中屡屡得见。

〔5〕 ［德］齐佩利乌斯：《法学方法论》，金振豹译，法律出版社 2009 年版，第 127 页。

第二，该条款直接关联商标法基本价值，可以经受持续性的解释和续造。如前所述，在商标法语境下，正当竞争即诚信竞争，外在表现为满足"生产经营活动的需要"。这就实现了《商标法》第4条和第7条应有的融贯。现实中恶意注册的具体形态层出不穷，这类社会价值和行为方式迅速迭代的利益关系尤其需要调和规制需求与实在规则之间的张力。以欧盟商标法律实践为比较，历经 Lindt 案、[1] koton 案[2]和"Sky"案[3]，法院针对缺乏真实使用意图的商标注册引发的问题，2009年《欧盟商标条例》第51（1）（b）条"申请人提出商标申请时有恶意行为的（可以向协调局申请宣告欧盟商标无效）"的规定，逐步阐发和丰富了恶意注册的内涵，即基于商标法促进正当竞争的目标，结合客观、相关和一致的事态判断商标申请的意图，[4]既指以不符合诚实管理的方式损害第三人利益，也指在不针对特定第三人的情况下，滥用注册制度为商标功能范围以外的目的取得专有权利。此时第51条的规定为恶意注册由恶意抢注向商标囤积扩展留足了规范的解释空间。由此可见以一般条款为依托保留规范解释和续造空间的重要性。在我国司法实践中，也已经出现了类似裁判模式。在"科沃斯"案中，[5]虽然商标权人举证其注册商标实际使用，但法院在认定争议商标和引证商标商品不近似，引证商标也不构成驰名的情况下，结合其他案件事实，认为争议商标的注册"超出了正常生产经营需要"，有损正当竞争秩序，应属于"其他不正当手段取得注册"。这明显是在无效宣告案件中扩充了恶意注册的外延，申请审查阶段同样有此需要。而上述一般条款与第44条第1款中的兜底性表述结合，即可完整覆盖各个商标授权确权程序阶段。

第三，该条款具备相对确定的内涵，相较于"实际使用"，"生产经营的

[1] C-529/07, Chocoladefabriken Lindt & Sprüngli AG v Franz Hauswirth GmbH.

[2] C-104/18 P, Koton Mağazacilik Tekstil Sanayi ve Ticaret AŞ v Joaquín Nadal Esteban.

[3] C-371/18, Sky plc and Others v Skykick UK Limited and Skykick Inc.

[4] 在"Sky"案中，总法务官将其总结为通盘结合"商标注册申请行为隐含的商业逻辑"和"与申请行为有关的事态发展"。显然，"商业逻辑"包含与正当生产经营活动的比较，"事态发展"包含注册后滥用权利或长期不使用等情形，并且隐含了将预防性注册排除在外的意图。See C0371/18, Sky plc and Others v Skykick UK Limited and Skykick Inc，载 https://curia.europa.eu/juris/document/document.jsf; jsessionid = 40439116DF7A4888AEBE5AC70EB1F1D9? text = &docid = 219223&pageIndex = 0&doclang=EN&mode=lst&dir=&occ=first&part=1&cid=9521182，2023年5月23日访问。

[5] 参见北京市高级人民法院［2021］京行终1485号行政判决书。

需要"更加适合作为商标法权关系的平衡点,可用于约束和解释具体规则。首先,尽管"生产经营的需要"也包含了主观要素("需要"),但仍有明确的社会事实可依赖。生产经营的需要指的并不是将申请人使用商标的范围限定在其营业执照所标示的经营范围内,而是借助这个要素来推断商标注册的目的是否与大多数社会成员共同承认的与生产经营活动有关的社会事实相符。这种共识性的事实是客观而非主观的,并且可以经由商标申请人既往的生产经营行为以及他人从事商业活动的正常情况得到确认。这一点实际已经得到了注册机关配套规定的肯定,其中列举的商标囤积的认定因素都基于这类社会事实,如商品和服务的类别、商标交易情况,申请人所在行业及其经营状况等。[1]其次,"生产经营的需要"正面确认了市场经营活动的规范意义,即在静态和动态两个层面诠释何谓正常发挥商标功能。前者指的是功能发挥的具体形式,既包括主商标通过实际使用直接发挥功能,也包括预防性商标通过"保卫"主商标间接发挥功能。后者指的是商标权注册取得模式下法律规范对市场竞争采取更加包容的态度,亦即不以使用为前提的权利取得方式是立法者在权衡了使用义务及注册制度的"商标发展促成功能"后有意作出的选择,[2]利用"注册"和"使用"的区隔容许市场主体采用更灵活的竞争策略,同时确保权利的安定性。在此基础上,商标法权关系的平衡点不应放置于"使用"之上,而应与市场竞争的实际情况紧密结合。因此,"生产经营的需要"为框定商标囤积行为提供了充足的论证空间,同时由于其客观性,也有利于约束不恰当的扩张适用。

2. 恶意注册规制规范体系的精益化

按照当前商标恶意注册规制实践的需要及理论研究的情况,[3]恶意注册规制规范体系主要包含两个方面:商标囤积和恶意抢注行为的规制。目前《商标法》对两者的规定各自存在一些问题,需要进一步精益化。

(1)与商标囤积有关的规范体系协调问题。

《商标法》2019 年修正的亮点即在第 4 条第 1 款("在生产经营活动中,对其商品或者服务需要取得商标专用权的,应当向商标局申请商标注册",以

---

[1] 参见国家市场监督管理总局令第 17 号《规范商标申请注册行为若干规定》第 8 条相关规定。

[2] 参见李扬:《商标法基本原理》,法律出版社 2019 年版,第 19 页。

[3] "商标法修改相关问题解读",载 https://sbj. cnipa. gov. cn/sbj/zcwj/202106/t20210609_6487. html,2023 年 5 月 23 日访问。

下简称"原第 4 条")后增加了"不以使用为目的的恶意商标注册申请，应当予以驳回"（以下简称"新条款"）。该修正的目的是通过直接的、明确的、可操作性的条款将规制商标囤积行为的"关口"提前至商标申请审查阶段，增强对恶意注册的打击力度。增加新条款后，国家市场监督管理总局迅速出台了《规范商标申请注册行为若干规定》，并在新版《商标审查审理指南》中作了配套规定，对"不以使用为目的的恶意商标注册申请"的典型情形进行了较为充分的列举。应当说，不论学者如何评价该条款，[1]相较先前"原第 4 条+第 44 条第 1 款"的适用方式，目前的规定模式和配套解释确实能够提供更充足的规制理由。有必要讨论的是，该新条款本身如何与商标法各规范模块相协调的问题。

第一，新条款与其他禁止注册事由规则之间的协调问题。与恶意注册有关的商标禁止注册事由间的协调，其首要意义在于厘定绝对和相对禁止注册事由间的关系，以此决定新条款的适用空间，保证权利取得阶段的利益平衡。绝对事由和相对事由相互独立。商标法独立于反不正当竞争法的历史就是设权模式和反仿冒模式分离的过程，亦即创造了通过商标权维护竞争秩序的新路径。该路径相较反仿冒模式的优势在于能够直接处理竞争者之间的商标利益冲突，而不必以保护消费者利益为中介。自此，保护商标权升格为商标法的直接目的，消费者免于混淆降格为反射目的。特定情形下两个目的间的冲突导致了商标权利和消费者利益之间的张力。质言之，消费者利益对应的是既有商标利益关系，而法律预先设定的商标权可以指向未来将要发生的商标利益关系，二者可能相互背离。为此，绝对事由所指的公共利益范围退缩，其中消费者免于混淆的部分转向了相对事由，其法律表达即恶意抢注规制规范。这一升一降、一进一退恰好反映了商标法的平衡之道。界定新条款的适用空间同样应当秉持平衡取向，防止干涉表达自由或不当遮断相对事由的适用。相对事由着眼于避免消费者混淆，因此以商标标识和商品相似性为基础，

---

[1] 该新条款引发了一些争议，亦有学者提出了批评和修正意见，参见孔祥俊："论非使用性恶意商标注册的法律规制——事实与价值的二元构造分析"，载《比较法研究》2020 年第 2 期，第 54～71 页；王莲峰："新《商标法》第四条的适用研究"，载《政法论丛》2020 年第 1 期，第 102～112 页；戴文骐："商标囤积的体系化规制"，载《法商研究》2022 年第 6 期，第 170～182 页。

以混淆可能性为限度作为判断标准，[1]除非引证商标驰名。这既调和了立法目的间的冲突，又反映了一种适度的谦抑：保留竞争者取得商标权的充足制度空间。目前，虽然学者强调新条款对商标囤积的规制构成一项独立的绝对禁止注册事由，而非相对禁止注册事由的补充，[2]但在实践中新条款的适用仍然显示出一种不恰当的弹性，要么降低了裁判说服力，要么可能侵蚀上述制度空间。主要反映为在否定引证商标驰名的情况下，不加区分地将驳回范围扩张到商品不相似的情形。应当正确认识到新条款的适用必须以满足"大规模"要件为前提，否则难以判断申请行为是否因落入商业表达自由的范畴而不应适用新条款。同时，将论证重心由商品相似性移向混淆可能性，适度扩张相对事由的适用空间，而不是机械关注相似性导致相对事由出现漏洞。质言之，对于申请人先前商标注册申请的情况应区分对待：如果满足"大规模"和"不以使用为目的"要件，可以直接适用新条款规定的绝对禁止注册事由，此时不需要考虑是否容易导致混淆；如果不满足"大规模"要件，但商标注册情况明确指向他人知名商标标识或在先权益保护对象，不符合正当生产经营需要的，结合前述一般条款，不应适用新条款，应当认为属于相对禁止注册事由。

第二，新条款与权利撤销规范模块之间的协调，主要指的是新条款与"撤三"规范模块间的关系，即预防性注册是否还应"撤三"。预防性注册目前仅为个性化的商标布局策略，学者亦认为此概念与既有制度环境不协调。[3]然而，基于三个条件，可在现有制度下承认预防性注册：具备规范解释空间、具备理论基础、从严解释和严格适用。首先，目前《商标法》第49条第2款规定"撤三"的前提是"没有正当理由"连续3年不使用。根据权威解释，"撤三"的原因是，"注册商标处于搁置不用的状态，不但无法使该注册商标产生价值，发挥注册商标应有的功能和作用，而且还会影响到他人申请注册和使

---

〔1〕　参见王太平："商标侵权的判断标准：相似性与混淆可能性之关系"，载《法学研究》2014年第6期，第162~180页。

〔2〕　参见孔祥俊："论非使用性恶意商标注册的法律规制——事实与价值的二元构造分析"，载《比较法研究》2020年第2期，第67~68页。

〔3〕　参见孔祥俊："论非使用性恶意商标注册的法律规制——事实与价值的二元构造分析"，载《比较法研究》2020年第2期，第70页。

用与其相同或者近似的商标"。[1]反之，如果预防性注册能够发挥商标功能、不影响他人诚信注册和使用，亦即存在正当理由，自然不属于应予撤销之列。目前行政和司法政策已经采取类似立场。[2]其次，前文已表明原第 4 条中"生产经营活动的需要"不等于"以使用为目的"，而应以实现商标功能为皈依，既指直接实现，也包括间接实现。尽管这类预防性商标自身没有使用，但其价值在于揭示和加固主商标的效力，提高权利的安定性，因此未实际使用同样属于正当情形。最后，由于主商标商誉边界随着市场环境和竞争态势变动不居，预防性商标的注册应当从严，撤销则应从宽。在权利取得一端，考虑到这类商标的正当性完全附随于主商标的诚信使用，应当将之限制于提出申请时主商标的商誉明显覆盖的范围内。具体而言，在标识和商品类别相似性方面应当略高于主商标侵权判断标准。主商标达到驰名状态的，可进一步扩张商品类别，但对于难以判断混淆可能性或跨类保护的灰色地带，不应认为属于预防性注册。在撤销一端，商标权效力嗣后而非自始消灭。这恰好契合了预防性商标的正当性取决于主商标商誉范围的原则。考虑到商誉的动态变化，应当认为申请撤销时明显属于主商标商誉范围内的预防性商标未使用具有"正当理由"，反之则应撤销。

第三，新条款与权利利用规范模块间的协调，主要是规制恶意注册与商标转让间关系的问题。在加强规制恶意注册的政策驱动下，商标转让可能面临两重法律风险：转让限制和无效宣告穿透转让。首先，认为恶意注册商标的转让属于《商标法》第 42 条第 3 款规定的"有其他不良影响"而不予核准。这种做法并未与私权处分自由相冲突。随着对财产权制度本旨的认识加深，其内蕴的社会关联性逐渐成为与私有财产保护及契约自由相提并论的制度构建原则。[3]这意味着财产权的功能从私人利益的绝对保护向公私利益平衡发展。而商标囤积无疑侵害了公共利益，因此通过限制处分权的方式堵塞其获利路径是正当的。由于对转让申请进行实质审查，而且此时善意受让人

---

〔1〕 参见"中华人民共和国商标法释义（2013 年修改）"，载 http://www.npc.gov.cn/zgrdw/npc/flsyywd/minshang/2013-12/24/content_ 1819929.htm，2023 年 5 月 23 日访问。

〔2〕 参见"商标审查和审理标准（2017）"，载 http://sbj.cnipa.gov.cn/zcwj/201701/P020210501414281647871.pdf，2023 年 5 月 23 日访问。北京市高级人民法院《关于商标授权确权行政案件的审理指南（2019）》第 19.9 条有关"维持商标注册范围"的规定。

〔3〕 参见张翔："财产权的社会义务"，载《中国社会科学》2012 年第 9 期，第 106 页。

尚未发生信赖行为，不涉及信赖利益保护，注册机关应当将之作为及时切断囤积者营利途径的主要手段。其次，应当根据是否存在利益再平衡的需要而决定应否穿透转让行为宣告商标无效。目前注册机关和法院的规定均近乎无限制地支持穿透转让。[1]然而，这种一概忽略受让人信赖利益的做法存在问题。申言之，行政行为具备实质存续力，对行政机关而言反映为行政行为的限制废除性，对行政相对人的效果即信赖保护。[2]注册商标转让包含三重信赖：对转让人的交易性信赖、对注册登记公示的信赖和对商标局核准转让决定的信赖。前者与受让人的注意义务有关，而该义务又与后两者有关，例如注册公示系统明确提示权利基础不稳定，此时受让人的注意义务相对提高，无从产生信赖。对违法行政行为而言，信赖保护的前提包括对行政行为的信赖已经产生、违法行为不可归责于相对人、已有不可逆转的信赖行为、信赖利益相对公共利益值得保护。[3]以此分析转让后的恶意注册无效宣告，如果受让人存在不良意图，如继续囤积商标或以攀附商誉、商标挟持为目的，显然应当穿透转让；如果受让人为善意，则须结合其他要件分析。一方面，必须存在信赖行为，即受让后诚信使用商标，但不宜对使用的规模和影响做过高的要求。另一方面，信赖利益和纠正违法行政行为的公共利益间的比例关系与恶意注册的不正当性直接相关。对于恶意抢注，受让人使用商标对正当竞争秩序造成的破坏（容易导致混淆）不因其使用善意而变化，保护信赖利益则明显违背《商标法》的立法目的。如"UL 商标案"中，原注册人"具有借助他人商标知名度谋取非法利益的意图"，因此受让人的善意和使用不构成穿透认定的障碍。[4]对于商标囤积而言，其不正当性与同一主体商标注册总体规模间存在必然联系，亦即原则上注册恶意的认定以合取"大规模"和

---

〔1〕《规范商标申请注册行为若干规定》第 9 条规定，商标转让情况不影响商标注册部门对违反该规定第 3 条情形的认定。北京市高级人民法院《关于商标授权确权行政案件的审理指南》（2019 年）第 7.4 条规定，诉争商标的申请注册违反《商标法》相关规定，诉争商标的申请人或者注册人仅以其受让该商标不存在过错为由主张诉争商标应予核准注册或者维持有效的，不予支持。

〔2〕蒋成旭："存续力理论视野下的信赖利益保护原则"，载《东方法学》2016 年第 4 期，第 73 页。

〔3〕李春燕："行政信赖保护原则研究"，载《行政法学研究》2001 年第 3 期，第 9~10 页。

〔4〕参见最高人民法院〔2020〕最高法行申 6437 号审判监督行政裁定书，北京市高级人民法院〔2019〕京行终 5792 号行政判决书。值得注意的是，本案法院仅以"商标受让人是否善意与诉争商标是否因违反《商标法》第 44 条之规定应被宣告无效没有法律上的因果关系"为由宣告商标无效的说服力并不充足。

"不以使用为目的"两个要件为前提。但是，特定注册商标的受让可能使得
"大规模"要件不再成立，且受让后的诚信使用行为一并消解了"不以使用为
目的"的要件，此时保护信赖利益并未与立法目的相冲突，注册核准和转让
核准的存续力并未中断，不宜一概穿透转让宣告商标无效。

（2）恶意抢注规制规范的完善。

恶意抢注在事实层面损害诚实经营者的私人利益、影响品牌塑造、扰乱
正当竞争秩序和营商环境，在规范层面紧密关涉商标权利取得的正当性以及
商标权益的保护范式。随着社会经济的快速发展，恶意抢注的具体方式经常
"改头换面"，对于商标法制而言，容易出现"老革命遇到新问题"的情况，
如何在注册制下有效遏制恶意抢注仍然是一个需要持续研究的问题，有必要
梳理和完善当前我国《商标法》中的诸项恶意抢注规制规范，按照科学的体
系进行解释和适用。

作为讨论的前提，首先应当明确"商标抢注"和"恶意抢注"之间的关
系。消除全部抢注行为的企图在商标法下是非可欲的，可欲的是区分并遏制
违法抢注行为。与使用相分离的注册取得模式可能导向不公平的后果，对此该
模式给出的初步答案是：以放任该后果存在为代价追求注册制度的优势。[1]因
此，基于三个理由商标抢注不可避免：①由于注册自愿，存在大量被"先占"
但未注册的商标，[2]这构成了抢注的事实基础；②注册取得模式在权利取得
阶段不拒斥未实际使用的商标，构成抢注的制度基础；[3]③一旦注册取得商
标权，商标权人可方便地借此提高他人参与市场竞争的成本，[4]构成抢注的
价值基础。因此，商标法必须在"商标抢注"之下另设法律概念"恶意抢
注"，以便在"占有"与"申请"之外寻求其他事实作为抢注正当性的判断
依据。换言之，抢注的规制体系紧密关涉两个相互啮合的问题：抢注行为的

---

〔1〕 付继存："形式主义视角下我国商标注册制度价值研究"，载《知识产权》2011 年第 5 期，
第 75~80 页。

〔2〕 "先占"至少包括"在先使用"和"在先采纳"（常常表现为准备使用）两种类型。以往一
般认为"在先使用是未注册商标权益存在的基础"，参见黄保勇："论《商标法》对普通未注册商标的间
接保护"，载《知识产权》2013 年第 2 期，第 60 页。但从恶意抢注的规制角度看，其规范目的在于惩罚
恶意而非保护权益，不应否定某些场合下"在先采纳"可作为拒绝注册的理由，比如《商标法》第 15 条。

〔3〕 北京市第一中级人民法院民五庭课题组："恶意抢注商标现象的特点、成因及危害"，载
《中华商标》2013 年第 1 期，第 30 页。

〔4〕 参见崔国斌："商标扶持与注册商标权的限制"，载《知识产权》2015 年第 4 期，第 35~44 页。

正当性与未注册商标权益的保护范式，其"啮合点"，亦即决定抢注行为违法或合法的分界点即"恶意"。以此为基础，对《商标法》第13条第2、3款、第15条和第32条后段构成的恶意抢注规制体系进行考察，[1]会发现一个明显的特征，该体系内包含两种法律后果：①"不予注册并禁止使用"，即第13条第2、3款和第15条第1款代理人或代表人恶意抢注；②单纯"不予注册"，包括第15条第2款和第32条后段。对于"不予注册"和"禁止使用"两种完全不同的积极主张，直观来看，在上述规则用于解决同一问题的前提下，其法律后果不同，说明规则体系存在内在矛盾，除非构成要件的差异足以支撑这种区别。对此需要从规范的内在规约性角度进行分析。

　　法律后果是对经过特征化、抽象化的某种事实状态（构成要件）作出的法律意义上的价值评判和回应。[2]"命令式"的规范结构理论上能把任一后果与任一构成要件关联起来，[3]但是，规则体系保证内在和谐的系统要求导致这种关联必然走向某种程度的规约性。[4]这种规约性的表现之一是"同类事物应作相同处理"。[5]类型化同时涉及事物之间的相同性和差异性，"同类事物"的划定重点在于厘清到底是差异特征还是相同特征能够在保持规则体系内在和谐的要求下与法律后果关联起来，并通过相关性论证来完成，即如下推理过程[6]：

---

〔1〕　本节只考虑狭义恶意抢注未注册商标行为的法律治理，不考虑《商标法》第32条前段规定对商业标识类权益以外的其他"在先权利"的侵害，参见钟鸣、陈锦川："制止恶意抢注的商标法规范体系及其适用"，载《法律适用》2012年第10期，第8~14页。实际上某些"在先权利"的客体也必须潜在具备商标符号功能才能被纳入《商标法》的保护，因此这些权利到底是基于自身的排他性还是应当先被转化为"商品化权"才能发挥排斥恶意抢注的效果是一个值得探讨的问题。例如，最高人民法院在"乔丹"商标无效宣告案中的论证明显突破了民法上姓名权概念的外延，是以姓名权之名行保护商品化权之实。参见〔2016〕最高法行再27号。

〔2〕　雷磊："法律规则的逻辑结构"，载《法学研究》2013年第1期，第66~86页。"法律后果"指的是法律对于符合构成要件之事实的姿态，往往表现为行为义务的创设、变更、消灭，参见〔德〕齐佩利乌斯：《法学方法论》，金振豹译，法律出版社2009年版，第42页。但作为规则逻辑要件的法律后果不等于行为义务的具体承担。

〔3〕　〔德〕卡尔·恩吉施：《法律思维导论》，郑永流译，法律出版社2004年版，第36页。

〔4〕　黄茂荣：《法学方法与现代民法》，中国政法大学出版社2001年版，第510页。

〔5〕　〔德〕卡尔·拉伦茨：《法学方法论》，陈爱娥译，商务印书馆2003年版，第258页。

〔6〕　参见陈景辉："规则的扩张：类比推理的结构与正当化"，载《法哲学与法社会学论丛》2010年第0期，第173页；Henrique Jales Ribeiro, "Systematic Approaches to Argument by Analogy", *Argumentation Library*, 2014, vol. 25, p. 50.

（1）构成要件 x 和 y 都具备 F、G 等相同特征；

（2）构成要件 y 具备 x 不具备的 I、J 等差异特征；

（3）I、J 等差异特征在规范意义上没有压倒 F、G 等相同特征。

此处"没有压倒"是指差异特征与法律后果不相关，同时构成要件 x 和 y 都因相同特征而与同一法律后果成功关联。"相关"指的是该特征令构成要件成为某一法律后果的前提条件。而哪种特征与法律后果相关联取决于规则目的而非文义。因此，命题（3）的证立可以被进一步界定为：

①根据规则目的，F、G 等相同特征与某一法律后果相关，同时；

②I、J 等差异特征与某一法律后果不相关。[1]

据此可以对上述恶意抢注规制规则的构成要件进行分析，列表如下：

表 5-1　恶意抢注行为规制规则构成要件的对比

	相同特征	差异特征 1：商誉度量	差异特征 2：是否跨类	差异特征 3：在先使用	差异特征 4："知晓"认定渠道	法律后果
第 13 条第 2 款	1. 存在商标抢注；2. 抢注时知晓他人商标存在	驰名	同类	在先使用	驰名[2]	不予注册并禁止使用
第 13 条第 3 款		驰名	跨类	在先使用	驰名	
第 15 条第 1 款		无要求	同类	无须在先使用	代理、代表关系	不予注册
第 15 条第 2 款		无要求	同类	在先使用	其他特殊关系	
第 32 条后段		"有一定影响"	同类	在先使用	"不正当手段"	

首先，考虑恶意抢注规制规范的目的。规范目的的作用是决定规范保护

---

［1］　显然，此处相关与否是相对的，某一相似或差异特征在某规则体系中具备意义（相关）不表示在其他规则体系中同样如此。参见雷磊：《类比法律论证——以德国学说为出发点》，中国政法大学出版社 2011 年版，第 259~261 页。

［2］　根据 2014 年原国家工商行政管理总局《驰名商标认定和保护规定》及 2009 年最高人民法院《关于审理涉及驰名商标保护的民事纠纷案件应用法律若干问题的解释》（法释〔2009〕3 号），"驰名"指的是"在中国境内为相关公众所熟知"，这意味着抢注者必然处于明知或应知的主观状态下。

对象获得保护的可能性和限度。[1]规范恶意抢注行为的目的不是保护未注册商标权益，而是惩罚抢注恶意。二者适用条件上的区别为：前者以在先使用积累商誉为前提，后者以是否存在恶意为前提。如果将"未注册商标在先使用"作为规制恶意抢注的前提，这显然与第15条第1款不要求在先使用、第2款不要求形成商誉的规定相冲突。[2]而"惩罚抢注恶意"不仅与商标法保护正当竞争秩序的最终目的吻合，并能完整涵盖各条规则。其次，相同特征"知晓"即"恶意"，这是注册取得模式自我纠偏的应然要求。其一，恶意认定标准不宜过高，不宜递进式地区分规定"知晓"和"投机或妨碍竞争意图"。商标注册可看作申请人与公共权威之间的交易：商标权人有权决定他人通过使用商标的方式进入特定竞争领域时应当付出的成本，因此，取得商标权意味着利用法定垄断终结自由竞争状态。申请人从这种交易中获得的回报之高，导致其付出的代价过低这一情况本身即不公平的竞争优势，极易引发纯粹追求法定垄断的寻租行为。因此，在先申请原则下必须引入有条件的"先占规则"来抵消寻租行为对整体竞争环境的不利影响。[3]因此，能合理预期他人"先占"的情况下仍然提出注册申请，本身就破坏了交易公平状态。其二，"先占"认定标准不宜过高。偏向于"先占规则"的使用取得模式通过将"先占"等同于在先使用的方式降低"先占"的证明成本，这种认定标准以其符合商标价值逻辑的一面增强了说服力。[4]而在偏向"先申请原则"的注册制下，"先占"的制度功能是提高商标注册成本，合理避让被先占的商标。[5]而避让的原因和限度取决于先占者与抢注者的内部关系，亦即"知

---

〔1〕　规范目的和规范保护对象不容混淆，否则容易导致过于重视规范保护对象的"重要性"而疏于考虑他人行为自由的不利后果。参见李波："规范保护目的：概念解构与具体适用"，载《法学》2018年第2期，第29页。

〔2〕　对该条款的解释可见北京市高级人民法院《商标授权确权行政案件审理指南》第12.5条，商标使用的规模、时间、知名度等因素，不影响（《商标法》第15条第2款）"在先使用"的判断。

〔3〕　参见［美］威廉·M.兰德斯、理查德·A.波斯纳：《知识产权法的经济结构》（中译本第2版），金海军译，北京大学出版社2016年版，第19~21页，第219~221页。

〔4〕　参见［美］威廉·M.兰德斯、理查德·A.波斯纳：《知识产权法的经济结构》（中译本第2版），金海军译，北京大学出版社2016年版，第220页。

〔5〕　二者分别体现为绝对禁止注册事由（显著性、合法性、非功能性要求，此处三项要求中的"合法性"之"法"指的是《商标法》以外的其他法律法规）和相对禁止注册事由（在先性要求）。从这个角度讲，在先申请注册与在先取得注册核准也属于"先占"，《商标法》第30条也属于广义的恶意抢注规制规则。

晓"。这样，除非能够证明他人"先占"状态消失，否则无论由哪种渠道知晓
他人已经先占商标，申请人的抢注行为都不再具备正当性。最后，上述各差
异特征均不具备直接、单独成立的相关性。其一，商誉差异不具有独立的规
范性意义。[1]第32条后段中的"一定影响"实际指的是根据商标使用所造成
的"影响力"推定注册者已经知晓其存在。[2]第13条则将驰名作为推定抢注
者是否知晓在先商标存在的事由。[3]因此，表面上似乎依照商誉的大小呈现
的梯度规定实际为主观恶意客观化的不同方式："第15条（借助特殊关系认
定知晓）—第32条（不存在特殊关系也未驰名的情况下借助商标在先使用的
影响范围认定知晓）—第13条（借助商标全国知名的事实认定知晓）。"其
二，是否"跨类"（不相同或近似）不影响恶意抢注违法性的判断。[4]对于
驰名商标而言，商标符号结构和功能发生了质变，[5]公平竞争秩序的实现不
能再局限于反混淆保护。在行为结果要素（误导公众，致使该驰名商标注册
人的利益可能受到损害）的限定下，[6]可以"跨类"认定抢注违法。这说明

---

[1] "商誉"应当是一个至少包含两方面内容的中性概念：相关公众知晓的标识与来源之间的联系能力、相关公众对标识指示的特定来源商品或服务的评价，前者"知晓"的范围即"影响力"的边界。参见冯晓青："《商标法》第三十二条'恶意抢注'认定研究——兼评'捕鱼达人'案"，载《武陵学刊》2017年第5期，第51页；熊文聪："论商标法中的'非法使用'与'一定影响'——'捕鱼达人'案引发的思考"，载《中华商标》2017年第3期，第85页。

[2] 参见最高人民法院《关于审理商标授权确权行政案件若干问题的规定》（法释［2020］19号）第23条、2010年最高人民法院《关于审理商标授权确权行政案件若干问题的意见》（法发［2010］12号）第18条。这种两个构成要件要素相互限定的规定方式有些类似于《欧盟商标条例》（EUTMR）第8条第4项规定中"不仅具有局地意义（more than mere local significance）"的解释，参见Case C-96/09 P。

[3] 参见钟鸣、陈锦川："制止恶意抢注的商标法规范体系及其适用"，载《法律适用》2012年第10期，第11页。

[4] 有观点认为应区分为"一般驰名商标"和"高度驰名商标"，前者给予防止"跨类混淆"的特殊保护，后者给予反淡化保护。参见祝建军："驰名商标跨类别保护应受到限制——两则案例引发的思考"，载《知识产权》2011年第10期，第52页。实际上，所谓上述"跨类混淆"中的"类"指的应当是《类似商品和服务区分表》中为方便商标行政管理而预先进行的形式分类，这与根据动态实时的市场运行状况而判断是否构成混淆的实质分类在法律意义、认定标准等方面均存在不同（《类似商品和服务区分表》为了协调与实质分类的关系也大量列举了"跨类混淆"）。对这种形式"跨类"更准确的称谓应当是"关联混淆"，普通注册商标也能享受这一保护，无须归于驰名商标的特殊保护。

[5] Barton Beebe, "The Semiotic Analysis of Trademark Law", *UCLA Law Review*, Vol. 51, Issue 3 (February 2004), p. 693.

[6] 参见刘维："我国注册驰名商标反淡化制度的理论反思——以2009年以来的35份裁判文书为样本"，载《知识产权》2015年第9期，第23~24页。

"跨类"与"不跨类"可以沿着不同的路径在相同规则目的下获得统一。其三，被抢注人是否在先使用的差异无实际影响。第15条第1款未规定"在先使用"，但这不表示代理或代表关系本身是恶意抢注的规制基础，退一步说，如果代理或代表关系根本无涉本人的商标，也无法从中推定代理人或代表人的知晓状态，该条款就没有适用余地。[1] 第15条两款分列两个子类型更多的作用是尽可能清晰列举"特殊关系"的具体态样以方便裁判者正确适用法律。

因此，上述三个条款的构成要件为"同类"，应当关联相同的法律后果。考虑到商标法对未注册商标权益的保护模式，应当将法律后果统一为"不予注册"。第15条第1款中的"禁止使用"应当删除。因第13条第2、3款的性质为权利取得、权利保护符合规范，因此可以保留"禁止使用"。理由如下：

第一，《商标法》第13条第2、3款规定的"不予注册"和"禁止使用"实际合并了两个法律规则：通过"不予注册"在权利取得阶段为注册制设置唯一的使用取得例外，通过"禁止使用"在权利行使阶段特殊保护驰名商标。根据《商标法》的章节安排，第13条处于"总则"，其前后条文均为商标注册条件；而"注册商标专用权的保护"一章中并无对驰名商标保护的任何规定。但从驰名商标相关司法解释来看，明显将第13条同时作为授权确权和侵权责任的法律依据。[2] 这与《欧盟商标条例》及德国、日本、美国等国清晰区分商标权利取得与权利行使两大部分内容的规定方式大相径庭。这种略显怪异的规定方式形成的原因一方面在于《商标法》有关权利行使的规范被封闭在"注册商标权"内；另一方面，考察我国商标法律的立法史可以发现，2001年《商标法》第二次修正时加入了驰名商标特殊保护，只不过该法第13条转化国际公约的痕迹非常明显，第1款显然来自《保护工业产权巴黎公约》

---

〔1〕《商标审查及审理标准》（已失效）言及，"……代理、代表关系尚在磋商阶段，代理人、代表人知悉被代理人、被代表人商标后进行注册……"在司法实践中，第15条第1款的适用也必须检验本人出示的证据是否包含涉案商标，参见最高人民法院［2015］行提字第3号行政判决书、最高人民法院［2017］最高法行再44号行政判决书。

〔2〕最高人民法院《关于审理商标民事纠纷案件适用法律若干问题的解释》（法释［2002］32号，已被修改）第2条；最高人民法院《关于审理涉及驰名商标保护的民事纠纷案件应用法律若干问题的解释》（法释［2009］3号，已被修改）第2条；最高人民法院《关于审理商标授权确权行政案件若干问题的意见》（法发［2010］12号）第11条；最高人民法院《关于审理商标授权确权行政案件若干问题的规定》（法释［2017］2号）第12条、第13条。

第 6 条之二，第 2 款则来自 TRIPS 协议第 16 条第 3 款。于是，国际公约不区分权利取得和权利行使，而是统一要求成员国国内法提供驰名商标特殊保护的特点也一并继承下来。但是，驰名商标因其商誉度量受到特殊保护，并不表示必须利用禁止权保护其他类型的未注册商标。由于注册制度的公示作用，对于注册商标而言，裁判者得以推定一个法域内的其他所有人都接触了该商标符号，即当且仅当商标达到驰名的程度能在全国范围阻却在后申请的商标注册。这种保护方式相当于豁免了取得商标权必经的注册程序，令第 13 条第 2、3 款在权利取得规范意义上等效于第 30 条。这是注册取得模式下罕见的近似于"使用取得"商标权的情形，与《保护工业产权巴黎公约》相关条款的解释也保持一致。[1]

第二，第 15 条第 1 款规定的"禁止使用"应当删除，另由《反不正当竞争法》提供请求权基础。该条款的权威释义明言，[2]当前《商标法》第 15 条第 1 款采用"不予注册并禁止使用"法律后果的制定法理由是履行《保护工业产权巴黎公约》义务。然而，"履行公约义务"并不意味着必须将其列明的各项请求权一概转化为商标法规定。自规定以来司法实践中也基本没有出现该条款中"禁止使用"被实际适用的情况，[3]这本身即说明该条款中"禁止使用"后果的尴尬地位。《保护工业产权巴黎公约》其他成员国完成公约义务有两种方式。其一，转化为商标法规定，以《德国商标法》及《欧盟商标条例》为典型。前者第 17 条第 2 款为本人提供了禁止权，后者第 8 条第 3 款和第 13 条采取了类似的规定方式。其二，转化为反不正当竞争法规定。如《日本商标法》本身没有单独列举代理人或代表人恶意抢注的情形，[4]公约

---

[1] 《保护工业产权巴黎公约》第 6 条之二的目的之一是协调两种商标权取得模式，"避免注册和使用易于和在该注册和使用已经驰名的另一商标相混淆的商标，尽管该驰名商标因未注册而在该国未得到或尚未得到保护"。参见 [奥地利] 博登浩森：《保护工业产权巴黎公约指南》，汤宗舜、段瑞林译，中国人民大学出版社 2003 年版，第 60 页。

[2] "中华人民共和国商标法释义（2013 年修改）"，载 http://www.npc.gov.cn/npc/flsyywd/minshang/2013-12/24/content_1819929.htm，2023 年 5 月 23 日访问。

[3] 通过北大法宝数据库进行检索，与《商标法》第 15 条有关的案件共计 236 宗，其中 39 宗的裁判实际适用了《商标法》第 15 条第 1 款（或 2001 年《商标法》第 15 条），没有任何 1 宗案件判决"禁止使用"。

[4] 可以考虑适用《日本商标法》第 4 条第 1 款第 15 项"与他人业务所述商品或服务产生混淆之虞的商标"，其法律后果仅为"不能获得商标注册"。参见 [日] 森智香子、广濑文彦、森康晃：《日本商标法实务》，北京林达刘知识产权代理事务所译，知识产权出版社 2012 年版，第 48 页。

规定的转化实际是利用《日本反不正当竞争法》第 2 条第 1 款第 15 项和第 3 条提供的差止请求权。问题在于，《德国商标法》实际包容了商标法和反不正当竞争法中有关商业标识保护的规定，[1]而《欧盟商标条例》第 13 条不以商标权利为基础，[2]这并非商标法提供请求权基础的适当逻辑，更接近于通过认定本人"先占"的商标被代理人或代表人"盗取"这一行为的不正当性而禁止后续使用行为的反不正当竞争法逻辑。[3]以上立法例说明，一国商标法并非承担公约义务的唯一途径，视乎该国部门法之间的相互关系而决定《保护工业产权巴黎公约》第 6 条之七的具体转化方式是较好的选择。我国《商标法》和《反不正当竞争法》分别对应商标权益保护设权模式和行为法模式，各自在基本范式和规范供给范围上的差异决定了只能将除驰名商标外的未注册商标所有人的禁止权设置于《反不正当竞争法》。从正面看，市场竞争过程中产生的利益存在"合法权利（益）""正当竞争利益"和"法律放任的自由竞争"三个领域，靠前领域相较靠后领域，法律规范的介入更加积极。合法权利（益）对应设权模式：利益不再保持中性，破坏其完满状态的行为必然不正当，因此，法律救济的前提是证立被请求保护的利益符合法律预先设定的权利（益）构成要件；正当竞争利益对应行为法模式：保持利益中性，其立足点不是预先规定的静态权利（益），而在明确行为不正当性的基础上主张"禁止使用"。[4]未注册商标利益本质上是中性的，对其造成的损害并不必然具有可救济性，能否主张"禁止使用"，以针对使用行为而非商誉的正当

〔1〕 ［德］安斯加尔·奥利："德国商标法导读"，载范长军译：《德国商标法》，知识产权出版社 2013 年版，第 9 页；郑成思："浅议《反不正当竞争法》与《商标法》的交叉与重叠"，载《知识产权》1998 年第 4 期，第 7 页。

〔2〕 否则依据欧盟注册、成员国注册或成员国驰名推定抢注恶意（《欧盟商标条例》第 8 条第 2 款）。参见［荷兰］查尔斯·吉伦等编辑：《简明欧洲商标与外观设计法》，李琛、赵湘乐、汪泽译，商务印书馆 2017 年版，第 69 页。EUIPO Trademark Guidelines Part C Section3. 1.

〔3〕 从体系解释的角度，《欧盟商标条例》和《德国商标法》为被代理人、被代表人提供禁止使用请求权的条款均位于"权利的保护"部分（《欧盟商标条例》第 13 条属于该法第二章"欧盟商标权的效力"，《德国商标法》第 17 条属于该法第三章"保护的内容、权利侵害"）。换言之，这一请求权基础对应的是一种援引代理人、代表人恶意抢注规定作为构成要件的侵权之诉，无论如何不是授权确权相关规定。但我国《商标法》难以作出类似规定，原因一是《欧盟商标条例》承担协调成员国商标和联盟商标权的任务，《德国商标法》是包含反不正当竞争规范的广义标识法，这与我国《商标法》的调整对象存在较大差异；二是我国《商标法》的权利保护被限定在"注册商标权"范围内，除"驰名"外不应当过多规定权利取得的例外方式，否则将动摇注册制度。

〔4〕 参见孔祥俊："论反不正当竞争的基本范式"，载《法学家》2018 年第 1 期，第 50~67 页。

性批判为前提，即通过《反不正当竞争法》进行评价。有观点认为，为了防止对注册制产生冲击，《商标法》第 15 条第 1 款的禁止权是囿于特殊关系的债权性"相对权"保护，以此证明该禁止权的合理性。[1]这种观点的含混之处在于既希望证立代理或代表关系的特殊性应当关联更加严苛的法律后果（禁止使用），又希望消弭这种"相对性禁止权"对注册制的冲击。然而，这种"两头讨好"的意图实则难以成立。由于请求权必然针对特定人，这里的"相对性"指的不是禁止使用请求权本身的相对性。因此，该观点的实质是《商标法》同时基于两种关系提供"禁止使用"为给付内容的请求权：特定主体之间的相对关系、标的（商标权）与主体之间的归属关系，[2]前者是债权性的本权请求权，后者是基于类物权的原权请求权。[3]但是，依据《商标法》提出特定请求的前提是判断某项事实是否符合预先设定的权利之定义，该判断过程体现为商标权的取得。除非承认所谓"未注册商标权"，否则只能依行为法模式从行为不正当的角度提出禁止使用请求。因此，所谓"相对性禁止权"的存在本身就是对注册制的抵触，违背了《商标法》请求权体系的基础逻辑，并不会因其针对特定人而具备合理色彩。

总的来看，对目前《商标法》恶意抢注规制规范的梳理，不仅能够解决体系内在矛盾的问题，也可以将前述相关规则分散规定的问题一并解决。结合《商标法》相关规定的现状，以及我国商标法制中商标行政管理的现实需要，从尽可能将禁止注册规范体系合并为"绝对禁止注册事由"和"相对禁止注册事由"并方便找法用法的角度出发，具体而言，可以作如下修正规划。

《商标法》第 8 条、第 9 条分别规定了商标可注册性和商标注册的"总则"，目前不需要做调整；第 10、11、12 条分别为合法性、显著性和三维标志非功能性，由于行政管理的需要，第 10 条规定为"不得使用"，与第 11 条、第 12 条的"不得注册"难以调和，因此也不适合统一合并为"商标绝对禁止注册事由"。第 13 条和第 14 条是对驰名商标的特殊规定，如前文所述，

---

[1] 参见王太平："我国未注册商标保护制度的体系化解释"，载《法学》2018 年第 8 期，第 145 页。

[2] 两类关系参见 [德] 迪特尔·梅迪库斯：《请求权基础》，陈卫佐等译，法律出版社2012 年版，第 19 页。

[3] 各类请求权的区分及它们之间的关系参见杨立新、曹艳春："论民事权利保护的请求权体系及其内部关系"，载《河南省政法管理干部学院学报》2005 年第 4 期，第 56~66 页。

考虑到第 13 条复合规范的性质，也不宜进行合并，但是可将两个条款的次序向后顺移一条，将原第 15 条和第 32 条合并为新的第 13 条，规定如下：

第 13 条 申请注册的商标，存在下列情形的，不予注册：

未经授权，代理人或者代表人以自己的名义将被代理人或者被代表人的商标进行注册，被代理人或者被代表人提出异议的；

就同一种商品或者类似商品申请注册的商标与他人在先使用的未注册商标相同或者近似，申请人与该他人具有前款规定以外的合同、业务往来关系或者其他关系而明知该他人商标存在，该他人提出异议的；

以不正当手段抢先注册他人已经使用并有一定影响的商标的；

损害他人现有的在先权利的。

3. 注册商标权排他效力的限制

注册商标权是一种具备排他效力的绝对性权利。然而，商标权的绝对性以及排他效力与典型的绝对性权利物权，或同为知识产权的著作权、专利权相比，具有自身的特点。这导致注册商标权的排他效力很可能陷入不正义状态。

第一，注册商标权与物权最大的区别在于保护对象的自然属性不同，继而导致权利取得的逻辑也不同。物权的客体"物"大多先于法律抽象的权利而存在，即使对通过劳动、添附、加工等方式得到的新物的物权归属进行探讨，也建立在新物已经实际存在的基础上。比如，针对如何确定添附之物物权的问题，普遍认为应当按照效率原则、诚信原则、公平原则等方式来决定物权归属，[1]其讨论的根据是添附之物本身的自然属性。比如，不动产与动产的附和，由不动产所有人取得所有权；动产的附和与混合，如果分离成本过高或无法分离应当共有或归主物所有人所有；加工得到的新物，其所有权原则上归材料所有人，以加工显著提高标的物价值的归加工人所有为例外；最后通过不当得利、侵权责任等债权关系来予以衡平。[2]作为权利客体（保护对象）的物先于物权而存在，令物权归属及效力问题取得了坚实的客观物

〔1〕 参见王利明：《物权法研究》（修订版·上卷），中国人民大学出版社 2007 年版，第 496～499 页。

〔2〕 参见王泽鉴：《民法物权 1：通则·所有权》，中国政法大学出版社 2001 年版，第 297 页。

质基础。然而，在这一方面，注册商标权迥异于物权。在注册取得模式下，不需要使用商标即可通过注册取得实体商标权利，等若权利框架构建完成时，权利的保护对象可能还不存在。这时，商标权成了一个名为完整权利，实为徒具形式权利的"空架子"。[1]也许在现实中，如果有人宣称其对一支不存在的笔、一台不存在的电脑享有"动产所有权"，或是根据登记簿对一栋已经倒塌的房屋享有"不动产所有权"，旁人只会认为这是痴人说梦；但是，如果有人宣称其对一个经过注册但并未实际使用因而不可能发挥商标功能的标识享有"商标权"，多半会得到司法和执法机关的支持。这种逻辑之所以产生，原因在于注册取得模式下，未经使用的商标通过注册核准获得的原本应当是一种附停止条件的期待权，但在现实制度运行中却变成了附解除条件的既得权。[2]其中，前者所附停止条件为"实际使用商标权之时"，条件成就，通过注册取得的形式商标权（期待权）转变为完整商标权；后者所附解除条件为"连续三年不使用商标，且利害关系人提出撤销请求"，条件成就，注册商标权（既得权）即归于无效。从这个角度来说，从停止条件到解除条件的变换导致权利性质发生变化。原本已注册未使用的商标权的本质是附停止条件之期待利益，侵害之则成立对期待利益侵权责任的原因是侵权行为令该条件无法成就，且商标权人负有促使该条件成就的义务。但是，《商标法》却没有规定这一义务，即没有规定何时为"实际使用商标权之时"，因此只能将之转换为解除条件。最明显的对比就是使用取得模式中的意图使用注册，这种注册方式即直接规定了商标权人应当自何时提交使用证据来达成停止条件，令商标权生效。然而，从期待权到既得权的转化却破坏了商标权取得制度原本应当赋予商标权人的法律义务。义务的消灭与解除条件成就前商标权处于有效状态的司法态度[3]很可能令商标权人自然产生风险偏好而非风险厌恶，从而刺激商标囤积、商标流氓现象发生。

　　第二，商标权与著作权、专利权的区别在于保护对象的差异。著作权的

---

　　〔1〕　这并不是说所有的商标权都不存在通过商标使用构筑的实质基础，而是注册取得模式给形式商标权提供了合法性基础，尽管这种基础并不合理。

　　〔2〕　有关法律行为附条件的不同类型，参见王泽鉴：《民法总则》（增订版），中国政法大学出版社 2001 年版，第 423 页。

　　〔3〕　参见北京市高级人民法院［2011］高行终字第 38 号行政判决书、北京市高级人民法院［2010］高行终字 1301 号行政判决书。在这两个案件中，法院都认为只要未经撤销，即使商标确实已经连续 3 年以上不使用，也仍然应当维持其权利有效性。

保护对象是作品，专利权则对应发明创造。著作权和专利权作为财产性权利的内涵是令权利人得以控制其他人针对作品和专利的利用行为，[1]通过该方式将作品和专利复制传播及使用过程中散逸的财产利益外部性重新以法定权利为依据内部化（internalization）。之所以必须通过这种法定垄断的方式人为制造作品与专利的稀缺性，原因在于其公共物品而非私人物品属性。这决定了作品与专利既没有竞争性也不是天然稀缺的：可以被所有人同时占有、收益而不会降低其有用性。因此，知识产品的交易不是被自然稀缺性推动，而是由法律规定的拟制稀缺推动：取得专利授权不是为了获取专利知识（专利本身是公开的，专利技术本身也有可能是被许可人独立自行掌握的），而是获取不被他人起诉侵权的豁免。[2]但是商标权的保护对象商标却是符号结构要素间形成的意指关系，也就是商标功能。前文已经述及，商标功能的实现意味着商标同时具备公共物品（拥挤物品）与私人物品的双面属性。在公共物品的一面，消费者对商标的指示性使用完全表现为积极外部性（positive externality），商标权人不可能通过对消费者收取使用费的方式将这类外部性内部化。而在商标权人与其他竞争者之间的关系上，商标符号完全表现为私人物品。这使得商标法似乎应当在传统财产权理论和财产法规范以及独属于知识产权法的溢出（spillovers）理论和对公共利益的关照之间游走。而著作权法和专利法则丝毫不需要有此顾虑。换言之，商标法必须同时直接保护（私人物品意味上）商标权人免受"他人侵占"以及（公共物品意味上）消费者免遭混淆的二元利益诉求。同时，商标功能得以发挥必然意味着商标权人的私人利益与消费者的公共利益成为相互交融的统一体。[3]这既不像传统财产

---

〔1〕 王迁：《网络环境中的著作权保护研究》，法律出版社2011年版，第3页。

〔2〕 Brett M. Frischman, Mark A. Lemley, "Spillovers", *Columbia Law Review*, Vol. 107, Issue 1（January 2007）, p. 273.

〔3〕 正是这种异类利益的交融导致商标可注册性中的绝对禁止注册事由与相对禁止注册事由时常难以区分。例如，最高人民法院《关于审理商标授权确权行政案件若干问题的意见》（法发〔2010〕12号）第19条规定，"人民法院在审理涉及撤销注册商标的行政案件时，审查判断诉争商标是否属于以其他不正当手段取得注册，要考虑其是否属于欺骗手段以外的扰乱商标注册秩序、损害公共利益、不正当占用公共资源或者以其他方式谋取不正当利益的手段。对于只是损害特定民事权益的情形，则要适用商标法第四十一条第二款、第三款及商标法的其他相应规定进行审查判断"。其中，"扰乱商标注册秩序""不正当占用公共资源"在司法实践中被用作制止大规模抢注行为，然而这种行为仍然是对特定民事权益而非公共利益的损害。参见李琛："论商标禁止注册事由概括性条款的解释冲突"，载《知识产权》2015年第8期，第4~5页。

权那样坚决地以保护私益为原则，兼顾社会公共利益为例外，也不像著作权法与专利法那样坚定地将法定垄断作为直接目标，将公共领域的保留作为间接目标。这就意味着，当商标没有被实际使用时，消费者无从利用该商标，自然也就不存在所谓免遭混淆的利益。那么此时仍然为商标权提供完整的排他效力就会面临正当性的质疑。

总的来说，将使用效果纳入概念定义后，[1]实际使用对于商标权来说具有三个决定性作用：①构建商标符号的解释（意指）关系；②填充商标权的财产价值；③将商标权的性质由期待权转变为既得权。前两点是对商标事实属性以及商标权的事实基础的客观描述，第三点如上所述，在当前的注册取得模式下被有意无意地忽略了。在继续承认注册核准对商标权的有无具有决定作用的前提下，为了充分地将使用要求纳入商标权的效力评价体系以便弥补注册取得的天然缺陷，有必要通过有条件地限制排他效力的方式，重新将未经实际使用的注册商标权定位为一种期待权。具体而言，包括以下四个方面的内容：

第一，借鉴使用取得模式中的意图使用注册，将通过注册商标权的权利性质从目前由商标权撤销制度配合的附解除条件式的既得权，转变为由补交使用证据制度配合的附停止条件式的期待权，并明确规定停止条件成就的法定期限。如果商标权人不及时提交使用证据，商标权到期自动失效，并由注册机关予以宣告。可以联系目前有关"撤三"的规定，将此法定期限确定为商标注册核准之日起3年。同时，应当规定每次提出商标权续展申请时商标权人均应提交使用证据。

结合目前《商标法》，具体条文设计如下：

在第40条后增加一个新的条文：

第40条之二

商标注册人办理续展手续时应当一并提交商标实际使用的证据；存在正当理由未实际使用商标的，应当提交书面说明。既未提交使用证据，也未提交书面说明的，注销其注册商标。

---

[1] 见前文第一节对商标实际使用的定义。

在第 45 条和第 46 条之间增加一个新的条文：

已经注册的商标，自注册核准之日起三年内，商标注册人应当向商标局提交商标实际使用的证据。存在正当理由未实际使用商标的，应当提交书面说明。既未提交使用证据，也未提交书面说明的，由商标局宣告该注册商标无效。

第二，依靠注册商标权的排他效力，商标权人可以通过异议和无效宣告程序阻却他人在相同或近似类别上在后的相同或近似商标注册。这种权利当然应当以商标能够持续发挥区分来源功能为前提，长期未使用的商标如果还能作为阻碍他人注册的根据，将与公平原则相悖。同时，对于这类早已撤出市场竞争的商标而言，如果还肯定其排他效力反而是对竞争秩序的破坏。因此，应当结合"撤三"制度的旨趣，规定在先注册人阻却他人注册的前提是存在实际使用行为。

结合目前《商标法》，具体条文设计如下：

第 33 条增加一款规定：

第 33 条

……在先注册商标注册核准已满三年，商标注册人提出异议的，应当向商标局提交初步申请公告之日起前三年内实际使用商标的证据，有正当理由未实际使用商标的应当提交书面说明。

既未提交使用证据，也未提交书面说明的，驳回异议。商标注册人仅在部分注册类别上实际使用商标且在剩余部分没有未使用的正当理由的，部分驳回异议。

同理，在第 45 条第 1 款后增加一款规定：

第 45 条

……在先注册商标注册核准已满三年，商标注册人对在后注册的商标提出无效宣告请求，应当向商标提交提出请求起前三年内实际使用商标的证据，有正当理由未实际使用商标的应当提交书面说明。

既未提交使用证据，也未提交书面说明的，驳回请求。商标注册人仅在部分注册类别上实际使用商标且在剩余部分没有未使用的正当理由的，部分驳回请求。

第三，应当对商标"撤三"制度进行改良，可以参照《欧盟商标条例》的相关成熟经验。首先，连续未使用达到3年的商标，其商标权并未直接消灭，而是依靠商标注册授权确权的效力重新退化为期待权。一旦商标权人在他人提出撤销请求前恢复使用，其符号关系及财产价值随即重新被填充，商标权即再次转化为既得权。[1]但是，能够维持商标权既得权身份的是实际使用而非象征性使用，尤其是考虑到商标权人在知晓可能的撤销请求后、请求提出前为了维持其权利有效性，临时、紧急地使用商标，这类使用即使发挥了区分来源的商标基本功能，也应当被认为是违反诚实信用原则的行为。其次，应当允许被诉侵权人在侵权案件中提出撤销连续3年不使用商标的反诉请求。一方面，商标局对撤销请求的决定属于对商标权效力的确认，而对私权效力的认定应当属于司法权的内容，只是由于商标授权确权的特殊性质，由行政机关（商标局）作出准司法决定。[2]因此，被诉侵权人直接提出反诉只是恢复了"撤三"的本来面貌。另一方面，由法院直接作出"撤三"决定也有利于防止循环诉讼，节约制度运行成本。

结合《商标法》与《欧盟商标条例》第58条的相关规定，对第49条第2款做进一步修改如下：

第49条

……注册商标成为其核定使用的商品的通用名称或者没有正当理由连续三年不使用的，任何单位或者个人可以向商标局申请撤销该注册商标，或在侵权诉讼中作为反诉理由撤销该注册商标。

注册商标权人知道或应当知道其注册商标可能被提起撤销申请或以反诉方式被撤销后，在撤销申请或反诉提出之日起前三个月内的使用行为不属于前款所称"使用"……

---

〔1〕 张玉敏："注册商标三年不使用撤销制度体系化解读"，载《中国法学》2015年第1期，第230~231页。

〔2〕 杜颖、王国立："知识产权行政授权及确权行为的性质解析"，载《法学》2011年第8期，第95页。

　　第四，在侵权诉讼中对注册商标权的禁止权进行限制。商标侵权之诉的主要目的是反混淆。混淆既使得消费者无法利用商标降低信息搜寻成本，也损害商标权人的商誉。这说明混淆的实际发生必须以商标投入实际使用为前提，否则消费者无从利用商标，商誉也无法凝聚。在商标侵权诉讼中，原告并不需要证明发生了实际混淆，只需要证明混淆之虞存在即可。但这并不表示实际混淆在侵权认定中没有任何作用。混淆之虞之所以代替实际混淆成为侵权责任认定的判准，原因在于商标侵权行为的特殊性。[1]作为混淆主体的消费者是不特定多数人的集合，从技术上无法准确证明消费者的心理认知状态，因此退而求其次选择盖然性的混淆之虞作为认定标准。但是，实际混淆仍然可以作为混淆之虞判断的消极因素，换言之，混淆之虞的实质是"实际混淆之虞"，如果自始不存在任何发生实际混淆的可能性，那么自然也就不存在"混淆之虞"了。最典型的情况就是商标侵权双方当事人之一没有实施商标使用行为。如果发生在侵权人一方，则属于商标合理使用抗辩的情形；如果在被侵权人一方，目前《商标法》只提供了第 64 条第 1 款作为抗辩事由。该款规定仅限制了损害赔偿请求权，而源自商标权排他效力的停止侵害请求权却没有受到任何阻碍。这显然不符合上文所分析的限制商标权排他效力的目的。在"撤三"条款存在的前提下，应当认为，连续 3 年不使用商标已经是保留商标权期待利益的极限。因此，结合《商标法》的规定，对第 64 条第 1 款修改如下：

　　注册商标专用权人请求承担侵权责任，被控侵权人以注册商标专用权人未使用注册商标提出抗辩的，人民法院可以要求注册商标专用权人提供此前三年内实际使用该注册商标的证据。注册商标专用权人不能证明此前三年内实际使用过该注册商标，被控侵权人不承担侵权责任。

---

　　[1]　姚鹤徽："实际混淆因素在商标混淆侵权判定中的作用及适用"，载《西南政法大学学报》2015 年第 3 期，第 31 页。

作为商标法运行的起点，商标权取得制度的科学性面临艰难的价值平衡，继而呈现出静态上体系化、动态上延续性的特点。其体系化在于，授权确权程序需要通过设置各项取得要件来调控法定垄断权利的量；其延续性在于，有效率的权利有效化程序需要放大授权确权的容错空间，因而必须反过来在权利维持阶段积极主动地通过权利无效化程序调控法定垄断权利的质。因此，为了科学地完成权利供给，商标权取得制度应当是一个同时包含有效化和无效化两个方面内容的结构性框架。

从研究范式的角度看，讨论任何法律问题都应当从其事实基础出发，寻找进行法律抽象的规范道路，"商标权的取得"也概莫能外。首先，厘定商标权取得的事实基础意味着需要对商标事实属性的分析研究，其目的是在进行权利配置前明确"什么样的标识值得商标法保护"这一根本问题。在本体意义上，商标并非创造性智力成果而是发挥指代某种市场信息功能的符号。因此，利用符号学分析工具对商标的事实属性进行细致剖析具有强大的解释力。从现代二元及三元结构模型的角度理解商标符号的"能指""所指"以及"再现体""解释项""对象"，能够清楚明了地剖析其构造及性质：决定外向形式建构的构成要素、完成内向价值建构的功能要素，以及作为二者相互联结实效之评价的显著性。其中，构成要素并无常形，而功能要素万变不离其宗。通过商标使用而发挥的区分来源、表彰商誉及品质以及进入"超符号"领域的形象宣传功能是商标的核心要素。换言之，商标法通过财产权范式来保护的并非商标标识，而是商标功能。其次，以此作为商标权取得规范基础讨论的事实依据，可以将商标权的构造方式以及未注册商标的保护体系看作商标权利供给的需求端来倒推研究作为供给端的权利取得制度。一方面，在商标权权利谱系中，以禁止权为体现的排他效力是商标权的本质特征，但该效力应当以商标使用作为前提；商标的许可与转让等处分方式应当以商标功能的延续作为条件。另一方面，商标法与反不正当竞争法共同为未注册商标提供保护的正当性来源同样也是通过实际使用体现的商标财产价值与竞争秩序。然而，商标权取得阶段对使用要求的忽略却导致了商标法的权利授予规范（权利取得）与行为规制规范（权利行使）相对分离。从商标法的面向与价值这一角度看，对商标所有人面向以及注册制度形式价值的倾斜是导致上述分离的根源。不过，商标法律关系中的多方主体利益诉求及商标法保护目标的多元价值追求却在事实上必然发生粘连：商标的财产价值是保护权利人私人利益的根据，而这种财产价值的形成又必须以满足消费者的公共利益需求为前提。因此，通过对商标从无到有的产生过程追根溯源，利用仍然具备强大解释力的财产权劳动与同意理论，可以发现将商标由原始消极共有状态中解脱出来的使用行为，以及通过法律拟制的积极共有状态获得他人对排他性据有商标财产的同意共同构成了商标权取得的道德条件。而从法实证主义对于利用联结命题或分离命题作为法律命题真值判准的争论探讨中，又可得出商标权取得的正当性必然要接受上述道德条件的评判。那么，以注册核准作为商标权取得唯一条件的模式就很容易落入一种制度性的道德危机中。再次，对注册取得模式与使用取得模式分别进行分析研究，在厘清商标注册的规定性、注册的功能与法律性质以及作为商标权取得条件的商标使用等概念和规范后，发现两大模式之间呈现出相互融合的宏观图景。注册取得模式日益强调在注册后阶段融入使用要求，以此弥补和纠正先前忽略商标使用导致的"实质价值缺乏症"。与此同时，使用取得模式在引入商标注册程序发挥其确定权利内容和公示公信的形式价值后，也开始反思商标注册侵蚀使用哲学的可能性。最后，分析注册取得模式下商标权取得的共通问题——符号圈地，并梳理我国现行《商标法》中的取得制度构造及规定缺漏，总结出我国商标权取得制度的改良需要完成递进式的两步工作。其一，先从维持注册商标权有效性的角度令商标使用要求规范化；其二，从"商标权效力评价体系"的总体视角将权利取得、维持、撤销、无效宣告等关乎商标权有效化与无效化的程序与实体规范融贯起来，尤其是对恶意注册规制规范体系进行精益化修正。在具体法律条文的完善方面，除了给予未注册商标商标法上的精益保护外，认识到已注册未使用商标体现的是期待利益以及这类商标权的本质是附停止条件的期待权之后，即可水到渠成地从停止条件的设置、商标异议、无效宣告及撤销制度的改良、商标禁止权的限制三个方面引入使用要求，消融注册取得模式下容易发生"不正义地持有权利"的道德危机及制度困境。

参考文献

REFERENCES

一、著作类

1. ［澳］彼得·德霍斯：《知识财产法哲学》，周林译，商务印书馆 2008 年版。

2. ［奥地利］博登浩森：《保护工业产权巴黎公约指南》，汤宗舜、段瑞林译，中国人民大学出版社 2003 年版。

3. ［澳］布拉德·谢尔曼、［英］莱昂内尔·本特利：《现代知识产权法的演进：英国的历程（1760-1911）》（重排本），金海军译，北京大学出版社 2012 年版。

4. ［美］罗纳德·德沃金：《身披法袍的正义》，周林刚、翟志勇译，北京大学出版社 2010 年版。

5. 杜颖：《社会进步与商标观念：商标法律制度的过去、现在和未来》，北京大学出版社 2012 年版。

6. ［美］弗朗西斯·奥克利：《自然法、自然法则、自然权利——观念史中的连续与中断》，王涛译，商务印书馆 2015 年版。

7. ［美］弗兰克·I. 谢克特：《商标法的历史基础》，朱冬译，知识产权出版社 2019 年版。

8. ［瑞士］费迪南·德·索绪尔：《普通语言学教程》，裴文译，江苏教育出版社 2002 年版。

9. ［瑞士］费尔迪南·德·索绪尔：《第三次普通语言学教程》，屠友祥译，上海人民出版社 2002 年版。

10. 冯术杰：《商标注册条件若干问题研究》，知识产权出版社 2016 年版。

11. 冯晓青：《知识产权法哲学》，中国人民公安大学出版社 2003 年版。

12. 冯晓青：《知识产权法利益平衡理论》，中国政法大学出版社 2006 年版。

13. 付继存：《商标法的价值构造研究——以商标权的价值与形式为中心》，中国政法大学出版社 2012 年版。

14. ［荷］格劳秀斯：《战争与和平法》，［美］弗朗西斯 W. 凯尔西等英译，马呈元、谭睿译，中国政法大学出版社 2016 年版。

15. ［英］H. L. A. 哈特：《法律的概念》（第 2 版），许家馨、李冠宜译，法律出版社 2006年版。

16. ［英］杰里米·菲利普斯：《商标法实证性分析》，马强等译，中国人民大学出版社2014 年版。

17. ［德］卡尔·拉伦茨：《德国民法通论》，王晓晔等译，法律出版社 2003 年版。

18. 孔祥俊：《商标法适用的基本问题》，中国法制出版社 2012 年版。

19. 黄晖：《驰名商标和著名商标的法律保护》，法律出版社 2001 年版。

20. 李琛：《论知识产权法的体系化》，北京大学出版社 2005 年版。

21. 李阁霞：《论商标与商誉》，知识产权出版社 2014 年版。

22. 李明德：《美国知识产权法》（第 2 版），法律出版社 2014 年版。

23. 李扬：《知识产权法基本原理》，中国社会科学出版社 2010 年版。

24. 梁宁建：《当代认知心理学》，上海教育出版社 2003 年版。

25. 刘维：《商标权的救济基础研究》，法律出版社 2016 年版。

26. ［德］罗伯特·阿列克西：《法概念与法效力》，王鹏翔译，商务印书馆 2015 年版。

27. ［美］罗伯特·P. 莫杰思：《知识产权正当性解释》，金海军译，商务印书馆 2018年版。

28. ［法］罗兰·巴尔特：《符号学原理》，李幼蒸译，中国人民大学出版社 2008 年版。

29. ［英］洛克：《政府论》，瞿菊农、叶启芳译，商务印书馆 1982 年版。

30. 彭学龙：《商标法的符号学分析》，法律出版社 2007 年版。

31. ［法］皮埃尔·吉罗：《符号学概论》，怀宇译，四川人民出版社 1988 年版。

32. ［美］皮尔斯：《皮尔斯：论符号》，赵星植译，四川大学出版社 2014 年版。

33. ［德］塞缪尔·普芬道夫：《人和公民的自然法义务》，鞠成伟译，商务印书馆 2010年版。

34. 申小龙：《〈普通语言学教程〉精读》，复旦大学出版社 2005 年版。

35. ［澳］斯蒂芬·巴克勒：《自然法与财产权理论：从格劳秀斯到休谟》，周清林译，法律出版社 2014 年版。

36. 孙敏洁：《商标保护与商业表达自由》，知识产权出版社 2013 年版。

37. ［日］田村善之：《田村善之论知识产权》，李扬等译，中国人民大学出版社 2013年版。

38. 屠友祥：《索绪尔手稿初检》，上海人民出版社 2011 年版。

39. 王芳：《TRIPS 协定下注册商标的使用要求》，知识产权出版社 2016 年版。

40. 王泽鉴：《民法物权》，北京大学出版社 2009 年版。

41. 王泽鉴：《民法总则》（增订版），中国政法大学出版社 2001 年版。

42. ［英］约瑟夫·拉兹：《法律的权威：法律与道德论文集》，朱峰译，法律出版社 2005 年版。

43. ［美］威廉·M. 兰德斯、理查德·A. 波斯纳：《知识产权法的经济结构》，金海军译，北京大学出版社 2005 年版。

44. 熊文聪：《事实与价值二分：知识产权法的逻辑与修辞》，华中科技大学出版社 2016 年版。

45. 姚鹤徽：《商标法基本问题研究》，知识产权出版社 2015 年版。

46. 姚鹤徽：《商标混淆可能性研究》，知识产权出版社 2015 年版。

47. 余俊：《商标法律进化论》，华中科技大学出版社 2011 年版。

48. 曾陈明汝：《商标法原理》，中国人民大学出版社 2003 年版。

49. 张林：《商标显著性研究》，厦门大学出版社 2014 年版。

50. 张绍杰：《语言符号任意性研究——索绪尔语言哲学思想探索》，上海外语教育出版社 2004 年版。

51. 张玉敏：《商标注册与确权程序改革研究：追求效率与公平的统一》，知识产权出版社 2016 年版。

52. 郑其斌：《论商标权的本质》，人民法院出版社 2009 年版。

53. 朱谢群：《创新性智力成果与知识产权》，法律出版社 2004 年版。

54. Anne Gilson Lalonde, Jerome Gilson, *Gilson on Trademarks*, Lexis Nexis Matthew Bender, 2014.

55. David Vaver, *Intellectual Property Law：Copyright, Patents, Treademarks*, 2nd ed, Toronto：Irwin Law, 2011.

56. Frank I. Schechter, *Historical Foundations of the Law Relating to Trademark*, Columbia University Press, 1925.

57. J. Thomas McCarthy, *McCarthy on Trademarks and Unfair Competition*, 4th ed, 2000.

二、论文类

1. 蔡中华、王欢："'商标共存'制度之法律质疑"，载《法学杂志》2015 年第 4 期。

2. 陈嘉映："索绪尔的几组基本概念"，载《杭州师范学院学报（社会科学版）》2002 年第 2 期。

3. 陈景辉："哈特的接受论证与法律的规范性——对'庄世同/王鹏翔'之争的评论"，载《中研院法学期刊》2014 年第 14 期。

4. 陈莹、朱亚军："商标名的语义样态及其相互关系"，载《外语研究》2016 年第 4 期。

5. 崔国斌："商标许可终止后的商誉分配"，载《知识产权》2012 年第 12 期。

6. 崔国斌："商标挟持与注册商标权的限制"，载《知识产权》2015 年第 4 期。

7. 代玮炜、赵星植、[芬兰] 阿赫提-维科·皮特里宁:《皮尔斯符号学及其三分模式论：皮特里宁教授访谈》，载《宜宾学院学报》2016 年第 3 期。

8. 戴文骐:"认真对待商标权：恶意抢注商标行为规制体系的修正"，载《知识产权》2019 年第 7 期。

9. 邓宏光:"商标授权确权程序中的公共利益与不良影响：以'微信'案为例"，载《知识产权》2015 年第 4 期。

10. 邓宏光:"我们凭什么取得商标权——商标权取得模式的中间道路"，载《环球法律评论》2009 年第 5 期。

11. 丁宝同:"论争点效之比较法源流与本土归化"，载《比较法研究》2016 年第 3 期。

12. 董学立:"论物权变动中的善意、恶意"，载《中国法学》2004 年第 2 期。

13. 杜志浩:"商标权客体'联系说'之证成——兼评'非诚勿扰'商标纠纷案"，载《政治与法律》2016 年第 5 期。

14. 杜颖、王国立:"知识产权行政授权及确权行为的性质解析"，载《法学》2011 年第 8 期。

15. 杜颖:"在先使用的未注册商标保护论纲——兼评商标法第三次修订"，载《法学家》2009 年第 3 期。

16. 杜颖:"商标法律制度的失衡及其理性回归"，载《中国法学》2015 年第 3 期。

17. 冯术杰:"再论商标的功能"，载《中华商标》2016 年第 8 期。

18. 冯术杰:"论商标固有显著性的认定"，载《知识产权》2016 年第 8 期。

19. 冯术杰:"未注册商标的权利产生机制与保护模式"，载《法学》2013 年第 7 期。

20. 冯术杰:"论注册商标的权利产生机制"，载《知识产权》2013 年第 5 期。

21. 冯晓青:"在先使用有一定影响的未注册商标的保护研究"，载《学海》2012 年第 5 期。

22. 冯晓青:"知识共有物、洛克劳动学说与知识产权制度的正当性"，载《金陵法律评论》2003 年第 1 期。

23. 付继存:"形式主义视角下我国商标注册制度价值研究"，载《知识产权》2011 年第 5 期。

24. 高富平:"物权公示与公信力原则新论"，载《华东政法学院学报》2001 年第 5 期。

25. 黄汇、谢申文:"驳商标被动使用保护论"，载《知识产权》2012 年第 7 期。

26. 黄汇:"注册取得商标权制度的观念重塑与制度再造"，载《法商研究》2015 年第 4 期。

27. 黄汇:"中国商标注册取得权制度的体系化完善"，载《法律科学》2022 年第 1 期。

28. 黄武双、阮开欣:"商标申请人与在后使用人利益的冲突与权衡"，载《知识产权》2015 年第 4 期。

29. 江帆："商誉与商誉侵权的竞争法规制"，载《比较法研究》2005 年第 5 期。

30. 孔祥俊："论商标可注册性要件的逻辑关系"，载《知识产权》2016 年第 9 期。

31. 孔祥俊："论非使用性恶意商标注册的法律规制——事实与价值的二元构造分析"，载《比较法研究》2020 年第 2 期。

32. 李琛："论商标禁止注册事由概括性条款的解释冲突"，载《知识产权》2015 年第 8 期。

33. 李琛："商标权救济与符号圈地"，载《河南社会科学》2006 年第 1 期。

34. 李琛："商标所指的意义与解读——评'索爱'商标争议行政诉讼案"，载《中国专利与商标》2009 年第 3 期。

35. 李琛："商标专用权概念考辨"，载《知识产权》2022 年第 1 期。

36. 李巧兰："皮尔斯与索绪尔符号观比较"，载《福建师范大学学报（哲学社会科学版）》2004 年第 1 期。

37. 李扬："知识产权法定主义及其适用——兼与梁慧星、易继明教授商榷"，载《法学研究》2006 年第 2 期。

38. 李扬："知识产权请求权与诉讼时效制度的适用"，载《知识产权》2012 年第 10 期。

39. 李扬："注册商标不使用撤销制度中的'商标使用'界定——中国与日本相关立法、司法之比较"，载《法学》2009 年第 10 期。

40. 李扬："商标在先使用抗辩研究"，载《知识产权》2016 年第 10 期。

41. 李扬："再评洛克财产权劳动理论——兼与易继明博士商榷"，载《现代法学》2004 年第 1 期。

42. 李扬："知识产权法定主义的缺陷及其克服——以侵权构成的限定性和非限定性为中心"，载《环球法律评论》2009 年第 2 期。

43. 李扬："商标法中在先权利的知识产权法解释"，载《法律科学（西北政法学院学报）》2006 年第 5 期。

44. 李扬："'公共利益'是否真的下出了'荒谬的蛋'？——评微信商标案一审判决"，载《知识产权》2015 年第 4 期。

45. 李扬："论商标权的边界"，载《知识产权》2016 年第 6 期。

46. 李扬："我国商标抢注法律界限之重新划定"，载《法商研究》2012 年第 3 期。

47. 李扬："违法使用与商标法第三十二条后半句规定的'一定影响'的关系"，载《中国知识产权杂志》2017 年第 2 期。

48. 李雨峰："重塑侵害商标权的认定标准"，载《现代法学》2010 年第 6 期。

49. 李雨峰、曹世海："商标权注册取得制度的改造——兼论我国《商标法》的第三次修改"，载《现代法学》2014 年第 3 期。

50. 李雨峰、倪朱亮："寻求公平与秩序：商标法上的共存制度研究"，载《知识产权》

2012 年第 6 期。

51. 凌宗亮："论立体商标的非功能性——兼谈我国《商标法》第 12 条的完善"，载《电子知识产权》2010 年第 3 期。

52. 刘自钦："论我国商标注册诚信原则运用机制的改进"，载《知识产权》2016 年第 11 期。

53. 梁上上："论商誉和商誉权"，载《法学研究》1993 年第 5 期。

54. 梁志文："反思知识产权请求权理论——知识产权要挟策略与知识产权请求权的限制"，载《清华法学》2008 年第 4 期。

55. 梁志文："商标品质保证功能质疑"，载《法治研究》2009 年第 10 期。

56. 刘铁光："规制商标'抢注'与'囤积'的制度检讨与改造"，载《法学》2016 年第 8 期。

57. 刘文远："从'移植'到'内生'的演变：近代中国商标权取得原则的确定及调整"，载《知识产权》2015 年第 4 期。

58. 龙卫球："不动产登记性质及其纠纷处理机制问题研究——兼评《物权法司法解释（一）》第 1 条"，载《法律科学（西北政法大学学报）》2017 年第 1 期。

59. 卢海君："商标权客体新论——反不正当竞争法视野下的商标法"，载《知识产权》2016 年第 11 期。

60. 罗宗奎："'知识共有'理论下商标权取得的本质解读"，载《知识产权》2013 年第 5 期。

61. 马俊驹："民法上支配权与请求权的不同逻辑构成——兼论人格权请求权之独立性"，载《法学研究》2007 年第 3 期。

62. 彭学龙："商标法基本范畴的符号学分析"，载《法学研究》2007 年第 1 期。

63. 彭学龙："商标显著性新探"，载《法律科学（西北政法学院学报）》2006 年第 2 期。

64. 屈广清、胡泽恩："论商标专用权的性质、客体及其保护"，载《法商研究（中南政法学院学报）》1994 年第 3 期。

65. 冉昊："制定法对财产权的影响"，载《现代法学》2004 年第 5 期。

66. 唐艳、王烈琦："对知识产权行政授权行为性质的再思考"，载《知识产权》2015 年第 1 期。

67. 田晓玲："商标注册民事法律行为论"，载《西南民族大学学报（人文社会科学版）》2016 年第 5 期。

68. 屠友祥："指称关系和任意关系、差异关系——索绪尔语言符号观排除外在事物原因探究"，载《外语教学与研究》2013 年第 3 期。

69. 王太平："商标概念的符号学分析——兼论商标权和商标侵权的实质"，载《湘潭大学学报（哲学社会科学版）》2007 年第 3 期。

70. 王太平："论驰名商标认定的公众范围标准"，载《法学》2014年第10期。

71. 王太平："论商标注册申请及其拒绝——兼评'微信'商标纠纷案"，载《知识产权》2015年第4期。

72. 王太平："商标符号利益的法律分配：商标法构造与操作的符号学解释"，载《法学杂志》2021年第6期。

73. 王太平："商标法上商标使用概念的统一及其制度完善"，载《中外法学》2021年第4期。

74. 王莲峰："我国商标权利取得制度的不足与完善"，载《法学》2012年第11期。

75. 王明成："商誉本质：优势交易机会和交易条件论——基于商誉与商誉载体的区分"，载《西南民族大学学报（人文社科版）》2009年第6期。

76. 王鹏翔："法概念与分离命题——论Alexy与Raz关于法实证主义之争"，载《中研院法学期刊》2009年第5期。

77. 王鹏翔："反对安置命题"，载《中研院法学期刊》2010年第7期。

78. 王铁雄："普芬道夫的自然财产权理论"，载《前沿》2010年第7期。

79. 王好："未注册商标'抢用'问题的规范分析——以指导案例30号为例"，载《政治与法律》2015年第4期。

80. 汪泽："商标专用权与商标权辨析"，载《中华商标》2015年第4期。

81. 汪泽："民法上的'善意'、'恶意'及其运用"，载《河北法学》1996年第1期。

82. 吴汉东："论商誉权"，载《中国法学》2001年第3期。

83. 谢晓尧："论商誉"，载《武汉大学学报（社会科学版）》2001年第5期。

84. 谢晴川："商标'显著特征'之内涵重释"，载《法学研究》2022年第4期。

85. 徐春成："论商标的存储投资功能"，载《西南民族大学学报（人文社会科学版）》2016年第7期。

86. 姚鹤徽："实际混淆因素在商标混淆侵权判定中的作用及适用"，载《西南政法大学学报》2015年第3期。

87. 易继明："财产权的二维价值—— 论财产之于人生的幸福"，载《法学研究》2011年第4期。

88. 易继明："知识产权的观念、类型化及法律适用"，载《法学研究》2005年第3期。

89. 殷少平："论商标使用概念及其立法定义的解释"，载《法学家》2022年第6期。

90. 张林："词语商标显著性新探：对商标显著性的'弗兰德利分类法'的不同理解"，载《政治与法律》2013年第4期。

91. 张林："标示来源功能与商标显著性——兼与彭学龙老师商榷"，载《甘肃政法学院学报》2013年第5期。

92. 张家骥："论推定规则及其适用"，载《重庆大学学报（社会科学版）》2014年第

6 期。

93. 张德芬："商标使用界定标准的重构"，载《知识产权》2012 年第 3 期。

94. 张韬略、张伟君："《商标法》维护公共利益的路径选择——兼谈禁止'具有不良影响'标志注册条款的适用"，载《知识产权》2015 年第 4 期。

95. 张玉敏："注册商标三年不使用撤销制度体系化解读"，载《中国法学》2015 年第 1 期。

96. 赵星植："论皮尔斯符号学中的'对象'问题"，载《中国外语》2016 年第 2 期。

97. 赵震江、孙海龙："商誉及其侵权损害赔偿的理论和实践"，载《现代法学》2000 年第 3 期。

98. 朱谢群："商标、商誉与知识产权——兼谈反不正当竞争法之归类"，载《当代法学》2003 年第 5 期。

99. 朱姝、张少峰："论商誉权的法律保护"，载《现代法学》1996 年第 1 期。

100. 庄世同："法律的概念与法律规范性的来源——重省哈特的接受论证"，载《中研院法学期刊》2013 年第 13 期。

101. Alan E. Friedman, "The Economics of the Common Pool：Property Rights in Exhaustible Resources", *UCLA Law Review*, Vol. 18, Issue 5 (May 1971).

102. Amy B. Cohen, "Following the Direction of Traffix：Trade Dress Law and Functionality Revisited", *IDEA：The Intellectual Property Law Review*, Vol. 50, Issue 4 (2010).

103. Ann Bartow, "Likelihood of Confusion", *San Diego Law Review*, Vol. 41, Issue 2 (May-June 2004).

104. Barton Beebe, "The Semiotic Analysis of Trademark Law", *UCLA Law Review*, Vol. 51, Issue 3 (February 2004).

105. Barton Beebe, "Is the Trademark Office a Rubber Stamp?", *Houston Law Review*, Vol. 48, No. 4, p. 752, 2011; NYU Law and Economics Research Paper No. 12-03.

106. Barton Beebe, "Search and Persuasion in Trademark Law", *Michigan Law Review*, Vol. 103, Issue 8 (August 2005).

107. Brett M. Frischmann, "An Economic Theory of infrastructure and Commons Management", *Minnesota Law Review*, Vol. 89, Issue 4 (April 2005).

108. Brett M. Frischman, Mark A. Lemley, "Spillovers", *Columbia Law Review*, Vol. 107, Issue 1 (January 2007).

109. Daniel R. Bereskin, Miles J. Alexander, Nadine Jacobson, "Bona Fide Intent to Use in the United States and Canada", Vol. 100 Trademark Reporter (2010).

110. Daniel R. Bereskin, "Canada's ill-conceived new 'trademark' law: a venture into constitutional quicksand", *he Trademark Reporter*, Vol. 104, Issue 5 (September-October 2014).

111. David W. Barnes, "A New Economics of Trademarks", *Northwestern Journal of Technology and Intellectual Property*, Vol. 5, Issue 1 (Fall 2006).

112. Donald S. Chisum, "Trademark Acquisition, Registration and Maintenance: A Primer", *AIPLA Quarterly Journal*, Vol. 19, Issue 2 (1991).

113. Edward S. Rogers, "Comments on the Modern Law of Unfair Trade", *Illinois Law Review*, Vol. 3, Issue 9.

114. Edward S. Rogers, "Some Historical Matter Concerning Trade-Marks", *The Trademark Reporter*, Vol. 62, Issue 3 (May–June 1972).

115. Frank I. Schechter, "The Rational Basis of Trademark Protection", *Harvard Law Review*, Vol. 40, Issue 6 (April 1927).

116. Gerald Ruston, "On the Origin of Trademarks", *The Trademark Reporter*, Vol. 45, Issue 2 (1955).

117. Graeme B. Dinwoodie, "Trademarks and Territory: Detaching Trademark Law from the Nation State", *Houston Law Review*, Vol. 41, Issue 3 (2004).

118. Graeme B. Dinwoodie, "(National) Trademark Laws and the (Non-National) Domain Name System", *University of Pennsylvania Journal of International Economic Law*, Vol. 21, Issue 3 (Fall 2000).

119. Harold Demsetz, "Frischmann's View of 'Toward a Theory of Property Rights'", *Review of Law And Economics*, Vol. 4, 2008.

120. Henry W. Leeds, "Intent to Use—Its Time Has Come", *Trademark Reporter*, Vol. 79, (1989).

121. Joan L. Dillon, "The Effect of 'Incontestability' in Trademark Litigation", *Denver University Law Review*, Vol. 68, Issue 2 (1991).

122. Kenneth L. Port, "The Illegitimacy of Trademark Incontestability", *Indiana Law Review*, Vol. 26, Issue 3 (1993).

123. Kenneth L. Port, "The Congressional Expansion of American Trademark Law: A Civil Law System in the Making", *Wake Forest Law Review*, Vol. 35, Issue 4 (Winter 2000).

124. Mark P. McKenna, "Teaching Trademark Theory through the Lens of Distinctiveness", *St. Louis University Law Journal*, Vol. 52, Issue 3 (Spring 2008).

125. Mark P. McKenna, "The Normative Foundations of Trademark Law", *Notre Dame Law Review*, Vol. 82, Issue 5 (June 2007).

126. Margreth Barrett, "Finding Trademark Use: The Historical Foundation for Limiting Infringement Liability to Uses in the Manner of a Mark", *Wake Forest Law Review*, Vol. 43, Issue 4 (2008).

127. Nancy L. Clarke, "Issues in the Federal Registration of Flavors as Trademarks for Pharmaceutical Products", *University of Illinois Law Review*, Vol. 1993, Issue 1 (1993).

128. Paul Tackaberry, "Exploring the boundaries of 'use' after the 2014 amendments to the Canadian trademarks act", *The Trademark Reporter*, Vol. 104, Issue 6 (November−December 2014).

129. Rebecca Tushnet, "Gone in Sixty Milliseconds Trademark Law and Cognitive Science", *Texas Law Review*, Vol. 86, Issue 3 (February 2008).

130. Rebecca Tushnet, "Registering Disagreement: Registration in Modern American Trademark Law", *Harvard Law Review*, Vol. 130, 2016.

131. Richard A. Wallen, "Michael J. MacDermott, Federal Registration and Incontestability", *The Trademark Reporter*, Vol. 79, Issue 3 (May−June 1989).

132. Robert G. Bone, "Enforcement Costs and Trademark Puzzles", *Virginia Law Review*, Vol. 90, Issue 8 (December 2004).

133. Robert G. Bone, "Trademark Functionality Reexamined", *Journal of Legal Analysis*, Vol. 7, Issue 1 (Spring 2015).

134. Robert W. Sacoff, "The Trademark Use Requirement in Trademark Registration, Opposition and Cancellation Proceedings", *The Trademark Reporter*, Vol. 76, Issue 2 (March−April 1986).

135. Rudolf Rayle, "Trend towards Enhancing Trademark Owners' Rights−A Comparative Study of U. S. and German Trademark Law", *Journal of Intellectual Property Law*, Vol. 7, Issue 2 (Spring 2000).

136. Sidney A. Diamond, "The Historical Development of Trademarks", *The Trademark Reporter*, Vol. 65, Issue 4 (July−August 1975).

137. Sheldon Burshtein, "Canada weakens trademark structure by demolishing use foundation", *Trademark Reporter*, Vol. 105, Issue 4 (July−August 2015).

138. Stephane Abitbol, "The Canadian trademark regime: amendments to the trade−marks act and the threat to Canada and the United States", *Cardozo Journal of International and Comparative Law*, Vol. 24, Issue 1 (Fall 2015).

139. Theodore H. Davis Jr, "United States Annual Review: The Sixty−Seventh Year of Administration of the Lanham Act of 1946", *The Trademark Reporter*, Vol 105, Issue 1 (2015).

140. Thomas R. Lee, Eric D. DeRosia, & Glenn L. Christensen, "An Empirical and Consumer Psychology Analysis of Trademark Distinctiveness", *Arizona State Law Journal*, Vol. 41, Issue 4 (Winter 2009).

141. Todd Sandler & John T. Tschirhart, "The Economic Theory of Clubs: An Evaluative Survey",

Journal of Economic Literature, Vol. 18, No. 4 (Dec. , 1980).

142. Yvette Joy Liebesman, "Rethinking Trademark Functionality as a Question of Fact", *Nevada Law Journal*, Vol. 15, Issue 1 (Fall 2014).